南开大学校史丛书
总主编　　刘景泉

章辑五体育文集

梁吉生　张兰普　主编

南开大学出版社
天　津

图书在版编目(CIP)数据

章辑五体育文集 / 梁吉生，张兰普主编. —天津：南开大学出版社，2016.4
(南开大学校史丛书)
ISBN 978-7-310-05040-6

Ⅰ. ①章… Ⅱ. ①梁… ②张… Ⅲ. ①体育—文集 Ⅳ. ①G8—53

中国版本图书馆 CIP 数据核字(2015)第 312524 号

南开大学出版社出版发行
出版人:孙克强
地址:天津市南开区卫津路 94 号　　邮政编码:300071
营销部电话:(022)23508339　23500755
营销部传真:(022)23508542　　邮购部电话:(022)23502200
*
天津市蓟县宏图印务有限公司印刷
全国各地新华书店经销
*
2016 年 4 月第 1 版　　2016 年 4 月第 1 次印刷
260×185 毫米　16 开本　28 印张　7 插页　643 千字
定价:58.00 元

如遇图书印装质量问题，请与本社营销部联系调换，电话:(022)23507125

兼任南开四校体育课主任之章辑五

章辑五与南开足球队

章辑五与南开胜利篮球队（1927 年）

章辑五与获得天津公开越野赛跑比赛锦标之南开学校越野赛跑队（1927 年）

南开大学篮球队南征优胜纪念（1929 年）

与本校田径赛运动员

与天津运动会本校优胜队

1930 年双十节与张伯苓校长检阅南开童子军

着童子军制服的章辑五

章辑五参加国际童子军大会

天津體育協進會第五屆全體執行委員合影

杜隆元　李世琦　郝　銘　李友珍

謝希雲　馬惠吾　章輯五　于介眉

天津体育协进会第五届执行委员合影（1932年6月）

天津体育协进会欢送章辑五出国考察（1933 年 11 月）

南开学校在各种运动会上获得的锦旗

南开学校在各种体育比赛中获得的奖杯

1947 年摄影（时任武昌国立体育师范专科学校校长）

退休后在美国

位于美国马里兰州的章辑五夫妇墓

编辑说明

一、本书所收录文章，不分体裁，按发表或出版的时间顺序排列。一般以首次发表或出版的时间为序；作者已注明写作时间的，则以该时间为准。书后附通信“海涯寄语”。

二、各篇文章一般照用原标题。凡改动原标题或另拟标题，无标题而由编者新加标题的情况，均在脚注中说明。

三、对文献内容，在不影响理解的情况下，遵循民国时期的用字习惯，保持文章原貌；繁体字一般均改为通用简体字，异体字改为通用字，异形词予以保留；对原文模糊未能辨认的文字，用“□”表示；原文中由于排版印刷原因明显缺失的文字，由编者添加，放在“[]”内；原文中由于排版印刷错误，词义明显有误的文字，由编者在该处文字后注明，放在“<>”内。

四、对未加标点之原文献，由编者按照目前标点符号使用规范进行断句标点；对于已有标点的原文献，除原有书名号、引号改用现在标准符号外，其余一律保持文献原貌。

五、原文中外国地名、人名、事物、机构的译名，与现今通用标准译名不一致者，由编者加注说明。

六、各文章篇末注明该文出处。

七、对个别内容不完整的文章，为尽量反映章辑五体育活动与体育思想全貌，一并收入，并在脚注中说明。

八、应予说明的是，民国时期的文章有其历史特点，一是由于受历史的局限，本书所收文章中一些观点及用词有不妥之处；二是一些刊物的编校、印刷质量不高，原文即存在文字错误（包括外文单词拼写错误）或语句不通的情况，对此，基于保留文章原貌的考虑及限于种种主观原因，编者未全做修改，敬请读者加以辨别。

"体育界兼全人才"章辑五（代序）①

南开创办人张伯苓说："体育主任章辑五君，任事以来成绩优卓，十余年自大学以及男女两中学，得其诱掖，学生体育进步，人人瞩耳目焉。其为人，不仅对体育技术有深刻之认识，其道德高尚，理论精深尤为人所共称，实我国体育界不可多得之兼全人才。"

章辑五，天津人，1889年生，原名文瑞，字辑五，后以字为名，又字济武，发表文章时亦署名"忌吾"。其家境贫寒，不足以供其走上科举之路，所以，入读私塾时间不长，便考入盐关厂新设立的"官立小学堂"，所习课程包括中国史地、算术、体操等，兼习《孝经》《礼记》。15岁入直隶高等工业学校机械科，学制五年，1911年毕业，成绩优秀，留校教授物理、英文诸科，兼课外体育活动管理。1913年离开该校，改就天津、上海、大连等处美孚石油商行，任副工程师。

1915年，章辑五受南开学校校长张伯苓之聘，任物理、英文教员，同时兼任课外体育活动指导员及童子军教练。1918年，在代理校长张彭春的提议下，章辑五专任南开学校体育课主任，开启了他岁久弥光的体育人生。1932年5月，张伯苓在致天津市教育厅厅长信中所附章辑五履历称："历充津学校体育联合会会长、中华童子军联合会名誉总干事。民国十二年赴东南大学，从美国体育名家麦克乐研究体育。民国十三年仍返天津南开学校服务，充南开大学、中学、女中、小学四部体育课主任，并历充华北体育联合会书记、天津体育协进会会长、天津万国童子军指导员、天津市公共体育场委员，及青年会体育委办等职。"②1933年11月，章辑五请假游学欧美，考察各国体育，稽留近两年，返国后继续担任天津体育协进会会长，并被推举出席中华全国体育协进会全国代表大会，任董事会董事。抗战军兴，章辑五供职于教育部，任国民政府教育部体育委员会专任委员兼设计组主任，负责体育研究、体育师资训练、学校体育及童子军等工作。抗战期间，他除协助张伯苓推进全国体育协进会在国民政府统辖各地的体育工作外，还兼任重庆市国民体育委员会常务委员，与郝更生、董守义等共同筹划开展陪都群众性体育活动，努力服务于全民抗战。1946年4月24日，章辑五出任国立体育专科学校校长，到职即投入由四川江津迁往湖北武昌的迁校工作。他在同年5月1日致云南大学校长熊庆来的信中说，"弟自上月廿四日已就本校校长职，刻正筹备迁校工作。"③这是他体育生涯的最后一个舞台。1949年5月14日，他以时局严重、物价暴涨、员生生活艰难为由，向教

① 本文原载于天津人民出版社出版的《近代天津体育家》一书（署名"张兰普、梁吉生"），本书以之作为代序，内容略有删节、改动。

② 梁吉生、张兰普编：《张伯苓私档全宗》中卷，中国档案出版社，2009年，第680页。

③《云南大学史料丛书·校长信函卷》，云南人民出版社，2009年，第231页。

育部请辞校长职。同年，移居香港，1957年后移居美国匹兹堡。

章辑五为发展中国体育奋斗了三十多年，以开放的体育理念，积极吸收欧美先进体育理论与方法，并应用到体育实践中，成就了20世纪二三十年代天津体育的繁荣，推动了中国近代体育的创新和发展，并为中外体育文化交流做出了贡献。

以“普及化”“科学化”提高体育教育

章辑五主持南开体育课时，学校体育教育还处在转型阶段。中国近代体育观念的形成，是从自强保种开始的。体育最早确立在教育中的地位，是在1903年。这一年，清政府颁布《奏定学堂章程》，要求各类学堂将体操科列为必修课程。实际上，各地学堂并不重视体育，“尚文轻武”仍然是当时社会普遍的价值取向。章辑五在最初担任南开学校体育课主任时，南开学校的一、二年级课程表内，每周只设兵式体操2小时。1919年以后，除一、二年级仍设兵式体操外，三、四年级课程内，增设器械体操，每周2小时。但是学生多厌烦体操动作呆板。1923年秋，学校改行新学制（三三制），兵式体操即行废止，改为普通体育，体育的内容随之丰富起来。而南开学校自身也在逐步发展壮大，分别于1919年、1923年和1928年成立了南开大学、南开女中和南开小学，南开学校也由最初的南中一部而变为四部①，章辑五也由南开中学的体育课主任而变为身兼四部的体育课主任，其职责范围和工作内容都发生了根本性的变化。在1925年8月制订的《南开学校体育课职员分担职务一览》中，章辑五分担的职责共有21项，其中不仅包括南开四部体育课的日常行政管理、体育教学、组织体育比赛、规定体育标准，还要负责辅导各部体育干事，对学校各体育团体进行指导，“督促大学部各科、中学部各年级组织各科各级体育会”，“体育研究事项”，“国内外体育联合事项”，学生的“疾病检查善后”及“学校卫生事宜”，并担任本校童子军军长，记录本课的工作内容及为《南开周刊》提供稿件。②从南开开始的体育教育活动，成了章辑五一生的追求和责任。

章辑五认为，“体育实为各项教育之母”。③体育教育不仅要使受教育者增进全身之健康，精神愉快，发生美感，而且要养成健全的人格。他强调教育要让全体学生得就各个人性情之所近者，尽量自由发展，力求方法普及，使每个学生机会均等。“学校体育的要旨，在使全体学生，得着充量发展其身心的机会，培养其好习健康合理的兴趣，采取人类基本有用的动作，利用动神经的活动，发达并满足其感情上的冲动及欲望。在游戏活动之中，应使学生，保持‘忘我’的态度，在不知不觉之中，强壮其身体。……使学生喜爱合理有兴趣健康的运动，不应使学生发生厌恶，应使学生喜欢且信服体育的价值。”④他的体育观是全面而统一的，主张体育应当包括体育的课堂教学、健康（卫生）教育、食品营养、体育运动等四个方面。

1. 体育教学。在章辑五的主持下，学校采用麦克乐的年龄、身高、体重分组法，体

---

① 1936年以前的南开系列学校，对外分别称南开大学、南开中学、南开女子中学、南开小学，在南开学校内部则称为南开学校大学部、中学部、女中部和小学部。

② 参见《南开学校体育课职员分担职务一览》，《南开周刊》第1卷第5、6号合刊，1925年10月。

③ 章辑五：《南开之体育》，《南开学校二十二周年纪念号》，1926年10月。

④ 章辑五：《体育教学撮要》，《南开教学》第1卷第4号，1931年6月。

育课根据学生体检结果，将全校学生分为成人、青年、童子三组，"因组施教"。每组在课程内，均有每周 2 小时的教学活动。其教材按照各级分授：（1）走步，（2）柔软体操，（3）轻重器械体操及种种技巧运动，（4）健身舞蹈，（5）各项球类术及田径赛运动。每学期对全校学生进行一次体育测验，借以知其体力和耐劳的程度；每学期还对全校学生进行一次运动技术标准测验，借以知其跑、跳、掷各项基本运动的技能。将每学期两次测验所得之分数，记入体育成绩报告单内，以便随时参考比较，激励每个学生追求进步的动机，并作为学生下一学期体育分组的依据。这样，就把体育建立在了普及、科学的基础上，使体育教学收到了良好的效果。一位南开同学当时撰文写道："我校体育当局所抱负的政策，已经是一二十年的传统政策，就是体育普及。"①

2. 健康（卫生）教育。章辑五认为，人的身体是一个整体，体育、卫生、医药对人体健康有着直接而密切的关系。而当时的学校，一般来说，体育课负责体操等体育运动，庶务课及斋务员负责公共及个人卫生等，校医则负责医药的分发与疾病的防治。"三方面的人，各做各的事情，仿佛一点联络都没有。"②所以，对学生的整体健康的保障起不到理想的效果。而南开学校在章辑五等体育课同人的努力下，"把这一桩事，联络到一气，各事均有负责的专员，事事皆有严密的衔接。并且对于一个学生身体上的状况，无论什么时候检查，都能够一目了然。就是把每学年检验身体的实况，作为体育、卫生与医药三方面唯一的根据。"③

由于当时医生的薪水高昂，学校无力聘请长年专职校医，但学校特聘校医二人，在规定时间内来校办公，一人负责疾病的预防，一人负责疾病的治疗。同时设校医室一处，为诊病发药之所，内科用药以照服用日之多少，无论药之价值，按一、二、三角收费，外科用药不收费。再设调养所一处，作为学生患病须隔离者临时之用。遇有较重大病症，则推荐入医院治疗。聘设看护员一人，除星期日外，常年在校负责看护及外科救急等事。校医室设事务员一人，管理配药及收发药料等事。

健康是体育教育追求的重要价值之一。章辑五在南开体育中实施健康教育是独具特色的。南开体育课规定，每年对学生体检一次，并按照"健康进退计分法"计算每个学生的健康分数，每学年报告一次，使之注意。每月对教室、宿舍、食堂、厕所、浴室等处进行一次卫生检查。制定《学生卫生习惯自省表》，督促学生养成良好卫生习惯，并规定稽核记分标准。另外，还在每年的 3、6、9、12 各月测量学生正常体重 4 次，在教室内列表公布，并指导其营养及矫正方法。

南开学校体育的最终目标是让学生明了健康的意义，"免除疾病的痛苦，享受健康的快乐"，在接受南开学校完整的体育教育之后，"能得到完全无病，活泼耐劳的好身体"④。

3. 食品营养。对学生食堂饮食进行分析，强调饭食蔬菜的科学搭配，满足青年人的营养需要。

---

①《南大周刊》第 120 期，1931 年 12 月 15 日。

② 章辑五：《学校对于"卫生"与"医药"两方面的责任》，《南中周刊》第 27、32 期，1927 年。

③ 章辑五：《学校对于"卫生"与"医药"两方面的责任》，《南中周刊》第 27、32 期，1927 年。

④ 章辑五：《学校对于"卫生"与"医药"两方面的责任》，《南中周刊》第 27、32 期，1927 年。

4. 体育运动。这是指课堂体育之外的学生体育运动。1922 年以后，教育界出现一种新体育观念，认为从前那种每周二三小时的体操不能包括所有的体育，学校应当“将体育事项（连卫生在内）支配得天天都有，并且渐渐养成习惯。”受这一新理念的影响，南开的体育运动更具自觉性与群众性。第一，课外体育活动，取“放任主义”，尽可能发挥学生对各种体育爱好的追求。所以，南开的体育运动是多方面的，不仅有传统的武术，也有西式的体育项目和军事训练；不仅有田径赛，也有球类、滑冰、游泳、跳水等运动；不仅有个人的单项锻炼，还有由教师担任课外运动指导员的各班体育会、年级体育会。第二，为了实施普及运动方法，学校定期组织全校性的大型体育比赛，包括：9 月间的网球比赛，10 月校庆日的十项运动比赛，12 月底的越野比赛，3 月中旬的篮球比赛，4 月下旬的春季运动会，5 月中旬的排球比赛，6 月上旬的垒球比赛等。由学校组织的这些比赛活动，成了盛大的体育节日，特别是春秋两次大型运动会，学校都要在运动场搭设参观棚，发售参观券和午餐券，除四部师生，还有学生家长、市民等来参观，社会人士还捐赠奖牌和锦标，学校也特设团体及个人奖品。此外，还有形式多样的班级运动会、年级运动会及班与班、年级与年级的对抗比赛，更加激发了学生的集体荣誉感。每天下午课程结束后，操场上就成了体育锻炼的海洋。20 世纪 20 年代，南开大学有足球场 1 个，篮球场 3 个，排球场 2 个，网球场 7 个；南开中学有足球场 4 个，篮球场 12 个，排球场 4 个，网球场 10 个；大学和中学各有一个 400 米跑道的大运动场。虽然有这么多设施，“每日下班后俱有人满之患”，操场上到处可以听到学生们兴高采烈地呼喊：“阿拉个轻，阿拉个丘……嘶，朋，巴……南开，南开，啦！啦！啦！”章辑五把学校体育变成了学生的快乐和追求，打造成学校生活的重要支撑点。

正因为有这样普及化的学生体育运动，才涌现出了驰名远东的南开篮球，声震华北的南开足球，享誉全国的南开棒球，以及一大批田径运动的著名运动员。南开历年在天津、华北、全国、远东各种运动会及球类大型比赛中所得银杯不下数十枚，锦标超过百面。

章辑五是从受教育者的全面发展上构建学校体育的。他说：“学校的体育为积极的训育方法，吾们提倡的比赛运动，不是专求在身体上得到一点益处，实在是在智能上、群性上、心灵上的益处为较多，如同节制、自守、公平、义气、勇敢、友爱、进取诸美德，不是在教室内可以训练出来的，而反在运动场上得来的居多。”①

一所学校的体育教育如何，体育教师起着关键作用。章辑五很珍视体育教师的责任，强调：“体育教员在学校里实为引导青年的领袖。”②他担任南开学校大学、中学、女中、小学四部主任 20 余年，完成了学校体育的现代化转换，使学校体育真正成为南开校园中一种特殊文化现象，对于塑造学生健康体质、完善人格和独特的精神风貌，培养终身体育意识，营造良好的校园文化氛围，以及推进德、智、体全面发展的教育，都发挥了重要作用，表现了对国家、民族未来的高度负责。曾于 1928－1932 年在南开中学学习的美籍华裔历史学家何炳棣先生在回忆南开学校的体育时说：“‘歧克’（chic）是法文字……

① 章辑五：《为提倡学校体育事忠告各校校长》，《体育》1927 年第 1 期。

② 章辑五：《为提倡学校体育事忠告各校校长》，《体育》1927 年第 1 期。

它具有时髦、漂亮、潇洒、高雅等义。……事实上，20世纪男性的'歧克'一般是由健美的体格和时髦的衣着（尤其是运动便装）结合而表现出来的。在这个意涵之下，30年代的南开中学是全国'歧克'的先驱和标准。"天津地区"英美驻军与南中（稍后南开大、中混合队）有长期密切的体育竞赛关系。运动服装用具等通常都首先由南中引进，南中学生的'歧克'是长期耳濡目染，自然而然消化吸收的结果"。[①]

章辑五富于改革精神。特别是当体育商业化、职业化之风冲击学校选手制时，他在张伯苓校长支持下，毅然变革南开实行多年的普及与选手制并重的方针，取消选手制，起到了矫正风气的导向作用，表现了净化体育文化、维护体育生态的责任感。

章辑五以其执着坚守和育人风范，增强了南开全体成员的体育意识、体育情感、体育道德和体育习惯，使体育文化成为南开精神的重要体现。

以团体力量，推进天津社会体育

章辑五把体育作为一门科学。他是一位很好的体育教师，也是一位很好的体育活动组织者。南开运动员出征外地，到北京与清华大学、北京师范大学进行友谊比赛，参加华北、全国、远东运动会一般都是他担任领队。1930年6月14日，他率参加远东运动会的选手回津，全市举行盛大欢迎会，全体与会人员向他们"作三欢呼"，并为章辑五等特制纸冠"加冕"。他也是张伯苓在体育方面的得力助手，并在张伯苓的言传身教中领悟体育教育的精髓。章辑五在其《南开之体育》一文开篇称："鄙人服务斯校，十余年来，得随张先生后，尝以为国民精神之不振，体魄之颓唐，为教育中之一大问题。"[②]他在张伯苓的提携下有过三次人生际遇，其中两次有关业务的进修和体育理论的提高。第一次是1923年，经张伯苓推荐，允假一年，赴南京随东南大学体育系主任麦克乐[③]共同研究如何普及中国体育问题，接受了现代体育理念。第二次是1927年，张伯苓力荐章辑五主持天津体育协进会，为其施展体育抱负开辟了新天地。第三次是1933年，"张校长允余赴美深造"[④]，两年遍游欧美，并在美国哥伦比亚大学获体育硕士学位，为其体育思想奠定了理论基础。正因如此，章辑五始终对张伯苓感念不忘，直到晚年移居美国之后，还在《怀念南开与伯苓先生》一文中深情地写道："辑五追随张校长伯苓二十二年，亲身阅历张校长主持南开学校之发展，颇窥其成功秘诀。张校长眼光远大，遇事看得清，看得明，看得透，看得远。抱定乐观主义，失败永不灰心，笃信教育万能。"他赞佩张伯苓"能知人、能用人、体贴人、宽容人。教育学生以身作则。"这是章辑五亲炙张伯苓温暖与呵护的肺腑之言。

在全国主要城市成立体育团体，是中华全国体育协进会的既定工作目标，总干事沈

① 何炳棣：《读史阅世六十年》，广西师范大学出版社，2005年，第47—48页。

② 章辑五：《南开之体育》，《南开学校二十二周年纪念号》，1926年10月。

③ 麦克乐（Charles Harold McCloy，1886—1959），美国艾奥瓦州人，体育家。1913年来华，在南京编辑体育书籍。1915—1916年在上海青年会体育专门学校和江苏省教育研究会体育传习所任教。1920年任东南大学体育系主任兼浙江体育专门学校特约教授，1922年任中华业余运动联合会书记，并任中华教育改进社附设中华体育研究会体育及国民游戏组主席。1926年回美继续从事体育教育工作。1930年起，任美国艾奥瓦州立大学体育教授，直至去世。在华出版的主要论著有《体育与德莫克拉西》《体育与社会教育的基础》《体育与人格教育的实验》《游戏与教育之关系》等。

④ 章辑五：《怀念南开与伯苓先生》，《张伯苓先生百年诞辰纪念册》，台湾南开校友会编，1975年4月。

嗣良为此特地致函张伯苓请其推动此项工作。1927 年 10 月 20 日，张伯苓在南开中学集合热心天津体育的同志研究组建团体之事。张伯苓首先报告成立天津体育协进会的动机及宗旨，并且提出三个主张：（1）利用报纸开展宣传工作，（2）提倡社会体育，（3）广泛开展比赛，推进竞技体育。大会推举章辑五为临时主席，讨论章程，明确天津体育协进会的宗旨和工作任务，确定每年举行的各项体育竞赛，包括“田径赛、运动会越野赛跑、足球、篮球、网球、队球[①]、棒球、游泳、女子田径赛、运动会女子篮球、女子网球、垒球、司令球”[②]。会上，选举了以章辑五为会长的第一届执行委员会，张伯苓、颜惠庆等当选名誉会长。天津体育协进会的成立，标志着天津社会体育发展到一个新阶段。

章辑五担任天津体育协进会会长的十年，是天津体育从学校广泛走向社会，社会体育走向有序化、群众化，各项竞技体育运动得以发展的时期，也是天津体育在全国确立重要地位的时期。

天津体育协进会成立以前，天津提倡体育的社会组织仅有天津中等以上学校体育联合会和天津基督教青年会。天津中等以上学校体育联合会由中等以上学校体育教员组织而成，其所提倡体育运动的范围仅限于中等以上学校，只开展了田径赛、足球、篮球、越野赛跑等几种运动，参加学校很少，很不普遍。青年会所开展的运动有室内篮球比赛等，亦仅有少数学校参加。当时就有人撰文指出，天津体育协进会成立之前，“天津之社会体育，几无人预问”[③]。

体育不仅是增强人们体质的途径，还是一种超越年龄、阶层和职业的共同语言。因为大部分的社会规则都蕴含在体育规则之中，大部分的人类理想都能从体育中得到激励。要使这一体育真谛真正深入人心，需要先进的人们去拨亮社会大众的心灵之火，还要与传统观念和种种流弊做斗争。由于西方文化传入中国时日尚短，对许多体育技巧和运动方式还有一个探索和适应过程，其间不免生出偏颇和缺点，于是社会上就产生一种反感，便用提倡“国粹体育”来对抗新式体育。另一种流弊是一些学校不以体育的真正目的确定学校的体育方针，反而迎合社会上体育锦标化、商业化的潮流，把运动员当作学校的广告品，以高薪聘请著名运动员充任体育教员，又用种种利诱的方法，搜罗各地运动员，组织学校的代表队，以便在对外比赛中，为学校夺锦标，争第一，为学校捞取虚幻的光环。这不仅惯坏了某些学生运动员，而且带坏了社会体育风气。章辑五不希望体育这块净土受到玷污，所以他主持天津体育协进会伊始，就在该会章程中，明确规定了天津体育协进会的宗旨，一是联合天津团体促进体育进步，二是“增进运动员仁侠精神”。章辑五一向认为，所谓“运动员仁侠精神”，“就是做一种运动，乃是为身体和心灵的愉快，并增进团体的利益，并无丝毫别的目的存乎其间。仁侠运动员的精神，是包括一种高尚义气的精神，诚实公平的态度，有礼貌、有忍耐、有节制的生活。”[④]他还发表长文《为提倡学校体育事忠告各校校长》，痛陈当时种种体育流弊，向各校校长呼吁：“承认体育

① 即排球。

② 谢希云：《本会成立经过》，《天津体育协进会年刊》，1933 年。

③ 谢希云：《本会历届工作概况》，《天津体育会协进会年刊》，1933 年。

④ 章辑五：《南开之运动》，《南开周刊》第 1 卷第 1 号。

是应该提倡的，对于体育的效力，是具有信仰的，那么吾们就应该设法免除一切的流弊，把艰难困苦置之度外，努力跟反体育的环境与习尚奋斗。"[①]章辑五固守体育道德底线，摒弃狭隘民族主义，强力遏制不正之风，堪称与反体育思潮斗争的勇士。

章辑五主持天津体育协进会期间，主要开展了以下工作：

1. 组织各种竞赛活动，春夏秋冬四季均有比赛，举凡球类、田径、越野、游泳等各大类运动项目，都提倡开展起来，社会影响日益广泛，"六年前，天津之社会体育，几无人预问，现时则每次举行公开赛，参加者甚为踊跃"[②]。

2. 大力倡导和推进女子体育，专门组织女子篮球、排球、网球、垒球比赛及女子联合运动会，社会风气为之一新。

3. 推广新的运动项目，如1929年举行了天津市第一次公开游泳比赛；1932年开展了滑冰运动，举行了三届男女冰上运动会；1935年举行了举重比赛；1936年增添了男女竞走项目等。

4. 组织选拔运动代表队，参加华北、全国、远东运动会，每次参赛都有不俗的表现。

5. 组织城市间及国际对抗赛，如1928年平津足球比赛、平津女子篮球比赛，1930年津沪田径对抗赛，1931年中日田径对抗赛和岛津田径对抗赛，1935年冀犹（犹太）对抗赛，1935年天津朝鲜足球赛等。

6. 推进小学体育运动的开展。天津体育协进会成立前，天津各小学并无运动会的举行。1929年章辑五提议筹设小学田径运动会，1930年又成立小学体育促进会，章辑五亲任委员长，积极推动小学男女篮球比赛活动的开展。他还亲自担任小学秋季田径运动会会长，落实各项筹备工作，"现时天津各小学多有参加体育之各项比赛者"[③]，开天津小学体育竞赛运动之先河。1935年，章辑五自欧美考察体育归国后，特别对小学体育提出十条建议，强调小学教育要以体育为基础，小学体育要与家庭及社会相联络，"造成儿童适宜之环境"。

7. 自1933年起，编印出版《天津体育协进会年刊》。

8. 组织成立裁判委员会，建立裁判考试选拔制度，规范裁判员执法，倡导良好裁判风气。

9. 筹议公共体育场，为民众广泛参与体育活动创造条件。

10. 筹议"高尚娱乐场"。章辑五被聘为天津市高尚娱乐场筹备委员长。他认为，天津租界内多有吃、喝、嫖、赌、吸毒等戕害国人的场所，鲜有增进人民健康、提供人民文化、富有教育价值之设施，故体育协进会应联络本市官绅，筹划建设引人入胜的博物院、影戏场、俱乐部、公共游泳池、游戏场等高尚娱乐场所。

此外，天津体育协进会还参加抗日救亡运动。如1932年上海"一·二八"抗战和1933年长城抗战期间，他们专门组织了慰问伤兵的体育比赛活动。

天津体育协进会以毫不动摇的苦苦坚持和不懈的努力，开创了天津社会体育的新局面，拓宽了社会体育的群众基础。到1930年，天津体育协进会拥有个人会员123人，团

---

① 《体育》1927年第1期。

② 谢希云：《本会历届工作概况》，《天津体育协进会年刊》，1933年。

③ 谢希云：《本会历届工作概况》，《天津体育协进会年刊》，1933年。

体会员66个，包括南开大学、北洋大学、南开中学、大公报馆、北宁铁路体育会等，涌现出一批热心社会体育的骨干，培养锻炼了一批驰名全国运动会、远东运动会的优秀运动员。张伯苓谈到天津体育协进会时，称赞该会在“社会方面提倡体育不遗余力，及各方面成绩日见进步，并能精诚团结，甚表宽慰”[①]。天津体育协进会在为章辑五出国考察体育举行欢送会时指出：“本会长章辑五先生，服务体育界垂二十年，为人精明干练，勇于负责，我天津体育之能发达如今日，赖先生提倡者独多。”[②]章辑五对创建发展天津体育协进会，推动20世纪二三十年代天津社会体育运动的发展做出了重要的贡献。

沟通中外体育文化的使者

章辑五既是学习西方体育文化的倡导者，也是深入考察研究西方体育文化的力行者。他对西方体育文化的态度，其外在形态是他译介了大量西方体育论著，其内在标志就是西方体育观念成为影响他的一种重要思想来源。

他从步入体育舞台之日起，就以很大的兴趣关注天津输入的新体育。青年会发起组织学校联合运动会时，他就是骨干人物。章辑五立意高远，努力探索科学体育的规律。1923年，他慕名到南京，住在东南大学体育系主任麦克乐教授家里，领受这位美国教授的指导，体会西方体育的真谛。这是章辑五体育观念发展过程中的一次重要转机。

章辑五曾经说过：

学术本来是不分畛域的，也没有国籍的区别，只要我们认他有教育的价值，无论他是那一国的，或者是什么时代的，苟适应我们的需要，就应该设法提倡。[③]

20世纪20年代后期章辑五说过的这段话，是针对当时社会上泛起的“新的不如旧的好”“外国的东西不如中国的好”“打倒一切洋式教育”思潮而表达的鲜明立场。这一潮流的锋芒不仅指向新式教育，也是冲着新式体育的。章辑五进而指出：“现代的体育，为世界公认合科学、合理性的体育方法”，“不应认现代的体育为洋式的东西”。

为了更加深入地了解欧美体育，解决多年来体育教学中的困惑，研究如何达到体育目标，以改进当时中国体育的状况，同时也趁出国之机，“将我国国粹体育之精华及最近提倡现代体育之情形，在欧美各处视机宣传，借洗东方病夫之耻辱”[④]，章辑五决心赴欧美考察学习，并着手准备工作。他在《考察欧美日记》中称：“征得南开学校张伯苓校长之同意，给假二年，照支元薪，复觅得李琴襄、邓澄波二先生作证人，十月二日求得基泰工程公司关颂声先生作贷费担保人，于是手续完成。十月十日趁第二届全国运动会在京进行之便，请求教育部及全国童子军总会筹备委员会给予考察欧美体育及童子军名义，并酌给补助费，进行颇顺利。”1933年11月8日，他离津踏上出国考察之路。他本拟用两年的时间考察欧美体育，不料因夫人病重，未及撰写博士学位论文，不得已于1935年7月提前回国。[⑤]

---

① 《会员交谊会》，《天津体育协进会年刊》，1934年。

② 同上。

③ 章辑五：《为提倡学校体育事忠告各校校长》，《体育》1927年第1期。

④ 章辑五：《海涯寄语》（续），《大公报》，1933年12月17日。

⑤ 关于章辑五在海外考察、研习体育的经过，请参见本书附录“海涯寄语”。

将近两年的欧美考察，使章辑五更广阔、更深入地了解了西方的体育理论和体育事业，并且有可能在世界性的前提下审视中国的体育，对中国体育有了更加自觉的反省，促进了他的中西体育比较观走向成熟。

对欧美体育的介绍和对中国体育的建议

回国后，章辑五更加自觉地传播欧美先进体育文化，并且积极为改进我国体育建言献策。抗战前后，概括而言，章辑五主要做了两方面的工作：

一是积极撰文向国人介绍欧美体育的基本情况，向国内体育、教育界同人推介外国体育名著，以资借鉴。

回国后不久，章辑五即著《世界体育史略》一书，由勤奋书局于民国二十五年（1936）5月出版。作者在该书《导言》中指出，“提倡体育同注重体育，在现代的中国里，是不可辩驳的需要。”随即根据在欧美各国考察体育所得，对所考察各国的体育发展历史及其特点分别做了言简意赅的概括性叙述，同时对奥林匹克运动及职业体育运动的发轫做了简单的介绍。并根据对欧美体育的认识，介绍了自民国成立以来，中国体育发展的概况和特点。此书成为当时国人认识世界体育及中国体育的一个窗口，是民国时期一部重要的体育著作，直至今日，仍被体育研究界介绍或引用。

章辑五在向国人介绍欧美体育发展状况的同时，着手翻译他于 1935 年在美国研习体育时得到的麦克乐的讲义《普通体能（或活动能量）之测量》及《“运动的可教育性”之测验》，以为国内体育教育借鉴之用。

为了使国内体育界同人更好地了解欧美体育的发展状况，章辑五于 1936 年 1 月，在《勤奋体育月报》上撰文，介绍了 20 部当时流行于欧美的权威体育著作。其中有简明论述体育性质与范围、体育与身心关系的体育理论著作；有介绍如何确定个人体质与健康检查方法的；有专门论述女子体育运动的；有详述学校体育课程实施内容、方法、步骤及学校学生体育标准的；有介绍田径运动员训练方法的；有介绍体形疾病成因及治疗方法，利用按摩术治疗身体各部器官疾病方法的；有从心理角度论述体育与人格养成及行为的关系的；有介绍各种大小游戏场、游泳池及各项体育设备之建设、制造方法的；有专门论述体育行政管理及学校体育卫生的，等等。

二是根据考察欧美体育所得的认识，对比中国体育的现状，发表了一系列讲话，撰写了多篇文章，对中国体育的现状提出了中肯的批评，并提出改革和发展中国体育的建议。

通过前后共计 20 个月，历经 19 个国家的国外学习、考察、研修，章辑五不仅了解了欧美先进国家体育的发展脉络、现状和特点，学习了它们先进的体育理论和技术，国外的经历，也使他反观内视，对中国体育的现状，影响中国体育发展的因素，以及如何推动中国和天津地方体育的发展有了更清晰的认识。

1935 年 7 月 2 日晚，章辑五乘日本轮船皇后号抵上海，3 日即接受《申报》记者采访，比照德、意等国的体育基本状况，谈到中国体育，认为：“吾国体育专重学校，而忽视社会，人民视体育运动，仍若无关轻重之事。体育若专赖学校来提倡，实为最消极之办法。”[①]7月5日到津，章辑五始悉夫人已经去世。长途旅行的奔波劳累，加上亲人去世，使他精神与身体俱疲，但仍于7月9日晚，出席了天津体育协进会的欢迎会，在会上谈了所历各国的体育特色，称：“各国体育之实施，均极严格，以文化、政治、社会、经济、军事之背景而变迁。”[②]并提出中国体育推进方案，刊载于7月11日的天津《大公报》，简要阐述了改进中国大、中、小学及社会体育的方法。继于21日，出席南开校友会欢迎宴会，谈到欧美各国人民苦干实干的精神使其留下了深刻印象，“无论那一国，他们的治国方法虽不同——独裁或民治——而他们埋头苦干则一，只要想出办法，就去作。”[③]“美国人、德国人、俄国人都是这样傻不济济底使气暴力的干”。[④]这与当时大多数中国人缺乏不顾成败利钝干就干到底的精神形成鲜明对比。

之后，章辑五陆续撰文，详述他对体育的理解，为解决当时中国体育的问题，推动中国体育的发展，提供思路与建议。

首先，他根据最新的教育学与心理学理论，纠正当时大多数人错误的体育观念。过去一般民众认为，体育就是运动会、就是比赛，或是认为体育只是青年学生的活动，是洋派有闲、有钱阶级的消费品，与一般民众没有关系。章辑五针对此种观念指出，体育是各种教育方式中的一种，体育教育不只限于在学校上学时期，体育“乃是一个人自生至死，无论在家庭、在学校、在社会里……利用种种活动，使其运动他的身体，激刺他的思想，触动他的感情，影响他在人群中一切的行为”。[⑤]体育与其他教育形式的不同点在于，体育“是多利用大肌肉的活动[⑥]，及其相关反应，使其整个机体有所改变，无论思想、感情、行为，均包括在内，不只限于身体之一方面而已”[⑦]。

针对人们对体育的另一错误认识，他引用美国体育学家赫泽灵吞（C. W. Hetherington）对体育的界说，指出体育活动可以陶冶人们的品格，规范人们的社会行为，锻炼人们的组织能力，纠正了体育只是“身体的教育”的单纯观念。并列出体育应达到的八项目标。

（一）关于身体方面者：1. 辅助身体正常发育之机会；2. 辅助发达并维持各器官健康之机能；3. 辅助发达刻苦耐劳之能力，以资适应生活上意外应用之急需；4. 辅助发达体力，适应生活之需要，不觉疲苦。

（二）关于技术与能力者：1. 发达运动神经之机能，2. 发达感觉器官与身体活动之协调，3. 发达人类自然活动之能力，4. 发达身体能受脑筋支配之能力，5. 发达本国本土应用之技能。

（三）关于发达人格者：1. 得到仁侠精神，2. 得到领袖能力，3. 得到积极活动之性格，4. 得到遇事不消极之精神或态度，5. 自治，6. 团体合作，7. 得到遇事求效率之性格，8. 得到喜爱同伴之精神。

---

①《体育专家章辑五谈出国考察感想》，《申报》，1935年7月5日。

②《赴美考察经过及观感》，《大公报》，1935年7月10日。

③ 章辑五：《游欧美感想》，《南开校友》第1卷第1期，1935年10月。

④ 章辑五：《回国后对本国教育的感想》，《南开校友》第1卷第2期，1935年11月。

⑤ 章辑五：《非常时期之国民体育》，中华书局，1937年，第10页。

⑥ 所谓大肌肉，是指人躯干及肢体上的肌肉，是相对于手、眼、耳、口、舌、鼻等小肌肉而言的。

⑦ 章辑五：《非常时期之国民体育》，中华书局，1937年，第10页。

（四）关于增加权威方面者：1. 能表演有趣之技能，2. 发达爱校精神，3. 为学校或团体增名誉，4. 其他。

（五）关于培养文化方面者：1. 闲暇时间之训练及利用，2. 增进道德，3. 其他（请参看习惯 2、3 两项）。

（六）关于心理卫生方面者：1. 从事有兴趣之体育活动，减少忧虑郁闷；2. 增加神经上之胆量。

（七）关于应用智力方面者：1. 得到运动规则的知识，2. 得到技能方面的知识，3. 得到救急术的知识，4. 得到利用体育从事健康生活的知识。

（八）关于有益习惯方面者：1. 规定个人有纪律生活的日程，适于个人之健康，2. 养成清洁之习惯，如皮肤、牙齿、毛发、指甲等之清洁，3. 养成每日从事运动之良好习惯。[①]

目标既定，章辑五列举了十方面的理由，说明在中国提倡体育的必要性。1. 缺乏“机体的活力”及“实验的健康”的需要。所谓机体的活力，就是指人们身体劳作的体力和精力，而“实验的健康，就是通过身体的运动，暴露出身体遗传上的短处，以防患于未然。2. 缺乏品格教育及”公民教育实验室的需要。章辑五指出，人的品格是一个行为问题，不是理论问题，人们进行体育活动所需要的合作、协调、专注等特性，包含品格训练与公民训练的机会最多。3. 缺乏休闲时间从事有益消遣的需要。他认为，随着科学的发达和经济的发展，人们休闲的时间越来越多，“倘若国家没有指导国民在休闲时间，从事正当娱乐的办法，社会就要蒙受休闲时间的害处”[②]。人们就会滋生出种种不良嗜好和习性。4. 缺乏天然游戏调剂专业工作的需要。5. 缺乏推翻传统有害成见的需要。中国数千年来受老庄无为哲学的遗毒太深，一般人以“尽责任”“守本分”“忍为高”为人生的高境界。而西方人“除了尽本分，还要尽量的享受人生的快乐”[③]。推崇德国人“环境愈困难，精神愈要愉快”的人生态度。6. 缺乏心理健康的需要。7. 缺乏经济建设能力的需要。支撑国家建设、经济发展的是体格健壮的国民，中国贫与弱互为因果，贫、弱必须同时改观。8. 缺乏满足人生富丽生活及游戏欲望的需要。现代的工作方式及工作制度，不能满足人类体内自然自动游戏的欲望，阻碍了人们伟大思想的创造。体育的作用，“就是要把这种无聊不自然的生活，用天然自动的游戏调剂调剂，使人类得到美满富丽的生活”[④]。9. 缺乏农工阶级游戏的需要。明确反对当时流行的以劳动代替体育的理论，认为“体育所达之各种教育目标均非劳动所能达”[⑤]。10. 缺乏坚强体力捍卫国家的需要。

其次，要全面、彻底、持久地推动中国体育的发展，必须使学术的力量、政府的力量和社会的力量三者合作无间，打成一片。

章辑五认为，没有学术的力量，体育活动“就不能发动，不能进行，就是勉强的发

① 参见章辑五：《中国体育目标之商榷》，《勤奋体育月报》1935 年第 12 期。

② 章辑五：《非常时期之国民体育》，中华书局，1937 年，第 14 页。

③ 章辑五：《非常时期之国民体育》，中华书局，1937 年，第 15 页。

④ 章辑五：《非常时期之国民体育》，中华书局，1937 年，第 18 页。

⑤ 章辑五：《非常时期之国民体育》，中华书局，1937 年，第 18 页。

动了、进行了，不是妄动，就是盲从。也难望其收到合理的实效。没有政治力量，体育就不能普及，不能彻底。”“没有社会力量，体育就不能坚固，不能持久。只靠政府的力量，养成人民的依赖性，难免走入‘人存政存’的现象”。[①]在改善学术力量方面，章辑五提出：第一，体育界应与医学卫生界、社会科学及民众教育机关、人类学与心理学界、军事教育界等学术团体联络沟通，借助其他学科的发展，造就健全的国民。第二，中华文化教育基金董事会应设立体育奖学金，鼓励体育学术研究，同时延聘世界体育名宿来中国指导中国的体育学术研究，协助解决中国体育界存在的问题。第三，充实及改善体育系，并添设实验学校，以培育出更多合格的中学体育教师。第四，赶快推动中华体育学会积极工作，组织人力，提出解决当前中国体育问题的办法。

在改善政治力量方面，他认为，目前中国负责推行体育的中央及地方性组织，“总括起来观察，固然得到不少的成绩，切实批评起来，恐怕差强人意的地方尚多呢”[②]。因此，他提出，第一，改组和加强现有的中央体育委员会。现在该委员会所设各部的职权均嫌过窄，须增设人才执行部，把国民政府的内政部、军政部、卫生署及中国童子军总会负全责的人加入进来，使其号令能直达各军队、各机关、各学校、各民众团体，提高工作效率。第二，成立中央常年短期之体育指导员训练班，及添设巡回体育指导员，以谋沟通中央与地方上推行体育之策略。第三，切实指导并鼓励民众体育团体的组织。第四，严格检定体育师资，并厘定修养、进酬、抚恤条例。一方面保证体育师资队伍的整体高水平，一方面保证体育师资队伍的稳定与持续。第五，中央与地方应制定相当预算或指定专款，添置体育设备，奖励体育事业，并指定相当地点试办体育实验区，使初期体育活动的经济命脉有所保障。第六，厘定并颁布奖励各种运动之标准，鼓励人民自发的体育运动。

关于改善社会力量方面。虽然自“九一八”以后，随着民族危机的加深，国内独裁势力加强，但章辑五认为，中华民国毕竟还是一个民主体制的国家，对民主的信仰，才是实现人们体育与社会理想的根本办法。他指出，敌人并不害怕现在的政府，因为政府是可以用武力压倒的，而民众的力量是长久不倒的，才是敌人真正害怕的。提倡体育，应一方面用政治的力量“由上而下”迅速推行，一方面培养民众的社会力量，“由下而上”热心提倡，“上下携手，打成一片”。[③]对于如何调整和改善现有的民众体育组织，他提出，第一，全国体协应与地方谋切实的联络与辅导，不可限于上海一隅。第二，中央民训部体育指导科、各级党部及全国各人民团体，“亟应兴办体育训练，切实指导民众体育的组织”。改变“勤有功、戏无益”的观念和“认命守己”“卧薪尝胆”的人生观，应利用人类喜好游戏与结群性的本能，把体育活动作为组织民众的手段，“把一盘的散沙的民众，黏合起来，在游戏谈笑之中，附带着求他们农会、工会、商会、党部、同业会、妇女会、教育会等个别工作的进步！”[④]第三，巩固各地方的体育联合会或体育协进会，规定各地方推行体育的程序。

---

① 章辑五：《非常时期之国民体育》，中华书局，1937年，第21页。

② 章辑五：《非常时期之国民体育》，中华书局，1937年，第26页。

③ 章辑五：《非常时期之国民体育》，中华书局，1937年，第34页。

④ 章辑五：《非常时期之国民体育》，中华书局，1937年，第37页。

第三步，章辑五提出了推行体育的步骤。首先是体育宣传。利用人们的“广告心理”，通过报刊、书籍、壁报、电影、广播、演讲、体育表演、体育展览等多种形式，吸引民众对体育的注意。其次，通过引导民众时常注意体育上的良好事实和模范人物，阐明体育与民众的密切关系，再用新奇、比赛、滑稽的方法及其关注的切身问题激励民众，推行体育者还要用诚恳的态度、热烈的情感和创造性的人格感染民众，从而激起他们对体育的兴趣。之后，使一般民众产生对体育的信仰，使人们相信体育的功效，最终，养成体育运动的习惯。并提出幼稚及小学、中学或青春、大学及成人等不同年龄段体育习惯养成的侧重点以及基本要求和达到的目标。

以上三部分，是章辑五按照人们正常的身心发展规律，根据当时最前沿的体育、医药、卫生、心理理论和物质条件，按部就班按体育的规律，从根本上改善与解决人的基本素质，培养和塑造完美的、身心健康的国家建设者的角度来阐述的。但是，1936 年的中国，日本军国主义咄咄逼人，已经侵占了中国的大片领土，且还在步步紧逼，特别是在中国北方，大有黑云压城城欲摧之势，大规模的战事随时可能爆发。在此非常时期，章辑五再次强调体育教育的基本功能：“不过是借着身体各部大肌肉的活动，供给道德教育的机会，为达到教育目的的方式或手段。至于机体内的发育，与健康的促进，为必然的结果。故‘体育教育’除发泄感情、善用闲暇外，实含有培养公民道德、训练应用于一般生活及国家需要上之技能的内容。”①同时，提出体育教育应改变的内容，即除原有的田径、球类、国术、游泳、器械、垫上体操外，在体育训练中：1. 注重集团的训练，力矫过去无秩序、无礼节的浪漫活动；2. 扩充军事体育设备，添加特种教材，如搏击、打靶、障碍赛跑等；3. 添加或充实“个人抵抗”和训练“自卫技能”的体育活动，如拳击、摔跤、柔道、劈刺等；4. 实行体育标准测验及科学的成绩考核法；5. 提倡大规模的越野赛跑、接力传信等。此外，他还对军事、童子军训练的内容与方法，卫生教育、劳动服务等方面应充实和改善的地方，提出了具体的建议。

在提出诸多应对国难时期的体育改进办法后，他同时主张，“国难是国难，我们不应因国难阻止了我们有价值的运动，更不应认为运动是与国难对峙的。我们不应为了国难的精神上之悲观，我们应彻底认清我们之所在，做一种力量上之充实，而以‘快乐’做。……我们不过借快乐事来充实我们的精神，增进我们的实力，做自救的基础，所以说运动、游戏等是我们应寻的目标。”②

在注重体育理论吸收、宣扬及关注中国体育总体发展等宏观问题的同时，章辑五作为一名体育教师，对中小学体育教育等相对具体而微的问题也多有探讨，先后发表了数十篇有关体育教育教学、体育运动推广的文章。

章辑五既是体育教育家，也是体育活动家、理论家和翻译家，是张伯苓所说的“体育界不可多得之兼全人才”。他对体育的坚韧的精神专注，他为发展体育殚精竭虑的贡献，在天津近代史上留下了熠熠生辉的光芒。虽然他的遗骨留在遥远的大洋彼岸，但他的历史足迹却深嵌在渤海之滨、白河之津，并成为激励天津体育的精神雕塑。

---

① 章辑五：《非常时期之国民体育》，中华书局，1937 年，第 64 页。

② 章辑五：《在天津体育协进会会员交谊会上的演说》，《天津体育协进会年刊》，天津体育协进会编印，1936 年。

目录

1940—1975 年

附录：海涯寄语

1920—1929 年

童子军有什么教育的价值

——敢问学校的学生在课外都做什么？

（1920 年 10 月 1 日）

“童子没有不好的”，吾说这句话，惟有研究童子问题多年的人，或者跟吾表同情。固然，童子里边也有行为乖劣的；也有好说谎言的；也有言语污秽的；也有不知爱惜器物的；也有好习打闹的。然而这全是因为缺少知识，是非没有分别明白，轻重没有措置得当。但是，吾敢说一句话：没有一个童子明知是错而甘心犯错的。譬如，某童子好吃嘴或好看淫书，但是他自己总以为吃零碎不关紧要，看看淫书也不甚要紧，这种情形若没有人指导，就养成坏的习惯了。

养成这种坏习惯的原因以鄙人看来，皆因为作父母的，或者当教员的，或者别的对于童子发育负责任的人没有预备童子在下了课堂之后，大多半闲暇的时候，给他们有用适宜的工作，教他们尽力发达自己，不致流入放荡。吾知道学校的学生，除了少数好用功的不算，每日下堂之后，特别星期六与星期两日，有看电影的，有好听戏的，任意放荡。吾说这句话不是有意废除学校的放假，不过说学生自己不会利用闲暇的时候罢了。

世间上的各种动力没有停止的时候，譬如风必常吹，水必长流，虽然吾们睡觉的时候，却不能把风吹水流的事停止片刻。童子脑中之思想、身体的肌肉也是如此，他的动作发育也是永不停止的。如果吾们对于童子负责任的人立一个风车在迎风的地方，不但风不为害，而且还可以作许多有用的工作。如果吾们放一个水轮在急流的地方，不但水不为灾，而且可以成就有用的工业，这些事，吾们稍为有点知识的全都明白，惟独对于最有价值、最可宝贵、稍纵即逝的童子能力，就可以随意让他放荡吗？等到因为放荡染了来的坏习惯作出恶事来，而反怨恨童子的错；到后来，社会上受了放荡国民的亏累，吾们对于童子发育负责的人就没有错误吗？

童子军所定的课程，就是急流中的水轮、狂风中的风车。预备法子，时刻得备有用的事业可作。譬如第一年中所习的结绳法、救急伤、传信号、追踪迹、生火熄火之法，露营烹饪的法子，泅水的法子，赚钱省钱的法子，只身旅行、绘图认图、实查花草树木、山川星斗等科。此后所习的更宽了，举凡社会人生各门职业的根本要义，没有不可习练的，譬如医药、工程、簿记、裁缝、翻译、照相、传道等等。童子在闲着的时候，假如没有善法引导，就是在世界作恶的起头。不但童子是这样，成人又何独不然。吾们中国人游手好闲的太多，甚至受过学校教育的，有人称为高等流氓。想是吾们现在的学校，除去每天给学生几点钟的功课之外，没有想到教学生在课外练作些于社会有用的事业，童子军的 Daily good behavior 恰可矫正此弊。

童子军品格教育之第一法门（The Keynote to Character Development）。

吾前者所说的，是童子军在课外闲暇的时候，预备尽力发达自己的课程，不至于流入放荡，日肆安逸。当初英人贝登·鲍尔[1]将军（Sir Robert Baden Powell）没有创童子军以前，在非洲的时候，就令从本国新招募来的兵丁，不作兵式体操，先教他们在野外生活，练习打柴、打猎、煮饭、裁缝等事。他起的名字叫作 Stunts Scouting，差不多就是吾们现在童子军的工作。他的意思就是看出来那些受过本国学校教育的青年人，只知道书本上的知识，文明大城内的生活，交通用具的方便。到了非洲真正作事负苦的时候，手足又笨，又没有方法，品德又不可靠，实在是不够。所以后来回国之后，就写书 Scouting for Boys，补助教育的不足。

现在有的教育家，看出来吾们中国教育的毛病，最要紧的就是，教学生在校内跟校外的生活，不能连贯。结果就是学校的课程不能教学生发生兴趣，进步自然是甚难的，社会上也得不着十足的好处。一个十几岁的小学生初入到学校来的时候，也不知道因为什么要上学，听见铃响就上班，再听见铃响就下班。鄙人曾问过来报名的童子军，为什么要上学？有的不能回答，有的说为是能自立，有的说为是在社会上求生活，有的说为是增光耀祖。大多数都是个人方面的。更不知道个人与社会的关系，为人的品格应当如何。学校内的课程也没有地方教授这些事情，自己的能力大小如何，也没有试验过，就是教学生自己摸索瞎撞就完了。童子军里边所设的课程，自初级至高级，跟各项专门技程，都是为教童子试验自己的作事能力，领导他求正路的发达，不失兴趣，达到高尚的品格。

高尚品格的标准，一个人一个说法，可是童子军的品格标准，在初入军的时候就定了。应当承认誓约三条：（一）尽力行人民之天职及对于国家之义务（上帝生人各有天职，童子军多不知之）；（二）随时随地扶助他人（人与群居惟赖互助）；（三）尽力遵守童子军规律十二则，（1）诚实，（2）忠义，（3）助人，（4）友爱，（5）好礼，（6）爱物，（7）服从，（8）快乐，（9）勤俭，（10）勇敢，（11）清洁，（12）虔敬。这十二则规律，都是人在处世的美德，童子应当遵守的。

品格教育（Character Building）的方法不是书本上可以教授的，也不是言语可以讲出来的。就是跟多数的人同在一块儿，看见比自己好的要去效仿，看见坏的引以为戒，互相观摩，互相改正出来的。童子［军］的组织给童子作好的环境，拔选军长、队长作他们的模范，选择英雄侠义的故事讲给他们听，督促他们作良善、于社会有益的事业，练习作好的习惯。如此，童子军不知不觉的就养成高尚的品格了。美国哥伦比亚大学师范科主任罗赛尔博士（Dr. J. E. Russel）曾说过，“童子军为今代最有价值之教育机关。”（Pr regard the Boy Scout Movement as one of the most valuable educational agencies of this generation.）哈佛大学校长劳维尔博士（Dr. L. Lowell）曾说过，“侠义的精神为人类进化的要素。美国童子军领袖能使美国童子，得有此种精神。”（The spirit of chivalry, the salt of the civilization is one of the several important things which leaders of boy scouts are bringing into

① 现通译为“贝登堡”——编者注。

the lives of the boys of this country.）[1]

（《校风》第 141、144、145 期，1920 年 10 月 1 日、23 日、29 日）

① 此文未完，《校风》只刊载至此，之后各期无相关后续内容——编者注。

南开的童子军

（1920年10月17日）

南开童子军训练（Boy scouts Training）

童子军训练，为二十世纪新教育之一种。当一千九百〇八年，英人贝登·鲍尔氏（Sir Robert Baden Powell）创童子军教育于英国，著书立说，遍地鼓吹。欧美各国早经风行，现已普遍世界。其宗旨：以养成完全国民资格为要义。其方法：按照童子之心性，教以随时检点、服从、自赖、忠义、博爱、谨慎等美德。授以实用之知识与技能。务使对于人能服应尽之义务，对于己能操有用之事业。

南开童子军历史

南开童子军创自民国四年，以陶尔图先生[①]（Mr. W. N. Tuttle，American）为军长，以周梦贤、杨润身、姜更生、王恒安、李丹忱、伉乃如、章辑五诸先生为教练员。队员约百余人，分二团教练。后因经济困难，队员服装不易购置，故中途停顿。至民国八年夏季，学生感于内政外交之不振，情愿自备服装，请求校长恢复童子军之组织，于是南开童子军得以复兴焉。

南开童子军办法

本校按照中华童子军协会所定之组织及规则，并参照英美童子军各种书籍，拟定课程，分日练习。每周全体合操（Troop Meeting）一次，分队集合（Patrol Meeting）一次，此外在假期内，或星期六日之旅行（Outing）临时酌定。

童子军经济之办法，凡是属于公用器械——类如帐篷、乐器、辎重车、烹饪器具、军旗、队旗等等——均由学校购备。凡属个人用具——类如服装、靴帽、领巾、小刀、绳索、背包、水壶、斧、棒等——均归自备。

凡本校学生年在十二岁与二十岁之间，身体健全，品德端正者，皆可为童子军队员。凡入童子军之学生，得免校中兵式体操，可免做操衣，以节费用。

为推广童子军教育起见，队员分为两种，一曰正式队员（Regular Scouts），一曰名誉队员（Associate Scouts）。其入军资格，及所得之教练皆同。惟名誉队员，可免穿制服，以便普通学生亦可得此教育。

童子军名词之辩正

童子军原名为Boy scout，创自英国，中国有译为童子斥堠队者，有译为童子警探者，

① 陶尔图，美国人，南开学校教员，1918年前去职。

有译为少年义勇队者，近有主张改名模范童子者。皆因中文对于 Scout 一字，无适当之名词。故最初中华童子军协会定名为童子军，以图简便。其中绝无军事及政治之目的，与军国民教育迥异，纯为新教育之组织。令童子在学校课外，得以发展个性，磨练品格，使知人生独立之要能。故虽名曰军，而绝非兵也。学生父兄幸注意焉。

（《校风》十六周年纪念号特刊，1920年10月17日）

饭厅卫生、流行病预防及输入卫生知识办法[①]

（1923年6月8日）

一、校外门前饭铺清洁办法：

（甲）饭厅多添一等饭，比现有之甲等饭稍佳，费价增高。

（乙）要求卫生警察严查饭铺不洁之处，定章处罚。

（丙）扩充饭厅一处（因学生在外用膳多有因交费不及之故）。

二、防御流行病办法：

（甲）通知同学特别注意饮食、起居、寒暑等事，疾病即不易发生。

（乙）如遇有病，即到校医室报告验治。

三、输入卫生知识办法：

（甲）预备卫生讲演。

（乙）加入卫生功课。

（丙）由体育课鼓励同学多看关于卫生之书籍，如体育课现时代售之《卫生浅说》等书（每部三角五分）。

（《南开周刊》第67期，1923年6月13日）

① 1923年6月8日午饭后，章辑五主持召开南开学校卫生干事会议，通过本文诸项办法。题目为编者所拟。

在中华教育改进社第二次年会上的提案[①]

（1923年8月22日）

一、童子军之组织应在学校外力求发展，其在学校内组织之童子军应注意于校课外之事项，以免与校课有所重复案。

（一）理由：

1. 学校课程及设备，原有与童子军课程相同者，即不必费时重习。

2. 童子军组织，本为解决闲散儿童问题而设，故其设于学校者之效率，不若设于学校外者之为大也。

3. 我国现在小学缺乏，私塾不佳，贫儿众多，童子军教育恰可补济国民教育之不普及。

（二）办法：

1. 在学校内之童子军，应采用童子军教育方法之不与学校教育方法相重复者。

2. 应于学校外多行组织童子军，如义务学校、青年会、教会，或其他之慈善机关。

二、本社应聘任童子军游行教练，担任辅助各地童子军之组织，并实施童子军教育之方法案。

（一）理由：

童子军在教育上之价值，已为全国所公认，有意组织而为力不逮者，比比皆是，故本社急当聘请是项人才，以应需要。

（二）办法：

聘请富于童子军知识及经验者，充当本社游行教练，使其辅助各地童子军之组织，并实施童子军教育之方法。

（《新教育》第7卷第2、3期合刊，1923年10月）

---

① 中华教育改进社于1923年8月召开第二次年会，本文为章辑五在该年会童子军教育组第三次会议上提出并获得通过的提案。题目为编者所拟。

南开学校今后体育之内容①

（1924年4月17日）

鄙人于去岁九月底离校，至东南大学体育专修科读书研究，前数日方返校，综计约半年之久。当日暂离学校之动机有二：其一为变更环境，其二为继续研究体育问题。适以我校改行三三新制，物理停授一年，校课既已不羁身，余乃决意俟校中诸事妥定，即起身南下。

鄙人在本校办理体育虽已有数年经验，但衡之实际，自己实无何等高深知识。而体育问题在中国现在尤是一极待解决而尚未解决之问题。若学校中各种教材细目，均有人主张，但关于体育教材则尚无人有所主张。

至南京时，以东南大学之特别生已满额，乃入为正生，课余在附中担任物理数小时，以补助一切费用。即宿于美人麦克乐先生家中。麦克乐先生系一极著名之体育家，在中国数十年，深悉中国情形，现充东南体育主任。吾此次在东南，即大部分为与彼研究下列三事：

其一为中国学校之体育教材问题。若小学、中学、大学之体育教材如何联络，如何分配等事。

其二为体育之范围。盖体育所包括之事甚繁，故须均知其大略情形。

其三为学生身体之检验及补救问题。

即此数问题已非简短之时间所能毕事。而此际适本校旧职员时子周先生约余至津浦路冈务处帮忙，前数日本校乃有本人已行辞职之误传。其实鄙人与本校关系甚久，且铁路事亦非素志，故绝无离去之事。今试进而述今日后本校之体育方针。最初吾将先设一喻。吾人欲知一木匠之优劣，固在其技之良否。然技之良善实未足以尽木工之能事，彼尚须能将其技加以分析，且能指出其成功之点何在。是以体育家之能事亦并不专在能跃高、能跑快等。彼必更能具有体育知识，以深晓体育之内容及价值也。往日本校体育几十分之七八为运动，今后拟更扩充之而为以下四事：

其一为改正姿式——姿式对于吾人之健康实极重要，而同学中之能具有完全合理之姿式者，实不甚多。故本校以后拟注意此点，务使本校同学皆具合理之姿式。

其二为发达各部器官——此点无待解释，盖万不能有各部器官尚未发达之健康人也。

其三为养成卫生的生活——此种生活不只限于在学校时期，且须能继续终身。

其四为练习支配自己身体之能力——若疾痛之预防等是也。

---

① 1924年4月17日下午2时，南开中学举行高级修身班课，由教务课主任喻传鉴主持，请刚自南京东南大学研习体育归来的体育主任章辑五演讲，原题为“志高级修身班”。本题为编者所拟。

以上四事更可进而归纳为两事：一为完全之体育知识，一为永久实行之体育习惯。本校以后体育宗旨即当本此而前进。

此次南行，另有一种任务，即为中华教育改进社调查童子军状况。中国之童子军向以江苏为最发达，故此次对江苏各著名学校之有童子军者皆曾一览。据观察结果，年来江苏全省之童子军亦不若以前之盛。盖学校教育所括甚广，而学校中之团体，亦往往各异其性质，童子军之教育与之不免有许多重复之点。故欧美各国之童子军率皆系附设于青年会，入军者多非在校学生，故其学甚盛。在中国则附设于学校，此不能发达之一因。此外尚有一点，即经济及人才之缺乏是也。试举一例证之，江苏第二师范、上海职业学校、澄衷中学皆素以童子军发达著名者也，然现时以教练者离校，情形已逐渐冷落矣。其能得较佳之结果者，只江苏第一师范及东大附中两校。东大附中以童子军为每个学生必受之训练，而第一师范且将学生住宿亦按童子军规律，其兴盛亦宜也。

总之，体育问题实可谓现代全世界之问题，而在中国为尤甚。南方各省文字宣传较力，故教育界对于体育之兴趣尚佳。至于北方诸省，则几未闻有人提及体育之主要矣。

本校现为提倡诸生对于体育之兴趣，特于下星期六在大学部运动场开一全校运动大会，诸生多数加入，则本校体育或即能从此日进也。

（《南开周刊》第90期，1924年4月19日）

教练童子军之具体办法[①]

（1924年7月5日）

一、由本社请求办理童子军有成效之各大学附设童子军、领袖训练班，认为学校选修学程。

二、由本社请求各地童子军联合会，办理教练班。

三、由本社择成绩最优之学校，定为函授学校。

四、由本社择设备完全之学校，加请各地领袖设立暑期学校。

（《新教育》第9卷第3期，1924年10月）

① 中华教育改进社于1924年7月召开第三次年会，本文为章辑五在该年会童子军教育组第二次会议上的报告。

南开的体育

（1924 年 10 月）

南开向以注重体育闻名，尤以选手运动超著国内。某或询以发达之原因，即学校中人亦多难言其故，兹就二十年来之经过拉杂言之，蛛丝马迹或能得其梗概。

属于课程方面者。南开学校体育之演进，足可为中华体育教育进化之代表。在民国八年以前，南开课程内无正式体育班，不过在补习班与中学第一、二年级中每周设兵式体操二小时，兼有三小时者，由辛树人先生担任教授。民国三、四年时，课程内试添中国武术班，由韩慕侠先生教练。民国五年[1]，由代理校长张仲述先生之倡意〈议〉，每周举行全校军事体操一次，分二营教练。至民国六年水灾，南开校舍被淹，借青年会会所及河北法政学校等处上课，因限于地势，军事体操无法举办，遂改停止。

民国八年，除补习班与一、二年级仍设兵式体操外，于三、四年级课程内设器械体操，每周二小时，习步法、柔软体操及轻重器械等，此为正式体育班之起始。教员为邓藩仲、张良佐诸先生。

民国十年，因学生多厌呆板之动作，如柔软体操及器械体操等，而喜习自然动作，如各项球术及田径赛等，于是在器械体操班内输入篮球、足球、队球[2]等游戏，教员为张良佐、张醒寰、周佩青诸先生。

民国十二年秋，学校改用新学制，体育课采按学生体格实施教材方法，于是根据检查体格之结果，按年龄、身高、体重三项分全校学生为成人、青年、童子三级，至于教材，取选习方法（兵式体操由是年废止），科目列下：

初中一、二年级青年与童子任选童子军训练或柔软体操及游戏，每周二小时。

初中一、二年级之成人级任选中国武术或器械体操，每周二小时。

初中三年级、高中一、二年级仍有器械体操及各项球术，并于高中二年末学期考验五项运动，以为毕业前体育及格之标准。

本年秋季体育课按照一中国人种体格统计之发明，学生体格皆有定分，并根据体格之分数规定各生体力及运动技术之标准，于体育班中考验之。至于各年级之教材，除初中一、二年级得选习童子军训练或中国武术外，余均习普通体育二小时，其内容按体格分数之多寡、年级程度之高下、各季时间之不同，教授矫正姿式体操、摹仿体操、器械体操、健身、舞蹈、机巧运动、田径赛及各种球术等，教员为侯洛荀、文进之、吴狩西诸先生。

---

① 应为民国六年。

② 即今之排球。

大学部自成立后无体育班，惟规定每日上午第二、三时间之十分钟柔软体操为全体学生之必须科，习满一学年者给一绩点。自十三年秋起，凡本大学学生除四年级外，每周皆习普通体育二小时，按各生体力之强弱分施教材，其内容为医疗体操、器械体操、健身舞蹈、田径赛及各项球术等，教员为陶少甫先生。

关于普及运动方面者。南开课外运动因限于地势及设备关系，不得不取放任主义，现虽设篮球场十二个，足球场四处，队球场四个，网球场八个，器械场三处，大运动场一处，每日下班后已不敷用，将来实行强迫运动，非扩充设备不可。

关于提倡普通运动方法，每年举行全校运动会，春秋两季各一次，九月间举行各年级网球比赛，十一月间足球比赛，十二月间越野赛跑，三月间篮球比赛，四月间队球比赛。垒球与笼球为新输入之游戏，现届提倡，希于明年加入各年级比赛中。

奖励运动之办法，分团体与个人两种，优胜年级奖给盾牌，得胜个人奖给奖牌。

关于普及运动之组织，每班设体育干事二人，管理本班体育事项，如集资购球、组织球队等。每年级设体育总干事二人，管理本年级与他年级比赛事项。民国十一年夏，由一九二四班发起组织各年级体育会，其草章列下：

年级体育会简章

一、定名。本会定名为班体育会。

二、宗旨。本会以提倡团体运动之兴趣，谋本年级体育之发展，并联络同学之感情为宗旨。

三、会员。凡本年级同学愿遵守本会简章，经本会会员二人以上之介绍，得本会承认者，皆可为本会会员。

四、会费。凡本会会员每学期须纳会费大洋伍角，交本会会计收存（欲做制服者另议），出入款项于每学期之末报告会聚一次。

五、职员。本会设会长一人，副会长一人，书记一长，会计一人，庶务一人，由全体会员用记名投票法选举之，每学期改选一次。

六、部分[①]。每学期按时间之适宜，设（一）篮球、（二）队球、（三）足球、（四）垒球、（五）田赛、（六）径赛各部，每部设正副部长各一人，司理各本部一切事务。

七、练习。各项运动练习时间及方法均由各部部长临时规定之。

八、修章。本简章有不适宜处，经会员三人以上之提议，经全体到会会员三分之二之通过，得随时修改之。

九、附则。本简章有不尽详处，得由本会职员另定详则。

关于选手运动方面者。南开选手运动之发达，一由于学校之提倡鼓励，一由于同学运动之风尚有以致之。兹将其沿革分期言之。

一、萌芽期。前清光绪三十年，基督教青年会假南开学校门前空地为会员之运动场，南开复延青年会干事饶栢森[②]、霍克先生等为科学及英文教员，下班领学生在运动场作田径赛运动，于是运动方法得以输入南开。

---

① 原文如此。

② 现一般译为“饶伯森”。

二、幼稚期。由美国教员之指导及校长之提倡，学生运动者渐加兴味，于光绪三十年秋季青年会举行运动会时，本校朱有济跃高名列第三（成绩四尺七寸），此为南开对外得奖之始。

三、发展期。民国二年在天津学校联合野跑总分第一。民国三年新学、南开与英兵合开运动会，本校列名者为郭毓彬、张鸿宾、路希贤诸君。民国四年七月在天津联合网球比赛得胜，得银杯、锦标各一，代表为詹同书、高宝寿、王文达三君。

民国四年五月天津学校联合运动会，本校总分第一。同年华北运动会本校第三，并选代表赴远东运动会者（上海）七人，郭君毓彬、王君文达、孙君衡、梅君贻琳、丁君煦春、崔君翼、张君鸿宾，结果郭君毓彬半英里及一英里名列第一，崔君翼跃高第二。民国四年与清华学校比赛足球、篮球，本校皆胜。同年，天津学校联合足球比赛亦胜。

民国五、六年在天津学校联合运动会、华北运动会及直隶省第一区运动会，皆胜。惟民国六年冬季之足球、篮球比赛皆败于清华。

四、衰弱期。民国八年，学生因感于内政外交之不振，屡起罢课风潮，对于学校联合比赛事务皆形停顿，学生对于学校组织之团体缺乏兴趣，于是各项运动之选手队因同学方面之攻击颇难成立。

五、复兴期。五四学潮后，学生组织渐次恢复，运动选手队亦因以就绪。民国十一年，天津学校联合网球比赛单打、双打皆本校胜，代表者为乔君铁汉、王君鹏云、金君一秉。天津学校联合之篮球比赛甲、乙组皆本校胜。民国十二、三年，华北运动会皆本校胜，并于十三年夏华北球类比赛，篮球、棒球比［赛］获第一，并选赴武昌之全国运动会，篮球得胜，惟棒球败于华东。本年武昌之全国运动会，我校代表列名为：

逯君明，十项运动第二，三级跃远第一，掷铁饼第三。

张君颖初，五项运动第二，掷铁弹第一。

张君曙明，八百米替换赛跑第一，八百米赛跑第三。

（《南开周刊》南开学校二十周年纪念号，1924年10月）

南开的童子军

（1924年10月）

创始。南开童子军创自民国四年，以陶尔图先生为军长，以周梦贤、杨润身、姜更生、王恒安、李丹忱、伉乃如、章辑五诸先生为教练员，凡本校学生随意加入，共有队员百余人，分为二团教练，一采英语教练，一采国语。

停顿。嗣因经济困难，缺少设备，又兼学生服装不易购置，致中途停顿。

复兴。民国八年夏季，学生感于内政外交之不振，请求校长恢复童子军之组织，推章辑五先生及学生陶开泰、梁铭鼐、陈春华等为筹办委员，于是南开童子军得以复兴焉。

民国九年，队员百余人，分两团教练，以章辑五、伉乃如二先生为军长，陶开泰、陈春华副之。

组织。根据中华童子军协会规定之组织法及规则，每团分为四队，每队八人，设队长、队副各一人，参考英美童子军课程实施教练。

全体事务分为两部担任，一教练部，由军长、队长及热心童子军教育之各科教员组织之；一事务部，分为军需与文事两科，由军长选择童子军队员中之有才干者担任之。

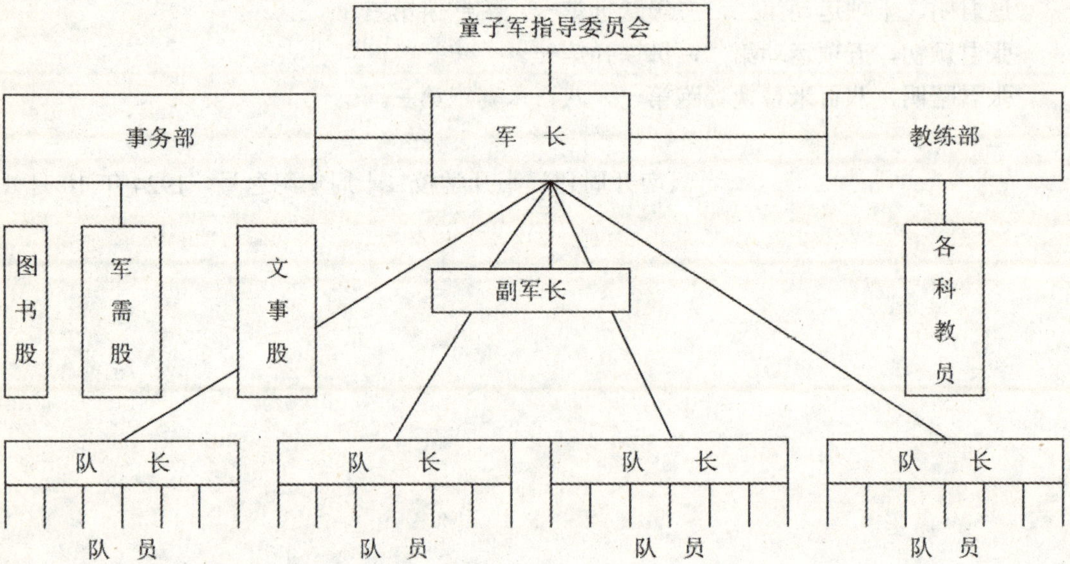

练习。除星期二[1]及星期日之旅行外，每周聚会两次，均于下班后行之，按照规定之程序施行教练（队长会议每周一次）。假期内组织特分〈别〉旅行团，择附近之名胜遍

① 据下《南开童子军》一文，应为“星期六”。

游历之，如烟台、蓬莱、大沽、北京西山等处。

经济。童子军之个人用品，如服装、靴、帽、领巾、小刀、绳索、背囊、水壶、旗、斧、警笛等，均由学生自备。凡属公共用具，如帐篷、辎重车、烹饪器具、团旗、队旗、木棍、军号等，均由学校购备，并每年特为童子军设备及经费补助一百五十元，列入学校正式预算中。

童子军指导委员会。民国十二年秋季，因军长章辑五先生赴东南大学，本校特请王九龄、朱星樵、王秉三、林杏荪、郭屏藩诸先生为童子军指导委员，并约请体育教员喻华甫先生代理军长。

扩充。民国十［三］年秋，章辑五先生返校，约请雷法章先生充本团军长。雷先生曾毕业于武昌文华大学，对于童子军教育颇富经验，故自本学期起，童子军教育大加扩充，分童子军与童子团两种组织，其详细办法列左：

童子军详细办法

凡本校的学生，具有下列的资格，明白童子军的宗旨，且能恒心尽力遵守童子军的一切规则，可入本校童子军。

入童子军的资格

（一）本校学生。

（二）年在十二岁与十八岁之间。

（三）无恶嗜好。

（四）对于学校功课重习不满三门者。

入童子军的手续

（一）先将童子军的宗旨，并个人要入童子军的志愿，对家长说明，请其认可。

（二）得家长允许之后，则可来部报名，与本军军长谈话，领取志愿书两份，填写清楚，然后再请家长签名或盖章。

（三）交志愿书时，须交注册费五角，保证金一元。

（四）本部允许收纳时，即听候通知，接到通知书后，即须来部入队。

童子军的宗旨及办法

本校童子军以训练少年积极之道德，发达其天赋的本能，务使皆能养成诚实、忠勇、仁慈、耐劳诸美德，且有随时检点、敏捷、谨慎之习惯，以期养成自愿助人良善之国民（童子军无军事及政治的性质）。

童子军的训练方法。即利用学生课外的余暇，（一）作好的习惯替代不好的习惯；（二）作野外游戏，锻炼体魄；（三）作清楚卫生的生活；（四）练习实用的技能；（五）得领袖亲切的训育及指导。

入童子军的初步

家长及本军军长允许作童子军之后，即须尽力预备初级功课，考试及格当众宣誓之后，始可穿制服，带徽章，此时则为正式童子军矣。

童子军愿词三条如左：

（一）尽吾人之天赋，及对国家之义务。

（二）随时随地扶助他人。

（三）遵守童子军规律。

童子军规律十二条如左：

诚实、忠义、助人、友爱、体让、仁慈、服从、快乐、节俭、勇敢、清洁、虔敬。

童子军初级功课

（一）熟习童子军愿词规律。

（二）熟习童子军记号。

（三）熟习童子军礼节。

（四）知中华民国国旗之组织，及其意义，并升降之规则。

（五）能结有用绳扣六种。

（六）知下列卫生方法及理由，且能实行。（甲）修剪指甲；（乙）清洁牙齿；（丙）用鼻呼吸；（丁）涕吐时之注意。

童子军每日至少必须作一件于人有益的事。

童子军与体育的关系

（一）凡本校初级中学第一、二年级学生（与童子军资格相符者），必须学习童子军训练，或普通体育一门。

（二）本军除有特别旅行、会操或服务等事外，每星期招集两次，在下班后行之。不到者以旷课论。

（三）童子军在他生学习普通体育时间，须到本军事务所内自修，不到者以旷课论。

（四）每学期由本军军长审查各童子军之工作与操行之成绩，酌给分数，报告体育课。

童子军的服装及用品

童子军服装及用品分为必须、附属、及备用品三种。

（一）必须品在初级课程学习完备，考试及格时由个人预备之。

制服一套	约值四元
军帽一顶	约值二元三角
皮带一条	约值八角
领巾一条	约值五角五分
长袜一双	约值四角
黑色靴一双	棚布的约值二元，皮的约值三元三角

（二）附属品在学习中级功课时，视个人经济之状况，随时购置之。

救护绳（一角）、小刀（六角）、斧子（一元）、水壶（七角）、背囊（六角）、双旗（三角五）、警笛（五角）。

（三）备用品由本军公款购置，各童子军可按照规定手续，随时借用。

木棍、罗盘、军号、音乐器具、传信用单旗、饭碗、烹饪器具、铁铲、大斧、帐篷、救急伤用品、医药囊、辎重车、各项旗帜、传信电机、童子军各种书籍。

童子团办法概略。自本学期试办，凡本校初中一年级学生，体格在乙丙级者（本校按年龄、身高、体重，分全校学生为甲、乙、丙三级），在体育班内仿照童子军之编制，实施童子军训练，授以人生应用技术，并以童子军之规律为训育准绳，惟不宣誓，亦不填具志愿书，其服装式样列下：

一，浅绿色圆顶小帽；二，童子军式裤褂，惟不带领巾；三，高袜黑靴；四，黄色腰带；五，腰系小刀与救护绳。

童子团组织之目的，在使初中学生尽得童子军教育之精华，不取童子军之形式，以期发达各童子应有之本能。

（《南开周刊》南开学校二十周年纪念号，1924年10月）

童子军宿舍内约法①

（1924年11月17日）

一、不吃零食。

二、不看小说（国文教员指定者不在此例）。

三、衣服书籍须整洁。

（《南开周刊》第105期，1924年11月24日）

① 针对南开童子军宿舍存在的缺点，章辑五在童子军队长会议上提出本文之矫正办法。

现今推行童子军教育的几个问题

（1924年）

一、童子军训练在教育上究竟有什么价值？

试观市上闲散儿童之群众心理，及其生活方法，与上古野蛮人混沌争斗之状况，无甚差异。至各儿童觉悟皆需保护已有维持公安之法律时，即演成近代法治之社会；再进而有领袖，并知尊重领袖之义务，且知尽力服务本团体，谋求公共之得益；更进而设立法、行政、司法之组织，以为解决各问题分担责任之设施。由此观之，群众儿童之进化与社会进化，实具有相同之点也。

欧西诸国为指导社会上之闲散之青年起见，故设有青年会幼童团、童子军主日学校等组织。盖因儿童家庭之生活，或社会之状况，有妨碍彼之发展者，或缺乏兴趣，以致流离坠落者，故必须有以解决之。

童子军英文名词为boy scout。日本译为少年义勇团。吾国最初译作童子警探，又有译作童子斥堠队者。按scouting之本意，即侦探、探险及侠义等事业之谓。现今皆称为童子军。前年沪上有改称童子服务团及模范童子之议。

世人有以童子军训练为军国民教育者，盖以“军”字之误解而致。军国民教育与童子军教育之不同点甚多，兹将其要者略陈之。

军国民教育，注重团体操练。童子军教育，注重个人训练。

军国民教育，主张侵略主义。童子军教育，主张互助主义。

军国民教育，是呆板器械的。童子军教育，是活泼自动的。

军国民教育，[是]发达一致的。童子军教育，是发达个性的。

察英人Baden Powell于一九〇七年试验童子军训练之本意，因当彼从军于南非洲时，曾体察新募之兵，有自英国招来者，有从非洲土人中募得者，两相比较，则觉英人虽属文化先进，并受高等教育，然对于工作能力、负苦耐劳、处事自赖上，远不如非洲土人为有用。由此则知当时教育之不善，虽读书万卷，终至养成一种好逸恶劳、事事依人、能说不能行之国民。故于一九〇七年之夏，在桃山白郎岛，招集该地青年，使之露宿郊外，学习自营生活之术，颇著成效。并将其训练方法，编纂成书，名为Scouting for Boys。最初译成中文曰《童子警探》。其组织法虽有与军队相同之处，而其实则为一种训练青年品格之最良教育方法。

二、现代中国教育之缺点是甚么？

今之谈教育者，多以学校偏重知识为病。盖因求知识不能为完全生活之目的；且知识不过在生活上占一部分之应用而已。故近日之教育家有思改革之觉悟，将设法注意学生品格之训练。譬若：

一、如何使学生养成适宜对人接物之态度。

二、如何使学生对于天然界之各物发生兴味。

三、如何使学生养成清洁卫生的习惯。

四、如何使学生习有解决问题、胜过困难的技能。

五、如何使学生对于天然的美景、及良好的美术，享得适宜的欣赏。

六、如何使学生觉悟个人对于社会的天职。

以上各项问题，皆非讲室内所能教授；亦非书本中所可探得。是必有（知识）课程外求经验之组织，以充代之。故今日较新之学校，多提倡学生组织课外团体，如各科研究会、游艺会、音乐会、旅行团、参观团、郊叙会，以补教育之不足。现今小学内之童子军，即授〈援〉此目的而组织，诚独一之善法也。

三、中国输入童子军教育十三年来有何影响？

中华童子军始于民国元年，创自武昌文华大学。继之者为上海英人所设之华童公学。民国二年上海格致公学康普（Kemp）先生，发起童子军教育会议。至民国五年上海举行远东运动会时，因童子军实地之服务，引起教育界之注意，是后各校皆设法仿办。因教练人才之缺乏，上海青年会及江苏省教育会有教练班之组织，东南大学及南开大学之暑期学校有童子军教练法之讲习。此外如北京高师及学务局之童子军教育讲习会、广州青年会之童子军教练班，皆有现今童子军教练人才之出产处。其中亦有旧日之童子军，今成教练员者；又有学校之体育教员，对于童子军之书籍略事涉猎，即招集学生编制童子军者。因各教练员之主见不同，于是办法各异。迄今虽有全国童子军协会之筹备，省联合会之设立；而其方法，仍各自为事〈是〉，所存效果，当然难趋一致。兹据各地调查年来之童子军，以人数论，实见一种退败之现象。其原因有六：

（一）缺乏完全教练人才。

（二）所费之金钱、精力与所收之效果相比较，效率甚微，致起疑问。

（三）童子军课程与学校课程有冲突之点甚多，学生有顾彼失此之患。

（四）旧社会对于教育学生之心理，与童子军教育原则，有不相容处。

（五）童子军之制服，与家庭之经济及习惯，发生直接影响。

（六）教练员不能维持队员长久之兴趣。

童子军教育自输入中国以来，虽感受若许之困难，而一般热心推行者，仍努力提倡。盖深信童子军为训练青年道德、发达本能之最良方法。

四、童子军教育在现时应当怎样改进？

试观欧美童子军之组织，其收效最大者，多在学校外之闲散儿童中组织之。而我国现时之童子军，多在中小学校中组织。因原料与环境之不同，其方法当然不同。不然，囫囵吞枣，将来终归于失败。故今日之童子军，就管见所及，应改进之点有二：

一、学校内之童子军，应采用童子军教育之方法，编入高小及初中课程内，以补其他校内课程之不建〈逮〉，不必居〈拘〉童子军之形式。至于制服方面，亦可略事更改，变成学校制服。

二、童子军应在学校外多行组织，如义务学校、青年会、教会，及其他之慈善机关，以为解决闲散儿童之独一善法。且可补现时小学教育之不足。

（《体育与卫生》第 3 卷第 2 期，1924 年）

卫生习惯之养成[①]

（1925 年 3 月 4 日）

身体方面之事，占整天生活之大部分，故今日讲题为“卫生习惯之养成”。

诸生曾学过生理，故略于知识上之讲说，而注重习惯之养成。体育之意义甚广，非每星期二小时之体操即能得体育之精蕴。苟身体无相当之保护，虽于此二小时内努力为之，亦何补益？故卫生实为重要。

长生无疾，精强愉快，人人所欲；然此非易事，必养成一种卫生习惯而后可。卫生者何？使周身各器官充分发达是也。若歧形之发展，非卫生也。

习惯者何？如吸鸦片之人，由渐而[入]，久则弃之不能，习惯即瘾是也。细思吾人生活中，有许多不待思索而能行之自如者，习惯为之耳。然习惯善者难于养成，而恶者易于濡染，非时加自醒，不能窥见习惯之劣点而加以改善。至于养成良好习惯之方法，余拟得四条，以贡献于诸生：

（一）对于此事须有确实信仰，了解事之可为者与不可为者。

（二）志向坚决，无论如何必达所定目的而后已。

（三）有牺牲。

（四）有辅导——书籍与师友之指导。

（《南开周刊》第 115 期，1925 年 3 月 9 日）

① 本文为章辑五在南开中学初三集会上的演说，摘自《校闻·志初三集会》。

读了“谁之咎欤”及“不得而知”之后[①]

（1925 年 6 月 7 日）

南开学校的体育是久负盛名的，在华北运动界的地位也是久执牛耳的。论到他们运动员组织的内容也是非常复杂的。对于大学部筐球队在华北球类比赛之前自行解散的原因，及此次足球、网球比赛失败的原因，非但局外人李颐君不能采得“谁之咎欤”，就是身临其境的筐球队队长李君世珍亦以“不得而知”答之。鄙人是体育课的职员，对于选举队对外比赛之失败，不但有负学校的委托、诸同学热望，而且南开体育之毁誉与本身有切己的关系。可以本着“重视旁人的批评是改良自己的要素”及“虚心者能有进步”的精神，并且答复《南大周刊》函请师长投稿合作的要求，吾来试试解决“不得而知”的难问题。

讨论问题应当抱事实分析的愈细腻，所得解决的方法愈准确。“筐球队自行解散”是一问题，“足球比赛失败”是一问题，“网球比赛失败”又一问题。不能囫囵推论“筐球队自行解散的原因”也就是我们“足球、网球比赛失败的原因”。

至于从李颐君笔下所写运动员的话，“学堂要用我们的时候就来求我们，不用我们的时候我们去和他交涉一点事，他们一点不管。”不知系何所指。或者是因为练习田径赛的时候不管足球，练习棒球的时期不顾篮球。可是，明白运动分期（Sessions）的人以为这是当然的事。

李颐君又说，“平常时候一点不问，到了开运动会的时候，就一次茶点请这一般运动员来说几句捧场的话，教他们在最短时期内去练习，发几张洗澡票，请几碗大牛肉，学校的事也就完了。”此种调内含有藐视运动员的品格，批评学校的办法，而且与事实多不相符。在去年暑假开学各事就绪后，十月十四日下午四点半在秀山堂之旧物理教室内，体育课即召集各项运动选举聚会，选举各队队长及干事，委任正式练习指导员。就篮球而论，每星期练习二三次不等，曾约青年会、美国兵、美国商人比赛，互有胜负。并与北京师大及清华学校商订于十二月三十号会同足球队赴京作友谊之比赛，议决于二十五日登程。不幸于二十三日大学部因风潮停课，校长于二十四日赴京，学校无人负责。当即致函北京师大及清华学校请绝友谊比赛。是后学校停课至五星期，二月二日始开学上课。开学后又经补课补考，须用四星期，共计停止练习的时间有两个多月。但是大学部经此次风潮之后，学生对于学校的感想，运动员对于代表学校的兴趣有无影响，吾也是

① 文中着重号系原文所有。

不得而知。

对于优待运动员的办法，李颐君说，“就一次茶点……发几张洗澡票，请几碗大牛肉，学校的事也就完了。”论到茶点，在特别聚会的时候，或者与校外友队比赛之后，常常有的，不只一次。大学部运动员洗澡的办法，是在运动员洗澡室内由体育课交给该管校役的簿子上签字，次日凭着签字的根据，由体育课该管的职员，补给校役洗澡票。并非“发给几张洗澡票”。

说到“请几碗大牛肉”，或者运动员 Training Table 的事，这是当年美国的办法，现今听说因为舆论上的攻击，大多数的学校已经取消了。就鄙人个人而论，也不一定认为此种办法是对的。因为按照好的 Sportsmanship 的定义来说，“理想最高的运动员除了靠着自己优等技能合力量胜人外，并不求别种的利益。”（吾们南开学校的运动员有此种精神者颇不乏人。）但是在中国现在体育不发达，运动不普及的过渡时代，“请几碗大牛肉”是临时不得已的办法。何况运动员比赛终了已逾普通吃饭的时间，身体内的消耗较比常人为多呢？

李颐君在本刊第十四期中所发表之“谁之咎欤”及李世珍君在本刊第十六期中回答之“不得而知”两篇文章皆因本年华北球术我校失败之不满意而发作。是情理中当有的事，至少也代表一部份同学的感想。但是论到运动底目的是银杯、锦标、得胜，吾总以为不大妥当。固然是应该得胜的，而不得是不对。吾总以为正当批评并不一定以胜利为好。正当的失败比不正当的胜利更有价值。校长在中学部集会的时候说，“运动不在乎必胜，但问自己尽到了力量了没有。”因为得胜确有环境、机会等等的关系。

李世珍君所云，“明明白白是有希望的，怎肯甘心送与人家”一语，按照当时队员的能力说，吾确不敢操此必胜之权。又说，“曾得全国优胜的南开篮球队”一语，恐怕埋没了北洋的黄毓桐、清华的冯灿周、师大的卫树垣、李澄诸人。又云，“没有希望的事，除非是个傻子，谁也不肯作。”此话诚然。无怪乎联合比赛事业之不易提倡也。然而此次华北运动会普通组之得第一者只齐鲁大学一校，中学组之得第一者只是潞河中学一校。确有八九十傻子学校加入，华北球术比赛之篮球队，我校中学部代表与赛，虽然没有得着银杯、锦标回来，而确排泄了一身臭汗，皮底下长了几根肌腱，多吃了两碗干饭。总而言之，世界上的事不能看的太明白了。俗语“聪明反被聪明误”的话是不错的。说一句老实话吧，运动上设奖比赛的方法，不过是提起比赛的兴趣，激励学生运动的动机而已。

以上是鄙人对于李颐君说明误解学校体育行政的事实，并且解释二位李君对于体育宗旨的错误。因为限于此篇幅、时间的关系，鄙人对于足球、网球失败的原因无暇讨论。专对于李颐君所问“为什么篮球队自行解散呢？”及李世珍君之“不得而知”中之（一）缺乏兴趣；（二）十二分相信由学生自己组织团体却有成功的可能性加以考虑。

当大学部停课风潮之后，鄙人曾屡次催问篮球指导员陶少甫先生，召集队员赶紧练习。陶先生也曾召集队员在寝室内谈话数次，商订练习时间。队员各人之答复不同，要皆以缺乏兴趣支吾推延。嗣后鄙人曾招请篮球队队长李世珍、干事潘景武二君在体育课谈话，答法略同，云不负队长、干事的责任，请体育课直接召集队员商洽可也。于是次日午饭后在第一宿舍接待室召集队员聚会，到会者只李世珍、潘景武、范士奎三君，不能成会。又约定次日午饭后仍在旧地开会，到会者为李世珍、张增贤、凌国彦、胡钟庆、沈奇、李维奎等，各人所发表之意见不同，有因功课太忙不能练习的，有因缺乏兴趣的，有因家庭关系的，有因特别原因的，有“吾从众”的，至终归于解散。论到“养兵千日，用兵一时，篮球队临华北球类比赛之前不顾一切竟自解散了。”鄙人对此之隐痛实非官语所能形容者。姑置不论。

研究运动员对于运动缺乏兴趣的原因，据鄙人经验上的观察不外下列六种：

一、因为不能限制自己运动的时间，以致功课亏欠太多。（此点可以设法矫正。）

二、旧式家庭多反对自家学生运动。（运动有节制者不在此例。）

三、审查自己因为运动所耗费的精神、时光、金钱太多。（不知健康与荣耀须用代价换得。）

四、运动失败后受同学讥笑的激刺。（不知讥笑确[可]以鼓励人的上进。）

五、因为功课不好受讲室内教员的斥责。（功课不好，不尽由于运动所致。）

六、因为行品不检点受学校职员的谴责。（粗暴骄傲是运动目的通病。）

既是运动员有以上种种的痛苦，为什么除了大学部篮球队之外，还有人具着活泼泼的兴趣，去加入各项比赛呢。其中也有一个道理在：大凡好习运动的学生，他的心理按照高下的次序分为下列六种：

一、为锻炼自己身体的健康。

二、为学校增荣耀的心。

三、好名的心。

四、自显其能的心。

五、为得奖品的心。（此心人人皆有，世人目为好出风头。然而好出风头并不一定是坏的事。乃是领袖的特性。）

六、为得学校优待的心。（同时不失 Amateur 的资格。）

在这六种心性之外，还有发生兴趣要紧的一个道理，就是人对于一件事情的兴趣，是由于成功得来。成功是由于牺牲和克苦得来的。对于练习运动而言，要是不肯牺牲，不能克苦，那里来的成功？怎样发生的兴趣？吾就不知道了。

最末再论李世珍君所谓“由学生自己组织团体却有成功的可能性”。此语当问该团体的性质如何？当时的环境是怎样？成功二字以什么作标准？

倘若以夺锦标为运动底目的，由学生自己组织体育会去办理，吾承认李君的主张是对的。听说当年美国学校内的运动都是由学生体育会及毕业同学会来管理，勒收在校学生的体育费，募集毕业同学会的巨款，供给少数运动员吃穿用的挥霍，不惜重资聘请著名的运动指导员（Professional Coach），到了比赛的时候，真是举城若狂的为某学校夺锦标，得胜的学校捧上天堂，失败的学校毁入地狱。国内的运动大将声价甚高，各学校用种种的利诱的方法，争先恐后的拉他来，如免学费、免宿费、免膳费，供给穿用，不必考试，不必上班等等。现在美国因为舆论上的攻击，教育家的觉悟，已经改变方法，学校有相当的管理了。中国上海某某大学，亦曾引用此法，因为舆论上的反对，华东八大学联合会对于代表学校运动员的限制已经改良了。其中流弊，不一而足，这全都是前车之鉴。吾们南开是否要来采用，望诸同学指教。

普通人的心理，在失败之后总要抱怨几句。一个考试不及格的学生，出了讲堂以后不是说“题目出的太没道理”，就是说“平日教员讲的不清楚”，很少看见说自己的程度不够，或者是预备的不充分。

南开学校所受在华北球类比赛失败的痛苦，鄙人是直接的、切己的，然而绝不因此而灰心丧志一败而涂地。望与诸同学共勉之。

附：李颐辩词

鄙人前次“谁之咎欤”一文，系感于本年吾校运动比赛之失败，回忆年前之胜利而作。文虽出于感情，用意实无不当。章先生此文对于拙作批评，不无中肯之处。此项事件在鄙人实不欲多所辩论，听诸阅者之公断可也。

李颐

（《南大周刊》第20期，1925年6月7日）

南开之运动

（1925年9月14日）

南开运动员须知：

运动仁侠的精神。

吾们学校提倡比赛运动的目的有四：

（一）发达身体，增进个人的健康率，合元气使之能到最高的限度。

（二）练习肌肉与神经系密切的合谐，养成敏捷适应环境的能力，及准确的合作技能。

（三）使同学实验社会上的伦理，练习与友伴的合作及社会的联合，且满足游戏本能的需要。

（四）磨练同学的品格，训练节制和光明磊落的精神。

吾们运动员在一切运动上，应表现仁侠的精神。就是做一种运动，乃是为身体和心灵的愉快，并增进团体的利益，并无丝毫别的目的存乎其间。仁侠运动员的精神，是包括一种高尚义气的精神，诚实公平的态度，有礼貌、有忍耐、有节制的生活。

仁侠运动员看他的品格，比较运动的胜利更为要紧。胜固可喜，败亦无伤，而且正当的批评也不一定以胜利为好，正当的失败比不正当的胜利更有价值。所以，仁侠运动员资格的标准，即按下列的条件规定之：

（甲）普通的标准

（1）对于本队、敌队及大众面前，须时时表现义气、诚实、公平、谦恭，且有节制的态度。

（2）必须以运动的规则为两方比赛的协定。最高等的运动员，除了靠自己优等运动的技能和力量胜人外，并不求别种的利益。

（3）不可在来宾面前自炫其能，要求别人的喝采。虽遇参观人喝采，自己尤须谦抑。

（乙）个人的标准

（4）须抱纯粹游乐主义。

（5）不求一切例外的优待。

（6）须有百折不回的精神。

（7）勿因失败而气馁，勿因胜利而矜夸。

（8）始终遵守运动规则，服从本队队长及教练员的指挥。

（丙）对于本队的标准

（9）热心辅助本队的同伴，维持本队所规定的程序。

（10）诚心谨守一切训练的条件。

（11）牺牲自己的荣耀，求全队的胜利。

（12）时时顾全团体的协力。

（13）队员应当和衷共济，不可发生意见。

（14）同队队员如有错误，应当婉言劝导，不可斥责。

（丁）对于敌队的标准

（15）皆应友爱相待，恭敬有礼。

（16）应具容忍的度量，彼队占胜，应加庆贺，不可嫉妒；我队占胜，应当谦恭，不可表示骄傲的态度。

（17）比赛时须保持光明磊落的态度，虽时或使用谋略，但不可用背理欺诈的方法。

（18）无论敌队之公道与否，自己切不可用不公道的行为对敌队干扰。

（戊）对于裁判员的标准

（19）双方请定的裁判员皆应始终服从，不可毁谤无礼。

（20）即裁判员偶有不公道处，亦须婉言质问，不可批评污辱，或表示不满意的态度（惟队长有质问权）。

（21）不可乘裁判员对于裁判的疏忽或解释规则的缺漏，窃得不公道的利益。

参观比赛者应具的态度：参观人对于运动员们表示的态度，影响运动员的举止甚重，且表示全体看运动的程度及本校的校风，所以同学参观运动的时候应具有下列的精神：

（1）当为运动员高尚义气的行动喝采。

（2）当为运动员优美的技能喝采（勿论何方得胜）。

（3）若运动员表现不义气或粗野的举动时，大众不应作声。

（4）对于裁判员裁判失当时，不得作无礼的呼声或污辱。

奖励运动员规则：

1. 凡有下列资格的运动员在毕业时，学校发给运动奖状存为纪念：

（甲）田径赛运动员在不同时间对外比赛之运动会曾得奖品满三次者；

（乙）各种团体比赛之运动员，如足球、篮球、网球、队球、棒球等队，曾代表学校满二年，或经正式比赛逾十次者。

2. 代表本国获国家运动会得奖者，由校拍照放大像片二张，一存学校，一给得奖运动员。

3. 凡能胜过学校以往之运动员成绩者，由校奖给纪念杯一只、锦旗一面。

4. 凡代表学校对外比赛运动之得胜队，由学校奖给各队员全体六寸像片一张（未得胜时只拍照纪念像存于校中）。

5. 凡代表学校运动得奖者，由校奖给荣誉校字。

（四寸方）

练习运动之条件：

凡愿养成完全运动员者，首当勤加练习，且须熟悉训练的时期及保护身体的方法。在起首练习运动之前，须自询以下各问题：

（1）自己是否有充分的气力，练习时不致有碍卫生；

（2）自己是否有坚强的意志，能始终练习实获裨益；

（3）自己欲达所期之成绩，应多习何种体操辅助长进；

（4）自己应按何种训练方法不致妨碍本身健康；

（5）自己应特别注意饮食起居及一切普通卫生惯例。

大学部选手队应具之资格、组织及选拔法：

（一）选手队之资格

甲、受校医之检查及弗斯脱氏之体能测验，对于做激烈运动无妨碍者；

乙、受体力测验，平均分数超过（大学）250 分以上者；

丙、受运动标准测验，平均分数超过 250 分以上者；

丁、能恒心恪守指导员所规定之练习条例者；

戊、对于上学期所习学程至少满三分之二及格者。

（二）选手队之组织法

甲、每队设指导员一人，由运动委员会商同体育主任聘请之，其职务列下：

1. 指导队长之运动；
2. 指导队长及干事之任务；
3. 与体育主任选定选手队。

乙、每队设队长一人，由队员中互选之，其职务列下：

1. 队长负指导及管理本队队员之责；
2. 商同指导员决定练习方法及校外比赛事项；
3. 对外代表本队；
4. 比赛时商同指导员布置队员之位置。

丙、每队设干事一人，由队长商同体育主任聘任之，其职务列下：

1. 编制关于本队一年之预算，提交体育课运动委员会；
2. 运动季终了时，对于体育课运动委员会报告一年所用之帐目；
3. 商同体育主任及指导员计划实施练习方法；
4. 对于本队经费及服装等负完全责任；

5. 出外比赛时负庶务之责任；

6. 招待来宾。

（三）选手队之选拔法

甲、首由选习普通体育班之学生自由报名，或由指导员在体育班中推荐，定期练习试验；

乙、在练习试验期中公举临时队长一人，干事一人，辅助指导员认真练习；

丙、经过定期练习之试验后，选手第一、二队分配即由指导员规定之。

中学部选手队资格、选拔及组织法：

（一）选手队之资格

甲、受校医验查及弗斯脱氏之体能测验，对于做激烈运动无妨碍者；

乙、受体力测验，平均分数超过二百分以上者；

丙、受运动标准测验，平均分数超过二百分以上者；

丁、恪心遵守练习条例者；

戊、重习功课不满三门者（留级学生视留级之原因规定之）。

（二）选手队之选拔及组织法

甲、于每季运动之始，由体育［课］通告召集运动员（学生自由报名或由教员、同学推荐），定期练习试验；

乙、在试验练习期内，由队员中公举队长一人，干事二人，辅佐指导员认真练习；

丙、经过定期之试验后，第一、二队之选择由指导员全权分配之。

丁、组织法：

1. 每队设指导员一人，由运动委员会商同体育主任聘请之，其职务列下：

（1）指导该队之运动；

（2）指导队长及干事之任务；

（3）与体育主任选定选手队。

2. 每队设队长一人，由队员中互选之，其职务列下：

（1）队长负指导及管理本队队员之责；

（2）商同指导员决定练习方法，及校外比赛事项；

（3）对外代表本校〈队〉；

（4）比赛时商同指导员布置队员之位置。

3. 每队设干事一人，由队长商同体育主任聘任之，其职务列下：

（1）编制关于本队一年预算，提交体育课运动委员会；

（2）运动季终了时，对于体育课运动委员会报告一年所用的帐目；

（3）商同体育主任及指导员，计划实施练习方法；

（4）对于本队经费及服制〈装〉等负完全责任；

（5）出外比赛时负庶务之责任；

（6）招待来宾。

（《南开周刊》第 1 卷第 1 号，1925 年 9 月 14 日）

南开学校教职员体育会简章[①]

（1925年11月26日）

一、定名：本会定名为南开学校教职员体育会。

二、宗旨：本会以提倡体育、联络感情为宗旨。

三、会员：凡本校教职员皆可为本会会员。

四、会费：本会会员每学期纳付费大洋五角。

五、职员：本会设会长一人，副会长一人，书记兼会计一人，由全体会员公推之。

六、分队：每年按时期之适宜，设：（一）篮球，（二）足球，（三）网球，（四）队球，（五）垒球，（六）远足，（七）乒乓，（八）踢毽，（九）武术，各队。每队设正、副队长各一人，司理本队一切事务。

七、练习：各项运动练习时间与方法均由各本队队长临时规定之。

八、罚则：练习时无故不到者罚大洋一角，迟到逾十分钟者罚铜元十枚，充作本会公费。

九、修章：本简章有不适宜处，开会时经会员三人以上之提议，得会员过半数之通过修改之。

十、会期：本会定于每学期之始末开全体会各一次。

（《南开周刊》第1卷第12号，1925年11月30日）

① 1925年11月26日晚7时，南开学校教职员体育会在校务会议室召开大会，大会由章辑五主席，并主持制订了本简章。

南开之体育

（1926 年 10 月 17 日）

我国见国民之不振，慕西人之富强，而有戊戌变政。叹甲午、庚子之失败，而提倡西方学术，谋所以强国强种之道。我校张校长，当年服务水师，目睹旅顺大连之割与日本，山东青岛之为德人所夺，又在刘公岛时，亲见英兵之身体魁伟，服装整严，对于中国人几不以人类相视。反观前清旧兵，衣服破烂，胸背之前后皆带一“勇”字，面色憔悴，两肩高耸，营中官长，泰半与鸦片相周旋，自感此番痛切之激刺，即以改良教育为己任，力雪东方病夫之奇耻。我校自开创以来，即以注重体育名闻国内，张校长历充全国业余运动会会长，现膺全国体育协进会董事长之职，倍受艰辛。鄙人服务斯校，十余年来得追随张先生后，尝以为国民精神之不振，体魄之颓唐，为教育中之一大问题。然体育之范围至广，体育之内容极繁，且现今国内学校体育设施，皆乏正轨可循，日处于创造试验改进之中。又兼我校发达较速，至今三部男女学生已逾二千。试察体育之境界，复包括人生生活之大半，推行体育之责不可谓不重，故清夜思维，不寒而悚，惟望诸师友同学，时锡南针，则幸甚焉。

今之谈教育者，多以造就“整个的人”为目的，皆不以专攻知识为满足。然“整个的人”之意义为何？据 F. H. Robertson 的界说，则谓“Man is the sum of his movements”。或谓此不过为体育家及物质方面的界说，其不知精神方面，与物质之身体，有密切之关系也。如现代统计学家 Karl Pearson 所发明的 Physical Health and Intelligence（康健与智力），医学家 L. Berman 所著作之 Glands Regulating Personality（腺与人格）对于身体与智力，及身体与道德的关系，均得有科学上的证据。故尝以为体育教育（Physical Education）实为各项教育之母，亦深信为救国之要途。世界心理学家 William James 对于体育建国之言论，则谓 Intrepidity, contempt of softness, surrender of private interests, obedience to command, must remain the rock upon which states are built.

体育（Physical Education）之内容，简而言之，应包括下列四项：

一、体操（Physical Training）；

二、卫生教育（Health Education）；

三、营养问题（Nutrition Problems）；

四、运动（Athletics）。

当兹本校廿二周年之期，按照上列四项体育之内容，推溯本校体育之演进，以为将来努力改进之方针。

一、关于体操方面者：

甲、兵式体操。

在民国八年以前，南开中学之补习班及第一、二年级（四年制之中学）课程表内，每周设兵式体操二小时，兼有三小时者，由辛树人先生担任教练。民国六年，经代理校长张仲述先生之倡议，每周举行全校军事体操一次。学生已满千人，分二营教练。至民国七年，津门水灾，南开校舍已成泽国，于是特借青年会会所、河北法政学校、劝学所等处，权宜上课。因无适当之地势，全校军事体操遂告停止。

民国八年以后，学校迁回南开，除补习班与一、二年级仍设兵式体操外，于三、四年级课程内，增设器械体操，每周二小时，特请邓藩仲、张良佐先生为器械体操教员。民国十二年，中学改用新学制（三三制），取消兵式体操，改用体育班。

乙、中国武术。

民国三、四年间，学校特延韩慕侠先生为中国武术教练，除课程时间外，在课外从韩先生学习拳术者达数十人。嗣以中国武术之派别众多，各争门户之见，民国八年遂行停顿。至民国十一年，学生在课外组织广武学会，延聘蒋致中先生为教师。民国十二年，体育课规定中国武术为初中一、二年级之选科，以为普通体育及童子军训练之替代。自本年秋季，大学部在课外时间，添设中国武术团，以为课外运动之替代，学生选习者，达二十余人。

丙、普通体育。

军事训练（Military Training）与体育教育（Physical Education）之目的不同，方法各异。自民国十二年秋季，学校改行新学制后，兵式体操即行废止，各年级均设器械体操班，学习走步、柔软体操及轻重器械等。自民国十年后，学生皆厌呆板之动作，而喜习自然之活动，因鉴于学生心理之趋向，柔软体操与器械体操列于淘汰之势，故于器械体操班（器械体操为我校功课表内之旧名词，现皆改称体育班）内，输入各项球术及田径赛等运动，教员为张良佐、张醒寰、周佩青诸先生。民国十二年秋，学校改用新学制，体育课按学生之体格，分级教授，根据每学年检验身体之结果，依年龄、身高、体重三项，分全校学生为成人、青年、童子三级，至于各级教材选习方法，大略如下：

1. 初中一、二年级青年与童子级，任选童子军训练或柔软体操及游戏，每周二小时。

2. 初中一、二年级之成人级，任选中国武术或器械体操，每周二小时。

3. 初中三年级及高中，仍设器械体操及各项球术，并于高中二年级之第二学期考验五项运动，以为毕业前体育及格之标准。

4. 大学部在民国十三年前，无正式体育班之规定，所必须者，即每日上午之课间操，习满一学期者，得半绩点。至三年级习满三绩点者，即免体育。

自民国十三年后，除高中三年级及大学四年级外，各级皆习普通体育班，按期分习步法、柔软及器械体操、各项球术、各种技巧及田径赛运动等，并规定童子军训练为初中一年级之必修科，中国武术为初中二年级之选科，并由体育课根据中国人种体格之统计，规定各个学生体育及格之标准，并实行科学之计分法，其大要如下：

1. 体力测验　二十分

2. 运动技术标准测验　二十分

3. 体育常识（学期试验）　十五分

4. 体育技能（学期试验）　十五分

5. 精神与努力（平日记分） 三十分

共计：一百分。

二、属于卫生教育方面者：

学校因习惯与沿革上之关系，公共卫生（School Hygiene；或近名为 Educational Hygiene）向由庶务课负责管理，学生课程内之生理卫生教科，向由教务课担任分配，兹就习惯上体育课所担任者，分述于后。

甲、测量体格。

我校自民国五年，由孟琴襄先生主持，自美国购得检验身体用具全副，在中学一年级试行体格测量。民国十年，由校务会议通过，全体学生每学年皆须受体格测量一次，于开学学生报到时施行，学生每年体格之进度，由体育课评定。其表格由体育课保存，用为体育教育之参考。

乙、检验疾病。

民国五、六年间，学生无疾病之检验，不过于每学期开学后，择学生自修之时间，由职员在教室内分发检查表，令学生填写，职员择学生中之面黄肌瘦者，加以注意。自民国十年起，在开学测量体格之时，即添请医生检验疾病，并自本年秋季始，实用麦克乐先生新发明之体格健康检查表，并实用体格健康进退之计分法，以为检验身体善后（Follow-up work）进行之准备。

丙、卫生习惯。

卫生教育（Health Education）之价值，不在卫生教科之知识，而在卫生习惯之养成。自民国十三年起，体育课规定学生卫生习惯自省表，于每学期开学后之第一月内（在改习惯之时期）令学生认真填写，由斋务、训育、体育三课稽查指导，并于每学期之末评定成绩一次，按标准给分。

丁、校医室。

自民国十年起，本校延旧毕业同学张丽泉大夫充本校大、中两部之校医，举凡检验身体之善后，传染病之预防，临时疾病之治疗，统由校医室负责。

三、关于营养问题方面者：

甲、正常体重测量。

何谓正常体重（Normal weight），即男女在某年龄、身高之期应有之体重。人有适当之营养，而后有正常之体重，适当之营养，又为维持人生康健之要素，故测量正常体重，实为测量康健率之标准。体重过轻或身体过胖者，皆非健康之表现，应于饮食、动作中，设法矫正。我校因人数过多，势难推行。现体育课业经规定具体办法，拟于本学年内试验办理。

乙、学生食品之分析。

我校中学部之食堂凡三，每日饭食菜蔬之分配，均应有适当之监督，而后期食品适宜。食品适宜而后期学生得适当之营养。现我校庶务课对于各厨房之食料，均有严格之检查，只注意其清洁新陈方面，而不及各食料分配之内容，何者为青年人体之所最需，何者可减少，均宜有确当之规定与指导，是为本校体育将来应注意者、推行者。

四、属于运动方面者：

南开选手运动之超著，早已名闻国内。至于发达之原因，不外学校方面之提倡，及校内运动之风尚有以致之。近年来学校之提倡，趋重于普及方面，而选手运动，亦兼顾及。

甲、选手运动。

我校运动选手，历年在天津、华北、全国、远东各种联合运动会及赛球会所得银杯不下数十枚，锦标已逾百面，各选手队现有之组织如下：

1. 田径赛队，队长周兆元，干事彭善承，指导员张茂林先生。

2. 足球队，队长范士奎（大学）、周兆元（中学），干事刘宝贵（大学）、顾光道（中学），指导员侯洛荀先生（大学）、郭剑明先生（中学）。

3. 篮球队，队长马庆云（大学）、徐连海（中学），干事迟汶澄（大学）、王振鹏（中学），指导员李飞云先生。

4. 棒球队，队长金权济（大学）、邓显赚（中学），干事舒渭文（大学）、吴仲申（中学）。

5. 队球队，队长姚东屏，干事冯仿蠡，指导员李飞云先生。

6. 网球队，单打代表王谦，双打代表（待选），指导员侯洛荀先生、郭剑明先生。

乙、普及运动。

我校之课外运动，因限于地势之狭小，设备之不足，势难施行强迫运动，向取放任主义。即此足球场大学一个，中学四个；篮球场大学三个，中学十二个；队球场大学两个，中学四个；网球场大学七个，中学十个；四百米之运动场大学一处，中学一处，每日下班后俱有人满之患。将来再求普及，非实行强迫运动不可；实行强迫运动，非扩充设备不可。

关于实施普及运动方法，每年分期举行，各项运动比赛会，由学校特设团体及个人奖品。

1. 网球比赛（大学分科，中学分年级），九月间举行。

2. 十项运动表演，学校纪念日举行（十月十七日）。

3. 足球比赛，十一月底举行。

4. 越野赛跑，十二月底举行。

5. 篮球比赛，三月中旬举行。

6. 春季运动大会，四月下旬举行。

7. 队球比赛，五月中旬举行。

8. 垒球比赛，六月上旬举行。

对于组织方面，各班设各班之体育会，各年级有各年级之体育会，并于本学年起，体育课特请后列诸位先生，担任各年级课外运动指导员。

1. 初一，文进之先生。

2. 初二，徐克刚先生。

3. 初三，郭剑明先生。

4. 高一，李飞云先生。

5. 高二，张茂林先生。

6. 高三，章辑五先生。

以上只就体育之内，略述我校体育沿革之概要及现状，今后应行努力解决之问题有三：①提倡普通学生运动之兴趣问题，②对于特弱生之补救问题，③便利环境及增加设备问题。

（1）提倡普通学生运动之兴趣问题。大半数的学生，特别是大学部的学生，多抱着“勤有功，戏无益”的思想，以为运动是劳筋费力、耗时伤财的东西，闲暇的时候，多不愿到运动场上运动。吾的解决办法就是施行强迫运动，及组织各科各年级强有力之体育会。杜威博士曾说，The abstract idea of duty has little motivating force. Social interests have a powerful hold, which by association, is transferred to what is morally required. Thus a strong indirect interest resists the contrary pull of immediate inclination.

（2）补救特弱生问题。我校应增加医疗体操的设备，添聘专任指导员，对于身体有缺欠的学生，应使其各得适宜之体操。

（3）便利环境及增加设备问题。除去个人对于运动兴趣的关系外，其影响于学生运动之机会者，莫过于环境问题。如：

甲、学校课程的支配。

乙、学生在宿舍内的组织。

丙、运动后淋浴的便利。

丁、运动场上风雨时间的障碍。

戊、运动场上冬日太冷，夏日太热的问题。

倘我校能建筑完美之体育馆，附设游泳池及洗澡房，以上诸问题，皆迎刃而解矣。是为赖诸师友同学及国内捐输家之努力协助而已。

（《南中周刊》南开学校二十二周年纪念号，1926 年 10 月 17 日）

南开之童子军

（1926年10月17日）

引言

中华民国已经过了十五年，经过各种的政变，看到现在还是没有头绪的样子，离着所希生〈望〉的民治精神太远。几几乎吾们要都悲观起来了。根本的原因不外乎：

（一）道德的标准摇动，（二）国民的体魄多萎靡不振，（三）缺乏公正侠义的精神，（四）失少科学的训练及自然界的观察。

吾们提倡童子军的目的是：

（一）养成大仁、大智、大勇的青年，（二）矫正安逸萎弱的积习，（三）造就公正侠义的国民，（四）鼓励大自然界的开拓者。

创始

南开童子军创自民国四年，以陶尔图先生为军长，以周梦贤、杨润身、姜更生、王恒安、李丹忱、伉乃如、章辑五诸先生为教练员。凡本校学生，随意加入。共有队员百余人，分为二团教练，一采英语，一采国语。

停顿

嗣因经济困难，缺少设备，又兼学生服装不易购置，致中途停顿。

复兴

民国八年夏季，学生感于内政外交之不振，请求校长恢复童子军之组织，推章辑五先生及学生陶开泰、梁铭鑨、陈春华、华凤彩等为筹办委员，于是南开童子军得以复兴焉。民国九年，队员百余人，分两团教练，以章辑五、伉乃如二先生为军长，陶开泰、陈春华副之。

组织

根据中华童子军协会规定之组织法及规则，每团分为四队，每队八人，设队长、队副各一人。参考英美童子军课程，实施教练。

全体事务分为两部担任：一，教练部，由军长及热心童子军教育之各科教员组织之，二，庶务部，分为军需与文事两科，由军长选择童子军队员中之有才干者担任之。

练习

除星期六及星期日之旅行外，每周聚会两次，均于下班后行之，按照规定之程序，施行教练（队长会议每周一次）。假期内组织特别旅行团，择附近之名胜，遍游历之，如烟台、蓬莱、大沽、北京西山等处。

经济

童子军之个人用品如服装、靴、帽、领巾、小刀、绳索、背囊、水壶、旗、斧、警笛等，均由学生自备，凡属公共用具，如帐篷、辎重车、烹饪器具、团旗、队旗、木棍、军号等，均由学校购备。并每年特为童子军设备及经费补助一百五十元，列入学校正式预算中。

童子军指导委员会

民国十二年秋季，因军长章辑五先生赴东南大学研究体育，本校特请王九龄、朱星樵、王秉三、林杏荪、郭屏藩诸先生为童子军指导委员，并约请体育教员喻华甫先生代理军长职务。

联合事业

民国十年春三月十九日，由天津新学书院青年会及本校童子军军长发起组织天津中华童子军联合会，以谋本埠童子军教育之发展。至今天津童子军团体，已达十三团之谱。

暑期学校

民国十一年夏，本校组织暑期学校，内设童子军教练组，约请国内对于童子军教育素有研究者，如顾拯来、张忠仁诸先生及陆礼华女士担任教授，各地办学男女教员加入者四十五人。

振刷

民国十三年秋，章辑五先生由南返校，约请文华大学童子军副军长雷法章先生充本团军长。雷先生毕业于武昌文华大学文科，对于童子军教育颇富经验，故本校童子军训练大加刷新，并于初中一年级仿照童子军之编制组织童子团，目的在使初一学生尽得童子军教育之精华，不取童子军之形式，以期发达童子应有之本能。

扩充

民国十四年秋季，本校规定除课外自愿之童子军自行成立一团外（尚存四十人），将童子军初、中、高三级课程编入初中一年级正式课程内，限一学年毕业。每周三小时，分室内、室外教练两种，并于每星期六、日分班赴各处露营、或远足。

民国十五年秋，经张仲述先生之建议，拟以童子军教育为我校初中教育之中心，并自本学年起，初中二年级学生延长童子军训练一年，以期完成高级童子军资格，且利本学〈校〉所试办之社会视察等组织。

现行本校童子军组织一览

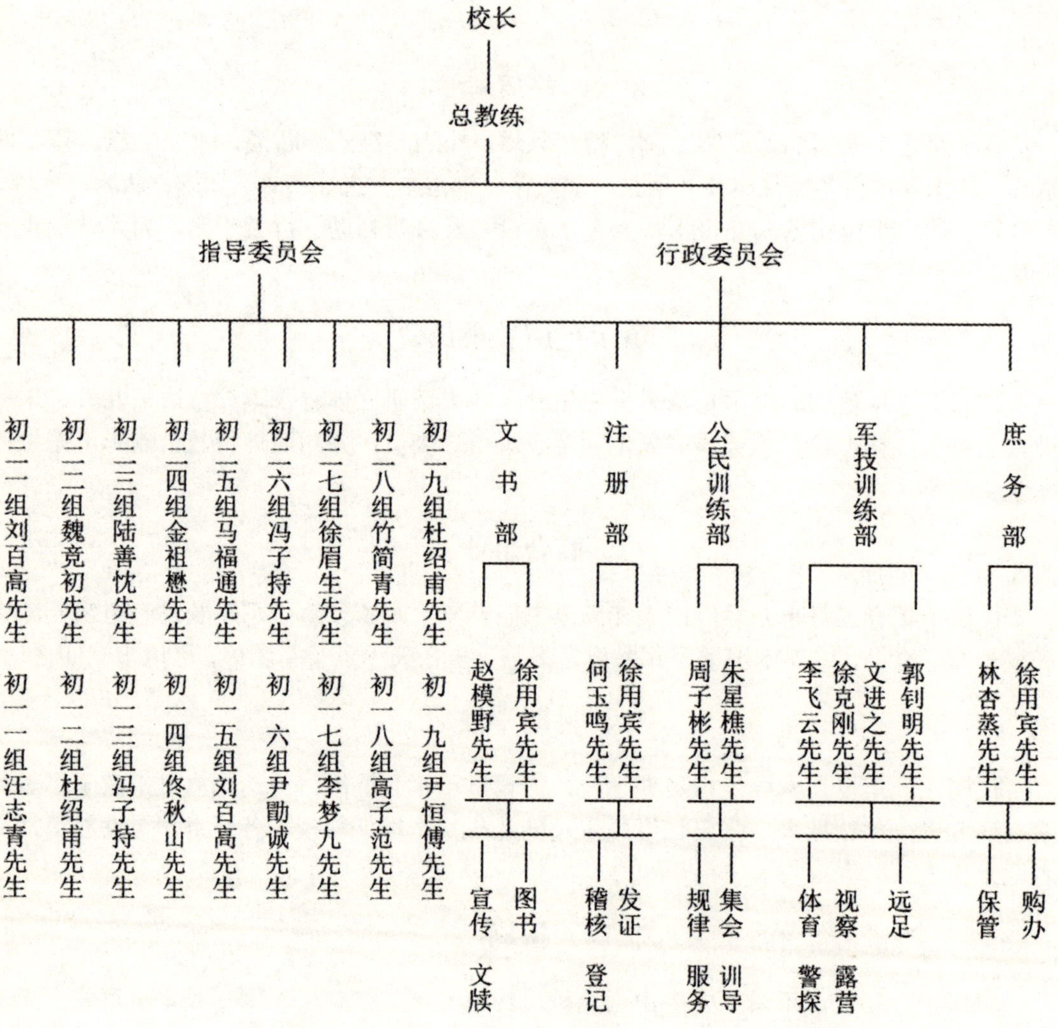

（《南中周刊》南开学校二十二周年纪念号，1926年10月17日）

为提倡学校体育事忠告各校校长

（1927年5月）

现今中国差不多诸事皆在破坏的时代，谈不到甚么建设的事业。各地方的教育，因为经费无着，几乎都要破产了。就是有几个勉强开课的学校，不过维持上班，暂时敷衍塞责罢了。谁还能注意到最不要紧的，可有可无的“体操”和“运动”呢？不意在这种混乱时局之下，忽然得着北京清华学校郝更生先生的来信，报告北京李君腾与詹君文耀等发起编印体育杂志，以普及体育及卫生等意义，为社会之先导。并邀郝先生为总编辑。吾得信之后，喜幸万分，因为在华北的地方，还没有见过这样的出版物。郝先生向余征稿，并限定三日后，就要出版，义不容辞，所以将吾近日观察所感，应为各校校长告者，约略言之：

各学校的校长，在设立体育部之前，应该认清体育部底目的，确定学校体育的方针，然后再聘适当的体育教员。不要因为看见青年的体魄不强，模模糊糊的马上就要“提倡体育”，听见说“三育并重”的名词，立刻就添设体育部，尤其不应该利用运动比赛得胜的荣耀，作为学校的广告品。若是没有把目的认得清清楚楚的，计划出适当的办法来，那么，推行之后，必定产生出不良的效果，若此不但不能提倡体育，反为将来推行体育的障碍，这岂不是最可惜最痛心的事吗？所以在这《体育》杂志首次出版的时候，提出几件事来，希望着全国教育当局注一点意：

一、不要存因噎废食的思想。

吾们全都承认，中国人民的身体，太不强健，跟东西各国的国民比较起来相差太远，所以博得“东亚病夫”的称号，受人家的凌辱，稍具血气的国民，皆以为体育确是应该提倡的，但是十余年来，因为缺乏适当的途径，生出许多的毛病来，有失败的，有灰心的，有暂时敷衍的，有因为攻击其中的流弊，处于反对地位的。吾们应该怎样才好呢？是不是因为其中的缺欠太多（如学校收买运动员，宠戴运动员，注意少数的运动员，忽略大多数的学生，更有轻视体育教员，运动比赛时，惹起来的纷争种种的毛病），吾们就不办体育了吗？当然不是的。如果吾们承认体育是应该提倡的，对于体育的效力，是确具信仰的，那么吾们就应该设法免除一切的流弊，把艰难困苦，置之度外，努力跟反体育的环境与习尚奋斗，庶几有成功的希望，不然岂不有因噎废食之叹了？

二、不应当以运动员为学校的广告品。

有一种学校的校长，不以注重全数学生健康为体育底目的，用了很大的薪水，请一位著名的运动员，充作学校的体育教员，又用种种利诱的方法，搜罗各地的运动员，组织学校的代表队，预备对外比赛的时候，专门以得锦标为目的。这种式样的体育，如果每次比赛得胜了，就要骄傲起来，任意要挟学校，倘若失败，教员的位置也不稳了，运动员的宠戴，也消灭了，优待的条件也没有意思了，所以弄得教员同运动员因为自己地位的关系，皆抱一种胜得负不得的心理，所以遇见比赛的时候，不论是非曲直，拼命去争，把善得善失的精神，全都忘记了。失败之后，发了许多的报〈抱〉怨，种种的说话，一定要嫁过于人的。这样的体育，还能有好结果吗？所以吾希望有意提倡体育的各校校长不要这样藐视教员及学生的人格，而采用这孤注一掷的办法。

三、不应认现代的体育为洋式的东西。

学术本来是不分畛域的，也没有国际的区别，只要吾们认他有教育的价值，无论他是那一国的，或者是甚么时代的，苟适应吾们的需要，就应该设法提倡。但是近几年来，自从吾们中国仿学西法提倡［体育］之后，普通社会人士看出许多的缺点，所以生出一种反感来，就说“新的不如旧的好”“外国的东西不如中国的好”，竟然一笔抹煞的说“要打倒一切洋式的教育”，“提倡本色的教育”，致吾们十数年来所提倡的新式体育（如田径赛运动，各项球术游戏等）受这种潮流的影响，无形中受了一打击，所以有提倡“国粹体育”的号召，又因为他们看出来比赛运动的毛病（运动太激烈的害处，还有因为比赛生出来纷争、嫉妒、虚荣心等），就说这种洋式的体育，不应该提倡的。

吾们仔细的想一想，这几年提倡比赛运动的结果，还没有见出很大的成效来，确是因为比赛运动与中国的国民性有根本冲突的地方。第一，中国的旧礼教，以儒道二家为最有力，儒家以雍容揖让为娴雅，道家崇尚无为，葆精惜气，不使劳瘁，以饮酒为高，以疏懒为达，文弱之风，日渐养成。第二，中国人常存“真人不露像”的说法，不管有甚么本领，皆不要露在外面。现在吾们的比赛运动，确是要露在外面的，吾们常听见外国人说：“Show your staff, boys.”不但在比赛运动上是这样，就是喜怒哀乐的发现上，也是这样，这是发展固有的天性。至于比赛运动是要出风头的，未免太无意识，然而社会上常以为“出风头”是一种不好的名词，吾们如果平心静气的分析起来，中国人的不争气，处处落人后的毛病，是不是缺乏竞争的精神？中国各种事业的不振作，没有大胆主持正义的真领袖，是不是缺乏正当“出好风头”的人物？所以吾们要认现代的体育，为世界公认合科学、合理性的体育方法，正可借此打破现代中国国民的萎靡不振的心理，吾们还不快尽力的提倡吗？

除去上边所说的三个消极的条件之外，还有五个积极的条件，应该为组织学校体育部的正轨，兹一并录后：

一、增进全校师生及各个人的康健率。

体育部每学年，应该会同校医为全校师生及校役检验身体，诊治病症，预防各时期的流行病，并设法使他们都有体操运动的机会。

二、在体操运动的教材里，教授些生活上应用的技能和能力。

除去发达元气之外，在体操运动的教材里，应该输入些天然应用的活动方法，如跑、跳、掷、攀、泅水等等，学习人生生活上的技能和能力。呆板式的体操，能多多减少才好。

三、尽量发达个人的本性与人格。

吾常说学校的体育为积极的训育方法，吾们所提倡的比赛运动，不是专求在身体上得的一点益处，实在是在智能上、群性上、心灵上的益处为较多，如节制、自守、服从、公平、义气、勇敢、友爱、进取诸美德，不是在教室内可以训练出来的，而反在运动场上得来居多，所以体育在生活教育上，能有最大的感动力，体育教员在学校里实为引导青年的领袖，负发达品德的重责，岂是吾们可以轻忽的吗？

四、输入学生体育卫生的常识。

吾们应该使学生知道体育的目的是甚么，教他们跟吾们同力合作，达到最完善的地步，教他们得到相当个人卫生及公共卫生的知识，并且明白救急伤科和医药常识，以应人生生活中不时的需要。

五、养成学生卫生生活的习惯。

若是吾们在学校里所学的知识，没有跟生活联合起来，没有养成一种好的习惯，吾们所学的东西都是徒然的。体育卫生的价值，尤其注重在“行”，不注重在“知”，所以学校体育部的责任，应该在学校里预备好的设备，造成好的环境，指导学生养成好的卫生的习惯。并且要尽力设法使他们习惯保持长久，将来由学校毕业之后，方不致〈至〉于为恶社会所同化。

吾们深信“教育救国”的论调是对的，“体育救国”也是对的，但是什么样的教育？什么样的体育？才可以救国？吾们不能不仔细的研究一下。有人说现在的中国甚么都谈不到了，每一谈及，都关系到经济、人才及政治各方面。尤其是体育事业，又加上一种的困难，就是变更一般社会人士对于体育的观念，须先设法转移或解决中国的风俗及习惯等问题，然后方有可为，是惟有赖夫教育当局的诚心援助，及体育界同人之自重耳。

（《体育》1927 年第 1 期，创刊号）

学校对于“卫生”与“医药”两方面的责任

（1927年9月）

关于学生身体健康的事，除了应有的体育，设法增进健康率，尽量的发达个人体魄之外，其余的问题，就是“卫生”与“医药”两桩事情了。各学校对于他们的责任，因为观察点的不同，有不负责任的，有略事敷衍的，亦有负完全责任的。兹就观察所得，对于这两桩事的责任问题，讨论一下。

一、现在国内各学校对于卫生与医药设施的概况

卫生是一个极空泛的名词，范围包括的也甚广，各学校对于他的责任，似有似无的样子。大多数的学校“公众卫生”的事，如教室、宿舍的建筑与清洁、厨房、厕所、盥洗室等处的管理等，是由庶务部负责的。至于“个人卫生”，如饮食、起居、睡眠、劳逸等问题，除了读卫生教科书之外，是无人负责的。不过稍好较新一点的学校，对于学生肯负责任的，是由卫生教员，或者斋务员，不时的作一种指导，然而皆是随随便便没有甚么切实办法罢了。

关于医药方面，大多数的学校，因为医生的价值太高，薪水过大，不能聘请专任的校医，就请一位兼差的医生，每星期在规定的时间内，来校二三次，只是对于学生的“感冒”“头痛”“生疮”等等的小病，略施诊治。至于较大的病症，就要劝他回家调养，或者转荐到本地的医院里去调治，校医是不负责任的。最大的原因就是学校对于学生并没有收到医药特别的费，说是不负责，也无不可。至于检验全数学生的身体，施行善后的治疗，防止传染病的流行等事更是不过问的了。

二、现代“卫生”与“医药”的新趋势

因为人的身体是整个的，“体育”“卫生”与“医药”三方面，对于个人全体的健康，都是有直接密切关系的。然而向来学校的设施，都把体操运动交给体育部管理，公众及个人卫生的事交给庶务部及斋务员负责。医药疾病的事分归校医担任。三方面的人，各做各的事情，仿佛一点联络都没有，像这样的组织恐怕不能达到狠美满的效果。

体育与公众卫生的关系。比方说一个运动员，在一个不讲究卫生的环境里，自己个人的生活，也不遵守卫生的规律，要是希望他的身体康健，运动的成绩良好，是不可能的。所以运动员普通人虽称他们是体育家，然而有病的或者夭亡的恐怕确倒不少！多是因为卫生上的关系。

体育与医药的关系。譬如一个学生不知道他的身体的历史，亦没经过疾病检查，偶然教他去做激烈的运动，倘若他患心肺脏的毛病或者有其他缺欠的地方，不但没有益处，并且是一件很危险的事。

卫生与医药的关系。现在因为生物学、微菌学、生理学、病理学的发达，吾们研究

出来各种病症的来源，差不多所有病症，都是可以预防的。所以现代医药界的新趋势，不注重在“治病”，就是吾们常听见说的一句话：Prevention is better than cure.“防范比治疗更好”。他们主张这个意思的根据，说，康健是人类的本质，自父母生下来的时候，身体各部器官的构造都有自然运用的功能，不过因为受了外界的侵犯，失去自然运用的功效，那就生出疾病来了。可是如果一个人，体育发达的狠完全，抵抗病的能力（免疫力，Immuning Power）狠大，就不容易受外界的侵犯，就是偶然有了疾病，因为他的白血输（White Blood Corpuscles）健强跟新陈代谢的作用（Metabolic Action）捷速，也是不难痊愈的。吾们常听见现在的医生说，It is nature that cures not the medicine nor we physicians. 医生的责任不过查明病的来源，知道他化变的趋向，预测他将来的结果，再行设法防止他的扩张，施行适当的治疗，至于药的功用多是用为消毒杀菌的，并没有直接治病的能力。可〈所〉以医学将来发达到最完美的地步，恐怕只有“防病学”（Preventive Medicine），而“治病学”将在淘汰之数了！

譬如一个学校的学生，每年受过一次完全身体的检查，把一切的毛病，都检查出来，逐渐的治好了，教各样的病，没有乘虚而入的机会，学校里又在不同的时期，将各种的传染病（Communicable Diseases）想出最好的方法来预防了，再令学生每日生活的习惯，全能合乎卫生的正轨，那差不多就狠少有得病的机会了。

三、学校对于卫生及医药管理上应定的方针

吾们既然晓得“体育”“卫生”与“医药”三方面，都是跟吾身体的健康有密切关系的，不是可以分开的，所以吾们将来在管理法上，应取的方针，是要把这一桩事，联络到一气，各事均有负责的专员，事事皆有严密的衔接。并且对于一个学生身体上的状况，无论甚么时候检查，都能够一目了然。就是把每学年检验身体的实况，作为“体育”“卫生”与“医药”三方面惟一的根据。再设法使全体的学生，明了健康的要义，规定些鼓励健康的方法，希望全体的学生（走读生当然是要由家庭中负大半的责任）都能免除疾病的痛苦，享受健康的快乐，并且在中学里受完了六年的体育卫生教育之后，能得到完全无病，活泼耐劳的好身体。

四、本校“卫生”与“医药”实施上的讨论及将来的改善

本校中学部的学生有一千六百人之谱，寄宿生约九百余人，每逢计划出来的事情，都是感受人数过多的困苦。经济的束缚，行政上的艰难，以致时常计划中所期望的目的不能完全达到，兹将现行对于“卫生”与“医药”实施上的问题分项的讨论，准备本学年内逐渐的改善。

1. 疾病验查与体格测量

中学时代（青春期，Adolescent Period）学生的身体，变迁最快，他们各部器官的发育，当然是最重要，最应该小心注意的。所以吾们学校里规定每学年要检查全数学生的身体一次，检验各部器官之有无疾病，尽力的图谋补救，并且要测量全数学生的体格，为施行体育教育的根据。

吾们实行若干年来，令吾们不满意的地方是——

甲、每年秋季在开学报到两日的时间内，要检查一千五六百人的身体，因为时间的短促，不能详细检验。

乙、检验完了的结果，未能逐一的施行善后治疗。

丙、学生检验时或调验时的不听约束或不守时间。

对于这三个不满意的地方，吾们将来的办法是——

甲、改良检验身体的表格，延长检验的时间，加增检验者（如医生等）的人数，并且要训练测量体格的人才（选拔学生中之对于此事有兴味者，预开训练班，教授测量体格的方法及应注意的要点）。

乙、在新式的检验身体的表格内，要标明各种［各］样的缺欠，在入学之后，特请专员，每日施行善后的治疗，并且要采用 Health Score System 算计出各个学生的健康分数（Health Point）来，以为考查比较学生健康进退的根据，藉此可以鼓励他们注意健康的动机。

丙、学生未经身体检验者，一律不得入学，补验身体者须纳相当之补验费。施行善后治疗时无故不到者应即令其停学。

2. 学生个人卫生习惯

自从民国十四年起，本校体育课制订《学生卫生习惯自省表》，在开学的第一月内分给学生，令学生逐日填写，并由从前的训育、斋务、体育三课随时稽查，并规定评订的标准如左：

甲等——逐日按表认真填写，且生活与卫生正轨相符者。

乙等——逐日按表认真填写，生活间有背卫生正轨者。

丙等——逐日按表填写，但其中有捏造不实者。

丁等——不按日填写，或表中多与事实相背者。

实行了二年的功夫，除去些虚心向善的学生外，多取敷衍塞责的态度，所得的效果真是微乎其微了。推其原因，还是感受到学生人数还多，指导的人数过少的困难。尤其是关于学生生活中的琐碎问题，如饮食、起居、睡眠、劳逸等等，更难个个的注意到了。

吾们将来改良的办法应该在学生组织的方面设法解决——

打算改革一个人的习惯，是很不容易的事情，除去意志特别坚强的人之外，全在乎环境的诱导与制裁罢了！所谓环境的诱导与制裁不是少数的管理员可以照顾得到的，是惟赖各宿舍、各教室学生的组织团体清洁的习尚，注重运动的风气与夫同学中互相劝勉、互相观摹，及指导员督责的空气，才可以收较大的效果。不然就变成敷衍的具文了！本学期改革之后，训练课对于寄宿生及走读生的组织均有严密的规划，在养成学生个人卫生习惯上，一定可以收较好的效果。

3. 疾病调养与医药的设备

在讨论这个问题之前，本校对于学生所负医药责任的范围，有几件重要的事实应该要说明的：

一，走读生占全数学生五分之二，遇有疾病多半在家中延医诊治，责任当然是由家庭负责的。

二，本校不收学生医药费。

三，津埠医院林立，寄宿生如有重大病症，可入医院调养。

根据以上的事实，看看本校的经济，再参考到医药方面的新趋势，本校不能不采取现在的办法了。有一部分的同学，主张我校应该附设学生养病院的，又有人主张聘请全时间在校专任的校医的，吾们因为津埠的医院颇多，本校没有添设养病院的必要，医生的薪水过大，每月约需四五百元之谱，且多数的医生不愿在一校专任，所以吾们的办法是——

本校特聘医生二人，在规定时间内来校办公，一司预防疾病之职（Preventive Medicine），举凡检验身体的善后，各种传染病的预防皆属之。一司治疗疾病之职（Curative Medicine），举凡内外科各种疾病之治疗皆属之。

设校医室一处，为诊病发药之所，内科用药以照服用日之多少，无论药之价值，按一、二、三角收费，外科用药概不取值。

设调养所一处，遇有学生患病急须隔离者，临时用之。较大病症，即荐入医院。

聘设看护员一人，除星期日外，常年在校司理看护及外科救急等事。

校医室设事务员一人，管理配药及收发药料等事。

结论

一，“体育”“卫生”“医药”三方面，都与学生身体的健康，有密切的关系，所以三方面的组织，应该有极严密的联合。

二，现代医药界的趋势注重在防病（Preventive Medicine），不注重在治病（Curative Medicine）。

三，学校应该把每年学生检验身体的记录作为“体育”“卫生”“医药”实施的根据。

四，中学时代（青春期，Adolescent Period）应特别注意各部器官的发育，利用计分比较法，激刺学生注意健康的动机。

五，学生个人卫生习惯的养成除由指导员认真督责外，学生中宜造成团体诱导与制裁的空气。

六，在大城中限于经济设备的学校不能负学生医药的全责。

（《南中周刊》第 27 期，第 32 期）

附：学生卫生习惯自省表

学生卫生习惯自省表

姓名__________性别________学级__________宿舍__________起始填写______年___月

		第一周							第二周							第三周							第四周						
		1	2	3	4	5	6	日	1	2	3	4	5	6	日	1	2	3	4	5	6	日	1	2	3	4	5	6	日
今日早晚及饭后刷牙齿否	早																												
	午																												
	晚																												

续表

		第一周							第二周							第三周							第四周						
		1	2	3	4	1	2	3	4	1	2	3	4	1	2	3	4	1	2	3	4	1	2	3	4	1	2	3	4
今日按时大便否	按时																												
	不按时																												
每餐约几分钟	午																												
	晚																												
今日激烈运动否																													
今日饮水几大杯	早																												
	午																												
	晚																												
今日有若干时户外活动																													
昨晚安睡几小时																													
今日所费零食钱若干																													
今日用肥皂沐浴否																													
每日动静能保持正确姿式否																													
每日心神愉快并作助人之事否																													
吐痰打喷嚏咳嗽及个人卫生否																													
睡时开窗否																													
有无应戒之陋习																													
附录																													

附：自省表说明：

此表专为谋学生之健康，养成良好之习惯而作，不可自暴自弃，乱加妄填，致失此举之价值，而负学校之好意。

第一条　若晨刷牙就于早字这一格内作一“√”记号；未刷，则作一“×”记号。其余午饭后刷牙，及晚饭后刷牙，均照此法填写。

第二条　每晚按时大便两次的人，于“按时”这一格内记“二次”两字（或只记一“二”字），一次的记“一次”两字，没有大便的则记一“无”字。若大便一次的人，不按时大便，则于“不按时”格内，记“一次”两字，若违常而至三次或四五次的，则记“三次”或“四五次”等字，若每日本来大便两次的，今日一次不按时，另一次按时，则于“不按时”一列，记“一次”两字，再加“按一”两字。

第三条　午膳所费的时间几分钟，记于“午”字一格，晚膳所费的时间，记于“晚”字格。

第四条　将每日运动次数及时间，记于相当格内。

第五条　早晨所饮开水之杯数，记于“早”字一格；下午的及晚上的，记于“午”字一格及“晚”字一格。

第六条　将每日户外生活时间，记于相当之格内。

第七条　将每晚安睡时间，记于相当之格内。

第八条　将今日所费之杂食钱，记于相当之格内。

第九条　将沐浴次数，记于相当之格内；沐浴者作一“√”；不沐浴者，作一“×”。

第十条　若能保持正当姿势，则于相当格内，作“√”记号；否则作“×”记号。

第十一条　若愉快而作助人事的，则于相当格内，作“√”记号；否则，作“×”记号。

第十二条　于相当格内，记“无”字或“有”字。

第十三条　开窗的，于相当格内，作“√”记号；不开，作“×”记号。

第十四条　于相当格内，记“有”字或“无”字。

第十五条　个人关于卫生事项，有可记录者，记录之。

（《南开周刊》第 1 卷第 2 号）

对于童子军改革后感言

（1927年10月）

童子军教育，自输入中国迄来，已经有十五年之久，各地效仿试办都还没有十分完美的办法，最大的原因不外乎：

1. 学校的各种工作未能与童子军训练贯通一致，所收的效果不过零星的童子军常识与技能罢了。

2. 旧社会、旧习惯对于童子军教育的不明了及误解。

3. 教练员人才的缺乏是到处所感觉的，对于童子军教育具深刻的信仰，能克苦，能耐劳，能够以身作则的更是不可多得的了！

4. 经济与设备的限制也是各学校所感觉的困难。

以上是几个较大的问题，其余如学校课程的编订、寄宿生在宿舍内的组织、走读生的支配，学校天然环境的关系，学校中的空气都是与童子军训练有直接影响的。

哈哈，自从本学期学校改革之后，以上的困难问题大多数已经解决了！初中一年级的课程已经改编了！寄宿生与走读生的组织已经划分了！经过张仲述先生几次的讲演，学校中对于提倡童子军训练的重要多数明白了！教练员人才已经设法张罗聘到了！在童子军训练委员会首次会之中通过加添新设备的预算八百元。此番的改革真是不小啦，将来的效果全在乎吾们一致的努力罢！

（《南中周刊》第31期）

南开童子军的源始及现状

（1927年10月）

引言

吾们在这冒险试验的十六年民国之中，觉感出来国民的弱点非常是多，不能跟欧美各国相比较的最要紧的就是人民缺乏养成现代生活能力的活教育，吾们以为最缺乏的是：

（一）道德标准的根据；

（二）矫正萎靡的积习；

（三）公正侠义的精神；

（四）独自创造的能力。

吾们学校提倡童子军教育的目的就是设法在青年学生之中补足国民中的缺欠。

创始

南开童子军创自民国四年，以陶尔图先生为军长，以周梦贤、杨润身、姜更生、王恒安、李丹忱、伉乃如、章辑五诸先生为教练员。凡本校学生，随意加入。共有队员百余人，分为二团教练，一采英语，一采国语。

停顿

嗣因经济困难，缺少设备，又兼学生服装不易购置，致中途停顿。

复兴

民国八年夏季，学生感于内政外交之不振，请求校长恢复童子军之组织，推章辑五先生及学生陶开泰、梁铭鼐、陈春华、华凤彩等为筹办委员，于是南开童子军得以复兴焉。民国九年，队员百余人，分两团教练，以章辑五、伉乃如二先生为军长，陶开泰、陈春华副之。

组织

根据中华童子军协会规定之组织法及规则，每团分为四队，每队八人，设队长、队副各一人。参考英美童子军课程，实施教练。

全体事务分为两部担任：一，教练部，由军长及热心童子军教育之各科教员组织之；二，事务部，分为军需与文书两科，由军长选择童子军队员中之有才干者担任之。

练习

除星期六及星期日之旅行外，每周聚会两次，均于下班后行之，按照规定之程序，施行教练（队长会议每周一次）。假期内组织特别旅行团，择附近之名胜，遍游历之，如烟台、蓬莱、大沽、北京西山等处。

经济

童子军之个人用品如服装、靴、帽、领巾、小刀、绳索、背囊、水壶、旗、斧、警笛等，均由学生自备。凡属公共用具，如帐篷、辎重车、烹饪器具、团旗、队旗、木棍、军号等，均由学校购备。并每年特为童子军设备及经费补助一百五十元，列入学校正式预算中。

童子军指导委员会

民国十二年秋季，因军长章辑五赴东南大学研究体育，本校特请王九龄、朱星樵、王秉三、林杏荪、郭屏藩诸先生为童子军指导委员，并约请体育教员喻华甫先生代理军长职务。

联合事业

民国十年春三月十九日，由天津新学书院青年会及本校童子军军长发起组织天津中华童子军联合会，以谋本埠童子军教育之发展。至今天津童子军团体，已达十三团之谱。

暑期学校

民国十一年夏，本校组织暑期学校，内设童子军教练组，约请国内对于童子军教育素有研究者如顾拯来、张忠仁诸先生及陆礼华女士担任教授，各地办学男女教员加入者四十余人。

振刷

民国十三年秋，章辑五先生由南反〈返〉校，约请文华大学童子军副军长雷法章先生充本团军长，雷先生毕业于武昌文华大学文科，对于童子军教育颇富经验，故本次童子军训练大加刷新，并于初中一年级仿照童子军之编制组织童子团，目的在使初一学生尽得童子军教育之精华，不取童子军之形式，以期发达童子应有之本能。

扩充

民国十四年秋季，本校规定除课外自愿之童子军自行成立一团外（尚存四十人），将童子军初、中、高三级课程编入初中一年级正式课程内，限一学年毕业。每周三小时，分室内、室外教练两种，并于每星期六、日分班赴各处露营，或远足。

民国十五年秋，经张仲述先生之建议，拟以童子军教育为我校初中教育之中心，并初中二年级延长童子军训练一年，以期完成高级童子军资格且利试办之社会视察等组织。

改革

本学期自改革后，初中一年级八组分为五团教练，每团八队，每队八人，每团复按寄宿与走读者之分别顺序编入各队，以期在童子军生活中收训练一致之效。初一新课程除国文、英文、算学、社会常识及自然现象在教室内上午授课外，其余各种训练按照童子军的组织，在每日下午或利用星期六、星期日指导，动作种类列下：

a. 童子军训练

b. 体育

c. 艺术的训练（图画乐歌）

d. 职业的训练（金工木工）

e. 观察采集（社会视察及自然观察）

f. 练习自治

现行本校童子军组织一览

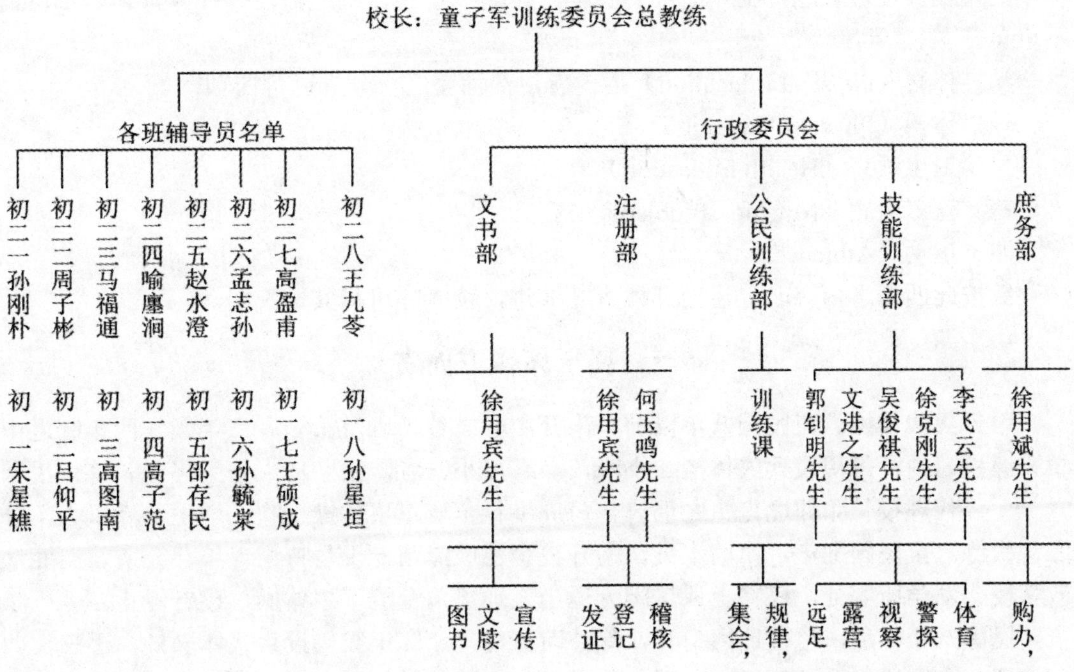

（《南中周刊》第 31 期）

南开体育概况

（1928年5月3日）

本校自开创迄来，即以注重体育名闻国内，张校长伯苓历充华北联合运动会会长，现膺全国体育协进会董事长及远东运动会副会长之职，为提倡国民体育事奔走呼号不遗余力，力雪东方病夫之奇耻。鄙人服务斯校，追随张校长之后，十余年来，尝以为国民精神之不振，体魄之颓唐，为我国教育中之一大问题。然体育之范围至广，体育之内容极繁，且现今国内各学校之体育设施，复乏正轨可循，是故办体育者日处于试验改进之中，又兼我校发达较速，至今三部男女学生已逾二千二百人之谱，推行体育之责不可谓不重矣。

学校体育（Physical Education）之内容，简而言之，分为后列四项：

一、体操（Physical Training）

二、卫生教育（Health Education）

三、营养问题（Nutrition Problems）

四、运动（Athletics）

兹按此四列之内容，分述南开体育之演进，读者亦可得其概况矣。

一、属于体操方面者

甲、兵式体操。在民国八年以前，南开中学之补习班及第一、二年级（四年制之中学）课程表内，每周设兵式体操二小时，兼有三小时者，由辛树人先生担任教练。民国六年，经代理校长张仲述先生之倡议，每周举行全校军事体操一次，学生已满千人，分二营教练。至民国七年，津门水灾，南开校舍已成泽国，于是特借青年会会所、河北法政学校、劝学所等处，权宜上课。因无适当之地势，全校军事体操，遂告停止。

民国八年以后，学校迁回南开，除补习班与一、二年级仍设兵式体操外，于三、四年级课程内，增设器械体操，每周二小时，特请邓藩仲、张良佐先生为器械体操教员。民国十二年中学改用新学制（三三制），取消兵式体操，改用体育班。

乙、中国武术。民国三、四年间，学校特延韩慕侠先生为中国武术教练，除课程时间外，在课外从韩先生学习拳术者达数十人。嗣以中国武术之派别众多，各争门户之见，民国八年遂行停顿。至民国十一年，学生在课外组织广武学会，延聘蒋致中先生为教师。民国十二年，体育课规定中国武术为初中一、二年级之选科，以为普通体育及童子军训练之替代。自十五年秋季，大学部在课外时间，添设中国武术团，以为课外运动之替代，学生选习者，达三十余人。

丙、普通体育。军事训练（Military Training）与体育教育（Physical Education）之

目的不同，方法各异，自民国十二年秋季，学校改行新学制后，兵式体操即行废止，各年级均设器械体操班，学习走步、柔软体操及轻重器械体操等。自民国十年后学生皆厌呆板之动作，而喜习自然之活动，因鉴于学生心理之趋向，柔软体操与器械体操列于淘汰之势，故于器械体操班（器械体操为我校功课表内之旧名词，现皆改称体育班）内，输入各项球术及田径赛等运动，教员为张良佐、张醒寰、周佩青诸先生。民国十二年秋，学校改用新学制，体育课按学生之体格，分级授教，根据每学年检验身体之结果，依年龄、身高、体重三项，分全校学生为成人、青年、童子三级。各级教材大略如下：

1. 初中一年级除体育外，兼习童子军训练。每周二小时。

2. 初中二年级体育及童子军训练。每周二小时。

3. 初中三年级及高中，仍设器械体操及各项球术，并于高中二年级之第二学期，考验五项运动，以为毕业前体育及格之标准。

4. 大学部在民国十三年前，无正式体育班之规定，所必须者，即每日上午之课间操，习满一学期者，得半绩点。至三年级习满三绩点者，即免体育。

自民国十三年后，除大学四年级外，各级皆习普通体育，按期分习步法、柔软及器械体操，各项球术，各种机巧及田径赛运动等，并规定童子军训练为初中一年级之必修科，中国武术为初中二年级之选科，并由体育课根据中国人种体格之统计，规定各个学生体育及格之标准，并实行科学之计分法。其大要如左：

1. 体力测验	二十分
2. 运动技术标准测验	二十分
3. 体育常识（学期试验）	十五分
4. 体育技能（学期试验）	十五分
5. 精神与努力（平日记分）	三十分
	共计一百分

二、属于卫生方面者

学校因习惯与沿革上之关系，公共卫生（School Hygiene 或近名为 Educational Hygiene）向由庶务课负责管理，学生课程内设之生理卫生教科，向由教务课担任分配，兹就习惯上体育课所担任者，分述于后。

甲、测量体格。我校自民国五年，由孟琴襄先生主持，自美国购得检验身体用具全副，在中学一年级试行体格测量。民国十年，由校务会议通过全体学生每学年皆须受体格测量一次，于开学学生报到时施行，学生每年体格之进度，由体育课评定，其表格由体育课保存，用为体育教育之参考。

乙、检验疾病。民国五六年间，学生无疾病之检验，不过于每学期开学后，择学生自修之时间，由职员在教室内分发检查表，令学生填写，职员择学生中之面黄肌瘦者，加以注意。自民国十年起，在开学测量体格之时，即添请医生，检验疾病；并自十五年秋季始，实用麦克乐先生新发明之体格健康检查表，并实用体格健康进退之计分法，以为检验身体善后（Follow up work）进行之准备。

丙、卫生习惯。卫生教育（Health Education）之价值，不在卫生教科之知识，而在卫生习惯之养成。自民国十三年起，体育课规定学生卫生习惯自省表，于每学期开学后之第一月内（在改习惯之时期）令学生认真填写，由斋务、训育、体育三课稽查指导，并于每学期之末评定成绩一次，按标准给分。

丁、校医室。自民国十年起，本校延旧毕业同学张丽泉大夫，十五年加聘裘景仲大夫充本校大、中两部之校医，举凡检验身体之善后，传染病之预防，临时疾病之治疗，统由校医室负责。

三、属于营养问题方面者

甲、正常体重测量。何谓正常体重（Normal Weight），即男女在某年龄身高之期应有之体重。人有适当之营养，而后有正常之体重；适当之营养，又为维持人生康健之要素。故测量正常体重，实为测量康健率之标准。体重过轻，或身体过胖者，皆非健康之表现，应于饮食动作中，设法矫正。我校因人数过多，势难推行。现体育课业经规定具体办法，于本学年内业经试验办理。

乙、学生食品之分析。我校中学部之食堂凡三，每日饭食菜蔬之分配，均应有适当之监督，而后期食品适宜，食品适宜而后期学生得适当之营养。现我校庶务课对于各厨房之食料，均有严格之检查，只注意其清洁新陈方面，而不及各食料分析之内容。何者为青年人体之所最需，何者可减少，均宜有确当之规定与指导，是为本校体育将来应注意者、推行者。

四、属于运动方面者

南开选手运动之超著，早已名闻国内，至于发达之原因，不外学校方面之提倡，及校内运动之风尚，有以致之。近年来学校之提倡，趋重于普及方面，而选手运动，亦兼顾及。

甲、选手运动。我校运动选手，历年在天津、华北、全国、远东各种联合运动会及赛球会所得银杯，不下数十枚，锦标已逾百面，各选手队现有之组织如下：

1. 田径赛队。队长周兆元，干事司野□，指导员齐守愚先生。
2. 足球队。队长王雍劼，干事陶郁文，指导员侯洛荀先生。
3. 篮球队。队长马庆云（大学）、王锡良（中学），干事李国琛，指导员李飞云先生。
4. 棒球队。队长金权济（大学）、邓显□（中学），干事王登第。
5. 队球队。队长李朝梓，干事梁华渠，指导员郭刁屏先生。
6. 网球队。单打代表冯蓉，双打代表周维蕃、冯蓉、潘继武、谢树勋。指导员侯洛荀先生、徐光刚先生。

乙、普及运动。我校之课外运动，因限于地势之狭小，设备之不足，势难施行强迫运动，向取放任主义。即此足球场大学一个，中学四个；篮球场大学三个，中学十二个；队球场大学两个，中学四个；网球场大学七个，中学十个；四百米之运动场大学一处，中学□处。每日下班后俱有人满之患，将来再求普及，非实行强迫运动不可。实行强迫运动，非扩充设备不可。

关于实施普及运动方法，每年分期举行各项运动比赛会，由学校特设团体及个人奖品。

1. 网球比赛（大学分科，中学分年级），九月间举行。

2. 十项运动表演，学校纪念日举行（十月十七日）。

3. 足球比赛，十一月底举行。

4. 越野赛跑，十二月底举行。

5. 篮球比赛，三月中旬举行。

6. 春季运动大会，四月下旬举行。

7. 队球比赛，五月中旬举行。

8. 垒球比赛，六月上旬举行。

以上只就体育之内，略述我校体育沿革之概要及现状。今后应行努力解决之问题有三。（1）提倡普通学生运动之兴趣问题；（2）对于特弱生之补救问题；（3）便利环境及增加设备问题。

（1）提倡普通学生运动之兴趣问题。大半数的学生，特别是大学部的学生，多抱着"勤有功戏无益"的思想，以为运动是劳筋费力耗时伤财的东西，闲暇的时候，多不愿意到运动场上运动。吾的解决方法就是施行强迫运动，及组织各科各年级强有力之体育会。杜威博士曾说，The abstract idea of duty has little motivating force. Social interests have a powerful hold, which by association, is transferred what is morally required. Thus a strong indirect resists the contrary pull of immediate inclination.

（2）补救特弱生问题。我校应增加医疗体操的设备，添聘专任指导员，对于身体有缺欠的学生，应使其各得适宜之体操。

（3）便利环境及增加设备问题。除去个人对于运动兴趣的关系外，其影响于学生运动之机会者，莫过于环境问题。如

甲、学校课程的支配；

乙、学生在宿舍内的组织；

丙、运动后沐浴的便利；

丁、运动场上风雨时间的障碍；

戊、运动场上冬日太冷，夏日太热的问题。

倘我校能建筑完美之体育馆，附设游泳池及洗澡房，以上诸问题，皆迎刃而解矣。是为赖诸师友同学及国内捐输家之努力协助而已。

（《南开大学周刊》第 60 号，1928 年 5 月 3 日）

1930—1939 年

《篮球术》序

（1930 年 8 月）

今日中国之谈建设者，每以经济与人才成为最大之问题，尤以体育教育为显著。然就近日之时势观之，国人似皆认体育教育为救国强种之根本要图，想将来对于经济上之协助，或不成为最大困难。惟推行体育之人才，及应用适当之教材，实最感缺乏者也。吾友董君守义，毕业于通州协和大学，因善运动，即入天津基督教青年会，充作练习体育干事。复得全国青年协会之资助，送入美国春田体育专门学校留学，卒业后归国，仍在天津青年会服务，以其十余年来练习指导并研究之所得，编辑《篮球术》一书，对于篮球游戏，用科学之方法，作有系统之叙述，实为体育界不可多得之善本。

夫体育指导员中最难得者有三：一为技术之特长，二为办事之能力，三为研究之精神。今董君一人而三者备焉。论技术，董君对于田径赛及各项球类及器械体操运动，无一不精，篮球尤为其特长，曾在美国春田大学历充足球及网球选手代表；论办事能力，历充青年会体育部主任，组织篮球竞进会，并为天津公共体育场事奔跑募捐，煞费苦心，其一种坚忍不拔之志，为同人所钦佩；论研究之精神，此书即其结晶也。当此提倡体育缺少方法之际，深望国人将此书广为传布，中华体育之发达，其庶几乎。

（董守义著：《篮球术》，青年协会书报部刊行，1930 年 8 月再版）

廿六周年南开体育之评骘及新努力

（1930 年 10 月 17 日）

学校每逢到了周年纪念的日子，总要出一本纪念刊，向学校内部负责的各部份，征求几篇纪念的文章，体裁多是些赞颂、希望、计划等等夸大的话。每年如此，未免有些因袭的回溯，不但读者厌烦，就是执业的人也觉得十分厌烦了！

然而除了说些赞颂、希望、计划等等大话之外，要是说些枝枝节节的小事情，总觉着不合体裁，也不值得登在冠冕堂皇的纪念刊上。今天吾要不避烦琐，说说南开体育的小问题，作为将来努力解决的方针。

甲，全校学生的健康未能彻底增进。学校规定每学年检验全数学生身体一次，注意善后治疗，并计算各个学生之健康分数，每学年报告一次，使之注意。有疾病者，通知其家长，使各方面一致注意。固然注意健康有病就治的人实在不少，然而隐病讳病的人也比比皆是。就依小学部的学生而论，患牙病的学生达全数学生三分之一，家长虽然知道，然而求医诊治的人实不多见。

乙，普及体育没作到家。学校在课程表内的体育班，每周不过二小时。在这二小时内，好习体育的学生，固然努力运动；不好体育的学生多是敷衍了事，课外运动多不参加。尤其是走读的学生，下班后立刻回家；还有些漠视体育的家长，回家后还要给他请人补习功课呢！

丙，选举〈手〉运动各方面的问题。在中国体育幼稚的时代，选举〈手〉运动的利弊可以说是参半的。在办理完善体育先近〈进〉的学校里就是利多弊少，在初提倡体育的学校里就是弊多利少，这也许是演进的其例吧！

注重功课的教员说：“功课不及格的学生，不准他运动。”注意品行一方面的先生说：“品行不好的学生，不准他充作选手！”重视比赛得胜的人说：“技能不好的人，不能充当选手！”运动员的家长说：“吾的学生不准他作运动员，因为他又旷废功课，又多用钱（因为运动员的衣服鞋袜等，是比平常学生要多费的）。”办体育的先生说：“运动的选手，是狠荣耀的！”无奈学生说：“吾不愿意充当选手，不愿意负代表学校的重任，也不愿意受各方面的牺牲，荣耀是不相干的事！”

中国人因为富于虚荣心的关系，有本领的人遇事的时候，总要别人来求他，他自己决不肯毛遂自荐的。在外国写 Application 的事情，是狠平常的，在中国确是狠少。所以在中国办体育，用出布告招选手队的方法，是狠难成功的！

在美国各学校运动选手的训练以及饮食起居睡眠等，均受教练员严格的监督与指导，运动员也表示绝对的服从；在中国的体育界里，总是不多见的！

因为以上种种的原因，在组织运动选手队的时候，往往不能得到理想上最优的队。

这种问题，非常复杂，不是容易简单解决的。

丁，童子军训练的真精神未能充分表现。本校的童子军自民国四年创设，至民国十二年，皆系课外的随意科，在民国九、十年间，精神极佳，人才倍出，对于各项童子军事业之活动，亦较现在为踊跃。自民国十三年后，编入正课改为强制，较前固然普及，然而对于童子军之团结，及发挥童子军精神上，则稍逊于前。斯亦“志愿”与“强制”之不同欤？

戊，军事训练之目的难期达到。自民国十七年全国教育会议之通过，规定军事训练为高中以上学校之必修科，由国民政府教育部及训练总监部认真执行。实行二年来，统观全国各校成绩颇少成效，盖因学校组织系统及教育兴趣的原则，与军事训练方法有难融洽的地方。凡是一种社会的变迁，必须经过层层的评骘，一层比一层的高，才能有进步。评进步的标准，全是向着真全美处去走，所以吾们要改进南开的体育，在过去的问题中，就可以找着新努力的方向。

按照美国体育名宿 Hetherington 的说法，一个九岁至十岁的儿童，每天要有六小时大肌肉的运动，才可以发育平均。十一岁至十二岁的儿童，每天需要五[小]时的运动。十三岁至十六岁的儿童，每日需要四小时至四小时半的运动。十六七岁的儿童，需要三小时的运动。十八岁至二十岁的青年，需要二小时至二时半的运动。吾们的学校，现在怎样？

本年春天有几位先生从日本参观回来讲道：日本学校体育钟点，比较我们学校多些，学生对于体育的兴味，也比较我们浓厚些。本年五月第九届远东运动会后，校长自日本回来，受了很大的戟刺，他说吾们学校的体育，比较日本还相差太远，应该设法加重，力求充实。

本年夏天吾因得天津扶轮社之约聘，在北平西山办理万国童子夏令营。其中英，美，德，日，俄及中国的儿童全都有，共计六十人，中国儿童占其半数，他们的年龄全都是十二岁至十八岁的童子。在两个星期的共同生活中，在极显明的比较之下，看出中国儿童不如外国儿童的地方很多。外国的儿童多是活泼的，勇敢的，富于创造能力的；中国的儿童多是呆板的，胆小的，被动的。最令人难堪的，就是在游泳比赛的时候，看见外国的儿童全都是兴高采烈的，差不多人人全能游泳。中国的儿童除了 Milton Liang（在美国学校读书的中国人）之外，全是向隅的！其中有几个南开学生对我说：“无论如何吾们必要造一个游泳池，由全体同学捐款，一定是不难的！”后来参观清华的体育馆，他们又说：“吾们南开若是有一个体育馆，冷热风雨，昼夜时间的体育都有办法了！”吾只可以回道说，回去再想法子罢了！

在学理上讲学校体育的组织，应该根据男女学生的性别，各年龄生理上发育的需要，及团体的意志为一切设施的准绳。照这样看起来，南开学校虽然在国内负着提倡体育的盛名，若是跟东西洋各国比较起来，还怕不如人家的一半呢！体育课在本学期把上学年体育不及格的学生及身体有残疾不能做激烈运动的学生，组成一个晨操班，每日不过费一刻钟的工夫，做些柔软体操，因为是学校的规定，不能不遵守。可是他们总说：“功课实在干不过来，那里有工夫作体操呢？”

总括上边所说的各种问题，在本校的第一个“刻世纪”（廿五）的纪念方过，第二个“刻世纪”（廿六年）方始的时候，吾们应该努力设法解决。

1. 使全体学生对于健康的重要有彻底的认识及注意。举凡检验身体善后的治疗，各个学生正常体重的测量，卫生习惯的督促，本校浴室的扩充及办法的改良，卫生教育等组织均属之！

2. 每日强迫一小时之户外运动，减轻知识学科之分量，按各年龄之需要酌加体育钟点。

3. 扩充体育设备，建筑体育馆及游泳池。为充扩体育设备单独募捐，积极进行。

4. 提高选手程度，训练力求合理。运动指导员的资格应该提高，各项运动皆聘专家，选手队的训练力求切实与合理。

5. 扩充童子军的设备，增加教练人才。本校童子军人数众多，训练碍难切实，设备每感不足，活动尚嫌过少。

6. 军事训练宜多注重精神训练。学校组织系统拟改军队化，扩充军事训练设备，增加训练上的兴趣，实行军队中见习，尤须注重平日军事训练上的精神。

校长说笑话的时候说过：“吾的孩子太多，不知道先喂那一个才好？”这是学校感觉的缺欠太多，各方面向学校要求的太重，校长所发的牢骚语。在此纪念廿六周年的时候，吾盼望全体同学一齐呐喊“吾们要首先扩充体育的设备！”

十九，十，十七

（《南开双周》第6卷第2期，1930年10月17日）

体育教学撮要①

（1931 年 6 月）

Ⅰ. 教学要旨

学校体育的要旨，在使全体学生，得着充量发展其身心的机会，培养其好习健康合理的兴趣，采取人类基本有用的动作，利用动神经的活动（Psycho-motor Activities）发达并满足其感情上的冲动及欲望。

在游戏活动之中，应使学生，保持“忘我”的态度，在不知不觉之中，强壮其身体。此种心理的状态，除发达身体及心灵之外，尚能养成其群居道德的习惯。

体育的设施应使学生得着好习运使的动机，使学生喜爱合理、有兴趣、健康的运动，不应使学生发生厌恶，应使学生喜欢且信服体育的价值。杜威博士曾说“呆板机械式的体操是无价值的”（If the work is executed in a routine way, motivated only by a sense of unavoidable duty, with eyes on the clock, and thought else where, the time is wasted.）。

Ⅱ. 作业要项

（一）上课时间：每周二小时（初中之童子军、高中之军事训练另外）。

（二）课外作业：每日下课后举行，其要目列下：

（1）学生自己组织的课外练习。

（2）远足。

（3）校内比赛。

（4）校际比赛。

（5）各种设计及表演。

Ⅲ. 教材选择

参照教育部最近颁布的暂行课程标准中，关于中学校普通体育的教材共设七项。

（甲）游戏活动——包括各种陆地上、草地上、地板上、水上、冰上各种个人和团体的游戏。

（乙）天演的活动——包含田径赛运动、游泳等。

（丙）护身的技能——包含国术、角力等。

（丁）自试活动——包含角力、武术垫上活动，重器械上活动，和各种机巧动作。

① 本文署名“忌吾”。

（戊）韵律活动——包含各种土风舞、形意舞、运动舞，各种行列及行进。

（己）野外活动——包含远旅行，野外采集，登山，露营，骑乘，渔猎等。

（庚）个人体操——包含各种医疗体操及适于个人的各种自然活动。

以上所列的教材，包括的范围极广，一个学校之内，因为设备的限制，气候的寒暖，学生的状况，教员的才能等等，势难完全采用。所以本校不得不采取因时、因地、因人、因事制宜的方策，随时断定适当教材的质量，但以不背乎前面所说的教学要旨为目标，以多用自然的活动、少用人造的活动为原则。

Ⅳ．体育分组法

本校采用麦克乐的年龄、身高、体重分组法，分全数学生为甲、乙、丙三组，以为各种运动比赛分组之标准。凡体格分数在三百二十分以上者为甲组（旧称成人组），在三百二十分至二百八十分之间者为乙组（旧称青年组），在二百八十分以下者为丙组（旧称童子组）。

附注：吾人身体发育的能力与年龄、身高、体重三项有直接的关系，本校即用统计学方法求得之公式：

（8×年龄＋1/2×身高 cm＋2×体重 Kg＝体格分数）

在开学之始检验身体之后，计算各个学生之体格分，例如某男生的年龄（足岁）为十五岁，身高为一百六十数，体重为四十五公斤，则其体格分数及应列之组级计算如下：

年龄：8×15＝120 分

身高：1/2×160＝80

体重：2×45＝90

体格分数＝290 分

应列等级＝乙组

男子过了十八岁以后，体格之发育较少，故满十八岁以上者向按十八岁计算（女子以满十七岁为最多），不再加年龄分数。

倘某生身体过胖，体重超过正常（normal）体重三分之一者（参看《中国学生年龄、身高、体重、胸围对照表》），即不再加体格〈重〉分数。

Ⅴ．实施体育测验

（甲）每学期在相当时间施行全校学生体育测验一次，藉知其体力和耐劳的程度，将每学期所得之分数，记入体育成绩表内，以便随时参考比较，激励其求进步之动机。本校采用体力测验之项目列后（及格标准按照各生之体格分数按表查对）：

1. 引体向上
2. 双臂屈伸
3. 仰卧起坐
4. 双膝全屈

（乙）每学期在相当时间，施行全校学生运动技术标准测验一次，藉知其能跑、能跳、能掷各项基本运动的技能。将每学期所得之分数，记入各个学生之体育成绩表内（各生及格标准须对照各生年龄、身高、体重所计之体格分数各不相同)，以便随时参考比较，激励其求进步之动机。本校选定运动测验之项目列后：

1. 百米赛跑（丙组用五十米）
2. 急行跃高
3. 急行跃远
4. 掷十二磅铁球（乙组用八磅，丙组用六磅球）

Ⅵ. 体育成绩计算法

根据中国人种体格之统计，规定各个学生之体育及格标准（本处因限于篇幅不能详述，阅者请参看麦克乐所著《中国男女学生体育测验计分表》，在本校体育课出售），并实行科学之体育计分法。其大要如左：

1. 体力和耐劳测验	二十分
2. 运动技术标准测验	二十分
3. 体育常识（学期试验）	十五分
4. 体育技能（学期试验）	十五分
5. 精神与努力（平日记分）	三十分
共计	一百分

Ⅶ. 体育教材程序

尝听见同事某先生批评体育教员的话说：“全校的六个年级全都教授学生打篮球，不见着有什么新鲜的玩意，这未免太无味了！”这虽然含着侮蔑体育教员的意思，其实是从实际观察中，所说出来的话。若再加深一步的探讨，吾就要问他“为甚么六个年级的学生对于打篮球全都有兴趣呢？”“不但是中学的六个年级全都打篮球，就是现在的小学和大学也全都学打篮球，并且兴味是一样的浓厚。”他不知道关于篮球的个人基本的训练，个人竞技的技能，团体攻守的方法等等，全都可以逐级深究的。不过在现在的中国，体育制度的混乱，教外边人看不出甚么系统来，当然是受人批评的，受人侮蔑的。对于中国体育的制度现在尚没有详明的规定，如审订各级学校的体育教材，编订各级学校的体育教授细目，全都不是少数人的精力短促时间所能办成功的，非经过深刻的探讨，长时间的试验，不能得着切实有价值的产物，何况各地的情形不同，其内容的伸缩更难应付了。本校素重体育，设备较比充实，体育教员达八九人之谱，拟于最近一学年内，根据过去之经验，编订各级体育教材及教授细目。

兹将本学年暂行体育教材程序列表如左：

（甲）课内教材（室内教材在风雨时间讲授）

第一学期教材大纲（附表一）

第二学期教材大纲（附表二）

（乙）课外作业（附卫生教育）

全学年体育程序表（附表三）

附表一：南开中学第一学期体育班教材大纲

年级		九月一日至十月十七日	十月廿日至十二月卅一日	一月一日至三日	一月四日至一月十七日	一月十九日至二月十五日
初一	室内	人体姿势概要	各项球术基本练习法	新年放假，本校与清华、燕京各大学比赛篮球、足球	1. 各项球术规则 2. 临时体育问题之报告及讨论	学期体育试验与寒假期内之足球、篮球、越野跑、滑冰等活动
	室外	1. 基本动作教练 2. 步法及穿花走步 3. 矫正姿势体操 4. 简单团体游戏	1. 同前　2. 同前 3. 同前 4. 练习体力测验 5. 足球基本法		1. 同前 2. 走步及穿花跑 3. 矫正体操 4. 篮球基本练习法	
初二	室内	田径赛运动 基本练习法	体力测验之意义及其方法		1. 各项球术之规则及基本练习法 2. 临时体育问题之报告及讨论	
	室外	1. 基本动作教练 2. 走步及矫正体操 3. 接力运动	1. 同前　2. 同前 3. 练习体力测验 4. 足球、篮球基本法		1. 同前 2. 走步及穿花跑 3. 矫正体操 4. 足球、篮球团体法	
初三	室内	1. 检验身体的意义 2. 田径赛运动基本练习法	1. 各项球术基本练习法 2. 各项球术规则		1. 日用饮食的需要 2. 临时体育问题之报告及讨论	
	室外	1. 基本动作教练 2. 步法及矫正体操 3. 各种接力运动 4. 排球、垒球	1. 同前 2. 同前 3. 体力测验 4. 足球、篮球团体练习法		1. 同前 2. 步法及穿花跑 3. 矫正体操 4. 足球、篮球团体法	
高一	室内	1. 运动生理摘要 2. 田径赛运动科学的练习法	1. 各项球术团体练习法 2. 中国体育沿革概要		1. 体育标准的研究 2. 临时体育问题之报告及讨论	
	室外	1. 基本动作教练 2. 走步及矫正体操 3. 各种接力运动 4. 排球、垒球	1. 同前 2. 同前 3. 体力测验 4. 足球、篮球团体练习法		1. 同前 2. 走步及穿花跑 3. 矫正体操 4. 足球临时团体法	
高二三	课外	网球、田径赛	足球、篮球、越野跑		足球、篮球、越野跑	

附表二：南开中学第二学期体育班教材大纲

年级	教材 时间	二月十五日至二月三十日	三月十二日至四月四日	四月七日至四月十三日	四月十四日至五月十七日	五月十八日至六月十四日	六月十五日至七八月
初一	室内	健身的意义	露宿的价值 田径赛运动基本练习法	春假举行长途旅行及长期野外露营等	运动之价值 游戏之意义	临时体育问题之报告及讨论	学期体育试验与暑假期内之田径赛、排球、垒球、网球、长途旅行等活动
	室外	1. 基本动作教练 2. 步法及穿花跑 3. 矫正姿势体操 4. 简单团体游戏	1. 同前 2. 同前 3. 同前 4. 田径赛模仿体操 5. 田径赛分组练习		1. 基本动作教练 2. 较复杂之走步法 3. 柔软体操 4. 田径赛运动 5. 低网排球	1. 同前 2. 同前 3. 同前 4. 分组测验 5. 垒球基本练习法	
初二	室内	正常体重之重要及测量法	田径赛运动基本练习法		排球基本练习法及其规则	垒球基本练习法及其规则	
	室外	1. 基本动作教练 2. 步法及穿花跑 3. 矫正姿势体操 4. 各种接力赛跑 5. 篮球	1. 同前 2. 同前 3. 同前，模仿体操 4. 田径赛分组练习 5. 整队、散队		1. 基本动作教练 2. 较复杂之走步法 3. 柔软体操 4. 田径赛运动与角力 5. 排球	1. 同前 2. 同前 3. 同前 4. 分组测验 5. 垒球、排球	
初三	室内	检验身体的意义	田径赛运动基本练习法及田径赛运动规则		排球团体进攻法 排球规则之讨论	垒球团体游戏法 垒球规则及讨论	
	室外	1. 基本动作教练 2. 步法及穿花跑 3. 技术模仿体操 4. 各种接力运动 5. 篮球	1. 同前 2. 同前 3. 技术模仿体操 4. 田径赛分组练习 5. 整队、散队		1. 基本动作教练 2. 应用步法、快步 3. 柔软体操 4. 田径赛运动与角力 5. 排球	1. 同前 2. 同前 3. 同前 4. 分组测验 5. 垒球、排球	

续表

年级		时间/教材 二月十五日至二月三十日	三月十二日至四月四日	四月七日至四月十三日	四月十四日至五月十七日	五月十八日至六月十四日	六月十五日至七八月
高一	室内	体育底目的和范围	世界、远东、全国及华北运动会之历史及组织法		田径赛运动科学的练习法 人之始源及其演进	临时体育问题之报告及讨论 网球规则	
高一	室外	1. 基本动作之教练 2. 正步、快步、穿花跑 3. 较复杂技术模仿体操 4. 各种接力运动 5. 篮球	1. 同前 2. 同前 3. 同前 4. 田径赛分组练习 5. 整队、散队		1. 基本动作之练习 2. 应用步法、快步 3. 柔软体操 4. 田径赛运动与角力 5. 排球	1. 同前 2. 同前 3. 同前 4. 分组测验 5. 垒球、排球	
高二三	课外	篮球	田径赛 排球		田径赛 排球	垒球 排球	

附表三：南开中学全学年体育程序表				
第　一　学　期				
时期	体育班内事项	校内比赛事项	对外比赛事项	卫生事项
八月下旬				入学考试，新生检验身体
九月上旬	分组、报告、签上课证			开学报到，旧生检验身体
九月中旬	矫正姿势测验		选拔并组织选手队	新生卫生习惯指导
九月下旬	准备表演教材	初高中班际网球比赛		补验身体
十月上旬			华北公开网球比赛	新生种痘
十月中旬		周年纪念体育表演	天津国际公开运动会	检验身体善后治疗
十月下旬	准备体力测验		天津秋季运动会	防疫运动
十一月上旬		初高中班际足球比赛	天津国际公开足球比赛	抵抗伤寒注射
十一月中旬	施行体力测验		天津中华公开足球比赛	
十一月下旬		高中越野赛跑	华北国际公开篮球比赛	
十二月上旬	正常体重测量		天津中华公开越野赛跑	
十二月中旬		初中童子军军步赛		
十二月下旬				
一月上旬	学期体育试验		与清华、燕京比赛足球、篮球	
一月中旬	学期体育成绩报告			
寒假		假期留校学生足球、篮球比赛		
第　二　学　期				
二月中旬	分组、报告、签上课证			入学考试，新生检验身体
二月下旬	矫正姿势测验		选拔并组织选手队	新生种痘、新生卫生习惯指导
三月上旬	正常体重测量		天津学校联合篮球比赛	补验身体
三月中旬		初高中班际篮球比赛		施种牛痘
三月下旬	标准运动技术标准测验	各年级小运动会		检验身体善后
四月上旬			华北球类比赛	预防猩红热
四月中旬		本校春季运动会		
四月下旬		初高中班际垒球比赛		驱蝇运动
五月上旬	施行运动技术标准测验		天津公开联合运动会	
五月中旬			华北联合运动会	防疫运动
五月下旬		初高中班际排球比赛	天津公开排球比赛	
六月上旬	正常体重测量			
六月中旬	学期体育试验			
六月下旬	学期体育成绩报告			
暑假	假期留校学生排球、垒球、网球、篮球比赛			

（《南开教学》第1卷第4号）

现代体育趋势的演进①

（1932年5月7日）

在上星期蒙天津市小学体育研究会各委员之约，到这边来讲演，这是不敢当的，不过同各位研究罢了。兄弟从前本是学机械工程科的，后到南开学校来办体育，兄弟是感觉到中国人和世界各国人来相比，就体育言，实是比不上；所以现在中国民族软弱到如此地步真是痛心的。体育方面的不讲求占有重大的原因。

诸位给吾的题目是“各国体育的趋势”，现在我们可改为“现代体育趋势的演进”来讲。兄弟参考美国体育专家I. C. Rogus君所说的体育演进，分为五个时期，差不多每十年变迁一次。吾们要从什么时候来讲呢？若是溯到中国黄帝时代或者外国希腊、罗马时代讲起，未免太远了，只好是从现代说起罢！

体育即操练

◎第一期自西历1890到1900年。在这个时候体育以为“体育即操练”（Drill），所用的教材如同走步，柔软操，器械操等，是注重整齐，及呼数的动作，按一定的程序来做，注意到学生身体的筋肉和神经一齐发展的。成为很机械式的被动的动作。这种体育就是德国人（F. L. John）詹恩氏诸人所发起的。这是在短少时间使多数人活动的方法。以后各国都相继仿效起来了。现在天津小学界的体育，是前四五十年的体育，限于地势时间设备使然的。

体育即运动

◎第二期自西历1900年到1910年。体育的趋势改为“体育即是运动”（Athletics）。所用的教材，多采用田径赛，球类等。此种体育由美国学生界发生的。他们说：青年人是有好胜心，和虚荣心的，藉着此种心理，可使他们练习纪律，守法，互信，公平，清洁等良好的习惯，及精神，也可以说运动场就是道德的试验室。一个小学生在堂内若是没有正当途径去练习竞争，将来到社会也必不能按正当途径去竞争。但是，这种体育是体育的一部分，不能代表整个的体育，并且只能发达少数身体较强的儿童，不能发达多数体弱的儿童。这是他的劣点！

体育即游戏

◎第三期自西历1910到1920年。“体育即游戏与娱乐”（Play & Recreation）。

① 本文是章辑五应天津市小学体育研究会之约所做的讲演，由吕席儒、李公衡记录。

英国人说："体育是每人闲暇时所应做的消遣——就是游戏。"此说盛行后，各处皆使体育普及化，并且应教的教材应该有"行远性"的。学生在学校毕业后，能用他作为消遣，所以学校用的教材多半趋向有"行远性"的游戏，为团体游戏，个人游戏，比赛游戏等等。同时英人的（Amateur Sports）业余运动的程度是世界上任何国家所不及的。

体育即健康

◎第四期自西历1920到1930年。"体育即健康"（Health）。

各种运动于身心各部有益的即是体育。在这个时期内，体育就进科学化了，有瑞典人凌氏（Per Henry Ling）诸人曾著《医疗体操》（Kinetherapy），根据生理解剖注重健康方面，颇有科学的价值。从前詹恩氏的体操是出于爱国的热诚，急欲谋民族强健，没有顾及到生理及解剖方面，实在缺乏科学的价值。

但是，如果完全注重身体的健康，而忽略儿童的活动，这又算妨害儿童的发育，因为卫生家T. D. Wood曾说："Activity is both the bread and breath of life of growing youth."（儿童的活动是与饮食和空气一样的重要。），所以学生要发达正常的体格，必须注意此点。

◎第五期自西历1930——1930年[①]。"体育即教育"（Educational Trend）。

现代美国大体育家I. F. Williams充哥伦比亚大学体育主任，他说："体育就是教育"是一种方法，不是目的。所以现在体育是包含以上五种时期的体育，应当知道儿童心理和生理方面的需要，按照不同的年龄，给他们一种相当的东西，逐渐养成良好的习惯，以至成人时作为良善的公民，这才是体育的目的，亦是教育的目的。

（《体育周报》第14期，1932年5月7日）

① 原文如此。

提倡体育同注重体育①

（1932 年 5 月 14 日）

提倡体育同注重体育，在现代的中国里，是不可辩驳的需要。但是为甚么中国在这提倡体育和注重体育的声浪中，还不能像日本或菲律宾那样充量的发展呢？其中的障碍，背景甚多。有志提倡体育的人不可不彻底明了，决定策略，务使对于提倡体育持怀疑或“口是心非”态度的人无隙可乘，方能有济。不然虽日唱提倡体育的高调，也无功的！

（《体育周报》第 15 期，1932 年 5 月 14 日）

① 本文原以“语录”的形式刊载，标题为编者所拟。

小学体育问题[①]

（1932年7月23日）

陈文海先生在上星期约我讲演，我听了是非常喜欢，同时很愿意帮忙。诸位将来全是小学的教师，当然现在需要些小学体育的材料，我虽然不是体育专家，但是我很高兴去研究。今天只就我看来的听来的向诸位谈谈，至于如何作法，诸位应该自己去设法。

从十九世纪以来，教育上的革命是观点变化。在以前只是叫儿童怎样去做，不顾儿童的个性。例如中国的旧教育只知教儿童读四书、五经，外国也是只知教读《圣经》，自卢骚[②]说要按儿童的需要而施教育以后，即变成由儿童的观点看起，由儿童所愿意的去教授，正和给儿童他所爱吃的糖果一样，儿童一定是快感的。

儿童的观点成立以后，就产生了儿童心理，和儿童生理两方面，我所知的心理，人每一个时期有一个时期的心理，而在小学里应研究的是儿童心理，不是青年心理，也不是其他的心理，就是用客观的方法，丢开自己去看儿童。

现在就按照儿童生理和心理两方面观察：

1. 关于儿童生理方面的……学龄儿童应由六岁到十二岁，研究从六到十二岁的生理变化，第一是脱牙，此时期所发生的毛病，百个儿童有四十个是坏牙齿，脱落以后的新牙齿，全是不齐全的。如果在脱牙时期预先把乳齿拔掉，新生齿就一定整齐了。第二是大脑，十二岁时的大脑与成人同，但神经系统不如成人发达，肌肉也不及成人。第三是心脏发育迟慢。例如平常运动员有心脏病，就因心脏不足用，运动过度即生心脏病。因为心脏是肉的，肌肉运动则发达，心是运动就跳，跑时心脏涨大，涨大时心门不能约束，于是开闭不自如，而生溢血等病症。

2. 关于儿童心理方面的……儿童初生到六岁不能离父母服侍，六岁以后，即儿童自己试作时期。达尔文说：人是猿猴进化而来的。G. Stanley Hall说："儿童的心理，就是原始时代的心理，野蛮时代的人，就是像儿童一般。"如同儿童好动不好静，耐苦，不疲，感觉力很快，好奇心盛，富模仿心，不怕危险，无理性，不知于道德有伤和审美思想等，我们要认识他，然后施教。

G. Stanley Hall又说："The boy is father of the man"。就是说儿童是成人的父亲，因为儿童和原始人一样，原始人是我们的祖先，所以儿童也就是我们的父亲。如果儿童有适宜的环境，就能发展充分的原始人类的性格，例如未受教育的儿童有上古的结群生活，角斗胜负，推举酋长的游戏，足证明那就是表现原始人类的性格啊。

---

① 本文为章辑五在合众体育会的讲演，由孟朴记录。

② 现通译为"卢梭"。

体育是教育之基础，当然要因人施教，背乎儿童心理即是失败，我不满意现在天津市小学，因为那是等于摧残儿童。

Doctor Fisher 说：“Activity is the bread and breath of life of growing children.”儿童的活动是和面包与呼吸一样的重要，动并不是坏，如果在动的时期给摧残了，就没有机会以生长，所以现在中学生不好动，就因为家庭和小学把他摧残了。我在西山夏令营看见中国小孩和外国小孩在一起，外国小孩见了水就跳，见了树就攀，而中国小孩只是死呆呆的眼望着不动，你们看可怜不可怜。

教育是应该自动的，所以设计教学法和道尔顿制，因之能够兴起，被动的教育早晚是必要被淘汰的。

关于小学体育科的教员，是级任的好呢？还是专任的好呢？这件事很有讨论的必要，我看到的外国杂志是这样的说法：

主张专任的说：级任教员只能预备知识方面的材料，看体育很不重要，随便的敷衍了事。主张级任的说：专任的不与各科联络，不能深解儿童个性。结果是主张级任的胜利了。你们将来作级任的教员，很可以在文学、故事、历史、儿童英雄传里所讲的，就在体育班里表演，舞蹈等，应该教员时常和儿童接近，最不好的是关在屋里死啃书本，美国纽约大学体育教授关于儿童睡眠及运动时间列表如下：

年龄	睡眠时间	大肌肉运动时间
6—9	11¼—10½小时	4¼—4½小时
9—12	10¼—10 小时	6—5 小时

九岁、十岁者每日需运动六小时（最高数）

人应当有每日八小时的睡眠，但亦随年龄而变。饮食不适宜，睡眠不足，全影响儿童的发育。儿童的哭泣，应当让他尽量，因为那可以练习深呼吸，大肌肉运动应在下体，所选教材，要有几项注意：第一是要自然，第二要兴趣化，第三要有复习性；如同故事表演游戏，韵律的游戏，步法测验等。

级任的好处，教员与儿童同玩，可得儿童同情心，快乐，同时教员本身也得利益，所以教员要孩子头化。天津小学体育不好的原因，第一是无广大地址，在外国利用屋顶、地窖等处，天津的小学多是庙址改建的，只有大堂，没有广场。第二是课程表太满，无其余时间，所以小学体育不进步。

现在再谈谈零碎的问题：

1. 关于男女分组，应当打破男女的界限，勿使见面隔膜。

2. 模仿体操，应有兴趣，如上天梯时就说叫猴上树，身体向左右弯就叫风摆荷叶，腹部运动就叫骑大马等趣话，使内含兴味，因为模仿体操是被动的运动。

3. 利用纪念，表演地理风俗，历史故事等。

4. 利用比赛，可使体育成绩长进。

5. 课外体育表演。

6. 韵律体操，走步，唱歌，游戏，土风舞等。

今日随便的谈一谈，很没有系统，希望大家对于小学体育要多多努力和改善！

（《体育周报》第 25 期，1932 年 7 月 23 日）

南开学校健康训练实施大纲草案[①]

（1932 年 9 月）

健康训练之意义及其范围

重要——现代教育的主要目的，多以健康列属第一；盖因根据最近教育家的观察、研究及经验的结果，凡儿童对于学业之无兴趣，或品行刁劣者，无一不直接或间接与其身体上、心理上或团体生活上之健康有关。故各国人士对于健康教育之重视，其趋向有与学校智识教育并列之势。

意义——健康是生命的本质，使人能有最富丽的生活，并其作事的效率能达到最高的限度。学生在学校内外，凡能影响其习惯，态度及知识，关系于个人，社会及种族健康之总经验者皆属健康教育之事。

“健康训练”为本校独用之名词，为行政之便利起见，包括“卫生教育”（Health Education）及“体育教育”（Physical Education）二科。

范围——普通人的见解，多认“健康”专指身体而言，此处除身体健康（Physical Health）外，应包括社会健康（Social Health）与心理健康（Mental Health）。

又普通人的见解，多认“体育”专为身体之锻炼而言。其实不然，按照近代体育专家的主张，“体育”为达到教育目的底手段。藉着身体各种大肌肉的活动（Big Muscle Activities）供给道德教育的机会。至于机体内的发育与健康的促进为必然的结果。故体育教育的范围实含有培养人生的态度与技能，感情的发泄与指导，善用闲暇的方法及道德与团体的训练等。

甲　卫生教育

一、实施的原则

按照卫生教育的意义讲起来，无论学生在学校内外，凡能影响其生活上之习惯、态度及思想，关系于其个人、社会及种族之健康者皆应注意。所以在编制卫生教育程序的时候，应该从每个学生全部的需要为出发点，不以片段的知识为满足。兹拟订原则七条，为本校实施卫生教育的准绳。

（一）包括一日廿四小时内各方面的和谐——

1. 一个真正有价值的健康训练程序，应该包括一日廿四小时的支配，所以学校内各

① 本文署名“章辑吾”。

教科的联络，宿舍内生活的习惯，运动场及闲暇时间的指导，以及与家庭及社会的交往，均应有切实合作的必要。

（二）注意入校时及每日生活的情形——

2. 学生入校时候的情形应该认清并且须有详细的记载，对于每日生活的状况、思想的健康与团体生活的适应，亦应随时观察，以为实行卫生教育之根据。

（三）卫生教育注重行为——

3. 卫生教育的效能，在乎改进学生的行为，学生学习卫生的功效，不以能够考试“卫生教科书”内知识为标准，应该以改进每日生活中卫生的行为，及能够利用卫生教育的机会为标准。

（四）师长的表率影响最重——

4. 学生对于他们所崇拜的人，模仿性最强，故凡与学生接近之父母师长等对于卫生的态度皆能直接影响于学生的思想与行为，故全校教职员于不知不觉中，皆负卫生指导与表率之责任。

（五）教以真理事实，使学生自动负责——

5. 关于健康的各方面，教员应辅助学生认识健康所得的赏赐，教以真理及有用的事实，使其能自动推行关于个人及社会健康的事项。如在可能范围内，组织“学生卫生委员会”“卫生稽查队”等。

（六）多用积极的，少用消极的方法——

6. 学生是有精神，好活动的青年，所以应该多用积极的方法：如“你应该做……”；少用消极的方法，如“你别做……”。应该刺激他高尚的理想：如，身体强壮，美观，效率，快乐，成功，荣耀等；不可常以“疾病”“危险”等等的话节制他。

（七）鼓励成功的事，看轻失败的事——

7. 对于学生要常存乐观的态度，应该多鼓励他们所成功的事；看轻他们所失败的事。在可能范围内，应使学生自己测量自己的进步，尤应鼓励其爱护团体的精神，一切健康活动，能使其自己负责，自己满意，才能养成习惯保持长久，如此才能有教育的价值及效果。

二、目标与内容

学校卫生教育的内容，除体育教育（关于发达健康方面者）在第二章另行讨论外，此处可分为二部：（一）健康的保护；（二）卫生教学。其目标与内容分列如下：

（一）关于健康保护方面者：

1. 目标

（1）检查全数学生身体之缺陷，设法矫正治疗。

（2）施行预防注射，以防止传染病之流行，如天花、伤寒、霍乱、白喉、猩红热等。

（3）监查学校设备、环境之卫生，如各室内之光线、通风、温度、湿燥等；学校内之一切设备，凡有害于学生之卫生习惯者，皆应设法矫正。

（4）联络学生家庭及社会卫生医药机关，努力推行保护健康事项。

2. 工作

（1）医疗事项：

a. 诊疗疾病。

b. 看护病人。

c. 牙科卫生。

（2）每晨之卫生视察。

（3）检验身体：

a. 身体检查及健康测验。

b. 体格缺点之矫正。

（4）学校设备环境之卫生：

a. 厘订校舍各室光线、通风、温度、清洁之标准。

b. 监察桌椅、厨房、食堂、厕所、饮水等设备之卫生。

（5）学校课程之卫生：

a. 课程表的排列。

b. 课外活动的分配。

（6）监察学生食料及各食品贩卖处。

（7）预防意外事项。

（8）指导卫生服务事项。

（二）关于卫生教学方面者：

1. 目标：

（1）在每日生活各种境遇中，养成学生对于健康正当的态度及高尚的理想。

（2）供给学生相当的知识，使其改进并保守其正当之健康。

（3）辅助学生养成各项卫生习惯。

（4）联络学生家庭及其他有关部分，努力建设社会之健康。

2. 工作：

（1）教授生活卫生学。

（2）准备卫生讲演及宣传资料，使全校对于健康训练发生动机。

（3）联络课程中之其他教科，谋相当之均衡与矫正。

（4）个人卫生谈话：

a. 对学生。

b. 对家长。

（5）推行各项卫生运动事项，举行各项卫生运动周。

（6）供给集会及班会的资料与教学设计。

（7）计划并举行卫生表演会及展览会。

（8）预防事项。

（9）救急伤科。

三、组织及行政

学校之卫生教育非学校中某一部份之责任；非全校各方面共同负责不易奏效。其组织与行政之系统如下：

（一）卫生教育委员会

1. 组织：

（1）卫生教育委员会以中学部主任、校医、护士、卫生教员、教务会议会员（即各学科代表）、各年级辅导主任、斋务指导员、教务主任、庶务主任、体育主任、各年级卫生干事组织之。

（2）本委员会以中学部主任为当然主席。

（3）本委员会以体育主任为执行干事。

（4）执行干事得代表本委员会使学校内各部联络，推行卫生教育事项。

（5）本委员会护士为记录干事。

2. 职务：

（1）提倡卫生教育事业，使全校师生对于健康工作发生兴趣并认真推行。

（2）使全校健康训练工作之组织与行政统一并集中，使产生最大之效率。

（3）为联络家庭，学校及社会有关健康训练之总机关。

3. 分责：

为行政之便利起见，卫生教育委员会可分下列三部负责：

（1）课程分配委员——以教务主任及教务会议会员负最大之责任。

（2）学生个性指导委员——以各年级辅导主任及斋务指导员负最大之责任。

（3）学校设备环境委员——以庶务主任、斋务指导员及校医负最大之责任。

（二）学生卫生纠察队：

1. 各教室及各宿舍各选卫生纠察员一人，负直接视察，纠正及报告之责任。

2. 全校各部卫生纠察员组织卫生纠察队，得建议并报告于卫生教育委员会。

3. 接受并执行卫生教育委员会议决事项。

4. 除各年级卫生干事外，得列席卫生教育委员会。

四、性教育

（一）重要。按近代中等教育家及心理学家之观察，影响中学学生（青春时期）之品行、学业、身体及终身前途者，“性”的问题关系甚大。故中学校内对于“性教育”实施之必须，为世界具科学眼光的教育家所公认。中学时期的“性教育”异常复杂，执行亦颇困难，关系于“品格教育”（Character Education）最多，非学校内之一种学科，或某位教员所能教授。凡与学生接触之个人及社会的言语、态度及行为皆能直接，或间接，于不知不觉中，影响其对于“性”的印象及态度，兼及其品格。故负“性教育”最大之责者当然为其父母家庭，其次则为师长朋友及社会娱乐机关。

（二）原则：

1. 性教育与学校中其他教科根本不同之点，即千万不可激刺其兴趣及发生好奇的心。遇有学生发生疑问时，要用郑重的态度真诚的告以相当的事实，但以卫生、品行、道德为依归。此等事实宜在相当的时期告知，不可过早亦不可过晚。

2. “性教育”不可在学校内悬为新的课程，亦不可使学生知有此项科目，以免学生特别注意，供给闲暇时谈论的资料。“性教育”不过为教育者推行社会健康时分内之名词耳。

3. “性教育”应在各种学科内相机输入，不可单设一科。其总目标应以教授并辅导学生对于性的知识养成健康的态度与习惯，陶冶最高的理想，藉以造成高尚的品格。

4. 实施“性教育”的目标，非以读教科书或听讲演所能奏效。其收效最大者，完全在乎教育者的态度，及其对于青年学生的同情、敏捷心理的观察，应用方法的智巧，异性道理的观念，及对于性生理及性心理的知识。

（三）性质及内容：

中学校对于性教育之设施可分三方面致力：

1. 关于知识方面者，应以生物学科为基础：如植物学、动物学、生物学、农学、生理学、卫生学、家庭看护学等。

2. 关于理论方面者，应由人类学科及社会学科方面输入：如文学、历史、心理学、社会学、经济学、公民学、家庭组织法等。

3. 关于感化方面者，非由学科之输入，应由学生所接触之个人及社会得来，其影响最大者，为教职员与学生共同生活中之表率与消闲时间之文学、小说、读物等。

性教育之效果除由以上三方面努力外，应以体育、交际、艺术等活动多方补充，使青年有余之感情及精力（Surplus Energy）得以发泄。

（1）关于知识方面者

应用科学上正当的名词，为实施性教育之第一要义：但正当之名词应由研究科学知识得来，故以下为应教授之知识：

A. 动植物生殖之事实，有机自然界之普遍性。

B. 动植物发育的原理及与环境的关系。

C. 哺乳动物之受胎作用，考察婴孩时期及父母时期之进化。

D. 男子之遗精与女子之月经。

E. 内分泌与发育的关系，如青春时期身体之变迁，精神之来源，情感之变化等。

F. 情感之陶冶与音乐、美术、宗教、诗歌、戏剧、科学、探险等之关系。

G. 下等动物反应之变化，吾人情感上受激刺时反应之变化。

H. 性欲的利用，使性欲的冲动作为达到高尚品格的动机与满足。

I. 初等遗传学的原理，选择偶伴与种族的关系。

J. 花柳病的来源及影响与其他传染病等。

以上知识不必单独讲授，即由生物学科中，按原定之次序郑重分别讲授。但青年学生富于感情，多不以空谈知识为满足，故学校教育应告以“性”与人生关系之理论，并施以感化的方法始可奏效。

（2）关于理论方面者

动物及元始人类之生活、繁殖，皆随感情之冲动而行事。感觉饥渴时则自然求饮食，不待科学之知识与哲学的解释而行之也。殆至人类进化，寻求真理而发生疑问时，始有科学与哲学之需要，教育之地位始见明显。

如何使学生明白，由元始时代自然的生活，随感情冲动的方法，进步到有文化的社会组织，为人类社会学科教员所应负的责任，其对于青年男女应讨论之问题为：

A. 家庭之组织为社会单位之一，一夫一妻制与个人及国家之关系，抚育儿童的重要，苟合与奸淫的害处。

B. 私交的事实与其连带的关系。

C. 娼妓的事实及其包含危险之重大。

D. 离婚的意义与合法结婚登记的需要。

E. 个人性欲的冲突，个人与个人的关系及团体与团体的关系。

F. 各种冲动的调和与联合为达到心理健康的目标。

（3）关于感化方面者

教育者之言行及态度，感化学生之能力较知识与理论尤大，其要点如下：

A. 侠义的行为。

B. 对于公德的态度，不以个人的利益害及他人。

C. 负责的精神，对个人、社会，及种族皆肯负责。

D. 公平或公道，不只应在运动比赛上及交易上表现，对于男女间、姊妹、子女，或其他社会阶级皆应表现。

E. 自治的能力，制胜引诱，意志坚强，节制冲动等。

F. 注意社会之安全，提高人类之生活及幸福，避免疾病等。

此外宗教的思想，与教育者高尚之理想并对于高尚理想之信心与行为，皆为影响青年男女最重要的力量。

五、几个卫生教育运动

（一）拒毒运动——讲演及展览（九十月间举行）。

（二）清洁运动——讲演与扫除活动等（三四月间举行）。

（三）灭蝇运动——讲演灭蝇活动等（四五月间举行）。

（四）各种传染病预防运动（按照时间分期举行），如：a. 霍乱，b. 疟疾，c. 伤寒，d. 肺结核，e. 天花，f. 白喉，g. 猩红热等——讲演、展览及活动等。

（五）随时之卫生事项。

乙　体育教育

一、实施的原则

体育之意义，在各种时代的演进中，社会人士对其观念及见解，各有不同。有以体育为发达肌肉，锻炼克苦能力者；有以体育为练习均衡势姿之美观，养成正当娱乐之习惯者；有以运动竞赛发达奋斗的精神，藉以陶冶其群居公平的道德者；有以体育为发达健康，矫正身体不良之缺点者。然按最近多数体育家之主张，皆以体育为造就健全公民教育之方法，藉着身体各种大肌肉的活动，供给实施教育的机会，以造成适合近代生活良善公民之品格为总目标，故体育者即教育是也。根据近代体育之定义，拟订体育实施的原则五条如下：

（一）藉着体育的活动，作为道德修养的机会。锻炼团体生活的美德，养成守纪律的习惯及服从领袖的精神。运动比赛时应表显仁侠的精神（Sportsmanship），不以争胜为最高之目的。

（二）认明运动为己的主旨，不求别人的优待或酬报，养成纯粹业余的精神（Amateurism），取消一切选手的待遇，避免一切商业化的活动。

（三）参加运动时要保守“无我”（Self-denial）及“忘我”（Impersonal）的态度，满足其真正休养的意义与快乐，间接养成其实事求是（Play the game）及大公无私的心理。团体竞争时不可显露个人出风头的自私，亦不可因旁人的嘲笑而胆怯。

（四）一切运动比赛均按体能分组——根据学生之体力指数（Strength Index）及健康指数（Physical Fitness Index）——不使体能强者失掉兴趣，体能弱者伤及健康。

（五）体育教材、设备及方法力求富丽，包括广普，务使各种不同体能及不同兴趣之学生，皆得适宜之运动。但以富于继续性者（Carry over value）为佳，使其练习纯熟，发生乐趣，养成习惯，为终身闲暇时之娱乐。

二、目标与内容

（一）目标：

1. 关于身体方面者——使全身机体各部得充分平均之发育，藉以养成随时适应现代环境之能力。

2. 关于社会方面者——发达健全公民之美德，如合作、公道、勇敢、恒心、创造、节制、礼貌等。

3. 关于修养方面者：

（1）练习基本有用之技能及善用闲暇的方法。

（2）明了并重视身体发达、韵律、欣赏，及成功快乐的道理。

（二）内容：

1. 学生入学时应根据校医检验身体的记录，考查学生之缺点，及应矫正该项缺点之需要，然后判定该生应行加入之体育班。学生在未受检验身体以前，不得参加任何体育活动。

2. 在正式上课前，施行全数学生体力测验及健康测验，并比其指数（Indices）。指数特高者（在一百二十——一百五十之间）应行加入领袖班或高能班，指数较低者（在八十五分以下）应行加入特别班或矫正班，其余（健康指数在一百二十至八十五之间者）可以加入普通班。

3. 普通体育班之学生（三十二人至四十八人）须按各人体力指数（Strength-Index）分成双数之各小队，为本班内一学期之编制。

4. 凡健康指数在八十五分以下者，应请校医详细检查，特别注意，并告以相当应有之矫正及活动。

5. 凡健康指数过低之学生，应与教务课商洽限制其选课，多作体育或户外活动，如远足、自然观察，及不激烈之游戏等。

6. 凡健康指数特高者（在一百一十五以上者[①]）之初三及高一学生，得成立体育高能班或领袖班，负推广体育之责任，社会服务事项，但必须受教员之指导，并记载其工作之成绩。

三、行政与组织（与现行组织无异）

（一）体育课。

1. 体育课设主任一人，教员若干人，事务员若干人，分理全校体育事宜。

2. 每周举行课务会议一次，商议体育事项。

3. 每二周举行体育研究会一次，研究体育教材及教学方法。

（二）体育委员会。

1. 年级体育委员会——每班公举体育委员一人，推行本班体育事项，并出席年级体育委员会（年级体育委员会以级任教员为当然主席）。

2. 全校体育委员会——每年级公推体育委员二人，出席全校体育委员会（全校体育委员会以体育主任为当然主席）。

3. 全校体育委员会以各年级体育委员、体育教员及体育主任组织之。

4. 体育委员会得建议于体育课。

四、体育班分别训练

（一）特别班：

1. 学生：凡身体有缺陷或体能过低者（健康指数在八十五分以下者 P.F.I.=…to 84）均属之。

2. 教材：矫正体操、团体游戏，用小团体及个人训练法施行之。

（二）普通班：

1. 学生：凡初中一二年级（除卫生及野外生活训练外）及初三高一学生（健康指数在八十五分至一百分之间者），每周皆习普通体育班二小时。

2. 教材：按照不同时期分授各种体育教材，并施行各项体育测验。

（三）高能班：

1. 学生：凡初三与高一学生体能较高（健康指数在一百二十分以上）者得加入高能班。

2. 教材：按照个人兴趣之所好，随意选择体育一二种，每周练习二次。

---

① 据上文，应为“在一百二十以上者”——编者注。

（四）领袖班：

1. 学生：凡高能班学生有领袖之才者，得组织领袖班，研究运动规则、体育组织法，充当运动比赛裁判员、推广体育之责任。

2. 教材：研究各项运动规则，体育组织法及裁判法。

3. 标帜：经各级测验及格者奖给各级徽章标帜。

（五）荣誉队：

1. 学生：凡高能班学生品学兼优者（其标准另订之）经体育课之审核，得组织荣誉代表队。

2. 教材：与高能班同。

3. 标帜：特许穿着校色制服，佩带荣誉校字。

《体育周报》第32、33期，1932年9月10日、17日）

南开学校半年来取消选手制后的新试验

（1933年1月21日）

体育的范围很广，提倡的方法至繁，什么是好的？那个是不好的？大概都是相对的，不是绝对的，尤其是在中国体育幼稚时代，各种方法，都应该本着试验的精神，随着世界的潮流，审度中国的环境一步一步摸索着向前演进！

南开学校自成立以来，已有二十九年的历史，她对于体育设施的方针，差不多每年都要修改一次。这不但是体育如此，其它学科，也多是这样，因为南开的同仁，大半是抱着“择善而从”的虚心，所以才演成今日之南开学校，博得社会一般人士之赞许。

在去年暑假之前，经过若干的感觉，发生了取消选手制的动机，简略言之，不外下列数种：

一、自民国十三年后，南开体育的方针是普及与选手运动，两相并重，各项运动选手的人数，日渐增加，学校体育的经费有限，经济的支配，颇感困难。

二、选手既居代表学校的名义，忘却运动为己的主旨，事事不负责任，处处依靠学校，依赖性成，失掉养成独立人格的教育本旨。

三、体育部的人才、精力、时间都是很有限的，每日为应付各项选手的事习过多，对于普及大家运动的详密办法无暇顾及，时感缺陷。按照理想体育部的使命，并不在为训练少数的运动员为学校出风头，而在求大多数人之幸福与健康，需人费财，执行势所不逮。

四、参考欧美体育先进国家的经验，偏着选手最易走入体育商业化、体育职业化的歧途，弊窦丛生，有背教育原则。

五、组织选手队的对象，是为对外比赛的，联络他校，作竞技上之观摩，其价值是互有裨益的。不意天津各学校的体育，因为设备、人才、办法、观念等等的不同，成为畸形的状态。南开每遇比赛是常占上风的。近几年来，天津举办运动会，如果遇见南开加入时，他校多不加入，一方面或者因为南开选手的骄傲，一方面或者因为其他学校的嫉妒，于是演成天津体育界分裂的现象，实感惜叹！

除了以上几种感觉之外，又逢着南开中学部的主任张蓬春[①]先生游欧返校，吸收了不少苏俄新的思想，他主张体育要民众化——要普罗化，多提倡排球类的，多数人的团体运动，少提倡贵族类的个人出风头的如网球、或田径赛等运动。多注意健康训练，少注意选手的比赛，于是毅然决然取消选手的制度。

大家不要误会，不要因为南开学校取消了选手，就把选手制宣告死刑了！吾在起首

---

① 即张彭春——编者注。

就说过，大凡一件事情的好歹，是相对的，不是绝对的。有选手与无选手互有利弊的，顾此失彼，是当然的现象。南开学校造成今日全校好习体育的校风，爱护学校、尽忠母校的精神，青年群众感情的宣泄，对于各项运动热烈的兴趣，未始不是运动选手的功劳！“因噎废食”是不对的，但求“减噎少食”罢了！

有了取消选手制的动机，于是在暑假期中进行计划拟草在取消选手制后，如何维持南开体育繁荣的假定：

一、把上学年的体力测验及运动技术标准测验成绩好的学生，跟各项运动的旧选手从高中各组普通体育班上（初中学生因为年龄、知识、技能训练的不足，不得加入高能班）挑选出来，在课外的时间，组织体育高能班，再按个人的兴趣，分为足球、篮球、田径赛等组，每组中派定教员一人，分任该组的指导，练习时负点名及考查成绩的责任，与别的功课一样，研求高深的技术，取消选手的名义及一切待遇。（以前南开选手的待遇，是：补助制服的半费，供给对外比赛时的半费，回校后遇普通学生开饭时间时，由校预备每桌六人价值壹元五角的饭菜，供给运动的用品，如球类等。）倘遇用学校的名义与他校作友谊比赛的时候，即由高能班中选拔好手，组织荣誉学校代表队，他们的资格，不但是技术高妙，而且要品行端正（由本年级的辅导教员审查），学业功课考试成绩皆能及格者（由教务课审查），方合标准。

二、鼓励学生自由组织的体育团体，以班组、年级、宿舍、学会等为单位者，均无不可，但须在体育课登记，受体育课之指导。遇有对校外团体比赛时，须依得体育课之同意，并由体育课指定教员，负指导之责。凡在体育课合法登记之体育团体，得享受占用球场，及借用运动器具之权利。（南开中学不收学生的体育费，关于体育上之一切费用，均按照规定之预算，由学校经费中，作正当之开销。）在取消选手制之前，还有一种可顾虑之点，就是恐怕惹起一般旧选手的反感，不与学校合作，处处跟体育课为难。关于这一点，可以说是完全出乎吾人意料之外了！在改革之初，经过几次体育课跟旧选手的谈话，说明学校的方针，阐明体育之真谛，不但没有惹起他们的反感，而且深得他们的谅解与同情！吾在这里不得不感觉到，凡是关于真理的话，教员如果是用坦白诚恳的态度说出来的，学生没有不服从的！

关于组织体育高能班的计划，可以说是过于理想了！青年学生是有感情的，有社交本能的，富于结党性的。若有把运动技术好的体力强的学生，勉强凑合到一堆，好像搬弄物品一样，使他们团结合作，非用极大的力量经过长久的时间是不容[易]作到的。所以在这半年来，高能班的组织，是没有收到效果的。所有高能的学生，因为兴趣感性的结合，全部自由加入课外体育团体去了！本学期在体育课登记的团体，达四十二个之多，其余临时组织未来体育课登记者，尚不计其数。

关于课外体育团体的经济与精神，在这里也可以谈一谈。上月因为华北体联执行委员在清华大学开会，吾跟几位体育专家们谈闲话的时候，告诉他们南开新试验的办法，每年减省各项选手的费用，至少有两千元之谱，深得他们的赞许。彼时，燕京大学的体育主任黄国安先生在旁声称，明年燕京大学也要仿效，用英文说道：We are going to follow the fine example of Nankais。清华的马约翰先生提醒到：学校固然可以省钱，但是他们需要用钱的时候，不要用不正当的方法来得钱，如对外募捐，受别人的津贴，比赛时售票分钱等，走入职业化的危险！马先生说的不错，吾常以为民主国家的教育宗旨是，造就良善独立的公民。体育的宗旨，也不能与此相背。学生在学校里要养成好习体育的习惯，对于体育上的用款，也应该作为个人正当的用费，不应该求别人的补助或津贴。常看见天津西人所组成的足球会、网球会、游泳会、滑冰会等，每季都是拿二三十元的会费不只，全都认为个人娱乐费中正当的开支。这种习惯，中国学生应该仿学的，应该在学校里养成的。王正廷先生在去年全国体育会议闭幕演说词中，曾说“中国人若把打牌、吃馆子、吹鸦片娱乐等费所花的钱，充作练习体育的用费，中国马上成为第一等的强国！”所以吾对学生常说的话是，“把你们吃零食、看电影所花的钱，挪到体育上来，养成为体育肯花钱的良美习惯。”旧日运动选手的穿衣、坐车、吃饭，处处都是依靠学校，自己不负责任，养成运动时依赖人的习惯，一旦由学校毕业，失掉所依赖的学校，他们对于运动，仍然是设法求别人的津贴，或者改换别的娱乐途径，学校的教育是徒然的。所以这半年，自从取消一切选手待遇之后，各运动团体的经济，如做制服、坐车、吃饭等，完全自费自给，并没感觉到如何的困难。在学校方面，实在省了不少的钱，增加许多的设备，同时又教学生养成不依赖、不受人津贴的好习惯。

关于精神方面的进步，最大的就是负责任。旧日的选手队虽然是有学生、队长、干事办理一切，但是处处总是依赖体育课，如遇见比赛的时候，队员人数不齐哩！服装不整哩！洋车不如汽车快哩！饭菜不够吃哩！失败后抱怨指导无方哩！事事都要体育课替他们负责任，养成傀儡的习惯。比赛胜利后，因为受同学们的夸耀，养成骄慢的态度，称雄跋扈，势所演成。若比赛失败后，因恐怕同学们唾骂，不是迁怒于裁判员，便是归罪于体育课，仁侠精神时常破坏，要训练作一个光明磊落的失败者是很不容易做到的。现在在学生自己组织的运动团体里，他们个个队员兴趣的浓厚、感情的融洽、责任心的恳切，是比以前胜强多倍了！不过有一件顾虑的点，就是恐怕他们偏重比赛的胜负，任意胡行，忘掉运动道德的目标，不听先生的指导。关于这种顾虑，半年来，可以说是并未实现的。吾的方法就是：时常参在他们中间，遇事跟他们研究，用坦白诚恳的态度联络他们的同情。相机告诉他们训练的方法，指示他们比赛制胜的原则。现在学生的心理，完全改变了，知道先生是帮他们的忙，非常感激，不似以前比赛，致胜是给学校、给体育教员增荣耀的。至于比赛胜负的观念，也比以前减轻多了（没有代表学校的名义，他的争胜的责任就减轻多了），一切的弊端也自然减少了。

总之，学校的教育应该为学生个人的本身设想，养成良好的习惯，谋他们将来的幸福。凡是利用学生，不顾他们的将来，而为学校做广告的，都应该负着摧残教育、摧残体育的罪名。这种的罪名，固然学校要负相当的责任，但是社会观众为个人或学校出风头事的鼓励，报馆记者盲目的宣传也是应该矫正的。

（《天津体育周报·周年纪念特刊》，1933 年 1 月 21 日）

对于天津体育演进的观感

（1933年9月）

此篇之作，恰在学校秋季开学之始，忙碌异常，匆促草成，将赶编入体育协进会年刊之内，挂一漏万，统系毫无，希读者谅之。

记者附识

前清光绪末叶，“立意维新”，“变法自强”。一九〇五年，废除科举，设立学部，兴办学堂制度，并宣布教育宗旨，为：一，忠君，二，尊孔，三，尚公，四，尚武，五，尚实。学堂内的课程，为敷衍“尚武”的宗旨，抄袭日本的成法，每周令学生习兵式体操二三小时。担任教师者皆系一般不学无术的退伍军人，所教的教材，不外些呆板无趣味的“立正”“开步走”等等。在初行的时候，学生因为碍于学堂的压迫，不敢反对；在学堂的当局，视为可以敷衍的科目，毫无意义的。实行日久，因为教师的应付无方，渐渐成为儿戏的科目。有几个较新的学堂，特聘请日本人教授兵式操及器械操者。斯时，津绅在南门外组织体育社，教练兵式体操，现在省一中服务之辛树人先生即该社社员。光绪二十九年，美国人格林在东门内经司胡同创办基督教青年会，设立普通中学堂，派他们的西国干事到各学堂去，联络青年会员，传授运动方法。如Robertson①, Clark, Walker, Hall②诸人所教授的为田径赛及篮球游戏。各学堂的学生颇感兴趣，这是天津输入新体育的来源。嗣后，由青年会发起组织学校联合运动会，北洋大学代表是张秀峰，R. S. Hall代表普通中学，孟琴襄代表南开学堂，黄荫卿代表官立中学，Mr. Thorpe代表新学书院，记者代表高等工业学堂。那个时候的体育，不过就是几个选手运动，如普通中学的石葆光、陈学敬，新学书院的郭绍仪，南开学堂的朱有济，高等工业的李树池等，皆名震一时。当时提倡运动者当推南开学堂的张伯苓，官立中学的王梦臣，新学书院的Dr. S. L. Hart及基督教青年会的西国干事。大多数的官立学堂，因为没有适当的办法，多漠视其组织。宣统二年，在南京南洋劝业会场举行第一次全国运动会，天津运动员上名者：李树池（高等工业），推铁球列第一名，孙宝信（普通中学）第二名，跃高第三名翟承修（普通中学），跳远列第三名。民国元年，改学部为教育部，改学堂为学校，并宣布教育宗旨：

“注重道德教育，以实利教育，军国民教育辅之，更以美感教育完成其道德。”

学校的课程，仍设体操一科，每周三小时。于民国元年十二月，公布中学校实施规则，关于体操方面者内云：

---

① 即“饶伯森”。

② 即“郝瑞满”。

“体操要旨，在使身体各部平均发育，强健体质，活泼精神，兼养成守规律、尚协同之习惯”。“体操分普通体操、兵式体操二种，兵式体操尤宜注重。”

“女子中学校免课兵式体操。”

在这个体操要旨中，已经露出新体育的意义。不过执行教育的人，能够认识体育价值的就很少，认真提倡的人，又是凤毛麟角了！大多数的教育当局，仍然抱着教育宗旨中的“以实利教育，军国民教育”辅佐道德教育，并以“兵式体操尤宜注重”的意思，来执行一切。在推行七八年的工夫，所感到“毫无效果”“讨厌”“麻烦”的东西，惹起一般人的怀疑及“没有办法”的态度！

不过在学生界中，富于运动本能（Play instinct）的心理，渐次活跃，因为学校没有相当的设备，缺乏指导的教师，学校当局只取不闻不问的态度，听其自由罢了！教育部中不少明达之士，曾公布注重尚武精神的训令，云：

“本部公布教育宗旨，以军国民教育为道德之辅，原期各学校学生，重视体育，养成强壮果毅之风；惟学校教课，势难于体操一科，独增教授时数，凡办理学校人员，宜体此意，引导学生于体操正科外，为种种有益之运动。专门以上学校体操，不列正科，尤宜组织运动部，随时练习，以免偏用脑力。每年春秋两季，应酌开学校运动会，互相淬励，以惰弱为耻，以勇健为荣，庶学生体躯日强，智德亦因以增进。处兹外患交迫，非大多数国民具有尚武精神，决不足以争存而国强也。此令！”

此种训令在学校当局视之，不足轻重，不过一种官样文章而已!即或有人有意注重体育，也因为“没有设备”“没有教师”“没有办法”，也只得把她置之高阁罢了！在教育部的当局，虽然有这样的训令，也没有切实推行的决心！

民国二年（一九一三年）二月，首次远东运动会举行于菲律宾小吕宋，中国名列第二，天津出席的代表如袁庆祥、孙宝信、李树池等，皆为当时的人才。民国三年，第二次全国运动会举行于北京天坛内，天津的代表如杜连科、袁庆祥、郭毓彬，亦为一时之秀。民国四年，第二次远东运动会举行于上海，中国名列第一（得足球、队球、游泳、田径赛锦标）。天津的代表获分不少，南开的郭毓彬、王文达等，获分尤多。此可谓为中国运动界的黄金时代。中国的民众自此才得着看见国际体育竞赛的意义，惹起教育界人士的注意！各地高等师范学校，逐渐添设体育专修科，延聘西洋导师，造就体育师范人才。天津青年会的体育干事 Dr. Siler 亦组织教练班，传习体育方法。体育事业确是从此逐渐普遍起来了！学校中的兵式体操，受天然的淘汰，又兼趋重“洋化”，模仿“西法”的心理，对于本国的武术及课程内的兵式体操，益加轻视。教育当局因为时势所迫，学校内逐渐有体育部的组织。因为当时体育教师缺乏，有聘请著名运动员作体育导师的。各地举行运动会的，也一日比一日的发达起来了！天津学校联合运动会也是一年一度的举行，但是学生没有得着相当的训练，而勉强使他们参加运动会，没有适当的体育导师，而勉强使他们办体育，又加上学校当局样样求“速成”的态度，比赛重胜负的心理（To win the game by all means），于是造成一种极普遍的体育病征，如：优待运动员、津贴运动员、供给“训练桌”（Training table）。一个著名的运动员，可以在学校中横行霸道，任意要挟，流弊丛生，此后惹起一般人士的反感。到了民国八年“五四运动”的时候，“比赛运动”曾受极严酷的攻击和批评，他们攻击“比赛运动”的理由是：比赛争胜，是引起学生虚荣心的，时常发生学生要挟学校的弊端；学校互相的嫉妒或仇视，运动过度有害健康。种种事实的揭穿，于是对于运动的观念，由怀疑而变到反对的程度了！就是对于体育热心提倡的人，因为驳不倒他们公认的事实，也有灰心此事的，也有半信半疑的，把勇气打消一半多了！

大凡一种文化，若是经过一番的攻击或者是批评，必然有一番的改良或进步。在表面看起来仿佛像是中国体育的退步，发现出来的事实，如中国在第二届远东运动会迄后，届届失败，到了"每况愈下"的现象。其实，各地真正信仰体育的人，确是在暗中追求弊端的由来，谋切实合理的解决。他们攻击"比赛运动"的观点，只是注意在消极方面的弊端，而忽略教育的本旨，应该注意积极方面的建设，同时设法免去弊端，并且应该知道一切教育的设施，均以"顺应被教育者的本能（instinct）、兴趣（interest）、欲望（desires），导之入于正轨"为最高的原则。青年好胜的虚荣心、嫉妒仇视的心，是人人全都有的东西，不在比赛运动中发泄，就在别的事业中发泄。在学校若是没有得着相当的指导和训练，到了社会的时候，更不知道怎样发泄了！所以美国克拉克大学（Clark University）的校长郝鲁博士（Dr. G. Stanley Hall）曾说：

"体育的目标，不专是为发达肌肉的，实在是为训练理智合道德的。在设定的环境之下，能够训练他们的理智、感情、意志更活泼、更真切、更机巧、更富丽。"

哥伦比亚大学的校长也说：

"学校的教职员中，得着训练学生品行的机会最多者，莫过于校中的体育主任。"

宛德比鲁大学（Vanderbilt University）的达德雷教授（Prof. Dudley）曾说：

"运动场在学校之中，为学生道德训练的实验室。"

在民国十年，天津青年会的体育干事罗克理（Lockley）组织教育教师训练班，教授体育新教材，天津各小学的体育教员大半加入。嗣后，天津体育界努力的人员如：青年会的刘明义、董守义、李友珍；新学书院的 Mr. Peale、杜伯盈；汇文中学的王雅东、Winans，均有相当的功劳。

到了民国十年的时候，美国的大教育家孟禄、杜威诸氏相继来华，对于中国教育的内容，作相当的研究和讨论，学制课程均谋适当的改进。在民国十一年，教育部颁布新学制，宣布七种的标准：（1）适应社会进化的需要；（2）发挥平民教育的精神；（3）谋个性的发展；（4）注意国民的经济力；（5）注意生活教育；（6）使教育易于普及；（7）多留各地方伸缩余地。对于体操一科，才有改为运动或体育的拟议。选择审订适宜发育儿童身心的教材，注意付来伯鲁（Froebel）一派的活动教育（Motor Expression）的方法，以为从前每周二三小时的体操，是太简单了，既然是体育，应该日常注意，天天练习；又以为机械式的柔软体操和兵式体操，是不能包括所有体育的。学校应该设法，必须将体育事项（连卫生也在内），支配得天天都有，庶几合于儿童身心发育，并且渐渐养成习惯。这是民国十一年后一般新教育界对于体育的观念。

在这个时期之中，东南大学体育系主任麦克乐君（C. H. McCloy）供献最多。他所研究的中国学生体格的统计、体育测验的标准、新体育的教材等等，使中国的体育趋近于"普及化"及"科学化"的地步。麦氏的研究和著作的影响，实在不小啊！

民国十六年，远东运动会后，中国得到零分的耻辱，中国的领队张伯苓氏回到天津来，招集体育界的同人，发起组织天津体育协进会，并且有三个主张，盼望推行：

（1）利用报纸多事宣传；

（2）除学校外，提倡社会体育；

（3）体育竞进多事比赛。

于是多年的“天津学校联合运动会”，脱胎而成为今日的“天津体育协进会”。

（《天津体育协进会年刊》，1933年）

中国童子军训练大纲[1]

（1933 年 10 月）

第一节　中国童子军团体的训练

（一）政治训练：

1. 灌输青年儿童有爱民族、爱国及爱人类的观念。

（1）常请名人讲演世界上可泣可歌的事迹。

（2）凡遇有国际间及国家的要闻，可摘其紧要的公布于全体队员阅览。

（3）教练员训话时，要多用中外古今伟人的平生事迹作材料。

（4）遇有纪念日，可严重举行仪式。

（5）要使全体队员对于社会上的现象，养成观察的习惯。

（6）童子军的唱歌里，要多采取关于爱民族、爱国及爱人类的教材。

（7）全体要训练的队员，要特别尊重国旗。

（8）要给全体队员以浅显的政治科学书籍来看。

（9）教练员平日对全体队员谈话时，须要主义化。

（10）要使全体队员有亲爱精诚的精神。

2. 爱国行为的表演。

（1）对于社会上遇有任何宣传运动，可使全体队员参加作种种的游艺表演，以唤醒民众的注意。

（2）平日游戏表演，要多取爱国的材料，以激发全体队员的爱国心。

3. 爱国思想的发挥。

（1）教练员要常给全体队员出些政治上的问题，使着他们发挥思想。

（2）要使全体队员组织关于政治问题的讨论、或研究、或讲演、或辩论……等会。

4. 怎样做健全的国民，以预备领导民众。

（1）力求青年儿童的思想与社会环境相连接，并让他们随时注意到社会上实际生活。

（2）在全体队员的行动时，要处处和誓词规律及上级的命令行动等一致。换言之，即是行动上要服从纪律。

（3）全体队员无论做什么事，都要养成有责任的心，有坚忍力，贯彻始终为止。

（4）要训练全体队员有做领袖的才干。

---

① 1933 年 10 月，中国童子军总会筹备处在南京黄埔路励志社召集童子军教育设计委员会会议，章辑五应邀参加，并被推举为会议临时主席，主持通过该大纲草案，并与顾树森、严家麟担任大纲整理委员，整理成文，由主任戴季陶批准。

（二）军事训练：

1. 注重野外的生活，应使着全体队员在学校休假时期，可到野外做实际的军事训练，如露营、野战、追踪、测量、绘图、架桥……等，以引起全体队员的美感、高尚的思想、活泼的精神。

2. 对于锻炼全体队员体格方面，应注重劳苦操作、游戏运动和其他工作……等。

3. 关于军事训练的常识，如战斗术、侦探术、野外工作及军人的技能、精神……等，都应使全体队员注意的。

4. 在学校放假时候，要常联络他团举行会操游戏，以增厚友谊而得互相观摩之效。

5. 遇开市民大会、卫生运动会……等会，全体童子军，都要出发，负警备之责。

（三）常识训练：

1. 要使全体队员有自然科学的常识。

2. 要使全体队员有法律的常识。

3. 要使全体队员有政治的常识。

4. 要使全体队员有经济的常识。

5. 要使全体队员有社会上各种组织的常识。

第二节　中国童子军小队的训练

（一）政治训练：

1. 每小队可以组织一政治研究会，采用讨论或辩论的方式。

2. 各种纪念日，正是训练队员对于政治深刻了解的机会，应使各小队队员，预备这个纪念日的材料，到纪念日那天，每小队可赴乡村去宣传讲演，以唤醒同胞注意国事。

3. 每小队队员，应探听国际间及本国中的政治要闻作成报告，以训练队员对于政治上的注意力及养成政治的趣味。

4. 每小队可组织一个小图书馆，由队员搜寻各种有趣味的社会科学丛书来阅览，以作研究政治的基础。

5. 每小队队员关于政治问题，有什么疑问及讨论，可以写下来，以便使教练员答覆明白。

6. 每小队要常常召集训话，并且还可以讲一个革命的故事或一个烈士的轶事。

7. 要开小队的比赛讲演会，关于题目应多取政治方面的，如此才可以增进小队队员政治的兴味。

（二）军事训练：

1. 每小队要组织比赛会，以资鼓励对于军事训练的注意。

2. 小队是团部的基础，关于团部的纪律好坏与否，皆与小队的训练有关，所以每小队必须纪律化。

3. 每小队所学习的军事课程，要常赴野外去实际练习。

第三节　童子军个人的训练

（一）调查个人家庭的状况，以明其生活情形，而便加以特别指导。

（二）有品行不纯洁的青年儿童，应特别加以训话，使其改过自新。

（三）关于天资呆笨的青年儿童，可以设特别方法来补救。

（四）品学端正，学识优良，尚有做事才干的队员，以另提出队外，特别提高训练，以造就领袖人材。

（五）每个队员都要预备一个日记簿，把自己的功过及发生的问题等，都要记在上面，以便教练员检查，实施特别的训练。

（刘澄清编著：《中国童子军教育》，商务印书馆，1938 年，第 203—207 页）

赴欧前与天津体育界人士谈话[①]

（1933 年 11 月 5 日）

兄弟此次出国，实不肯惊动诸位。惟自报纸将消息传出后，各界即相继饯行。此次已定于八日午前由津登车南下，于京、沪稍作勾留，十四日即由上海乘意邮船放洋，经新家坡（今译新加坡——编者注）、苏彝士（今译苏伊士——编者注）运河及红海至意国之不加勒斯登岸。在意约居数日，好赴瑞士。至德时先住一德友家，明年再赴柏林，而至柏林大学读书。三四月间，拟去俄国。此后或再去丹麦、比利时等小国。于暑假时赴英法，再赴美国。此后将不时与国内通消息，以慰诸君相送之雅意。

（《益世报》，1933 年 11 月 6 日）

① 1933 年 11 月 5 日，天津体育界 30 余人在法租界蓬莱春为章辑五赴欧考察体育饯行，由赵文选代表全体欢送人员致祝词，本文为章氏所作答词。题目为编者所拟。

体育课组织及职务[①]

（1934年）

1. 体育课设主任一人，教员若干人，事务员若干人分理全校体育事宜。
2. 每周举行课务会议一次，商议体育进行事项。
3. 体育课所掌职务列左：

（1）会同教务课分配各班体育钟点及课程。
（2）会同辅导委员会谋宿舍内之清洁及监察学生之卫生习惯。
（3）稽核并保管全数学生体育之成绩，并报告家长。
（4）会同校医管理全校学生及医药事宜。
（5）检验全数学生身体。
（6）注意身体软弱之学生，务使得有适宜之运动。
（7）联络他校，组织各种运动友谊比赛事项。
（8）组织校内各级各组体育竞赛及表演事宜。
（9）组织童子军露营、旅行、郊叙等。
（10）规定鼓励全数学生之奖品。
（11）管理关于军事训练之一切事务。

{《河北省私立南开中学校健康训练、童子军实施计划》（1934年），健康训练部分第5—6页}

① 本文及之后的《体育课行政方针》《各项体育运动管理规则》《本校童子军史略》《本校童子军团部各种组织规程》各文均摘自《河北省私立南开中学校健康训练、童子军实施计划》一书。章辑五于1933年11月出国赴欧美考察，此书虽刊印于1934年，但其中各项规章，当由章氏主持制定无疑。为全面反映其体育思想与成就，由编者择要收录。

体育课行政方针

（1934 年）

1. 增进全校学生之健康率。
2. 普及全校体育。
3. 鼓励运动上仁侠之精神。
4. 推广童子军训练。
5. 励行军事训练。

｛《河北省私立南开中学校健康训练、童子军实施计划》（1934年），健康训练部分第9页｝

各项体育运动管理规则

（1934 年）

一、课外运动占场规则

每日早七时散发号牌（每人只限一号），地点在体育课门前，至七时半开始定场，按号牌次序先后，依次填写各球场占用之时间。每人至多不得过一小时，然后按存根簿之时间及场所领写占场条。

二、课外运动借球规则

一、凡欲借球运动者，须先占定球场，填写借球证，并持本人沐浴证领球。

一、每人每次只能借球一个，借用时间须与占场时间相合，逾时不得拖延不还。

一、所借之球如发生替换或遗失等情事，得由借球人负责赔偿。

一、凡借球冒写他人姓名及逾期不还，或违犯规则者，即停止其借球权。

三、自动露营学生请求借用营幕规则

（一）露营为初一、二年级必修课程，本团所备营帐，应尽先供给童子军使用，如有余裕，他级学生方可酌量借用；惟每星期以一队为限。

（二）自动露营学生，借用营帐时，便先到体育课登记，领取请求书，然后再征求地主及辅导员同意，并请本校教职员一人负责同往露宿。以上手续办竣后，将该请求书缴还体育课，换领取物证。

（三）所借物品如有损坏，须照价赔偿；炊具须收拾整洁，如不刷洗洁净，永远停止其全队人员借用。

（四）童子军如遇有临时需用帐篷时，得随时注销领物证，拒绝借用，或提前收回。

四、学生沐浴规则

（一）学生就浴，须持有体育课发给之沐浴证，依规定章程按时入浴。

沐浴时间：

星期一、二、四、五中午十二时至下午六时；

星期三中午十二时至下午五时；

星期六中午十二时至下午九时；

星期日上午九时至下午六时。

（二）请勿携带贵重物品，以免遗失。

（三）请勿在浴室洗涤衣物，以免侵占他人时间。

（四）浴毕须将所有衣物等件携回，勿在浴室存放。

（五）有患疥疮及他项皮肤病者，均不得入浴。

五、田径赛运动会报名规程

（一）分组：按体格分数分甲（三百二十分以上）、乙（二百八十分至三百二十分）、丙（二百八十分以下）三种。

（二）项目：甲组——百公尺、二百公尺、四百公尺、八百公尺、千五百公尺、高栏、中栏、急行跳高、急行跳远、三级跳远、铁饼、铁球（十二磅）、标枪、撑杆跳高、四百公尺接力、一千六百公尺接力。

乙组——除中栏改为低栏（二百公尺），铁球由十二磅改为八磅，千六百公尺接力改为八百公尺接力外，其余项目与甲组同。

丙组——五十公尺、一百公尺、四百公尺、铁球（六磅）、跳远、二百公尺接力、四百公尺接力。

（三）限制：甲组学生不得报名乙组，乙组学生不得报名丙组，每组每项报名人数不得过四名。每□□□□□□□□□项（接力除外）。

（四）报名：日期，——地点。

（五）比赛：日期。——时间。——地点。——

（六）规则：除本课特定外，均按全国运动会所订之田径赛规则。

六、班际网球比赛规程

（一）分组：分初一，初二、三，高中三组。

（二）比赛方法：五队以上用淘汰法，三队至五队用单循环法，两队用三赛二胜法。

（三）报名：日期。——地点。——

（四）奖励：各组优胜者奖给奖章一枚。

（五）报名限制：每组可选代表三人报名单打或双打，惟一人不得兼报单、双两项。

七、班际足球比赛规程

（一）分组：分初一，初二、三，高中三组。

（二）比赛方法：五队以上用淘汰法，三队至五队用单循环法，两队用三赛两胜法。

（三）报名：日期。——地点。——人数。——

（四）比赛时间：初一组——每半时二十五分钟。

初二、三组——每半时三十分钟。

高中组——每半时三十五分钟。

（五）比赛规则：除本课特定外，均按全国足球规则。

（六）附注：比赛终时如成和局，须延长二十分钟继续比赛；如延长后，仍成和局，须更延长十分钟；如再和，改期重赛。

比赛队如有相当理由届时不能比赛者，须于上午十时十分前，以书面到体育课声明，否则届时不出场者，以弃权论。

八、年际越野赛跑比赛规程

（一）分组：分甲乙两组（体格分数在三百二十分以上者为甲组，以下者为乙组）。

（二）距离：甲组约五千公尺，乙组约三千公尺。

（三）报名：日期，——地点，——人数——，每年级每组不得过十人。

（四）计分法：第一名一分，第二名二分，第三名三分，以次增加，每单位均以十人计算。

（五）奖励：每组个人前十名有奖。

九、班际篮球比赛规程

（一）分组：分初一，初二、三，高中三组。

（二）比赛方法：五队及五队以上用淘汰法，四队或四队以下用单循环法。

（三）比赛时间：初一组——分四节，每节八分钟，共三十二分钟。

初二、三组——分四节，每节十分钟，共四十分钟。

高中组——同右。

（四）休息时间：初一组——三、六、四；

初二、三组——二、五、二；

高中组——一、五、二。

（五）报名：时间及日期，——地点，——人数，——

（六）奖励：每组优胜队个人奖以奖章。

（七）规则：除本课特定者外，均按全国篮球规则。

十、班际排球比赛规程

（一）分组：分初一，初二、三，高中三组。

（二）比赛法：五队以上用淘汰法，三队至五队用单循环法，两队用三赛两胜法。

（三）报名：日期。——地点。——人数。——

（四）规则：除本课特定外，余均按全国排球规则。

（五）附则：1. 比赛前两队队长应将本队发球次序交与裁判员；2. 比赛登场队员必须九人。

（六）奖励：优胜队队员奖以奖章。

十一、公开投篮比赛规程

（一）分组：分甲乙两组。

1. 凡报名班际篮球比赛者，得入甲组。

2. 未参加班际篮球比赛者，可入乙组。

（二）投掷次数：每人三十次。

（三）投篮区域，共三处：

1. 罚球线后；

2. 罚球线左方四呎处；

3. 罚球线右方四呎处。

（四）报名：日期，——地点，——

（五）规则：不得踏线及越线，每次投掷前球在手中停留不得过五秒钟，否则作一次失误论。

（六）奖励：凡精神良好、技术优异者，由本课酌予奖品，以资鼓励。

十二、班际垒球比赛规程

（一）分组：分初一，初二、三，高中三组。

（二）比赛法：四队及四队以上用淘汰法，三队或三队以下用单循环法。

（三）比赛局数：共七局，初一组比赛五局。

（四）报名：日期，——地点，——人数，——

（五）奖励：各组优胜队队员每人奖奖章一枚。

（六）规则：除本课特定外，均按正式垒球规则。

｛《河北省私立南开中学校健康训练、童子军实施计划》（1934 年），健康训练部分第28—36页｝

本校童子军史略

（1934年）

本校童子军自民国四年创办后，嗣因经济困难，缺少设备，一度停顿。至民国八年，群议恢复，力谋改进后，童子军之组织，渐具雏形。民国十一年，组织暑期学校童子军教练班，创天津造就童子军教练人才之先声。民国十三年，将童子军初级、中级课程，订为必修科目，编入初中一年级课程内。民国十五年，又延长童子军训练一年，完成高级训练。凡初中一、二年级学生，皆须修习，每周两小时，分室内、室外教练两种，并于每星期六、日，分组赴各处露营或远足。民国十六年，初三以上学生组织童子军罗浮队，定名为天津童子军罗浮队第一团。民国十七年，依照中央党部颁布《党童子军团组织条例》，筹备团登记，并组织各种委员会。民国十九年，又依照《党童子军组织法》，增设传令、文书、事务、会计、保管五股。民国二十年改童子军为野外生活，目的在采用童子军之精华，不取童子军之形式。民国二十一年，组织童子军志愿团，在课外训练，并填具□登记；同时，并成立设计及评判两委员会。民国二十二年四月八日，经中国童子军总会筹备处核编为中国童子军第七七七团。是年秋，又恢复童子军为初中一、二年级必修科目，初一年级每周一小时，初二年级每周一小时。民国二十三年秋，扩充团部设备，增设□干事，并筹备初一年级童子军登记，刻正在进行中。

{《河北省私立南开中学健康训练、童子军实施计划》（1934年），童子军部分第1—2页}

本校童子军团部各种组织规程

（1934 年）

一、本校童子军团部现行组织系统表

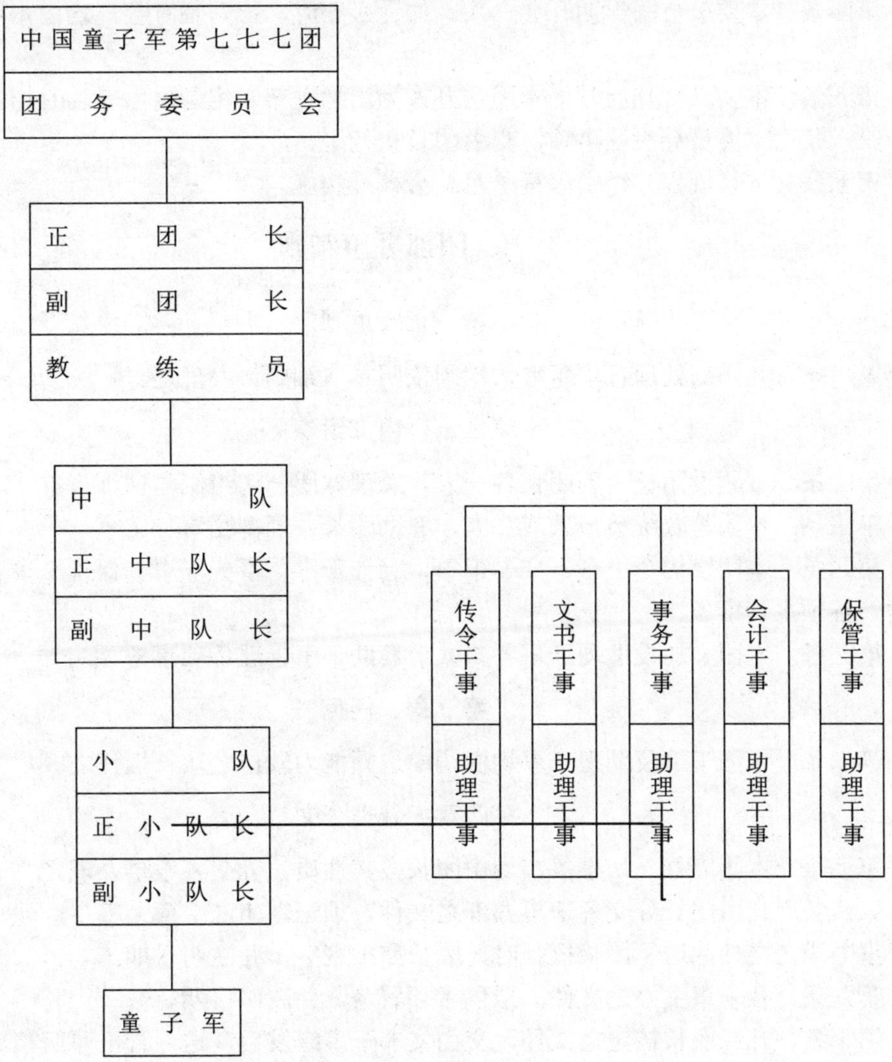

二、团务委员会组织规程

第一条　本委员会根据《中国童子军团组织规程》第四条及第五条之规定组织之。

第二条　本委员会由主办人聘请本团儿童家长及其他热心童子军事业，并能与以精神或物质之赞助者二人至八人组织之。

第三条　本委员会遵照中国童子军法规执行职务如下：

（一）团长之选任或辞退；

（二）筹划经费；

（三）审核预算及决算；

（四）鼓励并协助团内人员发展团务；

（五）评判本团各项成绩。

第四条　本委员会每学期开会二次，如遇必要时，得开临时会，均由本团主办人召集之。

第五条　本委员会开会时，本团主办人为当然主席，纪录由主席临时指定之。

第六条　本委员会决议事项，交由团长执行之。

第七条　本《规程》经中国童子军总会核准实施。

三、团部办事细则

第一章　总则

第一条　凡团部处理各项事宜，均须依照本《细则》办理之。

第二章　内部组织

第二条　本团设团长、副团长各一人，总理本团一切组织与训练事宜。

第三条　本团聘教练员一人或二人，襄助团长办理本团事务。

第四条　本团设传令干事、文书干事、会计干事、事务干事、保管干事各二人，分别掌管各项主管事务。

第五条　本团又加设助理干事各二人，襄助干事管理各项事务。

第三章　任免

第六条　本团干事及助理干事均由团中选择能力较佳之队长担任之。

第四章　处理公文

第七条　本团应办一切事务，均由团长按其性质，分交各干事办理之。

第八条　凡由团长分交各干事办理之文件，须于本团送文簿上签字，并注明日期。各干事办毕之文件，送呈团长核行时，团长亦须签字，并注明日期。

第九条　各干事主办之文件，拟稿者须署名，并注明日期。

第十条　凡经团长核定之文件，交由文书干事缮发后，送保管干事归档。

第十一条　凡文件性质有为各干事所必须时常参考者，得由各该干事呈请发还，负责保管之，并须于文件存收簿上注明来文机关、文件性质及保存日期等项。

第十二条　本团各干事对于经办文件或事务，有不能对外发表时，应绝对严守秘密。

第五章　服务

第十三条　本团各干事，除对于职务以内之工作应努力外，并应帮同其他干事助理其他团务。

第十四条　本团各干事工作完毕时，每日均须填写工作报告，呈请团长审核。

第十五条　本团各干事如负特别使命出外工作时，亦须详填工作报告，呈准团长审核。

第十六条　本团办公时间，在学校课程时间以外，由团务会议决定之。

第十七条　本团各干事应遵照规定时间到部办公，不得迟到或早退。

第十八条　本团各干事在办公室内，应遵守下列规定。

（一）不得吸烟。

（二）不得高声谈笑。

（三）不得在办公室会客，但因公接洽者不在此限。

（四）不得自由离部或离席。

第六章　请假

第十九条　凡各干事因事请假时，须向团长陈明理由，填写请假单，经团长核准。

第二十条　凡请假之干事须将经办事件，委托同事中相当人员，兼代负责。

第二十一条　请假期满，仍不能回部工作者，须照手续续假。

第二十二条　凡请假期满，未经续假而不回部工作者，应以旷职论，旷职一月以内者，警告，一月以上者撤职。

第二十三条　凡因特殊情形，事前不及请假，或续假者，应于三日内补缴手续，并呈缴相当证据，申述不及请假或续假之理由。

第七章　值日

第二十四条　本团每日设值日员一人，由本团各干事中轮流担任。

第二十五条　值日员轮流名单，由团长排定，交文书干事逐日揭示于办公室。

第二十六条　值日员之任务如下：

（一）管理各干事签到，并调查迟到、早退及无故缺席者；

（二）依式登记全团各项工作日志，送请团长审核。

第八章　团务会议

第二十七条　本团一切重要事务非各干事所能办理者，得提交团务会议决定之。

第二十八条　本团每星期开常务会议一次，由团长或教练员召集之。

第二十九条　团长为团务会议当然主席，如团长不在部时，由教练员代理之。

第三十条　本团各干事对于团务如有提案，须于开会前用书面提交团长转交文书干事编入议程。

第三十一条　本团各干事出席团务会议时，对于本团团务得自由发表意见。

第三十二条　本团团长对于团务会议之决议案，有最后决定权。

第三十三条　本团团务会议规则另定之。

第九章　团员大会

第三十四条　本团团员大会由团长召集之。

第三十五条　团员大会规则另定之。

第十章　附则

第三十六条　本《细则》如有未尽事宜，得由团长或教练员修改之。

第三十七条　本《细则》由团长核定施行。

四、团务会议规则

本团依据本团《办事细则》第二十八条得举行团务会议。

第二条　本团团务会议由本团团长、副团长、教练员，及各干事组织之。

第三条　本团团务会议，由团长召集之，团长为当然主席，团长缺席时，副团长为主席。

第四条　本团举行团务会议时，由文书干事任纪录之责。

第五条　团务会议时间，定每星期三下午十二时半在团部举行，但于必要时，得召集临时会议。

第六条　团长、副团长、教练员因故不能到会时，得先时声请延会。

第七条　本团团务会议讨论事项如下：

（一）团长交议事项。

（二）本团工作计划。

（三）各干事相互间有关事件之商榷。

（四）各干事提议关系全团工作事项。

（五）其他事项。

第八条　本团团务会议开会时，除前条关于讨论事项外，并得简单报告各干事工作之经过。

第九条　凡团务会议所应提议之事项，须于未开会以前，用书面交文书干事汇集，再送团长审阅，编入议程。

第十条　本团团务会议之议决案，请团长审核，决定施行。

第十一条　本团团务会议之议决案未经公布者，不得向外宣泄。

第十二条　本《规则》如有未尽事宜，得提出本会议决修正后，请求团长核准。

第十三条　本《规则》经本团团长核准施行。

五、团部干事办事细则

（一）传令干事办事细则

第一条　本《细则》根据《中国童子军团组织规程》第九条之规定订定之。

第二条　本干事二人承团长之命，及教练员之指导，处理各主管事务，并指挥监督助理干事之工作。

第三条　本干事及助理干事各二人，分掌下列事务：

（一）传达命令事项。

（二）通报时刻事项。

（三）其他应办事项。

第四条　本干事应办事务，由干事批交助理干事办理。

第五条　本干事每日派值日干事一人处理日常事务，并纪录传令干事日志。

第六条　本干事如有废弛职务情事，由团长撤惩之。

第七条　本干事每周开干事会议一次，讨论一切进行事宜，事后应呈报团长备案。

第八条　本《细则》如有未尽事宜，得由团长随时修正之。

第九条　本《细则》自公布日施行。

（二）文书干事办事细则

第一条　本《细则》根据《中国童子军团组织规程》第九条之规定订定之。

第二条　本干事二人承团长之命，及教练员之指导，处理各主管事务，并指挥监督助理干事之工作。

第三条　本干事及助理干事各二人，分掌下列事务：

（一）文件之收发登记事项。

（二）稿件之撰拟缮对事项。

（三）卷宗之保管整理事项。

（四）各项会议之纪录事项。

（五）其他应办事项。

第四条　本干事应办事务，由干事批交助理干事办理。

第五条　本干事每日派值日干事一人处理日常事务，并纪录文书干事日志。

第六条　本干事如有废弛职务情事，由团长撤惩之。

第七条　本干事每周开干事会议一次，讨论一切进行事宜，事后应呈报团长备案。

第八条　本《细则》如有未尽事宜，得由团长随时修正之。

第九条　本《细则》自公布日施行。

（三）会计干事办事细则

第一条　本《细则》根据《中国童子军团组织规程》第九条之规定订定之。

第二条　本干事二人承团长之命，及教练员之指导，处理各主管事宜，并指挥监督助理干事之工作。

第三条　本干事及助理干事各二人，分掌下列事务：

（一）款项之收支登记事项。

（二）簿册单据之保管事项。

（三）现金之保存事项。

（四）预算、决算之编造事项。

（五）其他应办事项。

第四条　本干事应办事务，由干事批交助理干事办理。

第五条　本干事每日派值日干事一人，处理日常的时务，并纪录会计干事日志。

第六条　本干事如有废弛职务情事，由团长撤惩之。

第七条　本干事每周开干事会议一次，讨论一切进行事宜，事后应呈报团长备案。

第八条　本《细则》如有未尽事宜，得由团长随时修正之。

第九条　本《细则》自公布日施行。

（四）事务干事办事细则

第一条　本《细则》根据《中国童子军团组织规程》第九条之规定订定之。

第二条　本干事二人承团长之命，及教练员之指导，处理各主管事务，并指挥监督助理干事之工作。

第三条　本干事及助理干事各二人，分掌下列事务：

（一）采办各项用品。

（二）布置各项场地。

（三）注意团部清洁。

（四）处事本团一切杂务。

第四条　本干事应办事务，由干事批交助理干事办理。

第五条　本干事每日派值日干事一人处理日常事务，并纪录事务干事日志。

第六条　本干事如有废弛职务情事，由团长撤惩之。

第七条　本干事每周开干事会议一次，讨论一切进行事宜，事后应呈报团长备案。

第八条　本《细则》如有未尽事宜，得由团长随时修正之。

第九条　本《细则》自公布日施行。

（五）保管干事办事细则

第一条　本《细则》根据《中国童子军团组织规程》第九条之规定订定之。

第二条　本干事二人承团长之命，及教练员之指导，处理各主管事务，并指挥监督助理干事之工作。

第三条　本干事及助理干事各二人，分掌下列事务：

（一）器具物品之收发登记事项。

（二）器具物品之保管整理事项。

（三）其他应办事项。

第四条　本干事应办事务，由干事批交助理干事办理。

第五条　本干事每日派值日干事一人处理日常事务，并纪录保管干事日志。

第六条　本干事如有废弛职务情事，由团长撤惩之。

第七条　本干事每周开干事会议一次，讨论一切进行事宜，事后应呈报团长备案。

第八条　本《细则》如有未尽事宜，得由团长随时修正之。

第九条　本《细则》自公布日施行。

六、团员大会会议规则

第一条 本团为交换团员意见及联络团员感情，举行团员大会。

第二条 本会由本团全体团员组织之。

第三条 本会由团长（或副团长、教练员）召集之，开会时团长为当然主席，团长缺席时，由副团长主席，副团长缺席时，由教练员主席。

第四条 本会开会时，由主席临时指定二人担任纪录。

第五条 本会每月举行一次，但遇必要时，得临时召集之。

第六条 本会开会时，其重要事项如下：

（一）报告本团重要工作经过。

（二）交换团员意见。

（三）建议增进全体团员福利事项。

（四）娱乐。

第七条 本《规则》如有未尽事宜，得由团员十人以上提请团务会议通过后，请求团长核准修正之。

第八条 本《规则》经团务会议议决施行。

七、中小队长联席会议通则

第一条 本会议以下列人员组织之。

（一）各中队正副队长。

（二）各小队正副队长。

第二条 本会议计划下列事项：

（一）决定全团进行方针。

（二）讨论全团旅行事项。

（三）讨论全团露营事项。

（四）讨论全团比赛事项。

（五）讨论全团表演事项。

（六）讨论全团服务事项。

（七）其他。

第三条 本会议由团长召集之，开会时以团长为主席。

第四条 本会议每学期至少开会一次，遇必要时，得开临时会。

第五条 本会议开会时之纪录，由本团文书干事担任之。

第六条 本会议非有过半数以上出席，不得开会，表决时须有出席人数过半数之同意，方得通过。

第七条 本会议决议事项，由团长酌夺办理之。

第八条 本《通则》自公布日施行。

八、中队会议通则

第一条　本会议以本中队下列人员组织之。

（一）中队长。

（二）副中队长。

（三）各小队正副队长。

第二条　本会议计划下列各事项：

（一）拟定本中队进行方针。

（二）讨论本中队旅行事项。

（三）讨论本中队露营事项。

（四）讨论本中队比赛事项。

（五）讨论本中队表演事项。

（六）讨论本中队服务事项。

（七）其他。

第三条　本会议开会前，应呈请团长派员指导。

第四条　本会议每月开会一次，遇必要时，得开临时会议。

第五条　本会议由各中队长召集之。开会时，以中队长为主席，中队长缺席时，以副中队长为主席。

第六条　本会议开会时之纪录，由主席指定之。

第七条　本会议非有过半数以上出席，不得开会，表决时，须有出席人数过半数之同意，方得通过。

第八条　本会议决议事项，由中队长呈报团长核准后执行之。

第九条　本《通则》自公布日施行。

九、小队会议通则

第一条　本会议以本小队正、副队长及队员组织之。

第二条　本会议计划下列各事项：

（一）拟定本小队进行方针。

（二）讨论本小队旅行事项。

（三）讨论本小队露营事项。

（四）讨论本小队比赛事项。

（五）讨论本小队表演事项。

（六）讨论本小队服务事项。

（七）其他。

第三条　本会议开会前，应呈请团长派员指导。

第四条　本会议每星期开会一次，遇必要时，得开临时会议。

第五条　本会议由各小队长召集之。开会时，以小队长为主席，小队长缺席时，以副小队长为主席。

第六条　本会议非有过半数以上出席，不得开会，表决时，须有出席人数过半数之同意，方得通过。

第七条　本会议开会时之纪录，由主席指定之。

第八条　本会议决议事项，由小队长呈报团长核准后执行之。

第九条　本《通则》自公布日施行。

十、队员遵守规则

第一条　本团各中、小队队员，必须遵守本《规则》。

第二条　本《规则》分室内、野外、入办公室、途遇尊长或童子军同志等四项。

第三条　上课时间，室内规则如下：

（一）不得自由言笑。

（二）不得翻阅无关本科课本。

（三）不得吸烟及其他食物。

（四）不得妨害他人视听。

（五）如有疑问，非得师长许可，不得发言。

（六）得师长许可，发言时不得故意抬高。

（七）发问须按次序，必须遵守师长指示。

（八）非得师长许可，不准擅离课室。

第四条　野外上课时间规则如下：

（一）上操时必须服从队长命令。

（二）离队时必须报告队长转告师长。

（三）因事报告时，必先敬礼，然后再说理由。

（四）不得言笑及妨害他人自由。

（五）务须确守纪律。

第五条　入办公室规则如下：

（一）队员因公请示，始准入办公室。

（二）在办公室外，应先叩门，听候答复。

（三）得闻答“进来”语时，然后徐步而进。

（四）入室后须向请示人敬礼，请示毕，仍须敬礼，然后退出。

（五）团长及教练或其他教员在办公室，必须分别敬礼。

（六）在办公室内，不得高声言笑。

第六条　途中遇见尊长及其他童子军同志规则如下：

（一）遇团长或其他高级职官，必须行礼致敬。

（二）遇本校校长及教员，必须行礼致敬。

（三）遇本团团部职员，必须互相敬礼。

（四）遇本团各级队长，必须互相敬礼。

（五）遇本团各队队员，必须互相敬礼。

（六）遇穿童子军服装同志，无论何团、何队、何省、何市、何县、何镇，只要着童子军衣有军籍章者，必须互相敬礼。

第七条　遇手中执物不能行举手礼时，可用立正注目礼代之。

第八条　童子军服装、佩带、领扣等，必须整齐清洁。

第九条　童子军如不遵守此项规则时，团部予以告诫，或其他适当处分。

第十条　本《规则》之遵行，各童子军有互相监督之责。

第十一条　本《规则》如有未尽事宜，得由团员大会决议，呈请团长修改之。

第十二条　本《规则》自公布之日起施行。

十一、团部值日员服务规则

第一条　团部每日派值日员一人，处理日常事务。

第二条　值日员以团部各干事及助理干事担任之。

第三条　值日员除办理值日勤务外，得兼办本人原有工作。

第四条　值日员勤务时间，每日下午三时半起至次日下午三时半交替。

第五条　值日员每日须将各干事、各中队、各小队工作日志，分别登记值日簿，呈送团长核阅。

第六条　值日员须于当日通知接替之值日员，并于次日将值日各种簿据移交接替值日员。如有未办完竣事件，须在移交簿内注明。接替之值日员如有不明了事项，得询问交待值日员，若发现其记载有错误时，得随时纠正之。

第七条　值日员之责任除各条另有规定外，其服务事项如下：

（一）管理签到簿。

（二）登记本团各干事及助理干事请假事宜。

（三）登记各干事、各中队、各小队工作日志。

（四）对内传达报告，张贴布告等事项。

（五）对外接待或受命接洽事项。

（六）处理临时发生事项。

第八条　如遇有非常事故，非值日员所能处理者，得报告团长或教练处理之。

第九条　值日员应备下列各项簿册表册。

（一）通告簿。

（二）条谕记录簿。

（三）值日日记簿。

（四）值日移交簿。

（五）登记请假簿。

（六）本部各干事、各助理干事及各中队长、各小队长一览表。

（七）值日员轮值一览表。

（八）其他。

第十条　值日员凡遇各干事未签到者，必须询问原由，分别在签到簿上注明公差、请假、或缺席等字样，如迟到者，须在签到簿上注明迟到时间。

第十一条　值日员应尽职守，如不按照本《规则》施行，予以告诫。

第十二条　本《规则》由团长核准施行。

十二、野外露营各种规则

（一）公共应守规则

第一条　露营者，必须遵守露营办事处和各科主任的命令。

第二条　听见召集归队的记号，要立刻向该处齐集，不得故意迟延。

第三条　如有要事或因公务离营，要得露营办事处许可，并在指定时间内回营销假（在休息时间，暂时除外，不在此例）。

第四条　在营幕里，衣服和卧具，要时常保持清洁，并要整齐而有秩序。湿的衣服和手巾，一律不得放在营内，并不得用鞋践踏铺地帆布。

第五条　出外参观时，衣服要整齐清洁，不要高声谈笑，并要注重公德，遵守纪律。

第六条　凡是参加露营的同志，要互相友爱，不要有发生意见殴骂和斗争的举动。

第七条　要依着工作秩序表做，和练习功课。

第八条　熄灯以前，应归营预备睡眠，衣服用具鞋袜等，排列在一定的地方，以免夜间集合时仓皇失措。

第九条　熄灯以后，各人不得高声谈笑，以免妨碍公共秩序。

第十条　如半夜听见遇险和归队记号，应立刻叫醒同伴，迅速前往归队。但要注意召集归队的记号，有无错误，以免混乱和中劫营的诡计。

第十一条　夜间离营大小便，要告知守卫者，早晨未吹起身号或未到时刻，不得离营。

第十二条　烹饪处要在离营十余码处，最好在下风，以防烟灰等物被风吹入营幕里。

第十三条　厕所要离营稍远，并在下风处，营幕附近，不得大小便，以重卫生。

第十四条　如觉天将下雨，应在营幕四周，开掘水沟，以便雨水流通。

第十五条　要爱护公共器具，不得无故毁坏。

第十六条　露营完毕，应共同将营地全部整理，使一切恢复原状。

（二）露营办事处规则

第一条　调查队员做事，是否尽职。

第二条　注意队员的行为，有纠正之权力。

第三条　商定进行事宜，并组织各科。

第四条　发布命令。

第五条　遇必要时得召集队长教练，或全体露营童子军开会，报告和讨论事项。

第六条　小队长、中队长和教练，对于一切对内对外重要事件，都要报告露营办事处。

第七条　矫正队员的服装，和惩罚违犯规律、破坏全体名誉的队员。

第八条　各科主任在露营办事处轮流值日，以便接洽对内对外事件，和队员出外请假销假事宜。

第九条　露营办事处应由各团或各队轮流派人守卫，并管理打钟、报告时刻。

第十条　随时考察各科工作，和检阅露营各团或各队成绩。

（三）守卫规则

第一条　守卫队员由露营办事处委派，或由各团或各队轮流担任，要绝对服从露营办事处和纠察主任的命令。

第二条　守卫队员要举止端正，服装整齐，并不得随意移动和食物。

第三条　注意附近来往人等，晚夜更要留意，并可依口令查问。

第四条　要阻止未佩带徽章的人走近营地，晚间遇不符口令者，更要特别注意。

第五条　守卫队员，有纠正不守纪律者的责任。

第六条　营幕内外，如遇有扰乱秩序的事件发生，应即禁止，或是好言劝解。如果排解无效，应即报告露营办事处，或纠察主任处理之。

第七条　未得露营办事处和纠察主任许可，无论如何，不得离开职务。

第八条　遇有团体、队伍、教练和高级职员出入，要行礼致敬。

第九条　守卫时当依人数之多寡而分配，通常是两小时一班，但守卫者在接班者未到以前，虽然时间过了，亦不得擅离职守。

第十条　轮值守卫者，要在换班前五分钟，向纠察主任报到，以便分派前往接班。

第十一条　守卫者交替时，应互相行礼致敬。退班者并须转知接替者以所应注意的事。

第十二条　如果联合大露营时，露营办事处本来有自卫队四处巡逻。但各队在本团营地内，仍须派员守卫。

十三、童子军课程比赛规则

第一条　本团为考核童子军课程成绩起见，特规定每学期举行课程比赛一次。

第二条　凡本团童子军均须一律参加比赛。

第三条　比赛项目以三级课程为限，暂定项目如下：

（一）小队比赛。

（甲）结绳，（乙）操法，（丙）救护，（丁）架桥，（戊）搭瞭望台，（己）扎营，（庚）炊事，（辛）旗语。

（二）个人比赛。

（甲）结绳，（乙）讯号，（丙）观察，（丁）缝补，（戊）军步，（己）追踪，（庚）生火，（辛）寻路，（壬）测量，（癸）制图。

第四条　每项比赛至少须有二队以上之参加，方可举行。

第五条　小队比赛每队至多加入四项，个人比赛每队只得加入一人，每人至多加入二项。

第六条　参加比赛之各队队员，属初级童子军者，可任意参加比赛各级课程；属中级童子军者，不得参加初级课程之各项比赛，违者取消比赛资格。

第七条　在比赛前一小时，各队队员须全体到场，用抽签法决定与赛队员，代表各该队出席比赛。

第八条　抽定之赛员，不得有推诿或调换等情事，违则取消其比赛资格。

第九条　每项比赛在开始时，由评判员召集点名，三次不到者作弃权论。

第十条　参加比赛者须遵守各项比赛细则，并绝对服从评判员之命令，违则取消其比赛资格。

第十一条　各队队长对于不服从评判员命令之赛员，若有袒护或指使行为时，则取消其各项比赛资格，并褫夺其已得之所有分数。

第十二条　各项比赛细则另订之。

第十三条　比赛地点及时间，由本团另行规定之。

第十四条　比赛优胜之各队，由本团给予褒奖，藉资鼓励。

第十五条　本《规则》如有未尽事宜，得由团务会议决议修改之。

第十六条　本《规则》经本团团务会议通过施行。

十四、团部图书借阅规则

第一条　团部图书限于本团童子军借阅。

第二条　每人每次借书，以两册为限。

第三条　借阅图书，限一星期内交还；如欲续借，须重填借书证，但以一次为限。

第四条　已借之图书未归还者，不得再借他种图书。

第五条　借阅图书，须保持原样交还，如有损坏或遗失，由借书人照价加倍赔偿。

第六条　若童子军欲借阅参考书，须照填团部制发之各种借书证，由本人签名盖章。

第七条　本《规则》如有未尽事宜，得由团务会议决议，呈请团长修改之。

第八条　本《规则》由团务会议决议，呈请团长核准施行。

十五、童子军借领团部用品规则

第一条　本团童子军借领团部物品，依照此项《规则》办理。

第二条　借领手续如下：

（一）经手人填写领物单或借物单。

（二）经手人必须签字盖章，并填明日期。

（三）注明需要数目及借用多少时间。

（四）呈请主管人员批准，再请经管人员发给。

第三条　领物单及借物单之式样另订之。

第四条　借物人用毕归还时，必向经管人收回借物单。

第五条　如借物人将所借去之物损坏时，应由经手人员负责偿还。

第六条　借领物品者如不按照本《规则》第二条“借领手续”办理时，经管人员得拒绝其借领。

第七条　损坏之物品，由经管人开具物名及数目，呈请团长核准追还之。

第八条　本《规则》如有未尽事宜，得由团务会议决议，呈请团长修改之。

第九条　本《规则》由团务会议决议，呈请团长核准施行。

十六、本团课外特种队组织规则

第一条　本团为谋发展童子军各种特殊技能起见，特在课外组织若干特种队。

第二条　各特种队除本团规定组织者外，得由童子军自由组织，但须经本团审查合格后，方准成立。

第三条　各特种队应听受本团之命令与指挥。

第四条　各特种队经团长之许可，得借用本团各种用具。

第五条　各特种队之编制，与普通童子军之编制同，每队设正、副队长各一人，主持队务。凡二队以上之特种队，得设正、副中队长各一人，主持该中队队务。

第六条　各特种队队员，在规定之练习时间，不得无故缺席。

第七条　各特种队除本团指定之教练员担任指导外，得聘请富有该项技能之本校教职员，担任指导。

第八条　各特种队之细则另订之。

第九条　本《规则》如有未尽事宜，得由团务会议决议修改之。

第十条　本《规则》经团务会议通过后施行。

（《河北省私立南开中学健康训练、童子军实施计划》（1934 年），童子军部分第 2—38 页）

出国考察感想[①]

（1935年7月2日）

出国经过：出国后，先至德国，入德国国立体育学校，专门研究体育行政及社会体育，而后复在欧洲各国考察，一年后又赴美国考察，总计在欧洲一年，在美国一年。返国途中，又至日本稍作勾留，以时间关系，未能作周密之观察。在德国体专得有体育硕士学位，在美曾参加体育博士学位考试，但论文未及交卷，因夫人病讯，即待返国，归国后继续撰述，然后将稿卷寄美。

德国体育：德国体育首重社会，学校其次，由法西斯蒂统辖之下，组织十分周密，不论男女老幼，均须受体育训练，尤以欧战以后，德国受各国压迫甚深，如限制军备、不准有军事训练等等。希脱拉（今译希特勒——编者注）总统有鉴于斯，乃强迫实行体育训练，其体育训练之方法，除练习体操及各种运动外，关系军事上之常识等等，亦均包括在内，故全国任何各界民众，均能运动，皆有军事常识，名为体育训练，实为军事训练，而其收效，较之单独之军训尤为广大，且不致受各国之干涉，国家一旦有事，全国民众均能捐躯卫国。

意大利等：意大利之体育完全重要于社会方面，莫索里尼（今译墨索里尼——编者注）对于体育训练，尤为重视，工作时间之余，人民均须往运动场，所有体育行政，均由政府主持。关于一九三六年之世界运动会之出席选手，莫索里尼已命积极训练，为国争光。芬兰专重社会体育，所有出席世界运动会之选手，几无一学生在内。丹麦、瑞典等国，仍守旧法，着重于柔软体操。美国之体育，国内人士，均当熟悉，社会、学校并重，选手制尤为重视。日本与美国之情形略同，但小学体育，特别注意，任何小学，对于体育之设施及行政，无不十分完美。俄国则专重社会体育，统由共党主持之，提供甚力，遍及全国，人民一有余暇，则群往运动场上去活动。

所得感想：吾国体育专重学校，而忽视社会，人民视体育运动，仍若无关轻重之事，体育若专赖学校来提倡，实为最消极之办法，即如建筑伟大之体育场，仅仅为开运动会而设，意义似不十分深切。外国体育场到处林立，然犹有人满之患，是因体育已普及，不得不有多量之体育场，以供人民之需要。我国则以伟大之体育场来引诱人民运动，其意非不可取，但究系一种畸形之现象，故在国内之情形，第一步工作，还须先从下层做起，然后再应设法将上层与下层工作，勾结起来，如是收效或可较速。

（《申报》，1935年7月5日）

---

① 1935年7月2日，章辑五乘日本皇后轮抵上海，与《体育月刊》记者谈话，谈话内容后刊载在《体育月刊》及《申报》上，原题为“体育专家章辑五谈出国考察感想”，本文内容系编者辑自该文。

赴欧美考察经过及观感[①]

（1935年7月9日）

一、旅途经过

前年十一月十四日，由上海搭义大利（今译意大利——编者注）轮康得沃底，经菲律滨、印度、埃及至义大利登岸。在义大利境内考察四星期，至德国，入国立体育学院及柏林大学选课，留五阅月之久。去年四月底赴波兰、苏联、芬兰、瑞典、丹麦，复至德国南部，入捷克、澳大利亚（应为奥地利——编者注）、匈牙利，在匈牙利京城布达佩斯参加世界体育会议。至客岁五月下旬，至瑞士、法兰西等国考察。由巴黎乘飞机至伦敦，在 Gilwell Park 参加童子军教练营，卒业后，于七月初旬搭轮赴美，加入纽约大学主办之体育研究所，留十星期。秋后至哥伦比亚大学及纽约大学本校上课，读毕硕士学分。于上学期转赴美国中部爱我华（今译艾奥瓦——编者注）州立大学研究体育，并参加博士初试，拟于回国后补撰论文。

二、此行观感

各国体育之实施，均极严格，以文化、政治、社会、经济、军事之背景而变迁。实例如左：

（一）苏联以劳工代体育，辅助其经济物质之建设，渐次达其劳动与自卫之目标。

（二）法西斯之义大利，以党之力量提倡运动，藉以达其军事教育及公民教育之目标，以服从墨索里尼为宗旨。

（三）欧战后改成共和之德意志，因受《凡尔赛条约》之限制，及国内各党派之意见分歧，国家地位，亦危急不堪。希特拉（今译希特勒——编者注）执政后，以其独裁之力量，及国社党之党纲，统一全国组织。所有全国体育及青年运动团体，均次第力谋统一，利用体育活动，以达其军事及公民教育目标。

（四）瑞典与丹麦为体育先进之国家，注重医疗与矫正体操，寓军事训练于体育之内。瑞典体操稍感落伍，丹麦之新体操及女子舞蹈，多为世界各国所仿效。

（五）芬兰为世界著名运动之国，欧林比亚（今译奥林匹克——编者注）席上时露头角。该国民间体育会之发达，足资取法。

（六）捷克萨克尔（Sokol）之组织，名为体育会，实为保族爱国之运动团体。

---

① 1935年7月9日晚，天津体育协进会举行谈话会，欢迎章辑五由欧美考察体育归来。本文为章辑五在谈话会上的讲话。题目为编者所拟。

（七）澳大利亚（应为奥地利——编者注）与匈牙利之体育，多取法于德意志及瑞典。

（八）瑞士体育之组织，隶属于军政部。该国之器械体育为世界所著称。上届器械体操比赛锦标，即为该国所得。

（九）法兰西注意文艺、美术，体育则落后。该国之体育教育，多由军事学校产出，设备不甚完备。

（十）英吉利之人民以均一运动为日常生活，自幼养成运动习惯，尤以游泳最为普及，仁侠精神为世界冠。

（十一）美国之体育以选手制及职业化之体育为最盛，最近转向健康训练及品格训练方面发展。

（十二）日本之体育，最初仿效瑞、德，最近抄袭丹麦及美国。注重小学体育，以少年团、青年团及在乡军人等组织，以补助教官之不足。

（《大公报》，1935 年 7 月 10 日）

附：归国后之谈片[①]

出国使命：章氏办理体育及青年事业，垂二十年，对推行中国之体育，及青年运动，继续之问题甚多，乃于前年经南大校长张伯苓之特许，给假二年，并由河北省之留学贷费，教育部及童军总会，及津市之津贴，赴欧美各国考察，并研究体育及青年运动。

经十九国：十四日，由上海经菲利滨（今译菲律宾——编者注）、印度、埃及，至义大利，考察四星期。赴德国国立体育学院，及柏林大学选课，留五月。于去年四月底赴波兰、苏联、荷兰、瑞典、丹麦，复至法国南部，入捷克、奥大利亚（应为奥地利——编者注）、匈牙利。在匈牙利京城布达佩斯，参加世界体育会议。去年五月底至瑞士、法兰西等国考察，由巴黎乘飞机至伦敦，至 Gilwell Park，参加童子军教练营。卒业后，于七月初旬至美，抵纽约，即加入纽约大学主办之体育研究所，留十星期。秋后至哥伦比亚大学，及纽约大学本校上课，将硕士学分读毕后，始于上学期转至美国中部爱我华州立大学从事研究体育。离该校前，参加博士初试，拟于归国后，补撰论文。

所得观感：各国体育之设施，故因其严格之文化、政治、社会经济、军事之背景而变迁。譬如：一，苏联以劳工代体育，以辅助其经济物质之建设，渐次达其劳动与自卫之目标。

二，法西斯之义大利，以党之力量，提倡运动，借以达其军事教育，及公民教育之目标，由服从墨索里尼为宗旨。

三，欧战后，改成共和之德意志，因受《凡尔赛条约》之限制，及国内各党派意见分歧斗争紊乱，国家地位亦危急不堪。希忒拉（今译希特勒——编者注）执政后，以其独裁之力量，根据国社党之党纲，统一全国组织，所有全国体育及青年运动团体，均次

① 本文为《益世报》所载章辑五之谈话，原题为“南大体育主任章辑五归国后之谈片”，因各记者所录内容不尽相同，一并收录于此。

第力谋统一，利用体育活动，以达其军事及公民教育之目标。

四，瑞典与丹麦为体育先进之国家，注重医疗，及校〈矫〉正体操，寓军事训练于体育之内。瑞典体育，稍感落伍，丹麦之新体操，及女子舞蹈，为世界各国效仿。

五，荷兰为世界著名运动之国，欧林比亚席上，时露头角。该国民间之体育会之发达，足资取法。

六，捷克苏噶之组织，名为体育会，实为保族爱国之运动团体。

七，奥地利与匈牙利之体育，多取法于德意志，及瑞典。

八，瑞士国体育之组织，隶属于军政部。该国之器械体操，为世界著。上届器械体操比赛锦标，为该国所得。

九，法兰西注意文艺、美术，体育最感落后，卫生亦不讲求。该国之体育教育，多由军事学校产出，设备亦不完备，为余考察中，印象最坏者。

十，英吉利人民，以均一运动为日常生活，自幼即养成运动习惯，尤以游泳最为普及，仁侠精神为世界冠。

十一，美国之体育，以选手制及职业化之体育为最盛，最近之趋势，转向健康训练，及品格训练方面发展。

十二，日本之体育，最初仿效瑞典及德国，最近抄袭丹麦及美国，注重小学体育，以少年团、青年团，及在乡[军]人等组织，以补助体育之不足。

（《益世报》，1935年7月10日）

我国体育推进方案

（1935年7月9日）

一、关于小学体育的建议：

（一）在各城各乡，利用空地，广设儿童游戏场。

（二）根据儿童活泼的天性，以体育教育为各种教育之基础。

（三）初级师范以音乐、唱歌、体育为必修科，小学教师皆以能教授唱歌、体育为原则。

（四）小学教师应与学生共同生活，以身作则，充作儿童之表率。

（五）造成健康美满之环境，使学生多有自由发展之机会。

（六）在施教之前，教员应明了各个儿童身心两方面之需要，及能倾。

（七）应与家庭及社会（娱乐场、公园、图书馆、运动场，及其他文化教育机关）联络，造成儿童适宜之环境。

（八）鼓励儿童手眼Creative工作，如手工图书，采集、保藏等工作。

（九）利用假期在海滨或山林中广设儿童露天学校。

（十）教育方法应根据儿童之兴趣由日常生活问题入手，由近及远。

二、关于中学体育的建议：

（一）扩充体育设备，a.运动场，b.游泳池，c.健身房。

（二）编定合理的体育课程及标准。

（三）检订体育教员之资格及改善教学方法。

（四）利用运动比赛，训练学生之品德。

（五）充分运用课外活动，训练学生负责及自动习惯。

（六）造成全校师生喜爱运动的风气。

（七）取消初中以下及女生之一切校外锦标比赛，鼓励各种Play Day及友谊比赛之活动。

（八）每年之首检验全数学生之身体为施教之准绳，每年之末施行测验，考稽成效。

（九）按照学生之体能、需要、兴趣分组教授，藉收最大之成效。

（十）应与家庭及社会联络，注意学生全部之生活及其环境。

三、关于大学体育的建议：

（一）每年之首检验全数学生之身体，以为施教之准绳，每年之末施行测验，考稽成效。

（二）指导学生读书、工作、游戏、生活之习惯，使之均衡合理。

（三）按照学生之需要、体能及兴趣分组教授，藉收最大之成效。

（四）组织学生体育会，训练学生负责及自动习惯。

（五）联络他校比赛运动，藉以训练学生之品德。

四、社会体育的建议：

（一）停止遣派留学生，利用该项经费充作下列费用：

A. 建设各地博物院、图书馆，及其他文化建筑。

B. 指定适宜之大学，添设研究院，延请世界著名教授适合中国之需要者，来研究院充作讲师指导研究工作（Directing Research）。

C. 整理国故。

（二）划分政府及人民提倡体育之境界，使之各尽各责。

（三）联络全国体育教员，组织体育研究会，从事下例〈列〉工作：

A. 翻译欧美各国关于体育最近之出版物。

B. 分工合作，各尽所能，从事研究试验，发刊著作。

C. 通信问答，讨论实施问题。

（四）联络各地士绅，提倡组织民间体育会。

（五）联络各地士绅，筹款建筑公共体育场及游泳池。

（六）厘定体育教员之资格，并在各适宜大学设立暑假讲习会（Progressive Summer School）以供教员之研究（未受过体育训练之教员，亦可藉此取得体育毕业文凭）。

（《大公报》，1935 年 7 月 11 日）

游欧美之感想[①]

（1935 年 7 月 21 日）

本人自前年十一月离国，今年七月回国，先后共一年零八月，在此廿月，可以说完全在与时间奋斗，本人对体育，本是半路出身，起先学物理，后到南开作事，对体育非常有兴趣，所以校长张伯苓先生乃委办体育，至今已十七八年之久，早就想到国外一行，看看别人家的长处，来补救我们的短处。当出国之时，天津正筹备华北运动会，有人劝我候运动会完了再行出国，当时本人以为华北运动会不是非本人不可，而机会不可错过，所以毅然成行。原定计划，是到国外游二年，后因华北时局，国外谣言甚多，又因家有病人，屡次电促，故而提前回国。在出国时间内，可以说毫无余暇，终日在忙碌，欲在短时间内研究许多问题，得许多知识，当然是一件困难的事，并且自回国以来，受到的刺激很多，所以不愿谈话，不愿多见人。现在把我出国的经过及感想，略与诸位一谈。

离国时，由上海出发经过菲律宾、印度、埃及等地，均未多停留，稍一看看风景而已，后出地中海，到意大利，在意大利耽搁四星期，先参观各大城，后至罗马，得到法西斯党员帮助甚多，参观各学校，青年训练及国家陈列馆，馆内陈列革命各历程的物品，井井有条，非常壮观。在新年前离意，经瑞士而入德境，在友人家过年。彼时德希忒拉（今译希特勒——编者注）上台不久，排外之风甚炽，候本人到德时，幸已稍缓，而得到相当好的招待。后至柏林，此时柏林各学校适值寒假，均未开学，乃到各处参观，至假期满后，本人即入体育学校攻读，同时又在柏林大学选修功课，所以忙碌异常。因宿舍离校颇远，每晨六时即须起床，晚间回来，又颇晚，经过下届世界运动会大会运动场，每持手电相携以行。先后在柏林求学半年，再赶赴俄国莫斯科，参观其热烈之劳动节及文化建设，在莫共住十天，然后再参观各大城市，觉其文化与建设等等，均在猛进中。由俄至芬兰，此国之文化发展，非常平均，而社会上，贫富亦无甚悬殊者，对于招待国外游历者，尤为和蔼。在芬兰共住五日，离此又到瑞士等国参观，后复由北欧回柏林，出发到南德，南德与北德风俗习惯相差甚多，再到瑞士日内瓦等处参观，后乘飞机至英伦，参观训练班，由英然后至美。

到美后，至纽约入学，前后十一星期，后又到哥伦比亚大学去选科，然后至中部西部等校参观。

以上是本人离国的经过，现在再谈谈个人的感想及在各国我能看到的，就是无论那一国，他们的治国方法虽不同——独裁或民治——而他们埋头苦干则一，只要想出办法，

① 1935 年 7 月 21 日，南开校友会在南开校友楼设宴欢迎章辑五考察回国，由校友会主席阎子亨致开会词，继由章辑五讲“游欧美之感想”。

就去作。本人在德居住较久，德国自欧战后，因条约束缚几乎不能翻身，而改成共和国以后，党派亦颇纷歧。自希忒拉上台后振臂一呼，使自信精神巩固，在种种压迫下挣扎，因各条约束缚，使德不能有军事训练，而以体育代之，实则不亚于军事训练，如爬山、野操等等。尤其在教育上，我国应该效法者，有二点，第一，彼国之大学学生，必须有一年离开学校，为社会服务，如开荒等等工作，中学生亦然。第二，城市间小学生，须到乡间去居住一年，使知农民痛苦。

再次言意大利，在墨相指挥之下，十一年来，一切文化建设，亦颇可观，本人因在俄国时间不多，只是走马看花，故所观察者，只是其外观而已，虽然亦颇足惊人，其建设进步之速，实出人意料之外。

总之，动物之进化，乃是因环境不满足，而中国人常住国内，久之竟而麻木，不知不觉，故跳出圈外，方能有感觉，比如外国利用无线电为传达领袖之演讲等等用途，而中国则淫词小调充耳，此间相差，何止天壤。本人觉得我国人最大缺点，是缺乏群众组织，只知有家庭，不知有国家，只知有妻子，不知有社会。本人希望国人应急速组织社会团体，而推动社会事业，国家方有希望。

（《南开校友》第1卷第1期，1935年10月15日）

“拟请组织中华全国体育协进会学术组案”办法[①]

（1935年8月1日）

一、凡在体育界服务者得为会员，每人每年交纳会费若干元。得享协进会《体育季刊》阅读之权。

二、本会讨论会参加人员，均得为发起人，于此讨论开会期间，举行发起人会议，推定筹备人员，于明年暑假期间开成立大会，并拟定讨论会讨论中心问题，推定委员负责准备。

提案人：张伯苓、郝更生、朱影波、张士灿、李雪琴、董守义、章辑五、马约翰、李仲三、陈丽霞、夏翔、赵逢珠、尚树梅、向忠发、袁敦礼、沈嗣良、谢树声、吴励吾、毛鸿烈。

（《大公报》，1935年8月3日）

---

① 本提案为章辑五与参加中华全国体育讨论会的同人于1935年8月1日（会议第4日）提出，8月2日举行学术组发起人大会，与会之全体人员均为发起人，通过名称，定为中华体育学会。

本会[1]今后应有之使命

（1935年9月）

归国后甫抵津市，适本会发印年刊之时，经编辑谢希云先生嘱撰短文，登入年刊，以资今后提倡体育之参考。离国二载，身体精神两交疲惫，又遭各方之激刺甚深，实感情绪之不安，未敢冒〈贸〉然动笔。然因会中同人要请之殷，职责所在，义不容辞，聊草数行，难免塞责之讥，尚希读者见谅是幸。

本会提倡体育垂十余载，向以按季举办各种运动比赛为惟一之工作，然“运动比赛”不过为提倡体育之各方法中之一种方式，其中利弊兼半，非全部之体育教育也。故今后提倡全民体育化，去掉畸形之发展，应扩大范围，各方同时下手，造成全市好习体育之空气，便利体育活动之机会。兹就在国外二年来观察所得，略述管见，以供本市提倡体育者之参考：

一、联络本市官绅，建设高尚娱乐场——在此工作短少，闲暇时间较多之时期，寻求游戏娱乐，为人性之所趋，试观本市之消闲场所，除租界内之吃喝嫖赌吸之引诱外，鲜有增进人民健康，提供人民文化，富有教育价值之设施，故今后应联络全市官绅募集股款，建设富有教育价值，引人入胜之博物院、图书馆、大花园、影戏场、社会事业讨论会、俱乐部、公共浴泳池、游戏场等。

二、会同公安、教育两局，调查全市空地，广设儿童运动场——现在之省市体育场偏于一方，全市之儿童，因交通之不便，缺乏运动之机会；故今后应会同公安、教育两局，调查全市空地，广设儿童运动场，以增进儿童运动之机会与便利。

三、指导现有之提倡运动之体育团体，对于体育教育得到正确之认识——现在本市之农、工、商界组织体育会，提倡体育者，颇不乏人，然对于体育之意义，多不明了，时有出乎正轨之外者，如比赛重胜负，养了一班打手，为少数之领袖造声望，出风头，殊失体育之本旨。

四、厘订各种运动奖励之标准（Standard Badge）（如五项或十项等），颁发金、银、铜各奖章，鼓励自动之进步——本会可按年龄、性别，厘订各种运动及格奖章之标准，指定专员定期测验，鼓励运动之自习。

五、印发各种体育之小刊物——对于体育常识，各种运动之目标、方法、规则及设备，本会应指定专员编撰各种之小刊物，供全民之需求。

六、会同省市体育场延聘流行指导员及举办定期讲习会——欲推行全民体育化之实现，除提倡多组织民众体育会外，本会应会同省市体育场延聘流行指导员，并举办定期之

[1]“本会”指天津体育协进会。

讲习会。

七、充分利用报章、电影、广播无线电、表演及广告等方法，提倡体育及健康教育之宣传。

八、联络卫生界及医学界，供给卫生及医药常识，使全民充分实行生活体育化及健康化。

九、联络旧式之体育团体，如打拳、摔角、皮条、杠子、举石锁、打花棍、掷沙袋等组织（不分阶级），说明体育之意义，并设法使之科学化、教育化并现代化。

十、订〈定〉期举办民众体育表演大会（学生除外，另组织之）。

以上十条为拉杂随笔书出，未加思索，详细办法容后得暇与会中诸同人讨论之。

{《天津体育协进会年刊》（1935年），第3—5页}

在天津体育协进会会员交谊会上的演说[①]

（1935年11月12日）

出国之动机：（1）解决多年体育困难问题，（2）研究如何能达到体育目标。

各国对体育之认识，最早系狭义的、直接的，后美国采取自由活动，如球类、田径，意、德、苏联，亦就国家需要，采取其特有的活动，如德国之野外生活，苏联之集团运动，意国之基本训练，严密组织，均可为我国模楷。其他各国亦均采用间接方法，以期得到直接效果，例如在花园散步吸收养气疗治肺病之方法，已为医学界推翻，而主张“造成全身细胞活动自然需要养气”之间接方法，盖前者系外界压力，身体未必有此需要，或供过于求，或求过于供，后者则系自然需要供求相合，身体自可康健。提倡体育，亦同此理，深盼各体育界领袖及同志，从事高尚娱乐，联络感情，相机运动，间接自能得到肌肉发达、身体健康之直接目的。同时须模仿德国之“于快乐中求得力量”之法则，事事勿悲观，人人皆努力，自津市做起，自今日做起，民族健康，指日可期。

（后述及各国教育与体育之情况，谈到美国大学学生开拓不毛地吃苦耐劳之精神，与德国受《凡尔赛条约》束缚后之唯乐兴国主义，而想到中国不景气之种种。）

是的，中国学生不少，尤其是留学生，只要我们对于教育一栏做一番详细的视察，我们会知道中国每年却有一批批的官费、自费的留学生，不过我们一加强我们的记忆力，用冷静的头嘴〈脑〉来观察一下，你会发出“只见出国，不见回国”的悲感。不是不回国，而是他们回国后竟没有什么供献对国家，换句话说，就是化了成千叠万的国币而竟没有一些代价，白白给外人造了机会。

留学生是变了，改变些什么，挺挺的西服、亮亮的头发，举止洋化，行动洋气，正所谓只改了头颅，换了面孔，却未充实了脑筋。反倒拿钱买了外国之垃圾物——自然有少数人不是这样——拿了若干钱而只学了一些皮毛。

当我们看到外国人见了中国人那种神傲气扬的态度，总会给我们一种不快之感，因为他是“外国人”，我们却也无可奈何。然而我们试看一看我们中国的留学生，有的竟也不自识的拿起外国人的架子来，挺胸凸腹，大有不认识自己面目之概。有的人说“留学生不过是为出风头而已，是求个人之荣耀与金钱之夸示”，这句话不能说没有根据。至于美国大学生耕地自劳精神，就一般挺胸凸腹的留学生来说，他们拿了锄头儿，你是叫他们向前弯，还是向后仰。

（谈到“德国唯乐兴国主义”）当“九一八”时，北平北海尚做滑冰会，当时舆论界

① 1935年11月12日下午2时半，天津体育协进会在天津青年会礼堂举行会员交谊会，章辑五在会上讲话。原文题为“会员交谊会盛况”，本文系编者从该文中摘出。

纷纷攻击，以国难当头，不应自乐。然就德国情形来看，却又成了对峙。他们虽被《凡尔赛条约》束缚，失去了军事上之自由，但是他们竟转了方向而做体育上之努力，他们并不因失去了自由而抱悲观自苦，然他们当时所抱的主义是“经过快乐中始得力量”。就是说，欲要力量之充实，应从快乐方面着想，这是合乎科学的。大凡一个人精神若愉快，对于工作便感到兴趣，而工作的效率自然增加，反之萎靡不振的精神不能做出有效率的工作。由此看来，德国之唯乐兴国主义在我们满头疮痕的中国是有采取的可能，而也只有用这种主义来做我们疮痕的疗治药。

所以说，国难是国难，我们不应如〈因〉国难阻止了我们有价值的运动，更不应认为运动是[与]国难对峙的。我们不应为了国难的精神上之悲观，我们应彻底认清我们弱点之所在，做一种力量上之充实，而以“快乐”做兴奋之剂。不过“快乐”是指着高尚有价值的快乐，换句话说，我们要做对我们有帮助的快乐事，不是一般下级人们从吃、喝、嫖、赌所寻的乐事，那样不但对我们无益，反倒戕害了自己。我们不过借快乐事来充实我们的精神，增进我们的实力，做自救的基础，所以说运动、游戏等是我们应寻的目标。

回国后对于中国体育上之观点归缩为二：

第一，认为体育只是一种狭义的，只不过为求肌肉的健康，身体的健康，并没有想到还有别的意义存于其间，同时指导员们也只做一种直接的、技术上的训练，并未想到间接的训练。

第二，国难问题不是以愁、苦、悲、烦解决的，主要在精神上之充实。所谓“精神的不死”，应采取德国唯乐兴国主义，做我们最后的努力。

{《天津体育协进会年刊》（1936 年），第 37—40 页}

运动会之面面观[①]

（1935年11月15日）

这次第六届全国运动会校长和我同去参加，这次全国运动会的筹备，因我在外国没有参加，事前各委员会的事务和设备、计划我都知道的不详细，只是在大会期间担负了一个田赛裁判长临时的责任。我是十月八日到上海，九日出席参加裁判会议，十日便担任实际事务，十七日大会完毕，又逢全国体育协进会开全体代表大会，中华体育学会开筹备会，十九日便回天津。事前未参加筹备，事后又早日返津，当时又因事务非常忙碌，不能详细观察，所以报告不能详细。所得的观察亦当然是片面的。

我个人对于运动会不感多大兴趣，因大家以为一谈到提倡体育就是开运动会，学校和社会都把力量、金钱用在造就选手，学校及社会体育均以参加运动会为对象，现在变成畸形的发展，实际上社会和学校的体育一点也没普及，这种畸形发展的运动会，我个人近来对它不感兴趣。第二，这种运动会是仿效美国，化费太多，中国太穷，这种运动会应否提倡颇生怀疑。

运动会的起源

运动会的起源很早，创始在776 B.C.，当时在希腊之欧林比亚（Olympia）每四年举行一次，藉祭祀神祇而开运动会。希腊各民族提倡健康，除体育外更包有文艺、诗歌，以及美术的雕刻等。到394 A.D.为罗马教皇下令停止。后法国世家Pierre De Coubertin（即顾拜旦——编者注）见英人多藉体育以训练公民道德，故在各地提倡，终于1896年恢复，此后每四年举行一次，自恢复到现在已经开会十次，明年第十一次在柏林举行。现在把每次开会时间及地点举列于后：

第一次	1896	Sorbonne, Athens
第二次	1900	Paris
第三次	1904	St. Louis
第四次	1908	London
第五次	1912	Stockholm
第六次	1916	Berlin（因大战停）
第七次	1920	Antwerp
第八次	1924	Paris
第九次	1928	Amsterdan
第十次	1932	Los Angeles

① 本文是章辑五在南开校友第一期学术增进运动上的演讲词。

第十一次　1936　　Berlin

远东运动会

远东运动会从一九一三年开始，原来中菲日三国为提倡体育，联络感情，沟通文化而产生，第一次一九一三在马尼拉开会，第二次在中国上海开会，嗣后每二年举行一次，自一九二九年起改为每四年举行一次。

全国运动会

全国运动会第一次在宣统二年（一九一〇）假南京劝业博览会举行，此次为外人提倡，分全国为上海、华北、华南、吴宁、武汉等五区，内地尚未列入，参加机关以学校为主，参加选手皆为学生。第二次在民国三年（一九一四）北京天坛举行，由北京体育竞进会主持，分全国为东西南北四区，比赛项目增添篮球、棒球与足球。第三次在民国十三年（一九二四）举行于武昌，此次参加选手较前为多。第四次是民国十八年（一九二九）在杭州举行，第五次是民国二十二年（一九三三）在南京举行，这次是第六次，在上海举行。

全国运动会之目标

中国国民体质衰弱，必须积极提倡体育，开运动会是提倡方法之一，并不是唯一的方法。全国运动会的目标，以我个人看，不外提倡民族团结统一的精神，以造就团体的意识，更可以得到体育技术上的观摩。

这种目标对人们确能得到大的供献，这一次国内蒙古、新疆、青海、西康，国外华侨如菲律宾、马尼拉、爪哇等地都有代表，共有三十八团体参加，选手数目在三千人以上。上海运动场在远东为最大，在这样的场子里有这样多的人开会，其盛大无以伦比。我个人看这一次的运动会最受感动，当全体选手由军乐率领游行场内的时候，我个人看到这样多的人，想到这么大的民族何以不能在世界上立足，受人家的欺侮。赶到辽宁、黑龙江的黑旗走过来的时候，我的泪不住的落下来。这最能刺激人的感情而使人反省，更容易唤起民族意识。

对于全国运动会的批评

1. 关于日期与地点者：

中国全国运动会的日期在双十节，藉此庆祝国庆，其他国家开会日期在春夏之间，在秋后的很少。并且每次开会各种运动项目都集中一起的也是各国所少有的，各国的游泳在夏天，足球在冬天，网球在夏天。像中国这样的运动会固然足以表示盛大，不过准是以分季分地比赛较好。因为运动为日常生活之一种，不可以一日曝十日寒的。

2. 关于组织方面者：

组织方面太空虚、太重复，所以作事不敏捷而互相推诿，筹备委员分散各地，结果不能作事，筹备委员之下又有常务委员，常务委员之下有总干事、副干事，再下又分各组各股，各组各股之下又有干事。有时也觉得太重复，例如有竞赛委员，又有审判委员，又有裁判股。每种事情须经五道手续，倒不如委员少些，集中权限让几个人办好一点。

3. 关于筹备方面者：

大会法规规定不严：发生了几度选手代表单位的纠纷，在秋季开学后，学生多由此地转到彼地就学，此应代表何处，有的学生暑假毕业，秋后作事，这又应代表学校亦代表作事地点，大会规定代表所在地，但也没有期限的规定。

设备和计划也不联贯：设计的人没有和应用的人接头过，以会场的应用颇不灵活，出入的门太少，以致有人越墙而过，秩序不好维持。更因为出入的门太少，人们都拥挤在门上，以致运动员不能准时到场，使大会不能准时开会比赛。上海华洋杂处，又予外人以讥笑之口实！

4. 关于比赛者：

关于选手业余资格法规规定不详，以致有卖艺的参加国术比赛。球类都用淘汰比赛，这种方法也最不完善，弱队遇着强队，一次下去概无观摩和练习机会，这不是提倡的原意，且容易使人灰心，结果强的反而练习的机会多，强的更强，弱的更弱。这固然受时间的限制所使，然以后应设法改为循环比赛，使各队都能互相遇一次。

（《南开校友》第1卷第2期，1935年11月15日）

回国后对本国教育的感想

（1935年11月15日）

南开学校体育主任章辑五先生，前年十一月出国留学，今年七月回国，回国后，各学术团体与体育机关请章先生讲演者甚多，讲演记录散见各报章杂志，在各该记录内述章先生国外生活及各国参观情状甚详。七月廿一日，南开校友在校友会为章先生洗尘时，亦述国外生活颇详（记录已登本刊第一卷第一期），本刊此次索稿于先生，先生不欲重述个人国外生活，而以“回国后对本国教育的感想”数点见赐，裨益校友或更甚于前者。本文原拟在第一期发表，章先生因事不克校阅，故改在本期发表。

——编者识

本来作一篇文章，先须说些题前的话，以作序言，慢慢的说到本题。我现在不用这种笔法，要一针见血，干干脆脆的说我回国后对本国教育的几点感想。但我要预先申明一句，我所指的教育，并不是狭义的学校教育。

（一）中国人散漫的治疗法：中国人散漫没有团体，就是有团体，组织也不坚固，这是因为这种组织没有接触到人的本能。集群性、进取性、喜游戏等都是人类的本能。能接触到这些本能的组织才能持久。中国的革命团体，只以打倒恫吓为能事，结果组织成了个死的空架子，也是因为没有接触到人的本能。

中国散沙般的散漫，要以本能去联合胶固她。游戏玩儿是一种本能，南开校友会要给前后男女校友以充分玩儿的机会，从玩儿中把大家校友胶黏起来。那就是说，由玩儿中团结坚固，然后作其他爱国工作，改良社会工作。我希望校友会懂这种心理学，用这个团体，把大家胶着，然后作有利于国家社会和个人的事。例如校友楼里每星期日有聚餐，吃完饭大家便聊天，假如能有一个题目，在这题目范围内聊，比上下古今海阔天空无范围的聊，大概要有益些吧？所以治疗中国人散漫病的方法，乃接触到人类的本性，组织能持久的团体。

（二）中国人缺乏国家观念，应由爱团体、爱乡土作起：中国人没有国家观念，背后有长的历史背景，也不足怪，在专制时代，国家大事由君主作主，与人民毫无关系。国家观念的养成，不是短时间所能奏效，养成之道，首须爱小团。例如南开校友会，不管人多人少，这团体里的人，休戚相关，守望相助，疾病相扶持等，都是爱护团体应作的事。在小团体里养成互相爱护的习惯，一旦有外族侵略进来，决不能漠不相关的坐视，爱护大团体的心必油然而生。第二须爱乡土：假如我们问：“国何以要爱？”如果说不出爱国的道理，便爱的没有劲。所谓爱乡土，就是将道路、河沟、田园等整理的都很可爱，然后人民自然生了爱护心。在爱国爱乡之先，首要找出民族有什么好处应保存，民族有什么可爱处；更要找出自己民族在世界民族中所特具的长处，令我们特别爱的地方。中山先生以为中国人有忠孝仁爱，信义和平等美德，如大家都这样承认，大家便不妨如此作去。南开校友会这小团体，很可以把它作为南开校友改良社会国家的中心，先从改良不良份子及一切不良着手，团体本身改良的非常令人可爱，以后便能团结的很坚固。

校长常说中国人自私，无公心，校长提倡合作，这实在非常要紧。人都愿意讲舒服，作事少，赚钱多。自私也不足怪，这是人类的本性（Human nature）。不自私，不为个人，吃苦，牺牲，为国家等美德之造成，在乎社会的裁制力（Social Conditioning）。要造成一种舆论，一种风气，社会都为公，争个人地位争个人薪水的人自然就少了。说到合作，不能空谈，要实际练习。试问现在的学校教育，有那一样能使学生练习合作？上班讲的国文、英文、数学有合作么？考试制度更是个人竞争，先生教的考的都不能让人合作。我希望南开学生能自动组织团体，学校也应当努力提倡。体育会、学术研究会、社会服务、调查等等都很能练习合作。南大、南中学生，都关起门来念自己的书，学校空气沉闷，那有合作的影儿。人类的进步由于互相激刺，互相鼓励，自己管自己绝无进步。

（三）中国人缺乏专诚持久心：中国人缺少不顾成败利钝干就干到底的精神。宇宙万物都在转变不息，人类社会也在瞬息万变，如果人要见异思迁，个人的事业不能有成就，社会也不能有进步。以校长办南开学校说，起首二三十人，当中的困难很多，个人受的苦痛很大，可是咬住牙根作到底，一直作到今日，仍不感觉满足，还是继续努力作。校长遇过几回作官的好机会，如果校长见异思迁，舍教育而作官，南开那有今日的成绩。再以华北实业界的巨子范旭东来说，范先生起首办久大精盐公司与永利制碱厂的时候，规模很小，现在永利制造的碱，可以和英国碱在中国市场对抗，这种成绩是范先生从艰难困苦中经营来的，如果范先生也见异思迁，绝无今日的收获。以我个人说，我不是学体育的而办体育事务，受人攻击受人批评，办事上经了许多困难，这一切我都忍受，咬牙作了二十年，不敢说有成就，却从这里找到不少的东西。日本人比中国特长的就是有这种不顾成败利钝，不见异思迁作就作到底的精神。美国人、德国人、俄国人都是这样傻不济济底使气暴力的干。

（四）中国人缺乏责任心：南开学校（大、中两部）的责任都在先生身上，权亦在先生手里，这是使我对南开学校不满意的。我以为新教育应该让全校师生共同负责。学校的教务、体育、庶务等，学生都应负一部分责任，这样可以训练学生的责任心和对学校的了解，师生间因隔膜而生的误解可以免去很多。学生在团体里负一部分责任，他个人必定觉得他是团体的一份子，他爱护学校的热忱必更甚于未负责任以前了。

我最恨学生说："这是学校当局的事，我不负责任！"从前有一个时期，学生与先生对立，这就是因为学生不负责任，不了解先生们办事的困难。练习负责是件很重要的事，在学校练习了之后，到了社会也一定能负责，绝不随便说话。大学生亦如此，在校不负责任，随便说不负责任的风凉话，结果社会也尽是随便批评国事说风凉话的人。这次汪精卫辞职，就是因中央委员说风凉话，汪先生一个人办理复杂的外交而积劳成疾，中央委员们却骂他卖国，这种不负责任的风凉话那能不使人灰心。

学校和家庭都应该让学生负一部分责任以作练习，但责任应该以年龄和经验的不同而分轻重。例如年纪小的学生，不能负的责任太大，便可给以童子军等责任，年纪大的便给以较重的责任。尤其重要的是要让他对自己负责任，念书要念好，念不好便是对自己不负责；身体衰弱又不运动，也是对自己不负责。今年开学检验身体，有些学生身体很弱，我对他们说："身体是你自己的，保护身体是你自己的责任，并不是体育课的责任。"一个人的牙破了要补，眼近视了要配眼镜，这都是自己的事。学生能养成对自己负责任的习惯，将来到了社会，一定能作出有价值的事来。

（《南开校友》第1卷第2期，1935年11月15日）

凡合乎科学、实用之体育，皆可学之[①]

（1935年11月20日）

中外之体育虽形势与方法不一，然其意义相同。我国近年来除积极提倡国术外，对西洋各国之新式运动之推进，亦不遗余力。我国之学习外邦体育，并非在顺应潮流，盖凡合乎科学，合乎实用之体育运动，吾人均可学之，故不论其国际关系。

（《益世报》，1935年11月21日）

① 1935年11月20日，天津基督教青年会为纪念该会成立40周年，特在天津东马路青年会会址举行国际武术表演大会，本文为章辑五在会上所作开会词大意。题目为编者所拟。

欧美体育现况及改进吾国体育建议

（1935 年 11 月）

编者（指原文编者）按：章辑五君，办理体育事业及青年事业，垂二十年，对推行中国之体育及青年运动应行研究之问题颇多，乃于前年经天津南开大学校长张伯苓之特许，给假二年，并由河北省之留学贷费，教育部及童军总会及津市之津贴赴欧美各国考察，并研究体育事业，经十九国，自前年十一月十四日由上海经菲、印度、埃及，至意大利，考察四星期，赴德入国立体育学院，及柏林大学选课，留五月，于去年四月底赴波兰、苏联、芬兰、瑞典、丹麦，复至德国南部，入捷克、奥大利亚（应为奥地利——编者注）、匈牙利，在匈牙利京城达丕司（今译布达佩斯——编者注）参加世界体育会议。去年五月底至瑞士、法兰西等国考察，由巴黎乘飞机至伦敦，至 Gilwell Park 参加童子军教练营。卒业后，于七月初旬至美，抵纽约，即入纽约大学主办之体育研究会，留十星期。秋后，至哥伦比亚大学本校上课，将硕士学分读毕后，于上学期转至美国中部爱我华州立大学从事研究体育，离该校前，参加博士初试，拟于回国后，补撰论文。

一、各国体育现况

各国体育之设施，均因其文化、政治、社会、经济、军事之背景而变迁，譬如：

一、苏联。以劳工代体育，以辅助其经济物质之建设，渐次达其劳动与自卫之目标。

二、意国。法西斯之意大利，以党之力量，提倡运动，藉以达其军事教育及公民教育之目标，以服从墨索里尼为宗旨。

三、德国。欧战后改成共和之德意志，因受《凡尔赛条约》之限制，及国内各党派意见分歧，斗争不息，紊乱异常，国家地位亦危急不堪。希特勒执政后，以其独裁之力量，根据国社党之党纲，统一全国组织，所有全国体育及青年运动团体，均次第力谋统一，利用体育活动，以达其军事及公民教育之目标。

四、瑞典及丹麦。瑞典与丹麦为体育先进之国家，注重医疗及矫正体操，寓军事训练于体育之中。瑞典体操稍感落伍，丹麦之新体操及女子舞蹈，为世界各国所效仿。

五、芬兰。芬兰为世界著名运动之国家，欧林比亚席上，时露头角，该国民间体育会之发达，足资取法。

六、捷克。捷克沙戈尔（Sokol）之组织，名为体育会，实为保族爱国之运动团体。

七、奥大利（应为奥地利——编者注）及匈牙利。奥大利与匈牙利之体育，多取法于德意志及瑞典。

八、瑞士。瑞士国体育之组织，隶属于军政部，该国之器械体操，世界著名，上届器械体操比赛锦标，为该国所得。

九、法国。法兰西注意文艺、美术，体育最感落后，卫生亦不讲求。该国之体育教育，多由军事学校产出，设备亦不完备，为余考察中印象最差者。

十、英国。英吉利人民，以均一运动为日常生活，自幼即养成运动习惯，尤以游泳最为普及，仁侠精神为世界冠。

十一、美国。美国之体育，以选手制及职业化之体育为最盛，最近之趋势，转向健康训练及品格训练方面发展。

十二、日本。日本之体育最初仿效瑞、德，最近抄袭丹麦及美国，注重小学体育，以少年团、青年团及在乡军人等组织，以补助学校教育之不足。

二、改进吾国体育计划

我国体育之改进，当取四路进攻政策。第一，关系方面，须努力设法阐明体育之效能，因此人人明了体育之重要，而实际从事运动。第二，各个家庭中应了解体育之意义，而与学校有相当联络，训导儿童好运动之天性，使得适当之体育活动。第三，此后提倡体育，当注重社会方面，倘使商界或在其他各界服务之人士均能明了体育，从事运动，其影响于家庭儿童，至深且巨。第四，当与医学界共同研究，因体育活动与身［体］健康有密切关系，运动程度与身体健康至须医学界随时研究，指示矫正。

甲、关于小学体育的建议

一、在各城各乡利用空地，广设儿童游戏场。

二、根据儿童活泼的天性，以体育教育为各种教育之基础。

三、初级师范以音乐、唱歌、体育为必修科，小学教师皆能以教授唱歌、体育为原则。

四、小学教师应与学生共同生活，以身作则，充作儿童之表率。

五、造成健康美满之环境，使学生多有发展之机会。

六、在施教之前，教员应明了各个儿童身心两方面之需要及能力。

七、应与家庭及社会（娱乐场、公园、图书馆、运动场，及其他文化教育机关）联络，造成儿童适宜之环境。

八、鼓励儿童直接工作，如手工、图书、采集、保藏等工作。

九、利用假期在海滨或山林中，广设儿童露天学校。

十、教育方面，应根据儿童之兴趣，由日常生活问题入手，由近及远。

乙、关于中学体育的建议

一、扩充体育设备：（一）运动场，（二）游泳池，（三）健身房。

二、编订合理的体育课程及标准。

三、检讨体育教员之资格，及改善教学方法。

四、利用运动比赛，训练学生之品德。

五、充分运用课外活动，训练学生负责及自动习惯。

六、造成全校师生喜爱运动的风气。

七、取消初中以下及女生之一切校外锦标比赛，鼓励各种 Play Day，及友谊比赛之活动。

八、每年之首，检验全数学生之身体，为施教之准备，每年之末，施行测验，考稽成效。

九、按照学生之体能、需要、兴趣，分组教授，藉收最大之成效。

十、应与家庭及社会联络，注意学生全部之生活，及其环境。

丙、关于大学体育的建议

一、与中学之第八条同。

二、指导学生读书工作、游戏生活之习惯，使之均衡合理。

三、按照学生之需要、体能及兴趣，分组教授，藉收最大之成效。

四、组织学生体育会，训练学生负责及自动习惯。

五、联络他校比赛运动，藉以训练学生之品德。

丁、普通建议

一、停止遣派留学生，利用该项经费，充作下列费用。

（一）建设各地博物院、图书馆，及其他文化建筑。

（二）指定适宜之大学，添设研究院，延请世界著名教授适合中国之需要者，充作研究讲师，指导研究工作。

二、划分政府及人民提倡体育之境界，使之各尽其责。

三、联络全国体育教员，组织体育研究会，从事下列各项工作。

（一）编译欧美各国关于体育最近之出版物。

（二）分工合作，各尽所能，从事研究、试验，发刊著作品。

（三）通信问答，讨论实施问题。

四、联络各地士绅，提倡组织民间体育会。

五、联系各地士绅，筹款建筑公共体育场及游泳池。

六、厘定体育教员之资格。并在各适宜大学设立暑假讲习会，以供教员长进修养之需要（未受过体育训练之教员，亦可藉此取得体育毕业文凭）。

（《勤奋体育月报》1935年第11期）

中国体育目标之商榷[①]

（1935年12月）

今日世界之危机，人类之倾颓，势将趋入死亡末路。号称人类导师之教育者，为人民之先知先觉，对于此种现象，不能不负相当责任。威尔斯（H. G. Wells）曾言，“教育家为历史之制造者。”阿鲁马克教授（Prof. Almack）亦云：“今日危急之秋，实教育者之黄金时代。”

吾人常闻人言，中国之文化落后，社会不良，事事不入轨道，改革教育三十年来，不见有显著之进步，未能向直线上发展。原因虽多，然目标不定，教材难选，今日学东，明日学西，恰如“无的放矢”，焉能收得相当成效？故确定中国体育之目标，实为最重要初步之工作。有了目标，尚须根据科学标准，选定教材与活动，有了教材与活动，尚须运用有效之教学法，最后尚须根据已定之标准，考核教学之成效。

一、美杜威博士之教育目标有四

体育为教育之一种，体育之目的，不能与教育分开而独立。其目标与教育之目标相符合，所以在未讨论体育目标之前，应先试问中国教育之目标为何，杜威博士曾根据人类长进之条件，列举教育之目标有四：

（一）保持人类之康健（Preservation of Health）。

（二）促进群居之效率（Increase of Social Efficiency）。

（三）增加经济之效能（Increase of Economic Efficiency）。

（四）留传人类之文化（Transmission of Culture）。

二、体育目标要能达到教育目的

体育之目的与教育之目的相同，不过其方法稍异，体育所取之方法，多着重于大肌肉之活动，或全身心同时之活动，或全身体之活动，故体育应有之目标，应择其能实际辅助达到教育之目的者而选定之。例如：

（一）关于保持及发达人类之健康者。

1. 谋身心各部器官之充分发育。
2. 发达各机体之活动力。
3. 发达神经肌肉之技能。
4. 谋身体各部机能之调协与耐力。

---

① 本文后又以“中国体育应进之目标”为题，刊载于《国民体育汇刊》1936年第1期上。

5. 谋身体各部机能之工作效率及均衡。

6. 训练情感之稳衡。

7. 锻炼各部器官之抵抗力。

（二）关于促进群居之效率者。

1. 鼓励创造能力。

2. 训练作事有恒心。

3. 勇敢。

4. 自抑。

5. 自赖。

6. 合作（包括群的感觉、负责、领导、服从）。

7. 同情（神志清明的）。

8. 尽忠（神志清明的）。

9. 公道（包括公平、诚实、有礼）。

（三）关于增加经济之效能者。

体育虽无直接生产效能，然间接确有增进健康，增加疾病抵抗力，减少死亡率，促进生活之幸福，对于个人及社会之经济，不无小补。

（四）关于留传、感赏及发达人类之文化者。

1. 韵律及音乐之感赏。

2. 对于自然界之欣赏。

3. 对于娱乐及人格之衡量。

4. 自由、守法、娱乐，及情感之发泄。

5. 适宜自然律，如体力、地心吸力、运动量等。

6. 快乐（欣赏自然之能力侧造与成功之活动等）。

7. 辨别力（领略、鉴别与判断等）。

8. 身体之活力（充分发达之能力与健康）。

三、厘订体育目标可分三层研究

厘订体育之目标，不能只恃由教育者之目标着眼，同时须顾到被教育者当时之目标，及从事活动中附带兼达之目标，如是体育之目标可分三层研究。

（一）学生或被教育者之目标。

儿童或学生从事活动者，多不知远大之目标，只知在闲的时候，找几个同心合意的朋友，寻求目前的快活与娱乐。目标较深者，再求知识与技能的长进，欲达到客观的标准。

（二）从事活动中附带达到之目标。

（甲）发达理智之机能。

（乙）发达情感之机能。

（丙）发达肌肉之机能及神经之能力。

（丁）发达机体生活之能力。

（三）预拟较远之目标。

预拟较远之目标，为教育者推行工作前预先详加考虑，所订理想之目标，关系最为重要，教育者之责任，即为使被教育者彻底明了活动之意义，及其所欲达之目标，如促进生活康健，养成良好之公民等。

四、本国教育宗旨，青年训练方针

体育即为教育方法中之一种，其目的应与教育之目的相符，查中华民国教育之宗旨为："中华民国之教育，根据三民主义以充实生活，扶植社会生存，发展国民生计，延续民族生命为目的，以期民族独立，民权普遍，民生发展，以促进世界大同。"

本年六月二十一日教育部公布《修正中学规程》第二条云："中学为严格训练青年心身，培养健全国民之场所，依照中学法第一条之规定，以实施左列各项训练。"

（一）锻炼强健体格。

（二）陶融公民道德。

（三）培养民族文化。

（四）充实生活知能。

（五）培植科学基础。

（六）养成劳动习惯。

（七）启发艺术兴味。

故厘订体育目标，应根据以上本国教育宗旨及国民训练方针，按照上述七项，详细拟定实施方法，以期该项训练目标之完成。

五、博士论文一篇足资我侪参考

前年美国体育家福德茂博士之论文，题为《体育目标之探讨》，所得选定目标之标准如后，足资参考。

（一）判定体育目标之生物学标准。

体育目标之选定与达到目标之方法，须与生物在自然界生活之自然律相符合。

1. 体育之目标应注意大肌肉之活动，供给发达其他各种器官之动机与道理：A. 在人生发育过程中，充分大肌肉运动，为发达其他器官机能健康之要素。B. 其他器官之发达，亦赖此肌肉活动之力甚多，成人生活之充实，亦多恃此。

2. 体育之目标，应注重身体各器官之运用。

3. 体育之目标，应予青年以发泄情感之机会，盖因情感激发时，身体之内分泌腺发生毒素，必须以身体之活动发泄之。

4. 体育之目标，应避免身体一部分畸形之发展，应求平均发展。

（二）判定体育目标之社会学标准。

1. 体育之目标，应补助现行社会组织之成功，并加增其群居效率。

2. 体育之目标，应注重道德行为，身心之健康，与社会有价值之标准相符合。

3. 体育之目标，应注重团体生活，以及与社交之机会为最要。

（三）判断体育目标之心理学标准。

1. 体育目标之选定，必须为人类身心机能之可允许成功可能者。

2. 达到目标之步骤，必须富有趣味。

3. 目标之达到，须准备正确之学习，如 A. 避免错误，B. 明了反应活动之意义，C. 注意个人[个]性之发育时期，D. 各部分之联合与调协。

4. 目标之达到较易，倘其所习各点使人满足娱乐。娱乐之增加为：A. 利用人生本能，B. 增加娱乐之情感，减少厌烦之情感，C. 明了正确之意识与既定宗旨，D. 练习不可能疲乏。

5. 目标之达到较易，倘注意个人个性之不同。

6. 目标[之]达到较易，倘教育者能分辨学习各点之轻重缓急。

（四）学习之留传。

目标之价值较大，倘能顾及学习之留传，改变境遇时当能应用之，其方法如下：

1. 须明了目前及将来之概括及应用。

2. 意识、技术、习惯、态度，皆富有传习之价值。

3. 避免消极之传习。

4. 情况刺激之较深者，其传习性之可能愈大。

5. 传习应包括细目之结论，及非结论之细目。

（五）判断体育目标之教育标准。

1. 保留身体之健康。

2. 熟悉写、读、算之工具。

3. 为家庭有用之分子。

4. 预备正当职业。

5. 养成良善公民。

6. 能利用闲暇时间，从事个人身心进步之娱乐。

7. 发达高尚之品格。

六、兹就管见所及，草拟目标八项

（一）关于身体方面者。

1. 辅助身体正常发育之机会。

2. 辅助发达并维持各器官健康之机能。

3. 辅助发达刻苦耐劳之能力，以资适应生活上意外应用之急需。

4. 辅助发达体力，适应生活上之需要，不觉疲苦。

（二）关于技术与能力者。

1. 发达运动神经之机能。

2. 发达感觉器官与身体活动之调协。

3. 发达人类自然活动之能力。

4. 发达身体能受脑筋支配之能力。

5. 发达本国本土应用之技能。

（三）关于发达人格者。

1. 得到仁侠精神。

2. 得到领袖能力。

3. 得到积极活动之性格。

4. 得到遇事不消极之精神或态度。

5. 自治。

6. 团体合作。

7. 得到遇事求效率之性格。

8. 得到喜爱同伴之精神。

（四）关于增加权威方面者。

1. 能表演有趣之技能。

2. 发达爱校精神。

3. 为学校或团体增名誉。

4. 其他。

（五）关于培养文化方面者。

1. 闲暇时间之训练及利用。

2. 增进道德。

3. 其他（请参看习惯二、三项）。

（六）关于心理卫生方面者。

1. 从事有兴趣之体育活动，减少忧虑郁闷。

2. 增加神经上之胆量。

（七）关于应用智力方面者。

1. 得到运动规则的知识。

2. 得到技能方面的知识。

3. 得到救急术的知识。

4. 得到利用体育从事健康生活的知识。

（八）关于有益习惯方面者。

1. 规定个人有纪律生活的日程，适于个人之健康。

2. 养成清洁之习惯，如皮肤、牙齿、毛发、指甲等之清洁。

3. 养成每日从事运动之良好习惯。

七、美国中等学校体育目标五项

兹考查得美国二千一百九十六个中等学校之体育目标列左：

1. 教授体操游戏，为闲暇时从事高尚娱乐习惯之准备。

2. 养成有益之健康行为与习惯。

3. 发达高尚品德，养成良善公民。

4. 矫正不良姿势，预防、测验，并改正身体之缺陷。

5. 促进正常发育及身体各部机能。

兹考查得美国二一九六中等学校之体育目标列左。一，二，三，四，五，五条见前。

6. 调协身心之活动。

7. 学习多种娱乐游戏之活动。

8. 供给大肌肉活动需要之机会，并得其美满之效果。

9. 发达并维持目前及将来充分健康之生活。

10. 供给游戏及修养之机会，并享受目前身体活动之美感。

11. 教授户外生活之利益。

12. 由从事体育活动中，发达公共道德及良好行为之习惯。

13. 提醒保持生命，维持健康之欲望。

14. 陶融关心他人健康之兴趣。

15. 授予保持身体健康之知识与技能并陶融其欣赏。

16. 利用游戏为学习方法。

17. 发达体格与人格，为准备从事职业之需要。

18. 辅导学生寻求适于身体能力之运动。

19. 发达卫生之表现。

20. 发达“自试活动”之兴趣。

21. 养成按时检查身体之习惯。

22. 发达从事健康娱乐之习惯。

23. 发达后列之体格——

a. 良好的姿势，b. 肌肉的调协，c. 活动力，d. 技能，e. 耐劳，f. 力量，g. 美观，h. 动神经之管理，i. 敏捷，j. 身体动作之效率，k. 正确，l. 均衡，m. 脑力，n. 伸缩性。

24. 发达后列之品格——

a. 合作，b. 仁侠精神，c. 领袖资格，d. 忠诚，e. 创造性，f. 情感之抑制，g. 敏速，h. 勇敢，i. 团体之感觉，j. 公道， k. 适应群居之能力，l. 正确之观察与敏速之反应，m. 有礼，n. 诚实，o. 自抑，p. 恒心，q. 公平，r. 进取，s. 追随领袖，t. 处于游戏态度之健康，u. 正当之人生观，v. 遇事有办法，w. 果断，x. 决心，y. 爱国，z. 友爱，牺牲，民治精神，可靠，服从，自信，热心，稳健，好喜，运动，高尚的道德，世界大同心，努力。

八、美国体育会议所决定之目标

美国全国体育会议，决定目标十六条列左，亦可供我国体育界之借镜。

（一）检查各个学生之身体。

（二）养成持久之健康习惯。

（三）每个学生每日均须有体育班。

（四）每个学校均须有健身房与运动场。

（五）须用受过专门训练有相当资格之体育教员。

（六）运动指导员应为学校之正式教员。

（七）实用分级科学的教材。

（八）实用标准技术测验。

（九）体育功课应与其他学科平等发给学分。

（十）训练闲暇时间之利用。

（十一）组织合班之课外运动。

（十二）规定女子运动之教材，由有相当资格之女子管理。注重后列二项：

（甲）女子之运动须用女子之规则。

（乙）游戏与竞赛须适于个人之年龄、体能及兴趣。

（十三）体育活动应注意仁侠精神及道德之行为。

（十四）供给童子军露营及野外生活之机会。

（十五）筹备并管理夏令游戏场。

（十六）筹设社会成人从事健康生活之娱乐场。

九、加利福尼亚省体育设施标准

美国西部加利福尼亚省规定判断学校体育设施之标准八条，兹将此八条分列如左：

（一）学生在校内之生活，是否充满好喜健康及快乐的空气，此种空气是否是常态，抑是非常态。

（二）体育班之分组是否充分利用医药检查、体格检查、体育测验等结果。

（三）所用之体育教材、运动游戏等是否能使全校普遍。

（四）课外活动是否能补助发达全校之仁侠精神。

（五）学生身体之姿势是否日渐进步。

（六）学生之健康习惯是否自动的发生兴趣。

（七）学校内之时间、空间及一切设备，是否得到充分利用的效率。

（八）体育课程之花样是否众多与均衡。

（《勤奋体育月报》1935 年第 12 期）

吾们有励行斯巴达体育的必要[①]

（1936年1月）

自九一八东北事变之后，一般关心国事的青年，因为事变前没有适当的准备，束手无策，徒呼奈何而已，在这四年多的挣扎中，吾们觉悟到军事外交的不可恃，舍去卧薪尝胆自奋图存的方法，没有第二条出路，看看现在中国的教育，真是令人痛心，有彻底改革的必要。所谓卧薪尝胆自奋图存的方法是什么？是要励行以体育为中心的上古斯巴达式的教育。

推溯各国体育教育的源流，都是跟着政治、学术、风俗、习惯、宗教、社会思想等等的变迁转移互有连带关系的。谈到西洋新体育的沿革，多自希腊入手，在上古时代，距今两千四百余年前，斯巴达一族，不过是在希腊中的一个小邦，版图极小，四周围着都是强暴的邻居，因为受环境的压迫，斯巴达人民，不得不努力抵抗，奋斗图存，他们训练人民的方法，除了体育之外，并没有别的教育，他们为了产生先天健全的儿童起见，首先注重女子生活上的健康，实施女子体育的训练，注重音乐体操，尤其练习跑、跳、掷标枪、掷铁饼、舞蹈、游泳、摔角等等。一个初生下来的婴孩，首先送到议会中检查身体，以定存弃，凡是身体强健的，就留他，倘若是残弱的，就把他抛弃了！在初生下来的前六年，准其在家庭生活，受父母的抚养，到了七岁的时候，就须离开家庭，送到公共的地方，跟其他的儿童共同生活，由国家委派员司，施以相当的训练，以造成将来之战士（Citizen Warrior）为目的。

斯巴达人锻炼儿童的方法，非常严厉，每夜在干草铺上露宿，不给被褥。稍长时，由自己捡拾芦苇，制成草床，无论冬夏，均着极薄之单衣，不穿鞋，不戴帽，头发蓬勃如乱草，每日所给之食物极少，不足充饥，而许儿童自由偷窃，但须机警将事，倘窃时被人察觉，辄受极刑，鞭棍答〈笞〉挞为儿童平常之处罚，凡青年能耐苦刑而不表示痛苦者，为社会所鼓励，其目的在养成能为团体牺牲，服从纪律，吃苦、耐劳、坚强的爱国战士。

他们平日训练的方法，是按照年龄分成小队（Packs），由若干小队集成各团（Companies），每队每团均由年龄较长、能力较强、经验较多的青年领导，并由国家选派指挥官，教练指导。他们训练的教材，不外乎摔角、赛跑、跳跃、掷标枪、掷铁饼、韵律的走步、游泳、骑马打猎及各种激烈的游戏，遇着特别的节期，举行各式的宗教舞、土风舞、战士舞（Pynhic Dance）等等，到了十八岁的时候，他们才离开公共训练场所，从事警探的（Scouting）工作，如测绘地图，露营生活，野外作战等。因年龄经验逐渐成

① 本文署名“济武”。

熟，从此就在公家服务了。斯巴达因厉行体育教育的关系征服了四邻，在配劳纳塞司（Peloponnesus）[①]半岛中一时称霸。

（《国民体育》1936年第1期）

① 今译“伯罗奔尼撒”。

介绍几本现代体育名著[1]

（1936 年 1 月）

《勤奋体育月报》，自民国廿二年发行创刊，迄今三载，贡献殊多。现为三周纪念，拟发行特大号，征稿于予，并列举题目为：《欧美体育名著介绍》，且限于九月十五日截稿。恰值学校开学伊始，忙碌异常，匆促间介绍几本现代关于体育的名著，聊以塞责，挂漏之处，在所难免，希读者谅之！

——济武附识

在一九三二年第三卷美国体育学会的《研究季刊》（The Research Quarterly）中麦克乐先生曾经发表分类之《关于健康教育及体育之参考书籍》（Bibliography of Health and Physical Education）达五千余种。此外春田体育学院的教务主任阿弗雷克（G. B. Affleck）先生也有同样的搜载，均足为研究体育者的参考。

1.《体育释义》

Interpretations of Physical Education, Edited by Jay B. Nash, Published by A. S. Barnes and Co., New York，1931.

此书共四卷，为纽约大学体育系主任纳须博士（Jay B. Nash）所主编。第一卷专论身心之关系（Mind-body relationships），第二卷探讨检验之性质与范围（Nature and Scope of Examinations），第三卷特论用体育实施品格教育（Character-Education through Physical Education），第四卷专述生理的健康（Physiological Health）。此书虽为纳须博士所主编，其中包括当代各项科学家、教育家及医学家对体育的见解，及应采取的使命，贡献甚多，非若眼光短小或片面主张的体育家著作，读毕此书者，可以明了体育之真谛矣！

2.《人之测量》

The Measurement of Men, by J. Arthur Harris, Clarence M. Jackson, Donald G. Paterson and Richard E. Scammon, Published by The University of Minnesota Press, 1930.

此书分为四段，为当代名著之一，生物学家、心理学家及解剖学家在闵州大学（今译明尼苏达大学——编者注）Sigma XI 学会所讲演的教材。第一段讨论“群众中个人的测量”（The Measurement of Man in the Mass）。第二段讨论“正常与非正常的体式”（Normal and Abnormal Human Type）。第三段讨论“人格与体格”（Personality and Physique）。第四段讨论“儿童时期的体格测量”（The Measurement of the Body in Children）。此书为研究人体测量及身心各种现象者不可不读。

① 本文署名“天津南开大学体育主任章辑五”。

3.《正常与初步身体诊断》

Normal and Elementary Physical Diagnosis，by Whitelaw Reid Morrison and Laurence B. Chenoweth, Published by Lea and Febiger, Philadelphia, U. S. A.

此书为两位著名的医学博士及体育卫生教授所著，对于健康检查及各种疾病初步诊断的方法，叙述颇详。为现代惟一之善本，研究健康检查者不可不读。

4.《女子运动原理》

Principles of Women's Athletics，by Ference A. Somers, Published by A. S. Barnes and Co.，New York.

此书根据现代科学的事实，及女了在人群中的地位，叙述女子运动的原理。为现在从事女子体育者所不可不读。

5.《游戏（即体育）课程》

The Curriculum in Sports (Physical Education)，by Seward C. Staley, Published by W. B. Saunders Co., Philadelphia and London.

此书为美国著名之体育教授斯泰里博士（S. C. Staley）所著。斯氏不是一位空泛的理论家，而是一位体育实行家，此书的长处不但包括体育的内容，而且详述实施的步骤，及各种参考成的方法，为现在纲著体育课程所不可不读。

6.《小学校的体育》

Physical Education for Elementary Schools，by N. P. Neilson and Winifred Van Hagen, Published by A. S. Barnes and Co.，New York, 1934.

此书详述小学各年级体育的内容，及实施的方法。为现在小学体育的惟一善本，研究小学体育者不可不读。

7.《现代的运动（怎样训练田径赛)》

Modern Athletics, How to Train for All Trace and Field Events, by Lawson Robertson, Published by Charles Scribner's Sons, 1935.

此书为美国历届参加奥林匹克运动会代表的田径赛指导罗伯森先生所著。书中多述个人训练田径赛运动员的经验及方法，任田径赛指导员者，不可不读。

8.《按摩术及医疗体操教本》

Handbuch der Massage und Heilgymnastik, Von Dr. Franz Kirchberg, Verlag Georg Theime, Leipzig.

此书系德国体育学院医疗体操及按摩术教授克西伯爵士（Dr. Franz Kirchberg），德国之权威者所著。斯书共分二卷，第一卷详述按摩术及医疗体操之沿革、批评、技术及实用。第二卷分述利用按摩术，及体操术医疗身体各部及各器官疾病之方法，为现代研究此项手术者之惟一善本。

9.《普通医疗体操及按摩术》

Medical Gymnastics and Massage in General Practice，by Dr. J. Arvedson, translated and edited by Dr. M. L. Dobbie, Published Philadelphia, P. Blakiston's Sons & Co. Inc., 1930.

此书为瑞典医疗体操之权威者阿威逊博士（Dr. J. Arvedson）所著，为英国道毕博士译成英文。此书分述各种外形疾病之原因、象征及治疗法，叙述甚浅，足供未通医学之参考。

10.《游戏场之设计与设备》

Play Areas, Their Design and Equipment Prepared，by Playground and Recreation Association of America, A. S. Barnes & Co. New York, 1930.

此书为美国游戏场及娱乐协会所集，内容包括各种大小游戏场、游泳池及各项体育设备之制造法，在中国推行普及运动时期，此书可以辅助建筑者不少。

11.《体育之测验与度量》

Tests and Measurement in Physical Education，by J. F. Bovard and F. W. Cozens, W. B. Saunders, 1930.

此书为各大学体育系研究体育测验学之惟一教科书，内容丰富。笔者拟于最近期内译成中文，以供国人之参考。

12.《各项体育活动之成绩标准量表》（适用于初中以下之男女儿童）

Achievement Scales in Physical Education Activities，by Neilson and Cozens, A. S. Barnes & Co.，New York, 1934.

此书包括卅三种普通体育活动之测验法，及成绩量表，在第一章内说明学生之分组法，第五章内陈说运动比赛的建议。第六章叙述编制量表所用之技术，此书在我国使体育科学化的过程中为最优之参考。

13.《体育行政之基本量数》

Fundamental Administrative Measures in Physical Education，by F. R. Rogers, The Pleiades Co.，Newton, Massachusetts, U. S. A.，1932.

此书为提倡体力测验最力之罗杰博士（Dr. F. R. Rogers）所著。第一段讨论各种正当量数的选择。第二段讨论身体效能之量数。第三段讨论实施测量的程序。说理异常透彻，为使体育行政科学化者不可不读。

14.《身体的缺欠及其矫正的途径》

Physical Defects: The Pathway to Correction, Published by American Child Health Association, New York, 1934.

此书为美国儿童健康协会的研究组及纽约卫生部及教育部联合研究报告及建议。对于传统具文式的学校健康检查认为皆不彻底，毫无价值，并建议改善的方法，足资我国推行健康教育的参考。

15.《中学校之课外活动》

Extra-Curricular Activities in Secondary Schools，by Elbert K. Fretwell, Published by Houghton Mifflin Company, U. S. A., 1931.

此书为美国哥伦比亚大学师范学院研究中学学生课外活动的专家佛来韦鲁教授所著，此书详述中等学校课外活动组织的原则与方法。指导学生课外活动者不可不读。

16.《学校卫生内容》

The School Health Program，White House Conference on Child Health and Protection, The Contrary Company, New York, 1932.

此书为美国胡佛总统在白宫内召集全美卫生教育家讨论儿童之健康及保卫法所得

之报告，为现代卫生教育中之第一名著，内容丰富方法详尽。

17.《由体育中实施女子教育》

Education through Physical Education, by Agnes R. Wayman, Lea & Febiger, Philadelphia, 1934.

此书为美国女子体育界权威者魏满女士所著，已出第三版，完全修改。此书由女子眼光中看到女子体育的需要，对于女子体育的方法与内容叙述颇近详尽。足供今日办理女子体育科者之教科书。

18.《体格的估价》

Appraising Physical Status，by C. H. McCloy, Published by Child Welfare Research Station, Iowa University, Iowa, 1936.

此书为美国研究体格测量学的专家麦克乐博士所著，内容包含麦博士在最近二年内在爱我华州（State of Iowa）的儿童幸福研究所内，研究关于体格测量的报告。对于现行传统式的体格测量批评与纠正的地方甚多，研究人体测量学者不可不读。

19.《人格与品行的诊断》

Diagnosing Personality and Conduct, by P. H. Symynds, The Century Co., New York, 1931.

发达健康与人格为体育公认之目标，对于健康的诊断与测量，此为心理学家中惟一之善本，研究品格教育者不可不读。

20.《体育与卫生行政》

Administration of Health and Physical Education, by J. E. Williams & C. L. Brownell, W. B. Saunders Co.，1934.

此书为美国哥伦比亚大学体育系教授威廉氏及卜郎乃氏所著。为体育行政学中之惟一善本，各大学之体育科系多用为教科书，从事体育行政者，不可不读。

（《勤奋体育月报》1936 年第 1 期）

女生最重要的训练是组织能力[①]

（1936年3月22日）

女学生们不应以作“贤妻良母”算做可耻的事，因为现在中国的社会是在向回转。在民国初年的时候，还有妇女协会，女子手工业等等的组织，到现在呢，连一位女子领袖领导着都没有了。从这看出中国妇女是不能脱离家庭的，你们以女学生们的责任，也不能不重家庭，事实如此。况且作“贤妻良母”是妇女们特长的天性，而又是妇女们最神圣的职务，如能做到“贤妻良母”的话，至少在战争的时候不至作男人的“累赘”，这间接不是也尽了爱国的责任了吗？你们看德国也正在唱妇女回到家庭的口号，所以你们也不必跟男同学一样的受那种强迫运动的训练。一则因为你们生理上的关系，二则因为你们大多数是阔小姐，恐怕你们不能〈耐〉那种劳苦。以我的意见，看你们最重要的训练，就是组织的能力。

（《南开女中校刊》第6卷第1期，1936年3月22日）

① 本文为章辑五在南开女中的演讲，摘自王蓉华《听章辑五先生的演讲后》一文，题目为编者所拟。

休闲时期与紧急时期的青年

（1936 年 3 月 27 日）

今年夏天，张伯苓校长在南开学校四部师生举行欢迎鄙人归国的大会之中，曾说过两句最切实最沉痛的话——

他说：南开学校办了三十一年的工夫，还不免为装饰品的教育；对于国家社会真正有甚么供献？看起来真令人惭愧……。现在国家的危险已经达到极点了！再没有光阴随便的让吾们蹉跎了！这是吾们在世界求生存的最末次的机会！This is thee last chance! This is thee last chance!

当场听完了这些话的人，差不多都要受些感动，直等到开学的时候，甚么聘教员哩，排功[课]表哩，预补教室教具哩，还是改不了休闲时期教育的那一套！

说起来也实在的难怪，因为在现在中国的整个的社会制度与教育系统之下，南开学校不过占了一个很小的位置，受处处的钳制，跟整个系统下的一切一切都有相当牵连，那能容吾们自己改革呢？

论到一国如何训练青年，如何运用青年，使他们对于现在国家的需要有所供献，不但认青年为将来国家的主人翁，而且要认识现在国家的青年，对于一切紧急的需要实实在在可以负担一部分责任，这全都在乎政府于统〈通〉盘的计划与推行的策略罢了！

推溯人类最古时代的青年教育，第一步就是先要求生存，遇见没居处的时候，青年男子要辅助成人建筑房屋，缺乏饮食的时候要帮助家长寻求饮食，或者是耕种园地，这全是生活的必须。再要有余暇的时候，才能顾到甚么读书哩，娱乐哩，等等的次要问题。不过人类的进步跟社会的组织渐渐地复杂起来，社会上的各种事业慢慢地分起工来了（最可悯的是分工的而不能合作！），像吾们这种不耕而食、不织而衣的青年们，根本就看不到吾们所吃的粮食跟吾们所穿的衣服还是外国舶来的呢！吾们生活上的需要——衣、食、住、行，还不能自给，还要谈到甚么休闲时期的读书么？娱乐么？

世界上最大的、历史最久的青年运动，当推英国首创的童子军运动（Boy Scout Movement），自从一九〇七年贝敦堡氏（Sir Roberts Baden Powell）创办童子军教育之后，在这二十八年的工夫，已经普遍到全世界了！在上届世界童子军大会（Jamboree）的时候，参加的国家有四十七国之谱！吾们中国自民国元年抄袭这种运动之后，在这二十四年过程中，童子军的组织也已经普遍到全国了！在这若干万受过童子军训练的青年之中，也许造就出来几个智仁勇兼备的成人，养成了几个喜自然、富有野外生活兴趣、抱着服务人群的意愿、遇事情带着些敏捷机警精神的成人。然而对于现在又穷又弱，在世界上没有立足地的中华民族，究竟有多少帮助？有多少供献？可以说是微乎其微的。吾们承认吾们工作的效率上太小了！

除了童子军训练之外，现在又产生出来三个较大的青年运动——一个是法西斯意大利的巴里拉（Balilla）少年团，一个是国社党德意志希特勒青年团（Hitler Jugend），一个是社会主义苏联的先锋团（Pioneers）。他们这三个国家所以要采取这些新青年运动的动机，都是感觉到Boy Scout的组织太迂阔、太宽泛，不合他们紧急时期的需要，不能解决他们国家目前实际上的困难问题。所以意大利法西斯党总揆墨索里尼在全国教育部长之下，设次长二人，一司学校教育，一司青年训练及社会教育，举凡青年之政治训练、军事训练、道德训练、体育活动及社会服务等项均归其掌管。简言之，凡学校教育，或书本教育之外者，均属之。其目的在统制青年之思想，使其为国家奋斗，服从墨氏之指挥。十三年来已获得相当之成绩（法西斯蒂革命在一九二二年）。

德意志国社党总揆希特勒自执政迄今，为德意志民族奋斗，取消凡尔赛不平等的条约，鼓励国民的自信力，组织希特勒青年团，提倡体育及野外生活，中小学校的学生均有定期之远足与露营；严格限制大学入学学生，非身体强健，并有研究学术之兴趣，富有天才者不得为大学学生。此外在大学一年级中，须作劳动服务（Reichsarbeitdienst）十六星期，或筑路，或开垦，使其直接认识并参预国家社会之实际建设。

社会主义的苏联，立意讲求物质建设，使全国工业化。他们第一步的工作是要先行调查认识本国俄罗斯境内，有多少天产？究竟都有些甚么东西？所以他们组织青年先锋团（Pioneers），到各处旷野山林中去探险，有山掘山，有土挖土。因为本国内的技术人员不够，所以到美国或者德国聘请来的各种科学专家，如土壤家哩、采矿家哩、冶金家哩、化学家哩、工程家哩，作他们青年指导。在相当农村，或者山林之中，设立各种科学实验，在这两个五年计划之中，已经得到惊天动地的成绩！这全都是国家知道如何利用青年，解决他们国家的实际问题。

中国童子军自从民国元年武昌文华大学严家麟先生创始之后，迄今经过了不少的变迁，现在归为国民政府下的中国童子军总会编制了。

鄙人现在还记得，在民国二十二年，中国童子军总会筹备主任戴季陶、朱家骅、张治中三先生，在南京假黄埔路励志社召集各地童子军领袖及政府各机关的代表，开童子军教育设计委员会的时候，鄙人被约参加与会，当场参加讨论的人，大约分为两派：一派是赞成法西斯蒂式的主张，把童子军造成一种国家主义服从狄克维多（即 Dictator，独裁者——编者注）的军国民（仿意大利及德意志办法），一派是赞成民主主义式的主张，把童子军造成一种世界主义服从真理，爱国家，爱人群优秀分子（仿英美及大多数国家的童子军）。当时会场上争辩，异常激烈，鄙人因为是无党无派由远方来的，被他们视为介乎两大[派]之间的超然派，可以被选为临时的主席，后来勉勉强强的通过了一种中国童子军训练大纲的草案，并推定顾树森、严家麟及鄙人为整理委员，整理完了之后，送给戴季陶先生批阅。后来就变成了今日童子军的训练大纲，成立了今日之中国童子军总会。

鄙人离国二载，对于现在国内的童子军情形，诸多隔膜。回国之后，路过南京的时候，就赶到童子军总会去，看一看情形。咳！真真令人心痛！看完了欧美童子军总会内工作之紧张，充满了活活泼泼的朝气，回头再看一看吾们的总会，真是不啻天壤之别了！

回到天津之后，看到街市人民之无知，道路上泞泥不平，穷苦人民生活之龌龊，跟三十年前的情形，没有多大的进步。本年七月底河北省教育厅在本市河北省立体育场内举办各地童子军教练员训练班，在训练班开学的时候曾约鄙人到班为学员讲演，其中有一位导师问到鄙人说：“先生周游了世界之后，还是赞成国家主义的童子军呢？还是赞成世界主义的童子军呢？”当时鄙人答道：“现在可以不必谈甚么主义吧，先把街市上无知的市民教他们有知，道路泞泥不平的地方把他们修平，穷苦人民生活龌龊的，使他们懂得一点实用卫生，这全都是童子军应该作的事！管他们甚么主义不主义哩？”后来吾又问他们道：“作一个一国的好国民，跟作一个世界的好公民，究竟有甚么分别？”这位导师想了一想后回答道：“在一个理想的和平世界里，应该没有甚么分别；不过在这种国家与国家、民族与民族斗争世界里，就不能不先求国家民族的生存，然后再谈到世界主义了！”鄙人答他道：“你说的不错，不过不要看到一个国家一时的得失，就认为他们算完全对了的，吾相信世界上的真理，必有战胜的一日！理智不可以侮慢的，纯洁的青年不可以愚昧的！还要领导他们向光明大道上走罢了。”

贝敦堡氏发明童子军的教育原理，最重要的就是“由作而学”（Learning by doing），洽〈恰〉与教育心理学家桑代克（E. L. Thorndike）最近发明传习（Transfer of Training）的道理相符。他说：“打算要学甚么，最好就直接作甚么，再没有比这种学习的方法再好了！”这虽然是极显明的道理，可是一般传统的教育仍然去不了“读书可以明理”的思想。读算学可以使人的脑筋清楚，念希腊腊丁文可以使人变为文雅，业经被现代的心理学推翻了！

现在吾们要觉悟，这里没有甚么高深的主义，或者是甚么奥妙的理论，在这个紧急时期的青年看到甚么就作甚么罢了。

（《南大半月刊》第26、27期合刊，1936年3月27日）

非常时期之教育及体育应负的责任[①]

（1936年4月22日）

1. 中国的建设需要低层人才的努力，只有领袖人才是不成功的。我很盼望中国的青年不要高傲自大，不屑作低下层的工作。

2. 教育不限于学校，但学生思想行为的好坏，学校当局须负最大责任。体育和教育的分别只是后者为小肌肉运动，前者为大肌肉运动（Big muscle activities）。

3. 非常时［期］的教育和体育是应付国难危急的教育方案。

4. 一个国家必须能，一、自养，二、自卫。

5. 自卫不只靠实力，并且靠智力的充足。力量是由快乐和活动中得来的。

6. 自卫更须合群，不可将智、群、礼、美、德五育分开。使国体统一地作自卫的工作。

7. 自养须：一、有责任心，二、国体合作，三、刻苦耐劳。

8. 非常时[期]的体育和教育就是负有上面所说的责任。

（《商职月刊》1936年第3期）

① 1936年4月22日，章辑五受邀在天津市立商科职业学校做公开讲演，本文为其讲演要点，原题为“章辑五先生莅校讲演”。

敬告我国参预第十一届世运诸公[1]

（1936 年 6 月）

二三年来个人在国内外所感受的激刺和痛苦，真可以令人发颠发狂！华北时局的严重，国势的危险，吾们姑且不表，吾们中国中央政府，和中华全国体育协进会，用尽所有的精神和财力，居然选派大员，体育界的领袖，和运动的选手共计有一百余人之谱将于本月廿六日放洋，赴欧参加柏林所举办的第十一届世界运动大会去了！吾们不能不佩服他们的毅力和勇敢！个人对此不能不有感于衷，愿意在这次《体育季刊》赶着出版期中，匆匆忙忙的发表一点意见作为这次参预世运诸公的参考，倘有言语不周到的地方，尤望诸公多多的原谅。

世界的运动大会是在国际间出风头的，也是在国际间现丑的机会，吾们中国居在这工商业、经济、文化、教育，事事公开的世界中，甚么事都要暴露无遗了！闭关自守是不可能的了！怎么好呢？不怕，世界运动会的好处也就在这一点，吾们不要站在一国一隅的地位上着想，吾们要放大眼光，要居在客观的地位上为全世界的进步着想。不公开是永远没有出息的。无竞赛是不会有进步的。现在吾们没有第二条路可走，惟有硬着头皮参加这次世界运动大会，把吾们的长处实事求是的表演出来，吾们的短处在可能范围内少露一点才好！为的是在各国人士归去的时候，给他们一个中华民族代表的印象，作为他们批评吾们国家民族的真实根据，诸公代表国家的地位是何等重大呀！

自一八九六年，由法人古博丁[2]倡议恢复希腊时代的欧林匹克运动大会之后至今每四年举办一次，现在算起来已达十一届了，每次都有他的改良和进步，他们开会的宗旨曾经屡次的声明说：不在锦标之获得，而在各国普遍之参加，不专在技术上的观摩，而在世界各国青年的联络与文化之沟通。

好了，吾们既然明白欧会开会的宗旨，吾们就应该按照参加的宗旨预期作相当的准备，对于技术上的优越恐怕吾们的运动员不能有甚么很好的供献；对于锦标上之获得，恐怕吾们更是望尘莫及的了！但是关于技术上之训练，尚且已经有过相当的预备，如同去年夏天在青岛举办的暑期训练营，本年春天在北平国立清华大学所办的世运选手训练班，然而对于联络各国青年的方法和沟通中西文化的宣传品，尚未闻有若何的准备。听说被派赴会的诸公在最近一个多月内才公布揭晓的，他们对于宣传中华文化的训练恐怕没有多少相当的准备。这是多么可惜的事呀！吾们在运动技术上既然不能出风头作出优越的表演来，吾们最低限度应该把吾们中华的文化与东方大民族的精神，表演给世界人

① 本文署名“济武”。

② 现通译为“顾拜旦”。

士们看一看，才可以现示吾们的长处来！在此二十世纪的竞争世界中，还有吾们中华民族立足的余地，如此才不白白耗费国家的公帑，而反给世界各国造出一种坏的印象来！

在此混沌世界，各国相处不能相安的时候，欧美的识者，常以为西方文化不能解决世界的纷扰，地球上的人类，看看全都要走入互相残杀的死亡末路了。

他们全都渴望着看一看吾们东方的文化，可以不可以供给世界人类一条出路。兄弟在游历战〈欧〉美的二年期中，所遇到的学者，差不多全都是饥饥渴渴的愿意知道吾们东方的情形，他们以为五千年的古国，现在依然能在廿世纪中存在的，恐怕只剩下吾们中国一国了！她所以然能存在的，必然有些存在的道理，他们一般的学者和青年们，时常殷殷的询问是：中国立国的基础是甚么？中国道德的标准怎样？中国历史中的人物如何？现在国家的组织怎样？民族的领袖，中日两国冲突的情形，普及教育的制度，中国体育的设施及现状等等的问题，吾希望这次参预世运的诸公，不要带着政治或政党的色彩，对于以上诸问题准备些一致的答案和解释，这是兄弟第一个请求。

第二就是精神不浪费的请求。兄弟在这二年个人周游世界期中，得到不少旅行的经验和教训，一个人初到外国去的时候，处处吸取吾们精神的地方太多，不用说衣、食、住、行四样，吾们生活上的需要，须要吾们注意，就是吾们各种好奇求知的欲望也要占去吾们的精神不少。如同看一看新奇的人物，游览些世界上的名胜等等，倘一不慎预期防范，吾们就要感觉到疲于劳顿精神涣散。应该注意的事情，未能注意，不关吾们重要的事情，反倒注意到了，因此兄弟希望这次参预世运的诸公，勿论是考察员或者是运动员应将各位心中所要解决的问题，及应注意的事项，预先用冷静的头脑，用书面写出来，将来回国之后可以解决些个平素怀疑的问题，使个人的精神与时间完全集中在问题的解决，而不丝毫虚掷与浪用。

据吾所知道的，吾们代表团的经济与时间全是很有限的，因此吾们就不能视察全欧，只可选择几个与现代体育有供献的国家，而距德国柏林城不远的或路途经过的地方去看一看，其余只可以割爱，容期再作了。兄弟前年游欧时所识各国体育界的名流机关与住址，全都送给这次考察团的指导袁敦礼先生了，可以供给大家的参考。据个人的意见，按照重要的次序，视经济与时间的允许，应该注意下列的地方：

1. 德国：柏林与门逊[①]（Munchen）两城的体育学院，各私立体操学校，各体育会，各体育场（倘无时间，不往他处，即以全副精神考察德国一国也无不可）。

2. 丹麦：丹京 Kopenhagen[②]之中央体育学院，林哈德（Dr. Linhardt）运动生理实验室，柏川姆（Aynete Bertram）氏女子体操舞蹈学校，欧乐若浦（Ollerup）之布克氏（Neils Bukh）等体操学校。

3. 瑞典：瑞京 Stockholm[③]之中央体操学院，阿韦逊氏（Dr. Arvedson）私立医疗体操学校，瑞典南部伦德（Lund）城市之吐林氏（Major Thulin）私立体操学校。

4. 芬兰：芬京 Helsingfors[④]及吐古（Turku）两城之体育场及民众体育会。

① 现译“慕尼黑”。
② 即哥本哈根。
③ 即斯德哥尔摩。
④ 即赫尔辛基。

5. 波兰：波京 Warsaw[①]之中央体育学院。

6. 意大利：意京罗马（Roma）之中央体育学院及墨索里尼运动场（Poro Mussolini）。（倘在路线之外，可任择意大利境内之一大城，参观青年训练之组织（N. O. B.）及法西斯大学学生会（G. U. F.）之组织及活动亦可）

7. 捷克：捷京 Prague[②]大学体育科及 Sokol 体育总会[③]。

（《体育季刊》第 2 卷第 2 期，1936 年 6 月）

① 即华沙。

② 即布拉格。

③ 即索科尔体育协会。

如何促进中国体育[①]

（1936年9月）

自一八四二年《江宁条约》订立以后，中国与世界各国的交涉频繁，闭关自守的生活是维持不住了。因为外力四面的压迫，天天发生国难，时时是非常时期，算起来已经将近一百年了！在这些时候，因为种种的关系，无非是因循苟且或轻易蹉跎罢了！“九一八”后疆土日蹙，民族阽危，又兼冀察问题一日紧一日，一般国民咸认目前教育不足以应付最重国难而要求非常时期的教育。

自欧化东渐，中日两国原处于同等地位，力求维新。然在最近三十年内，日本一跃而为世界上第一等强国，而中国在一切事业上仍多望尘莫及，即以体育一项论，在第一、二届（一九一三与一九一五年）远东运动席上，日本之成绩远不如中国。然斯后日本则蒸蒸日上，中国则每况愈下（比较的自己确是长进，但不如人家进步的快!）。在第十届世界运动会中，对于游泳、田径赛及其他运动中，已得到相当的地位，在本届的柏林欧会中仍抱着极大的雄心，并闻一九四〇年的世运，有决定在东京举行的可能，瞻前顾后，能不令人愧死！

日本在体育上比较中国进步快的原因，据个人观察，不外国民经济文化的程度较高，政治与社会机构的灵敏，国民尚武、好斗、耐劳及服务性的养成。

所以中国体育不发达的原因，不专在体育界本身的缺欠，而一般国民经济文化程度的落后，政治与社会组织的不健全，及国民好静恶动、好逸恶劳、重忍耐弃斗争的性格，全都有努力促进改革的必要。

所以要促进中国国民的体育，不但要在体育本身上努力，其他方面，也要同时进展，免得走入“头齐脚不齐”畸形现象（试看最近各城市所建筑宏壮伟丽的运动场与邻近居民生活程度的不相称），现在政府及有识之士，明白这个道理，努力提倡“国民经济建设运动”“乡村建设运动”“县政建设实验区”“推广民众教育，义务教育”等等，体育一道，也应该附属在这些相当的运动之中共同促进，免得踏入“缺乏调协”“缺乏联贯”的毛病。廖世承先生在本年五月份的《教育杂志》上所登的《怎样可以收到非常时期教育的实效》上说：

> “惟一要着，在各方协力，一致对外，政府、学校、学生、社会、知识分子，各方面要一定打成一片，不容有一点隔阂，具体说起来，如何促进中国体育，吾们要尽量发挥三种力量：（一）政治力量，（二）社会力量，（三）学术力量，缺一不可。”

① 本文署名“济武”。

没有政治力量，体育就不能普及，不能彻底，观乎近年各省市之设立体育督学、体育指导委员，蒋委员长令各机关、各军队实施强迫体育的通电的效果，就可以晓得政治的力量了。

没有社会的力量，体育就不能坚固，不能持久。只靠政治的力量，难免误入“人存政举”的现象，观乎欧美各国体育的发达，全都是建设在民间的体育组织，鲜有依赖政治力量发展的。

没有学术的力量，不能发动，不能进行，就是勉强的发动了，进行了，不是妄动，就是盲从，也难望收到合理的实效。

所以要促进中国的体育，最要紧的非使专家、政府、人民三者同力协助打成一片不可。关于政府方面，教育部已经有了体育委员会、体育督学制等等的组织，现在已经实行四五年了，识者已经看出推行不利流弊多端的毛病来，盼望他们在最近期间设法改进。

关于社会方面，已经有了中华全国及地方的体育协进会，现在中央民众训练部，也有了国民体育训练指导的组织，盼望他们这两个组织，能够联络起来，努力协助民众的力量，这才是持久的基本救国要图呢！

关于学术方面，兄弟去夏在青岛体育讨论会的时间，就主张把中华体育学会，赶快组织起来，罗致体育人才，分工合作，把现在我国体育问题彻底的研究探讨一下，嗣后的体育如何宣传，使国民得到正确的认识与观念，如何推动尽力建议，于政府及民众各组织，如何考成以考查其所期望的效果，苟如此才可以彻底，才可以有力量，才可以有成效。

{《天津体育协进会年刊》(1936年)，第3—5页}

读了方万邦[①]、程登科[②]两先生的大著之后

（1936年9月）

此篇于去岁九月间动笔，其中间隔许久时间，因事阻挠，未克完卷，最近觅得前稿，补充完卷，登入季刊，或不至为过去时间物也。

辑五附识

离国二载，对于国内体育的问题，不无隔膜，因此翻阅现时国内之大杂志中，寻找关于体育问题的文章，觅得商务印书馆出版之《教育杂志》第廿五卷第三号中有方万邦先生所著之《我国体育十大问题及其解决途径》一文，最近又见到中华全国体育协进会出版之《体育季刊》第一卷第三期中有程登科先生所著之《读方万邦先生〈我国现行体育之十大问题及其解决途径〉中所持对体育军事化不切实的检讨》。

方先生所举之我国现行体育之十大问题及其解决途径，在其结论中可以摘要录后：

（一）洋体育与土体育的问题——洋土体育之争，俱嫌各走极端，解决方法在乎根据科学研究看，何者较合国情，较合生理、心理及教育原则，以定取舍。

（二）选手体育与普及体育问题——在教育机会均等原则下，应该取消选手制，实行普及体育，已成铁一般的定论了！惟是要使体育推行无碍，师资的进修和训练尤宜特别注重。

（三）一元体育与二元体育问题——心身一元的理论，已由现代科学证实了！二元体育决无存在之余地，此种理想〈论〉的改变，使过去一切的体育都有重新估价之必要。

（四）单轨体育与双轨体育问题——何谓“单轨”与“双轨”？简言之，课外运动与正课时所授的内容完全不同，是谓“双轨”，课外运动与正课所授之内容完全一样，是谓“单轨”。这两种制度，究竟是那一种好呢？我们体育界还没有一致的主张，双轨制体育是被动的体育，不能适应儿童身心发育的需要，故欲养成儿童之自动体育习惯和态度，

① 方万邦（1893－1969），原名方中，福建闽侯人，1919年毕业于国立北京高等师范学校体育科，曾任太原第一师范学校体育教员兼童子军教练，沈阳国立高等师范学校、长沙克泽中学及楚怡中学、福建协和大学、厦门集美学校体育教员。1926年赴美留学，入哥伦比亚大学教育学院，专攻体育，获教育硕士学位。回国后，先后任北平师大体育教授、安徽大学体育主任兼体育教授、国立中央大学体育教授、上海市立体育专科学校教务主任、校长等职。中华人民共和国成立后，任华南师大体育教授。他的主要著作有《体育原理》《新体育教学法》《青年体育》《健康教育》《欧洲体育史》等。

② 程登科（1901－1991），湖南衡山人，生于重庆。1920年考入东南大学体育系学习，受教于美国体育家C. H. 麦克乐。1925年毕业后曾任苏州中华体专、上海东亚体专讲师。1929年留学德国，考入柏林体育大学，并把“八段锦”介绍给该校副校长、国际奥委会专家迪姆，被迪姆收入《世界各国体操》一书中。1933年在柏林体育大学毕业，同年受聘为中央大学体育系教授。他首次在我国体育系、科中开女生垫上运动、器械体操课，是我国女子体操运动的倡导者。1936年起兼任重庆大学体育科（系）主任。抗战初起，提倡“体育军事化”，通过军警力量，开展全民军事体育运动，以御外侮。1948年任北平师大体育系教授。1949年后，任东北师大教授。著有《世界体育史纲要》《活泼器械操》等。

必须实行单轨制体育。

（五）自然体育与人造体育问题——人造体育压抑人类本性，自然体育发扬人类本性，所以人造体育不如自然体育，惟我们提倡自然体育不仅注意动作和方法的自然，更要环境的自然。

（六）体育之军事化、医学化与教育化问题——体育医学化，则目的偏狭，体育军事化则不切实用，俱失去体育固有之效能，欲尽量发展他的功能，舍教育化其道莫由！

（七）体育与年龄问题——体育的内容和方法随年龄而不同，体育不仅注意儿童身心发育的程序，更应留意他们各时期的特殊问题，如婴儿期的骨骼问题，学龄期的心脏问题及青年期的两性问题。

（八）体育与两性差异问题——两性体育应否差异，欧美主张不一，鄙意生理学、解剖学、心理学俱已证明男女身心发育不同，体育设施，自应因之而异！

（九）体育训练的迁移问题——一般体育教师误解各种德性及能力，可由特殊训练得到迁移，殊不合理。最近教育心理学实验结果，证明由一种训练移到他种训练，须备下列三种条件：（1）培养普遍的态度；（2）了解事物间的关系；（3）发现共同的份子。

（十）体育训练与身体发达问题——守旧的体育家常把整个儿童的德、智、体、群平均发达，误认为左右身体的平均发达；又误以肌肉发达为健康，而不知健康目的全在发达神经系统和内脏器官，又误把深呼吸运动来发达肺量和增进健康，依生理言之，大肌肉活动，呼吸自然增强，不运动而行深呼吸反足以害健康。

方先生的这篇大著，给普通的国民及一般的教育者解决了不少的疑难，给体育界的同人指示了不少的方针，供献甚多，实堪敬佩！不过从方先生所提出来的十大问题中，就感想到一般的中国人为幼稚传统思想所笼罩，仍然多是迷信文字，耍弄名词，最可怜的是，吾们狠清楚的头脑，被名词给愚弄的糊涂不清，是非难辨了！

方先生所提出来的十大问题，有的是根本不成为问题的，有的是被名词愚弄，纠缠不清的，有的是“跟草人打仗”（Fighting the Straw Man.）的。譬如：

（一）洋土体育之争，为三年前的旧问题。经吴蕴瑞先生在《大公报》上发表一篇文章，说明体育不分洋土，亦犹之乎科学不分洋土一样，根本就不成为问题！美国的棒球输入日本与菲律滨之后，如同野火一般的发达。棒球本来为美国的国家游戏（National Game），最近日本在棒球比赛上有压倒美国的雄心。又如日本的“柔术”（Juijitze[①]）差不多已经普遍到世界了，欧美的体育专科学校多置该科为必修科，译成各国文字的教本，欧美的警察训练中亦皆习此科。中国的武术不能发达到世界上去的原因，就是因为现在国术界的同人，受过现代科学训练的人数太少，不能把旧有的国术用一些分析选择整理的工夫重新估一估价！这是当今重要问题！

（二）选手体育与普及体育问题，按照方先生所说的选手体育决没有存在的理由，这种予在三年以前，也是相信的。天津南开学校可以说是第一个取消选手制的。然而由最近二年内个人观察所得，及南开学校三年来试验的结果，选手制度实在有存在的必要。第一，因为选手可以充作普通运动人的榜样，提倡普及运动的兴趣，训练为团体牺牲的

① 今作“Jiu-jitsu”。

精神。第二，因为在实际上吾们不能退出世界上的潮流，不参加世界、远东、全国及各种运动会的。不过过去选手[制]的流弊，可以作吾们的前车之鉴，不可因噎废食，只要努力设法预防罢了。

（三）一元体育与二元体育，（四）单轨体育与双轨体育的两个问题，是自己造出来的名词。在廿世纪的科学与教育之中，根本就不成为问题。身心不能分家之说，早已被科学证实了，现在似乎不宜再提出这种名词来，徒惹起旧日的纠纷。体育正课时间应该为教员教授时间（Instruction Period），课外运动应该为学生实习时间（Laboratory Period），学生在正课时间内所学来的东西，应该在课外时间去自修练习。

（五）自然体育与人造体育问题，为十几年前的旧问题。当年提倡自然体育（Natural Program）的人是美国哥伦比亚大学的教授乌德（T. D. Wood），韦廉氏（J. F. Williams）及黑则灵吞（C. W. Hetherington）诸人，现在乌德教授因年高退休，黑则灵吞教授因感于韦廉氏之偏激武断而改至纽约大学，近任斯达埠大学[①]（Stanford University）。现在主张最力，用文笔及口才压倒一切者当推韦廉氏博士。方先生为韦廉氏的高足，当然是赞成自然体育一派的。彼时反对自然体育的代表为美国春田体育学校的主任马克底博士（Dr. J. H. McCurdy），在一九二四年韦、马二氏曾在纽约城内举行公开的辩论大会，售票达美金二元之谱，辩论完毕之后，二氏握手相谈时，互相承认各有误会之点，自然与人造的区别，完全在乎教学的方法与学生的态度，根本也不成为问题的。伊林诺大学[②]的体育主任斯台利博士（Dr. C. S. Staley）曾经费了许多的时间调查并研究柔软体操及器械体操的价值，亦认为体操（Gymnastics）的确有保存的必要！予在欧洲考察时，曾遇着瑞典体育派的学者佛斯苓（Forsling）、吐林（Thulin）诸人的咒骂美国自然体育派之害人。现在我国误解自然体育之教员，一无教材，二无方法，令学生自由活动，上正课时令学生自由分组打球，课外运动时，也是令学生自由分组打球！试问体育教员之地位为何？误解自然体育的危害，是吾们普通教育界所共知道的！当年提倡以儿童为本位（Children-Centered School）的罗哥教授（Prof. Harold Rugg）最近也改变论调，不能使学生完全自由的，他说："Not freedom, not control, but freedom with control."

（六）体育之军事化、医学化与教育化问题。关于体育军事化的问题，等到介绍程登科先生的大著之后，再行讨论。现在只就体育医学化与教育化的问题发表一点意见。据方先生的意思说，体育医学化是体育上开倒车的陈腐思想，这句话说的未免太武断了！研究体育历史的人都晓得，过去的体育的效能与方法足资吾们借镜，供给吾们可以选择效法的地方很多，不能因为是过去的，而就加以陈腐的罪名，而送她到无期徒刑去了！"保持健康"为体育重要目标之一，然健康真正之意义，健康如何保持？如何增进？非从事普通教育者所可明了，非接近医学者不能彻底了解健康之真意义，所以吾的意见是不可削足适履，把体育的功能缩小只限于教育一方面去。各大学的体育主任不但要精通教育，而且要明白些医学才好！至于体育教育化的说法，是世界所公认的，吾也没有甚么异议可以发表。

---

① 现通译为"斯坦福大学"。

② 现通译为"伊利诺伊大学"。

（七）体育与年龄问题，（八）体育与两性差别问题。稍微具一点教育常识的人，都晓得年龄幼稚的孩童不应该与年龄较长者作同一样的活动，女子与男子身心的发育不同，所以他们的体育活动，也应该差异，然而究竟在什么年龄应该学习甚么活动可以得到最高的教学效率，至今还没有得到正确研究的结果。虽然纽约大学的体育主任尼舒①博士（Prof. J. B. Nash）曾经发表儿童各项活动兴趣的估计曲线，然并无科学的根据。吾在美国曾至伊林诺大学拜访运动心理学专家葛列非斯教授（Prof. C. R. Griffice），询问儿童各年龄对于学习各项活动之成熟时期（Maturation Period），也无相当的答案。至于体育与两性差别问题，欧美两洲人士之主见不同，风俗各异，他们看待女子的地位也不同，所以体育的设施亦异。即以我国南北的风俗而论，广东女子的作苦工任脚夫，是北边女子所梦想不到的，苏联女子现在所作的事业为其他国家所罕见的。总之，男女教育之不同，除去主观的见解与各地风俗的差异之外，尚未完全得着一定的定论，至于方先生所举女子生理解剖的不同是不错的，英国的伊利斯（Havelock Ellis）在他的名著《男与女》（Man and Woman）的书中结论里边说：

“男女两性的差异为多年的悬案，他们在社会上的地位尚在演变之中，吾们对于他们的一切一切应该特别虚心，不可存有丝毫的成见。”

（九）体育训练的迁移问题。这是教育心理学中最重要的问题，对于他的解释，各派心理学家见解不同，方先生同意于贾德氏（C. H. Judd）的培养普遍的态度说法（Theory of Generalized Experience），又同意于桑戴克氏（E. L. Thorndike）的共同份子的学说（Theory of Identical Elements），又赞成格式心理学家（Gestalt Psychologist）的了解事物间关系的理论（Flexibility of Habits and Development of Meanings），他们三派心理学家说法各不相容，不能得到同一的见解。据个人所信传习或“训练迁移”（Transfer of Training）的解释如下：

（1）共同的习惯或共同的份子可使学习容易（Facilitation）。

（2）类似解决问题的方法可以迁移。

（3）良善有用（Helpful）的态度与恶劣有害（Detrimental）的态度均能迁移。

（4）喜正确，惯认真，好清洁，爱持久的理念（Ideals）均能迁移。

（5）自信的感觉与志在必成的态度可以迁移。

（6）有效工作的方法可以迁移。

简言之，经<机>体迁移之可能须具后列条件：

（1）习惯必须特殊（Specific），且有伸缩性（Flexible）。

（2）学习知识之方法不只应明了特殊事实之意义，且应了解各个事实及经验中互相基本之关系，所用之言语习惯尤应相同。

根据以上所说的，吾辈从事教育事业者应如何设施可以得到最高训练迁移之效能：

（1）教员应多注意于学习及工作之方法，少注意于学习之内容。

（2）在各种学习中教员应使学生养成有益之态度。

（3）教员应特别注意高尚理想之培养。

① 前文译为“那须”。

（4）教员应培养学生成功的习惯，增进学生的自信心及自动的能力。

（5）教员应使学生之习惯富有柔顺性，知识富有伸缩性，能如此，学生可以随机应变解决新生问题。

（6）在各种学习中，教员应使一切之自然阻挠（Natural Interference）愈小愈好。

（7）在通常趋向中，应使简单初浅之习惯得以养成，以期便于较深较有效之思想或工作方法之利用及发明。

在去年的第一卷第三期的《体育季刊》中，程登科先生曾发表《读方万邦先生之〈我国现行体育之十大问题及其解决途径〉中所持对体育军事化不切实用的检讨》一文，引证许多历史上体育军事化的证据，并且参考了不少各国现行体育的办法，供给吾们现在世界各国（美国除外）体育的鸟瞰，供献实多！吾们深佩服程先生对于欧洲各国体育深刻的观察，和看到对于吾们现在中华民族急急的需要！

方、程两位先生各人说个人的理由，莫宗一是。据兄弟的看法，他们二位是站在教育过程的两极端讲话，方先生是照顾儿童身心的健康，根据近代生理学及心理学所供献的原则，发挥体育对于人类之功能。程先生是用历史的观察和民族竞争的需要说到体育的可能，他们各是其是，而忽略了整个的教育过程（Whole Educational Process）。

教育的起点应该照顾儿童的天性与本能，如教育心理学家桑戴克博士所说，“不顾儿童心理的教学不能得到所期的效果”，又说“儿童的本能（Instincts）是教育起码的资本”。又有人说教育的终点，应该照顾社会人类的需要（Social Needs），这是一般社会学家所主持的。方先生仿佛站在科学家与心理学家的立场上说话，而程先生是站在历史家与社会学家的立场上讲话，所以发生意见上的冲突！然而真理只有一个，可惜吾们现代人类因为科学分类的关系，不能得窥全豹而已！（十九世纪的科学注重在分析；廿世纪的科学注重在综合（Synthesis））如果心理学家与社会学家，他们的主张全是对的，吾们应该听从谁的呢？心理学家说“人类本是自私的、好逸恶劳的”，社会学家说吾们需要“克己复礼”的，“为国牺牲”的，吾们教育家，就应该如何选择适宜的环境、适宜的活动与教材和教学的方法，与教师能够把一个自私自利的儿童而教他造成一个为国牺牲的勇士，这是吾们主要的问题！吾们中国的旧书《告子》曾说：“性犹杞柳也，义犹桮棬也，以人性为仁义，犹以杞柳为桮棬。”从此吾们看出来，《告子》言人性本无仁义，必待矫揉而后成，恰如荀子性恶之说，与现代心理学家之主张正同。

按照最近心理卫生家（Mental Hygienist）所研究的报告说，吾们人类的行为（Behaviors）不过是一种错觉的幻象（Illusion），受吾们身体内部的需要和感情的趋使所支配的，而只少时才受到最高理智的脑系（Cortex）所支配的，因为吾人身体的构造（Constitution）包括生物进化过程中的各种细胞，虽然吾们最高动物的人类发达到稍微具有一点高尚理想（Ideals）的人格（Personality），但是身体内各种禽兽下等动物的需要和性格依然存在的（由于混噩的，而达到有理智高尚理想的——物理的（Physical）、化学的（Chemical）、响动的（Tropistic）、反射的（Reflexive）、本能的（Instinctive）、习偿（惯）的（Habitual）、思想的（Thinking）、选择的（Choice）及理想的（Ideals）），所以吾们每日生活中的行动，有的是不知不觉的，有的是半知半觉的，有的是经过思想的，有的是服从理想的，倘若吾们的教育方法，不顾人的本性一味的用抑压（Repression）或强制（Suppression）的手段，日久绝对不能得到良好的效果，而适足造成反感（Contrary Mind-Set）或二重人格（Dissociated Personality）。诸位看过“西线无战事”（All Quiet in the Western Front）的影片，就可以明白这种道理了。

一九三四年在美国哥伦比亚大学有一位那须（W. L. Nash）曾著一篇博士论文，专门研究体育与军事、教育的关系（The Stated Aims and Purposes of the Department of Military Science and Tactics, and Physical Education in the Land-Grant Colleges of the U.S.），他的结论说，二者的目标不同，不宜混合。大学内的军事训练应使学生志愿选择，不宜强制。他还说到，高等教育的目标应使学生养成评判事实的态度，追寻并信仰真理的所在，不为强权所屈，也不崇拜武力和狭义的爱国。

总之，现在的世界，为一般政治家及新闻家的各种宣传（Propaganda）所操纵，使吾们看不清楚事实和真理的所在，各方面的真意不是误解（Misinterpretation），就是隔阂（Isolation），一切不稳的现象又加上普遍的猜疑（Suspicion）和恐慌的心理（Psychological Fear）趋〈驱〉逐着全世界的人类，互相仿效着，都要走入死亡的末路！现在还看不出来一点出路来！或者说吾们的教育全都办错了！吾们应该向全世界的青年谢罪！

（《体育季刊》第2卷第3期，1936年9月）

童子军训练

（1936 年 10 月 17 日）

中华民国二十五年六月教育部修正颁行的《初级中学课程标准》中，对于初中教学科目及各学期每周各科教学时数表上，除公民一科列居首要外，其次即为“体育及童子军”。在初中三个年级中每周均习四小时，体育与童子军各为二小时，且规定童子军另于课外训练一小时，合为三小时。

于二十五年十二月教部复行颁布《初级中学童子军管理办法》：初级中学及同等学校对于学生，不分年级，均实施童子军管理，须使遵守中国童子军誓词、规律及铭言，并履行中国童子军宣誓。

教育部在最近一二年内为甚么要注重童子军训练呢？据个人的观察，不外乎下列三种理由：

一、为适应目前国难教育的急需。童子军训练的真义最重要的就是培养儿童道德的观念，重领袖、守本分，陶冶互助的情绪，训练灵敏的精神。习得随时随地应付巨变的知识与技术。

二、为改善教学卫生（Hygiene of Curriculum）及青年健康的要求。近年来中学生学习担负之过形繁重，几为全国教者学者，校内与校外所共同一致之感觉。此中原因固较为复杂，然对于教学之卫生及青年之健康碍难漠视，童子军创始人贝登堡氏谓“童子军训练就是游戏”（Scouting is a Game.），从此一语可以知童子军训练是着重于兴趣和情感的升华作用（Sublimation）了，尤其注重于各个人的自动发展。

三、为励行“寓学于做”或“教学做”打成一片的教育原则。杜威教授曾说：“预备社会生活的唯一方法，就是直接参加社会生活。离开了实际社会的环境，去培养服务社会的品德，犹之在陆地上教人游泳的动作一样。”最近童子军参加劳动服务，和新生活运动，全都是为矫正学校生活器械化和形式化的流弊。

我们明白注重童子军训练的需要，回头来再看一看中国童子军总会所颁布的童子军训练的目标：

第一阶段：发展儿童作事能力，养成良好的习惯。

第二阶段：使儿童人格高尚，常识丰富，体魄健全，成为智仁勇兼备的青年。

第三阶段：以智仁勇兼备的青年，为建设三民主义之国家，而臻世界于大同。

这是总理所昭示训练青年的目标和步骤。

我们看到了需要，并且有了训练的目标，以下就要采取适当的方法切实推行了。说到推行的方法，我们就感觉到许许多多的困难，总不外乎“人”“地”“时”的问题。在行政的原则上有一个普通抽象的说法，就是“因人、因地、因时致〈制〉宜”，不能有任何具体的规定。

南开初级中学的学生达八九百人之谱，并已遵照部章设置童子军科目。因为感觉到“人”“地”“时”的困难不能达到理想中的发展。这是各地各校一种普遍的现象，是有赖于全校师生共同的努力。我们信仰的原则是学校的童子军或其他课外活动假使有精密的选择，详细的计划，并有领袖品性的人的指导，是品格教育中一种最好的方法。

（《南开童子军》创刊号，1936 年 10 月 17 日）

在全国童子军事业讨论会上的提案①

（1936年10月17日）

一、在中国童子军总会领导之下，在各农村、各山林中、各湖滨及各海岸广设长期露营地点，在学校内外普遍提倡组织青年团或罗浮队，鼓励野外生活锻炼，使全国青年轮流实行定期露营。

二、在中国童子军总会领导下，通知各地方官府及文化机关供给适宜的方便，提倡全国青年的自行车及徒步的长途旅行，在各城市各乡村利用公共处所，如庙宇、学校、民众教育馆等，广设青年寄宿舍，便利途旅。

三、征集义务童子军教练员从事组织学校以外的闲散儿童编成童子军团，附设于各地方之公共团体。

四、除童子军固有之课程外，应积极参加社会上之公益事业及地方上各项建设工作，如劳动服务，新生活运动等。

五、彻底改组现行童子军总会之组织，选任人格伟大、能孚众望、具有世界眼光、熟悉青年[之]教育专家负责主持会务，厉行野外生活训练。

（《南开童子军》创刊号，1936年10月17日）

① 原文题目为“本团团长章辑五先生对于全国童子军事业讨论会之提案”。

普通体能（或活动能量）之测量①

（1936年12月）

教育部在最近修正之《初高中体育课程标准》内附录分级方法五种：(一)性别，(二)身体检查之结果，(三)年龄身高体重，(四)体能，与(五)技能。关于(一)(二)(三)种方法国内各校实行取用者殊属不少，关于(四)(五)两种方法试行采用者尚属寥寥。爰觅得辑五去岁在美时，于麦克乐先生班上关此项测量之讲义，匆促译出，以供时代中研究此项问题者之参考焉。

济武附识

测验与度量只限于在后列条件之下始有价值：

（1）我们所测量的东西能够叫我们认识学生的情形比随便的猜度更准确、更可靠。

（2）我们测量所得的知识，足可以使教员增进他的教学效率，明了学生的能量（Capacity）或能力（Ability），使学生认识自己的缺欠，激发他新的努力。

每一种测验都有他特别的用意与限制，有几种测验可以测量一种以上的东西，供给一种以上的用处。在此讲义中所举的测验，不过是包罗万有概括各方面活动能力的，这里所举的几种测验联合起来分为两大组：

一组比较很正确的拟用为测量人类天生来由遗传中固有的普通活动能量。在此处所用的“普通”字样，为的是有别于类似“打篮球”“踢足球”等等的“特殊”能力。

其他一组拟用为用测量几种重要方面的普通活动技术能力。这些种测验都不涉及什么特殊运动技能，达到什么成绩，得到什么知识，促进什么健康，或者发达什么态度。我们深信这几组测验，倘若实行的机巧，解说的智慧，的确是很有用处的！

这几组测验虽然包含几项极简单的东西，但据研究的报告实具很高的特效性或正确性（Validity），我们知道在其中有几项测验的确能够间接的测验些基本能量和其他较为复杂的技能，如跳远、打篮球、踢足球等，在此讲义中因为时间所限不能将研究的过程详细叙述，不过只有将成就的结果报告出来，分数计算表胪列出来，和怎样实行这些测验的方法说明出来罢了！

第一步，我们先说一说测验的内容成分：

Ⅰ.普通活动能量的测验

1. 分组指数。此种指数只适行于男生，女子在十二三岁后因为发育特别的关系，可以不必采用年龄、身高、体重分组法。计算分组指数的公式列下：

---

① 本文系章辑五翻译美国体育家麦克乐讲义的译文。文中着重线为原文所有。

20×年龄＋6×身高（英寸）＋体重（英磅）

在十七岁后不必再加年龄分数，即年满十七岁和十七岁以上者均按十七岁计算。（计算年龄分数法参考麦克乐原著之《运动力量测量法》（C. H. McCloy, Measurement of Athletic Power, Published by A. S. Barnes and Company）。）

2. 爱我华（Iowa）修正之卜氏（Braces）机巧运动测验。

施行此项测验时须完全按照著者之说明举行，其计分法为：每一项测验在第一试成功者给予二分，第二试成功者只给一分。十项总计为该测验之总成绩。（另见说明）

3. 萨锦氏弹跃测验（The Sargent Jump）。

此种测验即使学生一直向上跳跃，越高越好，看一看他们头顶达到何处？测验的方法，就是由立正头顶之高点，量至跳跃时头顶所达最高之点。跳跃上之高度与两臂之摆动极关重要，被测验之学生在起跳前应采用半蹲式，脚跟提起，上身稍向前屈，两臂向后高举（与立定跃远的姿势相仿佛），他在起跳之前，应该稍停片刻，然后努力向直高处顶跳，在弹跃的中间，双臂猛烈向直高处摆动。此种动作的时间应该调节的适宜，使两臂下垂时正值头顶达到最高之点。两腿着地时应该伸直立定，头部应该向上高伸，但不可倾头仰脸抬高下颏。萨锦氏弹跃之成绩为头顶跳跃所达之最高点减去本人原来之身高。

记录弹跃的方法，就是用一张较厚的硬纸，悬在墙上，上边用颜色铅笔，划好了百分公尺的尺寸，每百分公尺划一道红线，十分公尺划一道蓝线。这张纸的大小最低处要达到全班学生的最低者。最高处要超过最高学生的七十个百分公尺。这张纸最窄只要二尺多宽。红蓝的铅笔画线需要横亘画满全纸，测量人应该站在一椅子上，手中拿着一条米突尺，令被测验的学生向上跳跃一次，记着他头顶所有的高度。然后将米突尺放在此高度一寸余之上与地板平行，令被测验的学生再跳第二次，估计他所跳的高度能达百分公尺之最近处，最后由头顶跳跃时所达之高度减去本人之身高，即为弹跃之成绩，如此所得成绩之错误不过百分之一公尺。

倘若萨锦氏之弹跃不能实行时，也可用所谓“跳与攀”（Jump and Reach）替代，此种“跳与攀”测力量的方法，差不多和萨氏之弹跃可得同样适宜的效果，不过执行时稍微困难一些。第一他所需要的姿势须与萨氏弹跃相仿，不过其一自由之臂只可由顶上从旁边落下。这种偏方的活动为多数学生所难学，假使我们试行“跳与攀”时，我们感觉下列的方法较为适宜。第一步先命学生面墙直立，伸双手，直肘过顶，越高越好，手腕之前面贴墙，手指向上直伸。把住他的前臂靠近腋下，紧贴墙上，向上直伸，使他的全身高度越高越好。在两手中指所攀之最高处，作一记号。此记号可以预先将中指醮水贴至墙上（好用左手者以左侧向墙，好用右手者以右侧向墙）。努力向上弹跃，其法与前同，不过用湿手指在墙上弹跃之最高处作一记号。弹跃之成绩即为弹跃后所达之高度减去立定时手指所达之高度。假使“跳与攀”的方法学习得好，其所得之成绩与萨锦氏之弹跃同样准确而有价值。他们的相关系数为 0.98（矫正机过错误后之相关减弱）。

“跳与攀”的方法因为举肩的关系，使成绩略微加增，所以这种成绩应该较从弹跃成绩中减少本人身高百分之一点五。矫正的方法通常就是在不同身高各组中，减去一个恒数就完了。为免除每个计算的麻烦起见，也可以预先作一个新的计分表应用方便。譬如，某生身高 156cm，弹跃成绩为 42cm，应该由 42cm 成绩中减去 2.3cm（差不多是 156cm

的$1\frac{1}{2}\%$）。

4. 勃氏之全身活动力测验（The Burpee Test）。学生起首应取立正姿势，发令后即起首从事下列活动，越快越好，继续十秒钟。

（1）屈体向前，同时屈膝，双手扶地，置两足前；

（2）向后伸双腿，取俯地支撑休息姿势；

（3）复原与（1）同；并

（4）复原至立正姿势。

在俯地支撑休息姿势时，两腿必须完全尽量向后伸直，但臀髋可以稍降。在复原至立正姿势时，身体必须伸直，但身体可以略向前屈为增加下周活动之速度。

起首命学生分成两行，在一行学生之被测验时，其他一行之学生充作测验记数人。测验记数自吹哨时起至十秒钟后吹哨时止。倘若双手方达扶地时，算作四分之一的活动，其次为二分之一。再次为四分之三，至完全复原时为止。此种体操法可以预期练习，并命学生练习互相测验记分。

以上四种测验之计分表可见本讲义之附录。至于此类测验之如何联络？如何应用？兹后将加以讨论。只于最后之三种测验可以适用于女子。

Ⅱ. 普通活动能力的测验

1. 引体向上。

男子。将单横杠放在适宜之高度，使被测验者之双足不得着地，反握式（手心向内）较好，但学生中有欲取正握式（手心向外）者也可随意，起首时学生之身体应该完全垂直，用他自己适当的速度引体向上至下颏过横杠时为止，然后复原至两臂垂直姿势。假使被测验者（1）用足高踢，（2）滑力滑动，或（3）双臂不直，记数只算半次。倘若连续作半次活动至四次时，即停止其测验，告以正当之方法，休息后重新测验。假若在测验之最末次，因力竭屈肘已过九十度时，也可算其半次。

女子。在测验女子之引体向上时，单横杠之高度由褥垫起放在剑状软骨之底处，假使命女生身体之高低站队，单横杠之高度即可不必每次移动，直至高度相差超过一吋时，再行移动。女子起首先用反握式握住横杠，在横杠下向前踏步走至俟两臂悬垂姿势为止；就是身体自头部至脚跟成一直线，两臂与身体成直角，手握横杠，所以当臂弯屈时，下颏恰过横杠上。在测验仰卧引体向上时，身体须保持直线。在活动时倘若臂髋降落摆动，测验成绩应按半次计算。倘若连续作半次活动至四次时，即停止其测验，告以正当之方法，休息后再测验。

无论男生或女生在测验引体向上时，须鼓励他们努力继续进行，达到忍耐性之最高度为止。

2. 六十码赛跑。执行此项测验时，可以预先用下列方法将跑道划好，节省时间，在起跑线与终点线之间，按照六十码之计分表划好横线。指定一位助教——学生助手有时候也颇适宜，在旁监视各个被测验之学生。计时员在旁一手执跑表，一手执口哨，在起跑刚达六秒钟后，计时员即吹口哨，助手报告各个学生所跑到的距离部份（Zone）。按照各人所达到或所踏过的距离，给予成绩分数。

3. 六十码番薯赛跑。倘若各种项目须在室内测验时，可以六十码番薯赛跑，替代六十码赛跑。此项计分表尚未如其他项目之计分表证明正确，但也足供应用。

按照跑道的人数，预备每人三个小木块。在地板上相距十码宽的地方划两道横线，在这两道横线之间，每隔两码再划几道竖线，形如下图。小木块皆放在端线或 B 线之外（请看图中的×××符号）起点与终点皆在 A 线处。

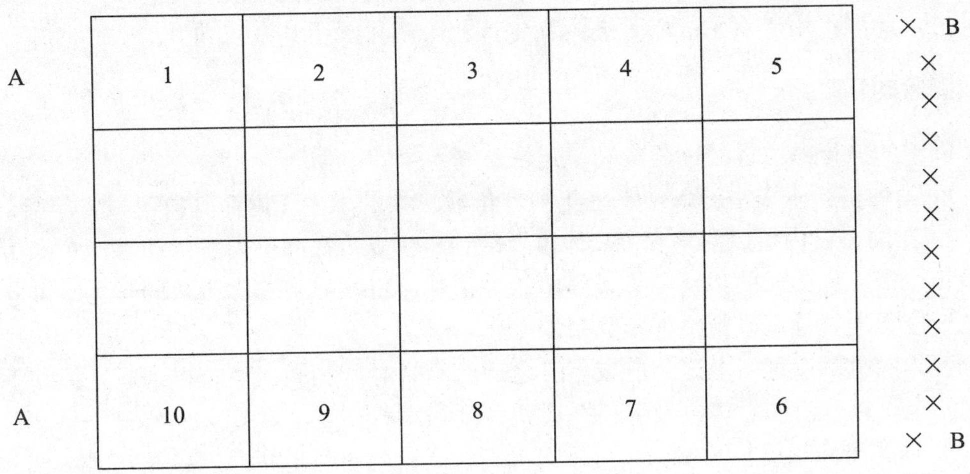

此图供给四个人的跑道，每人占用一行。

在发令起跑时，每个学生向 B 线奔跑，拾起一个木块（代表番薯）返到 A 线，将木块轻放地板上或在 A 线之外。将木块必须轻轻放下，不可抛掷。赛跑如此周而复始，将其余之二番薯照样拾回。将达到最后终点时赛跑员应跑过 A 线手执第三个木块。

指定一个有能力的学生充作监查员，监视各个赛跑员。

在发令起跑时，同时起开跑表，在刚刚达到十二秒（男生）或十三秒（女生）的工夫即吹口哨。监查员立刻记各个赛跑员在吹哨时，前脚所踏入的距离。

记载的方法就是要记住赛跑员所跑到周数（拾回的番薯）及跑道上的段数（Zones）。譬如：某跑员已经跑道一周并已将第二番薯拾起，跑入第七段的距离，其成绩应该记为 1－7——1 是指明跑完一周，7 是指明达到第二周之第七段。

跑道的多少要看地势的大小和当时精明监查员的人数，每个监查员只能看顾一条跑道，倘若监查员人数敷用时，无妨多划几条跑道，同时测验多人。

4. 立定跳远。用两张垫子，将其中一垫之一边放在他一垫之一边之上，利用此边充作起跳线防止滑脚，和脚趾探出垫边之外。在第二个垫子上，于每隔二呎距离的地方，划些道横线，（如 60”，62”，64”，等等）这些道横线的部份须能包括群中最好和最坏跳跃者的距离。执行此项测验时，须用标准的规则，每人试跳三次。为节省时间起见，可以命学生连续着试跳三次，记其最好的成绩。倘若学生在三次试跳中均犯规时，也无妨再给他一个机会，重新试跳，至得到相当的成绩为止。

5. 抛掷。在小学的第四、五、六学级（Grade 4 to 6）中可以采用篮球掷远，在初、高中的男生中可以采用掷八磅铅球。

在所有的女生中最好采用掷足球或者是掷篮球比远。

推铅球时即用标准规则（Standard Rules）。在掷圈前垫子上划好二呎间隔的弧线。假使球落在两线之间时，即记载最近呎内之成绩。如掷二十一呎十一吋时即算二十一呎。每掷员可以连续试掷三次，记入最好之成绩，藉省一次一量的麻烦。篮球或足球掷远，可由七呎圆圈内掷出，姿势随意。

6. 急行跳高。执行此项测验时，须用标准规则，每次提高的呎吋至少一英吋（在此讲义中，此项不用于女生，以下之为女生计分公式只限于其余三项）。

测验的行政

以下的执行方法曾经试验成功，足资参考：

1. 由体格检查表中记入学生之年龄。年龄较大的学生无妨命其自己报告年龄。

2. 在同一日内可以测量身高、体重及萨锦氏弹跃。在高班内可以训练一个学生记载身高和体重，萨锦氏的弹跃测验最好由教员记载，每次只召几个少数的学生来做此项测验。一位学生领袖可以帮忙许多其余的工作。

引体向上可以利用上班之前或下班之后的空余时间测验。倘若得到适宜的助手，此项测验也可以与身高、体重及萨[锦]氏弹跃同日举行。

3. 勃氏全身活动[力]测验，可于第二日行之，同日可以举急行跳高，因跳高占时最多也。

稍为用一点计划，其余三项田径赛的项目，可以在一小时内完全做完。预期把六十码赛跑，或番薯赛跑的跑道划好，把抛掷项目弧圈划好，把立定跳远及掷重的垫子预备妥当，把帮忙的学生监查员预先训练好了，就可以了。

起首时先举行赛跑项目。嗣后将全班学生分为两组，一组跳远，一组掷重。跳远组可以同时在一垫上举行。掷重组（推铅球或掷篮球）可以预备两个相当的距离的圆圈中交换掷出，如此可以省却来往拾球所费的时间。指定一位“交通警察”在掷重区域内巡视，命掷重的学生听从他的指挥。命跳远的学生站在安全的地带。

普通活动能量测验

此种测验可以差不多测出学生固有的（innate）体能或能量来。各分组指数（C. I.）（男生的）或年龄（女生的）标准业经厘订完竣。当某生所得实际成绩之分数被标准之成绩分数相除时，可得该生之“活动商数”（Motor Quotient），此项活动分数（Motor Scores）及商数与心理测验中之分数商数相似（但不相关），此种普通活动能量总分数与智力测验之总分数相似，活动商数与智力商数相似。

此种测验之四项成绩为男生者可用下列公式计算其普通活动能量分数：

1. 小学男生

.181（分组指数）＋.7962（萨氏弹跃 in cm.）＋.5095（卜氏测验之“T”分数）＋2.187（勃氏测验）－62。

2. 中学男生

.3287（分组指数）＋1.446（萨氏弹跃 in cm.）＋.9258（卜氏测验之“T”分数）＋

3.973（勃氏测验）－202。

此等公式无须自己计算，可以利用附录 B 中之对照表查数计算。

为女生之公式列下：

3. 小学女生

3.576（萨氏弹跃 in cm.）＋2.20（卜氏测验之“T”分数）＋19.12（勃氏测验）+119。

4. 中学女生

3.576（萨氏弹跃 in cm.）＋2.20（卜氏测验之“T”分数）＋19.12（勃氏测验）+119。

普通活动能力测验

普通活动能力测验包括四项田径赛项目：六十码赛跑、急行跳高、立定跳远和掷重中之一项，此项采用推铅球或掷篮球均可。这几项的计分法可以利用本著者所著的《运动力量测量法》（The Measurement of Athletic Power）书中的计分表及本讲义中的补录补充。女生可以免行测验急行跳高，男生测验中之引体向上须首先计算“拉力总分”（Total Pull up Strength），由附录中之对照表中查出，男生四项之分数与女生三项之分数可以总加起来。女生可以直接用仰卧引体向上之次数。用以下之公式可以计算普通活动能力分数：

男生：.1022（田径赛项目分数）＋.3928（引体向上力量）

女生：.42（田径赛项目分数）＋9.6（仰卧引体向上次数）

此种公式也是利用附录 B 中的对照表计算。

各种分数和商数的解释与用途

1.“普通活动能量分数”（The General Motor Capacity Score），在体育测量界中恰与智力测验之总分数相当。它可以很正确的测量个人天生固有的活动能量（innate Motor Capacity），或是说是身体内所蕴藏的能力或潜势力（Potentiality）。此种分数的大小与学生的身量和年龄有密切的关系。此种分数最有用处的地方就是把它解释成一种普通活动能量商数或简称“活动商数”（Motor Quotient）（另详），这种总分数也可以用作分组的一种方法，那就是，凡普通活动能量（G. M. C.）分数高的学生，应该在体育的各种能力上也最强。但是为得到更正确的分组用途起见，普通活动能量（G. M. C.）的分数最好根据男生的分组指数，女生的年龄，或者是根据男生的引体向上的力量或女生仰卧引体向上的次数把它变成活动商数。

2.“普通活动能力分数”（The General Motor Ability Score），在体育测量界中恰与心理测验界中的成业测验的混合总分数（Raw Score of a Composite Achivement Test）相当。此种分数也与学生的身体大小和发育的程度有密切的关系，它的用途也是把它由普通活动能量分数联合起来，变成普通活动能力商数（The General Motor Ability Quotient）。

普通活动能力测验。虽然限于几种田径赛的项目和引体向上的力量，但其用途比较甚广，据研究所得引体向上的力量与全身力量的相关系数为.9 之谱，且田径赛的成绩与各项球术及团体运动也有极高的相关度，但是我们不得不承认的，就是因测验的范围较窄，所以它的用途只限于普通活动能力而已！

3. 普通活动能力商数（The General Motor Ability Quotient），在体育测量界中恰与心理测验界中的成业商数（Achivement Quotient）相当，不过它的百分标准不是放在平均数上，乃是放在平均数以上的两个标准差（Standard Deviations），或均方差的上头。所以它所代表的是按照被测验者个人的能量，应该达到的较好的“标准”百分数。换一句话来讲，就是“他个人的实在如何好，跟他个人的应该（或可能）如何好来比较”，因为这一种的关系，此种商数可以用做给学生分数的方法。

我们把及格的标准放在两个均方差之上，而不在平均成绩上的原故有二。两个均方差（Standard Deviations）的限度可以给大多数普通学生在此种测验上，在可能范围内可以达到的标准，并且在另一方面讲，也不是标准太高，学生得到过度激烈运动和训练的危险。第二个理由，就是可以令学生想念此种商数之百分数为应该达到的适宜水准。这自然是一种纯粹暂时的假定，并没有其他基本科学原则上的根据。

4. “活动商数”（Motor Quotient），在体育测量中恰与心理测量中的智力商数相当。此种商数可以告诉我们某生之体能与其他同等身量、同等发育的学生比较起来是如何如何。在此种测量内之商数一百分代表平均数。

简言之，普通活动能力商数，可以告诉我们某生在他的能量之内实在他的努力如何，活动商数是指明某生跟同等身量和同等发育的别人比较，自己的情形居在什么位置，普通活动能量分数和普通活动能力分数两者只是粗糙分数的总数，为供给计算两种商数用的罢了！

现在要郑重声明，除去卜氏之机巧运动测验外，其余各项测验在未实行前，均须得有充分的练习。卜氏测验应该只在一次做完，在三年内不必再做。卜氏测验的成绩在乎知道几种机巧运动的方法，倘若学生得到一两小时的练习，就恐怕失去测验的效用了！

这个活动能力商数可以用来激发学生从事运动的动机，使他们发生更大的兴趣和热心。

这个商数还可以用来充作成绩的给分法（Marking or Grading Device）。此处所讲的给分法与普通所讲给分法的观念不同。在大多数学科之内，给分的方法多是根据些绝对的事实，比方说一个低能的儿童，虽然用尽他的能量所做的成绩，但是教员所给的分数仍然是一个极低的分数。这或者在知识学科内还可以适用，因为社会中的淘汰是根据个人思想绝对的成绩，这个可以决定他在天演中存亡的命运。

在体育的范围内，这种给分的方法渐渐的不切应用了。在现代的社会里，大多数人民求生活的方法，不像几个世纪之前专靠体力的成就了。现在学校里的学生不得且不应该因为遗传上身体的缺欠而禁止他们毕业。假使他的脑力充足的话，他未始不可以在社会上生存。这一种讨论是要建议于现在的社会当局，使他们认清体育上根本给分的方法，而要根据一种合理的“优良标准”（Standard of Excellence）与学生个人能量内的“优良标准”相称。假如我们用一个一百分的标准尺报告遗传的能量，设使某生只有五十分的能量，并且努力运动达到四十五分的效率，他所应得的分数为九十分；另外一位某生天赋一百分的能量，并且努力运动达到成绩水准的八十分的成就，他应该才得八十分。论到第二生的绝对成绩是比第一生高了许多，但是努力的程度不如第一生近乎他的能量限度。这种活动能力商数就是可以让我们得到这种给分的根据。

附录 A

计算普通活动能量分数的手续如下：

Ⅰ. 小学男生

1. 计算分组指数（C. I.）如下：

20×年龄（实足年岁）＋6×（身高英吋）＋（体重英磅）

在实足年龄十七岁后不再多加年龄分数。

2. 参看第一表改变分组指数。

3. 参看第二表加入萨锦氏弹跃分数。

4. 参看第三表加入勃氏测验分数。

5. 参看第四表加入卜氏测验分数。

6. 所得的结果就是普通活动能量分数，并且也就是标准的普通活动能力分数。

Ⅱ. 中学男生

1. 计算分组指数。

2. 参看第五表改变分组指数。

3. 参看第六表加入萨锦氏弹跃测验分数。

4. 参看第七表加入勃氏测验分数。

5. 参看第八表（初中适用）及第九表（高中适用）加入卜氏测验分数。

计算普通活动能力分数的手续如下：

（各级男生均适用）

1. 按照附录 C 中的计分表计算四项运动成绩的分数。把所得分数的价值总加起来。称此总价值为“总分数”。

2. 参看第十表改变“总分数”。

3. 参看第十一表，用体重及引体向上的次数计算引体向上的力量（Total Chinning Strength）。

4. 参看第十二表改变引体向上力量的分数。

5. 将第（2）项（改变后之总分数）及第（4）项（改变后之引体力量）的结果加起来，这就是某男生的普通活动能力分数。

6. 倘若你愿意比较比较此男生的活动能力分数与他应得的标准分数怎样，你就用他的普通活动能量分数来除他实得的普通活动能力分数，结果你就得着此生的“普通活动成绩商数”（The General Achivement Quotient）。

Ⅲ. 女生

计算普通活动能量[分数]的手续如下：

1. 参看第十三表查对萨锦氏弹跃测验的分数。

2. 参看第十四表加入勃氏测验的分数。

3. 参看第十五、十六、十七表，按照学生的学级，小学、初中、或高中，加入卜氏测验的分数。所得的总结果就是此女生的普通活动能量分数，也就是该女生（初中或高中）的标准普通活动能力。求小学女生的标准普通活动能力必须减去 90。（为计算便利起见，减去100也无大关系。）

计算普通活动能力分数的手续如下：

1. 按照附录C中的计分表计算三项运动成绩的分数，把所得分数的价值总加起来，称此总价值为“总分数”。

2. 参看第十八表改变“总分数”。

3. 参看第十九表改变仰卧引体向上次数。

4. 将第（2）项（改变后之总分数）及第（3）项（改变后之仰卧引体向上次数）的总结果加起来。这就是此女生的普通活动能力分数。

5. 倘若你愿意比较比较此女生的活动能力分数与她应得的标准分数怎样，你就用她的活动能量分数来除她实得的活动能力分数，结果你就得着此女生的普通活动成业〈绩〉商数（The General Motor Achivement Quotient）。

活动商数（The Motor Quotient）

此种商数是用某生相当分组指数（男生）或相当年龄（女生）正常（Normal）普通活动能量常态分数来除该生实得普通活动能量分数得来的。它的意义在活动界中和思想界的智力商数（I. Q.）相似。

斯类常态标准在第二十表（小学男生）、第二十一表（初中高中男生）、第二十二表（小学女生）和第二十三表（初高中女生）中可以查出。

附录B

自第一表至第九表是为计算男生普通活动能量分数用的。

自第十表至第十二表是为计算男生普通活动能力分数用的。

自第十三表至第十七表是为计算女生普通活动能量分数用的。

第十八表和第十九表是为计算女生普通活动能力分数用的。

在卜氏测验表中测验的总分数可由表的左边内行查出，并其结果可以直接的对照着读出来。

在其余的各表中，总分数较大的单位全部在左右两旁边，较小的单位全都写在表的顶行，某种成绩，用相当的恒数乘过之后，可以在最近实际成绩数目的排行交处对照查出。譬如，某生的分组指数是782，780是最近较广大的数目。在第一表内，左边行查得700数目的横排，然后沿着此线向右看，寻着直对表中顶行的80数处，在700横排和80竖行的交处你就可以找到78.78的数目，这个数目就是代表：

.181（分组指数）－62.4所得的结果

各项基本公式内应加或者应减的恒数，全都包含在各计分表内，所以在算分数的时候，就无需特别注意了！

第一表

.181（分组指数）−62.4

分组指数（Classification Index）小学男生

	00	10	20	30	40	50	60	70	80	90
400									—	26.29
500										
600										
700										
800	82.40	84.2 1	—	—	—	—	—	—	—	98.69

第二表

.7962（萨锦氏弹跃）

小学男生——萨锦氏弹跃

	0	1	2	3	4	5	6	7	8	9
0										7.17
10	7.96	8.76								
20	15.92									
30										
40										
50										
60	47.77									54.94

第三表

2.187（勃氏测验）

小学男生——勃氏测验

	0	$\frac{1}{4}$	$\frac{1}{2}$	$\frac{3}{4}$
0		.55	1.09	
1	2.19	2.73		
2				
3				

第四表

.5095（卜氏测验）

小学男生——卜氏测验

成绩	分数
1	11.72
2	12.74
3	
4	

第五表

中学男生——分组指数

.3287（分组指数）−172

	00	10	20	30	40	50	60	70	80	90
500		.91								
600										
700										
800										
900										
1000										

第六表

中学男生——萨氏弹跃

1.446（萨[锦]氏弹跃）－15

	0	1	2	3	4	5	6	7	8	9
10		.91	2.35							
20	13.92									
30	28.38									
40										
50										
60										
70										

第七表

中学男生——勃氏测验

3.973（勃氏测验）

	0	$\frac{1}{4}$	$\frac{1}{2}$	$\frac{3}{4}$
0		.99		
1	3.97			
2				
3				
4				
5				
6				
7				
8				
9				
10				
11				
12				
13				
14				
15				

第八表

初中男生——卜氏测验

.9258（卜氏“T”分数）－15

成　绩	分数
1	2.59
2	3.52
3	5.37
4	
5	
6	
7	
8	
9	
10	
11	
12	
13	
14	
15	
16	
17	
18	
19	
20	46.10

第九表

高中男生——卜氏测验

.9258（卜氏“T”分数）－15

成　绩	分数
1	—
2	—
3	—
4	.74
5	
6	
7	
8	
9	
10	
11	
12	
13	
14	
15	
16	
17	
18	
19	
20	50.73

第十表

所有男生——总分数

（四项）

.1022 总分数

	00	10	20	30	40	50	60	70	80	90
100	10.23									
200	20.44	11.24								
300	31.00									39.86
400										
500										
600										
700										
800										
900										
1000										
1100										
1200										
1300										
1400										
1500										
1600										
1700										
1800										193.16

第十一表

（男生）

计算双臂屈力（Chinning）和伸力（Dipping）表

参用此表计算双臂屈[力]和伸力如下：

1. 参考甲段求得 1.77（体重）－46 之结果，在左边竖行中之数目为体重较大之整数。在表中顶上之横排为体重较小之零数。在左行中先寻得某生体重百位十位之整数；然后横沿此排再寻得该生实在之体重。譬如，有某生体重为 156 磅，先在左行寻得 150 横排，沿顺此排向右方寻得正对表中顶上 6 字的数目。如此在 150 的横排在 6 的竖行之交点处，求得 230.1 数目，这个数目就等于 1.77（体重）－46 计算后所得的结果，或，在本问题内就是，1.77（156 磅）－46。

2. 参考乙段，求得 3.42（引体向上次数）。在左边竖行中系引体向上次数的十位；在本段顶上的数目系引体向上次数的个位。这个表乙段的用法与甲段相同。譬如，欲求引体向上十四次的价值，就是先在左行的第 10 排中向右看到顶行的 4 字寻得 47.9 数目，这个数目就等于 3.42（引体向上次数）或，在本问题内就是，3.42（14 次）。

3. 最后将两个乘数加起来。所得的总数就等于某人的双臂屈力（Chinning Strength）。

如果打算要用“引体向上”和“双臂屈伸”两样的时候，屈力和伸力应该分别计算，并将二者的结果加起来，可以得到双臂屈力（与伸力）的总数。在计算屈力与伸力之前切不可将引体向上的次数和双臂屈伸的次数加起来。

甲　体重　1.77（体重）－46的价值

	0	1	2	3	4	5	6	7	8	9
50	42.5	44.3	46.0							58.4
60	60.2									
70										
80										
90										
110[①]										
120										
130										
140										
150										
160										
170										
180										
190										
200	318.1									323.9

乙　双臂屈力　3.42（引体向上次数）

	0	1	2	3	4	5	6	7	8	9
0	0	3.4	6.8							30.8
10										
20										
30	102.6									133.4

第十二表

所有男生——双臂屈力

.3928（双臂屈力）

	0	1	2	3	4	5	6	7	8	9
40										19.25
50	19.64									23.18
.										
.										
.										
.										
340	133.55									137.09

① 原表缺“100”。

第十三表

所有女生——萨氏弹跃

3.576（萨氏弹跃）＋119.27

	0	1	2	3	4	5	6	7	8	9
1	155.03									187.21
2	190.79									
3										
4										
5										
6	373.83									366.01

第十四表

所有女生——勃氏测验

19.12（勃氏测验分数）

	0	$\frac{1}{4}$	$\frac{1}{2}$	$\frac{3}{4}$
0		4.78	9.56	14.34
1				
2				
3				
4				
5				
6				
7				
8				
9				
10				
11				

第十五表

小学女生——卜氏测验

2.20（卜氏“T”分数）

成绩	分数
1	46.2
2	
3	
4	
5	
6	
7	
8	
9	
10	
11	
12	
13	
14	
15	
16	
17	
18	
19	
20	147.4

第十六表

初中女生——卜氏测验

2.20（卜氏“T”分数）

成　绩	分数
1	41.8
2	46.2
3	
4	
5	
6	
7	
8	
9	
10	
11	
12	
13	
14	
15	
16	
17	
18	
19	
20	136.6

第十七表

高中女生——卜氏测验

2.20（卜氏“T”分数）

成　绩	分数
1	30.8
2	37.4
3	
4	
5	
6	
7	
8	
9	
10	
11	
12	
13	
14	
15	
16	
17	
18	
19	
20	156.2

第十八表

所有女生——总分数

.42（总分数）

	0	10	20	30	40	50	60	70	80	90
0	42.0									
100										
200										
.										
.										
.										
.										
.										
1200										541.8

第十九表

女生——仰卧引体向上

9.6（引体向上次数）

	0	1	2	3	4	5	6	7	8	9
30	288.0									374.4
20										
10										

第二十表

普通运动能量常模——小学学生

（常模＝.1058（分组指数）－29.9）

实得普通运动能量总分乘100被常模除即得运动商数

	0	10	20	30	40	50	60	70	80	90
400										84.12
500	86.45									
600	109.72									
700										
800										

第二十一表

普通运动能量常模——中学学生

（常模＝.196（分组指数）－149.31）

实得普通运动能量总分数乘100再被常模除即得运动商数

	0	10	20	30	40	50	60	70	80	90
500										105.33
600	109.65									148.49
700	152.81									

普通运动能量常模——女生

实得普通运动能量总分数乘100，再被常模除即得运动商数

第二十二表

小学女生

（常模＝19.8732（年龄）＋236.05）

年龄	常模
8	395.04
$8\frac{1}{2}$	404.97
—	—
—	—

年逾十一岁半者即用465作除数

第二十三表

初高中的女生不论年龄，均用470充作常模。

附录C

计分表

（除去此处发表者外，其余计分可参考麦克乐氏原著之《运动力量测量法》一书。）

赛　跑

在跑道上预先按照第一行的数目画好了横线（就是六秒钟所跑到的码数），这些线的距离应该包括大众在六秒钟范围内所跑最长和最短的距离。每行中派一位检察员，教员发令起跑时同时开始跑表，在起跑六秒钟后鸣哨停止。每个检察员要记住各个赛跑员所跑到的地点，把所跑的距离（表中第一行）变成应得的分数（表中第二行）。

I 六秒钟所跑到的码数	II 分　数	I 六秒钟所跑到的码数	II 分　数
8	2	36	266
10	9	38	301
12	18	40	340
14		42	
16		44	
18		46	
20		48	
22		50	
24		52	
26		54	
28		56	
30		58	
32		60	900
34	233		

推六磅铅球

成绩（英尺）	分　数	成绩（英尺）	分　数
64	292①	33	312
.	.	.	.
.	.	.	.
.	.	.	.
.	.	.	.
34	323	3	2

① 分数有误——编者。

番薯赛跑

所跑的周数	每周的区域 0	1	2	3	4	5	6	7	8	9
1	8.6	23.0				80.6				138.2
2										
3										

（譬如某生跑完第一周并且跑入第五区，他的分数应该是 80.6）

掷足球比远

成绩（英尺）	分数	成绩（英尺）	分数
172	992	78	184
.	.	.	.
.	.	.	.
.	.	.	.
.	.	.	.
79	190	27	0

插补计分表

参考普通运动能量测量表合用

补第一表分组指数 小学男生		补第五表分组指数 中学男生		补第十表所有男生 各项总分	
1	.181	1	.329	1	.1
2	.362	2	.657	2	.2
3		3		3	
4		4		4	
5		5		5	
6		6		6	
7		7		7	
8		8		8	
9	1.629	9	2.958	9	.92

补第十八表 所有女生 总分数		补第二十表 小学男生 普通运动能量常模		补第二十一表 中学男生 普通运动能量常模	
1	.42	1	.23	1	.43
2	.84	2	.46	2	.86
3		3		3	1.29
4		4		4	
5		5		5	
6		6		6	
7		7		7	
8		8		8	
9	3.78	9	2.09	9	3.88

I　附　普通运动能量与运动能力测验记录表

注册号＿＿＿＿＿＿

姓　名＿＿＿＿＿＿　　　　　　　　学校体育部　教员＿＿＿＿＿先生

＿＿＿＿＿＿学部＿＿＿＿＿＿体育班　　助手＿＿＿＿＿君

	项目 ＼ 日期 ＼ 成绩	年月日		年月日	
		成绩	分数	成绩	分数
普通运动能量测验	1. 实足年龄				
	2. 身高				
	3. 体重				
	甲. 麦氏之分组指数				
	乙. 卜氏之机巧运动测验				
	丙. 萨氏之弹跃测验				
	丁. 勃氏之全身运动力测验				
	戊. 普通运动能量分数				
	己. 普通运动能量商数				

	项目 ＼ 日期 ＼ 成绩	年月日		年月日	
		成绩	分数	成绩	分数
普通运动能力测验	1. 双臂屈力				
	2. 60 码赛跑或 60 码拾番薯赛跑				
	3. 立定跳远				
	4. 篮球掷远或 足球掷远或 推八磅铅球				
	5. 急行跳高				
	普通运动能力分数				
	普通运动能力商数				

II．普通运动能量测验（General Motor Capacity Tests）：

甲．麦氏之分组指数（McCloy's Classification Index or C. I.）

20（年龄）＋6（身高）＋体重＝分组指数……中小学校之男生适用

6（身高）＋体重＝分组系数……大学校之男生适用

乙．卜氏之机巧运动测验（The Brace Test——用 Iowa 修正后之卜氏测验）……另外说明

丙．萨氏之弹跃测验（The Sargent Jump）……另外说明

丁．勃氏之全身活动力测验（The Burpee Test）……另外说明

戊．普通运动能量分数（General Motor Capacity Score）之计算法：

1．小学男生：.181（分组指数）＋.7962（萨氏弹跃 in cm）＋.5095（卜氏测验之“T”分数）＋2.187（勃氏测验）－62

2．中学男生：.3287（分组指数）＋1.446（萨氏弹跃 in cm）＋.9258（卜氏测验之“T”分数）＋3.973（勃氏测验）－202

（附注：此等公式无须自己计算，可以利用对照表查数计算。）

3．小学女生：3.576（萨氏弹跃 in cm）＋2.20（卜氏测验之“T”分数）＋19.12（勃氏测验）＋119

4．中学女生：3.576（萨氏弹跃 in cm）＋2.20（卜氏测验之“T”分数）＋19.12（勃氏测验）＋119

己．普通运动能量商数（General Motor Capacity Quotient）之计算法：

$$\text{普通运动商数}=\frac{\text{实得之普通运动能量分数}\times 100}{\text{按照分组指数实得之普通活动能量常态标准}}$$

III. 普通运动能力测验（General Motor Ability Tests）

此等测验包括四种田径赛项目及双臂屈力，女子测验免去跃高一项，且双臂屈力所用之举横杠须与胸骨下端之软骨处齐平。

甲. 男子普通运动能力分数＝0.1022（田径赛四项总分）＋.3928（双臂屈力）

乙. 女子普通运动能力分数＝0.42（田径赛三项总分）＋9.6（仰卧引体向上次数）

$$\text{普通运动能力商数}=\frac{\text{实得普通运动能力分数}\times 100}{\text{实得普通运动能量分数}}$$

（《体育季刊》第2卷第3、4期）

附："运动的可教育性"之测验（Test of Motor Educability）[①]

关于实行这种测验的方法和说明，可以参阅卜瑞氏博士（Dr. D. K. Brace）原著的《运动能力测量法》（Measuring Motor Ability）一书。在举行这种测验之前，应该详细审慎的读完了卜瑞氏的说明和方法之后再行着手。卜瑞氏原来的测验包括二十种机巧运动，分成四组，交换采用，每组包含五种运动。麦氏修正的只用十种机巧运动，分为两组，每组包含五种运动。按照后边的说明，所选的十种运动为各年龄的儿童各不相同，施行测验的方法列下：

> "如卜氏指示的方法，把全班的学生分为两组，先命第一组测验前半部，次命第二组测验后半部；此后再命第一组测验后半部，最后再命第二组测验前半部。这种半部半部的交换测验方法，为的是减少因参观别人测验自己所学得的便宜。"

遇见有记秒数的机巧运动测验，不可令学生随便喊"一、二、三、四……"，最好命他们叫"一造成一，二造成二，三造成三，……"所需的时间恰与实在的秒数相等。

机巧运动测验

测验之一，"一足站立，以头触地板"（卜瑞氏测验第十三节）

用左足站立，体向前弯，置双手于地板，举右腿向后伸，以头触地板，然后复原位，但不得失去均衡。

失败：

1. 头不能触地板者。
2. 不能保持均衡或右足复原前已触地板，或向左右倾斜者。

测验之二，"体向侧方用手足支撑倾斜"

坐地板上，双腿靠拢，足向前伸，置右手于身后之地板上，体向右转，举左手与左足，上身离地，使体支撑于右手与右足上，如此姿势支持至五秒钟。

---

① 本文原署"卜瑞氏原著""由麦克乐修正""章辑五译述"。

失败：

1. 姿势不正确者。

2. 不能支持五秒钟者。

注：五秒钟之数法为：一造成一，二造成二，三造成三，四造成四，五造成五。

测验之三："葡萄树"（卜瑞氏测验之第十四节）

双足靠紧站立，体向前弯，双手由两腿之间绕至双膝后，使双手手指在双踝前互握，如此姿势支持五秒钟，不得失去均衡。（由计数员计秒数）

失败：

1. 体向前倾倒者。

2. 双手手指不能相握者。

3. 不能支持五秒钟者。

测验之四："单膝跪地均衡法"

头向右转，用一膝跪下，双臂左右伸，其余一腿举起不许着地，如此保持平衡支持五秒钟。

失败：

1. 除一膝外，身体他部触地者。

2. 不能保持均衡而倾倒者。

测验之五："仙鹤站立"（卜瑞氏测验第十八节）

左足站立，以右足脚心贴于左膝内，双手插腰，闭眼，保持姿势十秒钟，而左脚不移动。

失败：

1. 不能保持均衡者。

2. 右足着地者。

3. 开眼或动手者。

测验之六："双脚空中相拍两次"（卜瑞氏第八节）

纵身向上跳，两足在空中相拍两次，落地时双足分立（不论距离）。

失败：

1. 不能用足相拍两次者。

2. 落地时两脚相撞者。

测验之七："双脚交叉蹲踞"（卜瑞氏测验第十七节）

双臂交叉于胸前，并交叉其腿而下坐，手足不许移动，起立复于原位，须保持均衡。

失败：

1. 双臂不交叉者。

2. 失去均衡者。

3. 不能起立者。

测验之八："体向左四转"（卜瑞氏第七节）

双足靠拢，体向上跳，体在空中向左转一周，转毕身体稳立原来方向，不得摇动。

失败：

1. 转得不够一周者。

2. 足站地后而再移动者。

测验之九："单膝跪下，头触地板"

单膝跪下，他足向后伸，双臂左右伸与地面平形<行>，体向前弯，头向下触地面，而身体不得着地，然后复原。

失败：

1. 除跪膝外，身体之任何部份，触地板者。

2. 头不能触地板者。

3. 双臂向下落地。

测验之十："单足向后跳"

闭眼，用一足向后跳五次。

失败：

1. 眼不闭者。

2. 他足落地者。

测验之十一："向前用足踢手"

体向上跳，体向前弯，双腿同时直向前踢，在空中时用手触双足尖，但两腿愈直愈好。

失败：

1. 在空中手不触双足者。

2. 双足弯曲过四十五度者。

测验之十二："体向下蹲，双臂旋转"

体向下蹲，双臂左右伸，作旋转状，旋划一呎直径之圆圈起立，蹲下，共作十次。

失败：

1. 蹲下倾倒者。

2. 不能保持均衡者。

3. 除双足外身体任何部份触地者。

4. 双臂不能旋划圆圈者。

5. 身体不能蹲下与站起者。

测验之十三："用左足半转跳"

用左足站立，向左跳一百八十度，站立后保持平衡。

失败：

1. 不能保持平衡者。

2. 不能作完半转跳者。

3. 右足触地者。

测验之十四："三次双臂屈伸"（卜瑞氏第五节）

双手直伸地板上，全身与地板成平行式，然后双臂继续屈，腰伸三次，臂曲时胸部触地板，臂直时须伸直。

失败：

1. 不能屈伸三次者。

2. 每次屈伸，胸部不能触地板者。

3. 每次屈伸时，膝腰等部触地板者。

测验之十五：“在空中侧踢”

左足向左伸，右足向上跳，在空中时，右足须在左肩垂直线以外触左足，落地时不许双足相撞。

失败：

1. 左足之伸出不向肩垂直线外者。

2. 在空中时双足不相撞者。

3. 落地时双足相撞者。

测验之十六：“双膝跪下跳站起”（臂力十六节）

双膝跪下，足面平贴地板，双臂摆动，跳起直立，保持平衡。

失败：

1. 足趾不伸直者。

2. 不能跳起或不能保持平衡者。

测验之十七：“俄国跳舞”

双腿蹲下，两腿交换向前伸，跳如俄国舞蹈然，每腿向前跳两次，前腿足跟可以触地板。

失败：

1. 不能保持平衡者。

2. 每腿不能跳两次者。

测验之十八：“体向右四转”（臂力十五节）

双足靠拢，体向上跳一整圈，体在空中向右旋转，转至原地时，身体稳定站立，不得摇动。

失败：

1. 转得不够者。

2. 足站地板后而再移动不能保持平衡者。

测验之十九：“地黄牛”

请坐下，置双手在两小腿间，在膝下紧握两踝，体向右滚，体重心向右膝而右肩，而背，而左肩，而左膝，而坐起，此时方向正与发出时相对，再作一次而复原状。

失败：

1. 不紧握双踝者。

2. 不照上法滚转者。

测验之二十：“单足平衡向下蹲”

一腿向前伸，他腿向下全蹲，双手插腰，支持至五秒钟。

失败：

1. 双手不插腰者。

2. 向前伸之腿触地板者。

3. 失平衡者。

测验之二十一："搬足跳"（臂力十节）

用一手紧握相反足之足趾（如用右手则握左足趾，如用左手则握右足趾），而用他一足由此手握住之足上跳过。

失败：

1. 手不紧握他足者。

2. 不能跳过者。

▲初级中学用之机巧运动

1、2、3 年级

前半部 1，14，13，19，6

后半部 2，3，12，16，17

▲高级中学用之机巧运动

1、2、3 年级

前半部 1，11，16，5，20

后半部 3，14，15，17，21

▲高中女生用之机巧运动

1、2、3 级

前半部 3，11，7，17，9

后半部 2，18，16，9，20

▲初中女生用之机巧运动

1、2、3 年级

前半部 2，12，15，19，17

后半部 1，13，11，16，20

▲小学女生用之机巧运动

4、5、6 年级

前半部 10，18，8，19，11

后半部 1，3，16，15，6

计分表

为机巧运动测验所用的"T"分数，是根据每一种运动试作两次的结果所得的总分数。假使某生第一次试作成功时即给予二分；第二次试作成功时只给予一分，假若两次全都失败时即给予零分。最高可能的分数当然是二十分。因为这些种机巧运动难易的不同，在不同程度的儿童的组织中所得的"T"分数（Mccall's "T" Score）也都不同。"T"分数如下：

"T" 分数

分数	男生			女生		
	小学	初中	高中	小学	初中	高中
20	69	66	71	67	64	71
19	68	63	65	65	61	66
18	63	60	60	62	58	63
17	60	57	56	60	56	69
16	57	54	53	58	53	57
15	54	51	50	56	50	55
14	51	48	47	54	47	53
13	48	45	44	52	46	51
12	45	42	41	50	43	49
11	43	39	38	48	41	47
10	41	36	35	45	39	45
9	39	34	33	42	37	43
8	37	32	31	39	35	41
7	35	30	29	36	32	39
6	33	28	—	33	30	37
5	31	26	—	30	26	34
4	29	24	—	28	—	32
3	27	22	—	26	—	30
2	25	20	—	24	—	28
1	23	19	—	—	—	—

（《体育季刊》第 2 卷第 4 期，1936 年 12 月）

怎样养成一个优良的体育导师①

（1936 年 12 月）

凡做过教育行政的人，大概都晓得，做一个良好的普通学科的教员是不容易的。做一个优良的体育导师更不是人人所能的！兄弟在过去办理体育行政二十余年的经验中，看到许许多多的体育教员，任事不久即遭失败者有之；丧失兴趣中途改变职业者有之；因随环境之推移，在社会中堕落者亦有之。其中最大之原因，固由于一般教育界未能深切明了体育之真谛，然而个人择业意志之不坚，考选人才方法之失宜，体育科平素训练之未能彻底，与夫照顾卒业后之学生未能周到，皆有研讨改良之余地。希望今后负训练师资责任者一垂鉴焉，则幸甚矣！

体育成为一种新的职业，不过三十余年，大凡一种职业在社会上能存在者，其要素至少有二：

一、其所有之知识与技能必发达到相当之程度，且继续不断的在发达之中，非其他职业所能同有，所谓专业化者是也。

二、其所得社会上之酬报与赞赏必能使其生活无虞，职业日趋进展，并能使体育成为终身事业，不致中途废弛。即所谓职业上的保障是也。

自工业革命后，旧式之家庭教育与学校教育均不能适应教育“整个儿童”之需要。举凡关于修养身心健康的教育，闲暇时间的娱乐与游戏，大群中公民品格的训练，军事的精神与自卫的技能，皆为现代国家造就健全国民之亟急要图。所以现代的体育职业，在他的发展过程中，除了普通教育之外，业经踏入下列职业的境界：

1. 身心的健康教育（Physical and Mental Health Education），接近卫生及医学界。
2. 闲暇时间娱乐的教育（Leisure Time Education），接近社会教育。
3. 养成强健的勇士教育（Military Science and Tactics），接近军事教育。
4. 实体的公民与品格训练（Laboratory Training for Citizen-ship and Character）。

吾们看到体育这种职业所踏入的境界愈广，社会人士对于我们所期望的愈多，吾们所需要预备的时间愈长，成功的机会也愈难。我们举目看一看国内造就体育师资的机关，办理完善、设备充足者固然有之，然而大多数的体育专门学校的学生，不是缺乏现代教育的理想，就是缺少最新的教学技术，无怪乎中国提倡体育三十余年来，尚未得到理想中优良的效果也！最普遍的现象就是：

（1）学校内的体育仍不能得到与其他学科同样的重视，仍为一般学生所恨恶。

（2）选手竞技的弊病仍为一般教育者及学生父母所衔怨。

① 本文署名“济武”。

（3）多数现任之体育教员仍为旧时之运动员，以体育为临时的工作（Job-worker），不为终身职业（Professional Man）。

（4）体育教员的地位不能吸引优才生充作终身的职业。

（5）一般体育专校及师范学校训练目标过于模糊，缺欠严格。

（6）现在不但许多的体育教员时常更换地方位置，就是他们服务的年限也是很少长久的。

（7）因为缺少以体育专业为终身职业的动机，对于学生时代所学的，及服务时期所用的产生不良的态度，影响于本职业的前途甚巨。

I．优良师资的需要

自从民国政府提倡体育以来，各方都感觉体育人才的需要。真正领袖不可多得，然而庸庸碌碌者又趋之若鹜，所以选择适当人才，造就优良的体育师资实为当前刻不容缓之急务。

II．研究的途径

对于本问题研究的方法，除了实验方法之外，至少有四个途径可以探讨，如（1）历史的研究法，（2）各处体育专校课程比较的研究法，（3）体育实际工作的分析法（Job Analysis），和（4）积极修正体育实际工作的分析法（The Constructive Job Analysis）。

若是把体育教员每日所做繁杂混乱的工作分析一下，必须应用些积极整理的工夫。在整理工作之前，又必须确定该项工作的功用（Functions）。训练体育师资的内容，就应该包括他地位上的功用和所需要的技能。这样厘订体育教员的工作和整理的工夫又必须比较他跟别的教员和教育行政者有甚么差别。这种整理与比较的工作又需要根据几种判断的标准方可以整理，方可以比较。

III. 整理的根据

一个体育教员跟其他教职员之功用（包括他的本分、责任和义务）不同之点可以参考“教育科学”（Educational Science）及基本科学（Foundation Science）的内容可以明了。在这里“教育科学”所指着的学问，恰如医学中的“医药科学”（Medical Science）一样，“基本科学”仿佛在学医之前所习的“医预科”（Premedical Science）一样。

在一种极复杂的教育情况之下，如果用一种科学分析的工夫，归纳起来，不外乎下列的八九类的问题：（1）教育之意义，（2）体育之目的或目标，（3）社会或机关的组织，（4）学生，（5）教材内容，（6）领导，（7）行政，（8）与体育有关系的教育史和（9）职业问题。这都是应该包含在教育科学之内的。

在这些教育科学的内容里，与体育有密切之关系者，体育教员又必须深切明了下列八九种基本的科学，（1）生物学，（2）化学，（3）物理学，（4）解剖学，（5）生理学，（6）心理学，（7）社会学（人类学与人种学），（8）卫生学和（9）微菌学。

IV. 教员的功用

在一个学校内，各位教员的功用是比较的、对待的（Relative），不是绝对的，他们在整个的教育功用之下，有的因为自然的演进，有的因为社会的机构，他们所负的责任各有不同。他们的功用可以分析成为三个题目：（1）普通的功用，（2）特殊的功用和（3）

至尊的功用。

甲、普通的功用。所有教员普通的功用可以分为两大类——一类是教育的，一类是护卫的。——教育的功用包括一位领导者的努力来组织并教授一个学生或多数学生一种活动，或一种学科，或一种标准（感觉、思想或动作），使之养成可能的自动能力。护卫的功用包括一位领导者的努力来管理一个学生或多数学生在教育的组织中保护他们不可得到一切有害身心健康的影响，预防意外的危险，并且护卫他们不可走入品格上或审美上的歧途邪道。大多数中等学校的教员都不感觉在护卫功用上的责任，他们所教授的和所想像的皆是关系他们个别科目教学的功用。所以因为环境上的推演，护卫上的责任就移归到体育教员的身上了！此外学校的校医、护士和管理员也要负相当的责任。

乙、特殊的功用。体育教员特殊的功用包括在他所组织及所管理的活动上。当作一位专家看来，简单的说起来他是一个直接领导学生从事大肌肉活动的领袖，和劳工活动、言语活动、思想活动等不相同的。但是仔细的看来，由于从事大肌肉的活动中附带着许许多多其他方面领导上的责任。

在详细分析体育活动之后，吾们就感觉一位体育教员至少要负下列五种训练的责任。

（1）关于教育功用者

（a）领导学生从事大肌肉的活动，并且按照所期望的标准养成所要达到的成绩。

（b）在体育活动中附带着领导学生品格教育的程序（因为体育的活动供给最好行为指导的机会）。

（c）在随时随地教授学生应用的卫生，并在正课内教授卫生知识。

（2）关于护卫功用者

（d）执行预防意外危险的教程。

（e）组织并保障儿童保健程序的成功。

所以，一位体育教员跟其他教职员的功用不同之点，就是要有五种训练的责任要担负，并且对于这五种责任要得到相当的知识与技能。

丙、至尊的功用。体育教员至尊的功用也仿佛像别的学科教员一样应该努力：（1）运用科学检查和测验的方法，寻求各个学生的能量和需要，使他们所指导的学生按照能量和需要分组，以便执行并成就他们教育和护卫上的功用。（2）运用选择分析和估价的方法，使他们所执行的教材适合各组学生的需要。

这一类的功用为甚么叫做至尊的功用呢？就是因为他们在直接领导的活动中有指导这类功用的机会，并且在体育进步的过程中，可以使理想的知识见诸实行，并且可以得到新的创造和发明。

在近代研究品格教育、健康教育、培养能力（Power Building Program）的教育中，为测量人格和估计健康与能力的科学测验法为绝对必须的工作！

V. 课程组织的大纲

为设备完善、课程齐全，及达到与大学毕业生得到同等地位起见，最好养成良好体育师资的地方就是设在设备完全的大学体育系内。因为一个普通的体育学校或者没有教育学系及心理学系的地方，就没有很好的教育哲学及教育心理的教授。没有理科学系及生理学系的地方，就没有很好科学上的设备，训练就不能完全。办理造就体育师资的地方应该包括下列四组课程：

第一组：大学学程及基本科学学程：（1）生物学，（2）物理学，（3）化学，（4）生理学，（5）心理学，（6）卫生学。

第二组：教育学程：（1）教育哲学，（2）教育心理，（3）中等教育原理，（4）教育统计及测验，（5）教育社会学，（6）音乐与唱歌。

第三组：体育及健康教育学程：（1）体［育］原理学，（2）学校卫生内容，（3）体育行政，（4）应用解剖学及人体机动学，（5）体育建筑与设备，（6）个人体育法，（7）有机检查（Organic Examination），（8）体育之测验与度量，（9）体育史，（10）运动生理，（11）急救伤科，（12）实地教学（Practice Teaching）。

第四组：体育术科：（1）游泳，（2）健身体操，（3）韵律活动及舞蹈，（4）自卫技术（Self-defense Techniques）及一切田径和球类运动。

除去上列的四组必须学程之外，可以另设选修的科目，如（1）心理卫生学，（2）童子军及野外生活训练，（3）医疗体操及按摩术，（4）品格教育，（5）第二外国语。

在第一组的大学学程中应该包括普通大学的工具科目（Tool Subjects），如国文、英文、数学等科目。

Ⅵ. 考选学生的方法

在本文的起首，笔者就说有许许多多体育职业中不幸的事件，都是由于择业不当的效果所产生的。所以我们打算要保持体育职业的发展与尊严起见，就不能不严格的限制投入本职业的人选。在体育科招生的时候，吾们要慎重组织考选委员会，使他们运用丰富的时间与设备执行他们各方测验的工作。应该指定一位全权负责的委员长可以调度判决一切的问题，使各方的测验得到联贯调协的效果。考选学生的标准列下：

（1）学业成绩（这里可由大学招生委员长处调查）。

（2）健康检查（不但是没有疾病，而且要有积极的生活力）。

（3）个人检查（家庭、宗教信仰、兴趣职业等）。

（4）成业检查（Achievement Examination，包含均衡、力量、敏捷、胆量等测验）。

（5）个人谈话（藉此可以考查行为问题的反应）。

（6）估计（考选与否应该取决于考选委员长及两位教授）。

为选择简单起见，人格的标准较比任何条件都为要紧。好学求知的精神，判断是非的能力，优良的兴趣和文雅的态度为最重要考选的目标，绝对不可忽略的！

在可能范围内供给新生半年或数星期的试读时期较比任何考试的方法都好。笔者前年参观波兰的中央体育学院的时候，他们在暑假期中命投考的新生试行两星期的露营，用各种方法考验新生的品格。

Ⅶ. 训练导师的原则

1. 训练导师的条件，须按照个人的需要，把他养成一个完全人，完全的公民，在教育职业中成为一个完全的导师。

2. 训练导师的内容应该先包括广泛的普通教育，再加上职业的准备，附带着富丽的文化上的陶冶。

3. 加入体育系的学生应该具有良好普通教育的背景，流利文字和言语的工具，优良读书和研究的习惯与态度，喜欢跟旁人合作的兴趣并感化儿童的人格。

4. 体育系的学生应该多与本职业有关系的学科、人物和机关接触，为的是得着各学科中的基本观念、原则，及明了他们相互间的关系。

5. 课程的编制应该连续一贯的，由浅入深，由最普通的而达最专门的。

6. 多注意学生读书和研究问题的方法，少注意事实的灌输，使学生多利用图书馆的设备，养成他们独立自动研究的能力。

7. 教授的教学法和师生间的关系全都影响将来导师应用方法的迁移（Transfer）。他们怎样学来的，将来也怎样教别人。所以教授的教学法和师生间接触的地方应该特别注意研究。

8. 训练的程序中应该包括发达人格社交，及高尚职业者的机会和经验。师生合组的座谈会、茶话会、讨论会、交谊会等全都可以训练学生的态度与行为。

9. 训练的标准不只照顾社会上的需要，而且要照顾学生个人的需要、能力和兴趣，训练者应该时时刻刻观察、寻求各个学生的能力和兴趣，指导他们选修的学程。

10. 彻底加重指导学生之“实地教学”（Practice Teaching），如此理论与实际可以打成一片。在“实地教学”中所遭遇的问题和困难，供给在班上所研究的资料。

11. 学生卒业的标准不应以年限、时间、学分计算，应根据学生个人学业的成就和实际教学的能力，经教授会议审查合格者得予毕业。

12. 毕业生在正式任事之前，应该至少有半年或一年之“试教时期”，在此试教期中应与本系的教授联络，教授不应卸责，且应积极指导纠正。

以上的训练原则与现行教育组织不合的地方甚多，打算要彻底的改革，一定要遭遇许多的困难，然而不如此又得不到养成优良导师的方法。这非使各大学的校长和师范学院的院长根本觉悟改革的需要不可。

现在大学任职的教授们，除了他们本业中的知识高超之外，对于训练学生为人师表的教学法，多不感觉浓厚的兴趣，且无经验，这是最困难的难关。此外如适宜教科书的缺乏，科学测验法的稀少，实地教学机关联络的困难等问题，都必须设法解决的。

（《体育季刊》第2卷第4期，1936年12月）

欧洲各国之青年训练

（1937 年 1 月 1 日）

予于民国廿二年十一月离国赴欧，至民国廿四年七月二日由太平洋返国，算来差不多用了廿个月的工夫，绕行世界一周，在各地因忙于奔、跑、学、看，身体精神两交疲惫。抵国后复感于冀察事件之发生，家庭又遭丧偶之痛；归国半年，父母又相继弃世，悲恸无似，对于考察报告不敢冒〈贸〉然动笔，恐遭大雅之议。惟因中国童子军总会及关心我国青年训练诸同志，期望早日书写报告，藉资参考，故不揣棉薄，聊草简短之报告及关于本国青年训练亟急应办之建议，以飨关心此项事业之同志焉。（笔者附议）

一、意大利之青年训练

第一章　绪论

笔者于民国廿二年冬季，取得意大利驻华公使及我国外交部之介绍，在十二月七日由意大利南部之布林底西（Brindisi）埠登岸，路经纳波里（Napoli）、蚌贝仪（现通译为“庞贝”——编者）（Pompei）诸名胜，稍事逗留，于九日即抵首都罗马，居留十日，分访我国驻意公使刘文岛君、法西斯蒂中央党部拉马博士（Dr. S. Lama）、教育部青年训练宣传科长古瑞教授（Prof. A. Curri）、法西斯蒂大学学生会总干事奥瑞吉博士（Dott Aureggi），参观青年训练之各种活动，大、中、小各级学校之体育班，墨索里尼体育场（Mussolini Foro），法西斯蒂革命十周纪念展览会，劳资合作俱乐部及各名胜等。十九日离罗马北上，分至佛劳林斯（现通译为“佛罗伦萨”——编者）（Florence）、包罗尼亚（现通译为“波罗尼亚”——编者）（Bologna）、米兰（Milan）及故都吐林（现通译为“都灵”——编者）（Turin）各大城参观。廿九日离意境经瑞士入德国。

意大利之法西斯蒂革命萌芽于一九一九年至一九二二年春，当时不过为一极小之革命组织（Legion），创始人即墨索里尼（Benito Mussolini）。彼自欧战退伍后，充米兰城（Milan）民报“Popolo di stalia”主笔。法西斯蒂黑衣党之成立，即召集于该报之编辑室内，其目的为：

（1）驱逐共产党，建设劳资合作之经济制度；

（2）唤起国民自信之精神，改良社会之组织。

此后意大利各地组织法西斯党者日渐增多，入党者多青年爱国志士，尤以意大利北部各城（文化较南部为高）为最盛。至一九二二年十月廿八日，墨氏在米兰号令全国党徒动员“至罗马去！”（“March on Rome”）约十万青年党徒来自各地，集合于首都罗马城外，要求衣满纽里（Emanuele）王委墨索里尼为全权首相，意王为免使人民涂炭起见，毅然允许法党要求。墨氏登台之后，定义勇军（Voluntary Militia）为国军，皆为墨氏黑衣党徒（Black Shirts），满布全国各要塞，努力驱逐共产党徒，严防反动分子，限制言论、出版、集会之自由，自一九二五年十二月后，全国秩序大定。墨氏从事建设工作，训练人民自重报国，至今全国老幼，无一不颂赞其人格及政绩之伟大者。

意大利在地中海内，为半岛国家，天气温暖，冬夏无大寒暑，与我国江浙之气候相似，人民性情温和，无刚毅性，虽在此法西斯党与共产党奋斗革命中，双方死亡尚不足万人。意大利之出产为水果、蜜饯、丝绸、海货，但矿产极稀少，最重要之燃料油与煤完全由他国输入。人民因气候之舒适，风景之美丽，多好逸恶劳。据一九二二年第一任法西斯蒂教育部长简托里氏（Gentile）之统计，全国四千万人口中，不识字者平均占百分之四十，南部占百分之七十，在偏僻之村落中，竟有占百分之八十者。近代之火车、电影尚未识为何物，买卖贸易多与苏联相似，仍行露天摆摊交易，在西半球之民族中，对于新文明吸收最慢者当属意大利人！

因大战后之影响，欧洲各国之政治与社会均感不安，意大利人民因生活之艰难，缺乏自信能力，社会日渐混乱，赤党乘机宣传，政府懦弱无能，社会经济已濒于破产。自墨索里尼柄政，认为国家之组织与有机体之人生相似，人生之成就必须精神能力四肢百骸联合集中，有意志，有果断，有耐性，有毅力，方可成功。墨氏采取法西斯集团之意义，含有古罗马长官卫队前所持旗帜上之“Fasces”，操人民生死大权之意。现在法党用作党徽者即用一把竹棍，捆成一团，绕以绳索，旁插铁斧，寓砍破障碍之意。在一九二六年前，法西斯党徒皆三十岁下之青年，制服为灰绿色，内着黑衫黑领巾，故世人称曰黑衫党（Black Shirts），无论冬夏皆然。

法西斯党按现代政党之界说看来，实非政党，重服从，尚纪律，不过军队而已。普通人民入党之前，先受极严格之检定，根据其私人平素生活之道德，及在社会之行为与劳绩，决定入党资格，并视其能否担当国家重任，方许入党。嗣后查有劣迹，或行为失检时，经审判后，按其案件之轻重，科〈课〉以若干等级之惩罚，如：警戒，宣布侮辱法党者之姓名，停止党籍数月或一年，重者取消党籍逐出党外，永久不准参预政治等等。如此党员个个自重，个个努力，个个负责！墨氏常言法党之所以成功者，其最重要之条件为：（1）选择适当人才；（2）输入法党精神。故法党中富有自重自信之精神，充满实行建设之毅力，自墨索里尼执政十四年来，便有今日之进步！

第二章　意大利之青年训练及其教育之背景

一、体育与德育

意大利自法西斯党墨索里尼执政后，对于国民体育，特别加重；青年的德育，政治与社会教育均联带着一同训练。举凡青年之活动，均加以法党的指导，旧有之学校体育，加以改革。

1. 关于幼稚教育者，特设孟德索里（现通译为“蒙台梭利”——编者）实验学校（Case dei Bambsridella Montessori），对于六岁以下之幼稚儿童，完全根据儿童身心之发育，利用游戏活动方法，叫他们学习身体各部肢体的运用，一切教学均以露天实作为原则。

2. 关于小学（六岁至十四岁）的体育设施，注重精神教育及品格之陶冶。唱歌、游戏居极重要之地位；课外（学校以外亦在内）活动（Extranovo）尤加重视。学生下课之后，多加入少年团（Opera Balilla）作一切体育之活动。此外特设新实验学校，如 Scuola Rimrovota，研究小学课程之支配法。此外广设儿童露天学校，每年夏季，在沿海及山林中组织长期露营团。

3. 关于中等学校之体育改革尤多。在一九二三年前，学生之体育均在校内极不完备之健身房内教授，房内设备多旧瑞典式之器械，学校当局不加重视。自一九二三年五月十五日（意王谕旨第六八四号）政府通令学校学生之体育改归教育部特设机关“Ente Nazionale per l’educazione Fiska”管辖。聘任富于体育卫生知识及经验之大学教授一人，专负全国体育改革指导之责。此外特设最高之体育专校 Academia Fisica 造就师资，于是全国之体育统一，体操与运动并重，政府充分供给一切用费，在各城市设立地方体育馆，归由青年团（O.N.B.）管理，各学校之学生，每周二次均至该馆上课，体育不及格者在学校内不得升级。

笔者在罗马时曾观 O.N.B.所辖之体育馆两处，其设备如下：

（甲）在泰泊河（现通译为“台伯河”——编者）畔（Tiber）设有 O.N.B.之模范体育馆一处，建筑简单而合用，只有平房一大间，长约三十公尺，宽约十八公尺，地窨甚高，设更衣室存衣柜（Lockers），检验室，急救室，淋浴室等。在上层，入大门时，左为办公室，右为通至屋顶之楼梯，办公室内有男女指导员二人，分别指导男女体育班。再入正门，即至健身房内部。参观时适值星期日，上午有男生班三十余人，由男指导员率领作健身体操。房内设备极臻完善，如吊梯、吊杆、吊绳、窗梯、肋木、手桥、爬墙（Jungle gym）、刺剑用具、褥垫、木棒、篮球、大小木球（令学生在大木球上站立练习均衡）、排球、网球、平均木等等。露天平顶屋顶上设滑鞋场（Roller Skating），四周墙高约四呎，内围栏杆，以便初步练习者手有扶持。据女指导员称，该健身房于去春始建筑成功，建筑费达三十万利若（现通译为“里拉”——编者），房内设备费达五万利若，共计三十五万利若，约合华币九万余元。O.N.B 计划规定意大利全国各城市每处建筑一所。

（乙）十二月十八日下午三时半，又至 O.N.B 较大之健身房参观。该房户外有足球场、篮球场等，健身房共有六大间，其中设备有吊杆、吊环、吊绳、墙梯、爬墙、双杠、单杠、木马、跳箱、笼球、篮球、排球、刺剑用具、木棒、短棍、平均木、小长方木块（小学生可以练习移木行走，亦可以练习双手扶地体操，如双臂屈伸等活动）。是日下午四时至六时，中学学生来此体操者络绎不绝，指导员颇形忙碌。

4. 关于青年训练者（如我国童子军之组织）。自一九二六年四月三日政府公布成立“国属青年团”（Opera Nazionale Balilla，短写即为 O.N.B），规定所有意大利青年之德育、体育及社会教育均归此部掌管。（其组织为在教育部长之下共设二司：一为学校教育司，一为体育教育司。青年团（O.N.B）之组织，即属于第二司管辖，该司司长即为 O.N.B 之团长，由墨索里尼指派。）

按意大利之巴里拉（Balilla）即“爱国童子”之意，其来源甚悠久。在西历一七四六年，在基耦洼（现通译为“热那亚”——编者）（Genoa）有童子名巴里拉者（Balilla），又称 Gian Batsia Peuaso，因愤奥国军人之横暴，以石子投击之，因此殉命，激起意大利之革命运动，驱逐奥人出境（嗣后意大利得到独立）。该青年团（O.N.B.）所管之工作分为四部：（1）总务；（2）互助与救济（医药卫生等附）；（3）野外训练及体育活动；（4）德育、政治及社会训练之指导（即公民训练）。

其训练按性别及年龄分为四级：

（1）巴里拉（Balilla），男子自六岁至十四岁者可加入（现有三，一四九，一二五人）。

（2）先锋队（Avanguardisti），男子十四岁至十八岁者可加入（现有一〇一，一二七人）。

（3）意大利幼女（Pecole Italane），女子六岁至十四岁者可加入（现有一，一八六，五六九人）。

（4）意大利女郎（Giovani Italane），女子十四至十八岁者可加入（现有一一九，□六九人）。

男子十八岁至廿一岁者可以加入“法西斯青年队”（Juvenile Fascistio），满廿一岁后始可正式入党。

以上之组织，听国民自由加入，不事强制，但因办理完善，志愿加入者日渐踊跃。

附注：以上统计之人数，自一九二三年起，至法党革命十周纪念一九三二年十月止，最近四年尤见进步，据闻意大利少年加入者约占全国少年百分之九十以上，其发达可知！

5. 意大利除国民自动组织之小体育会外，推行体育之机关共计有五：

（1）国属少年团（Opera Nazionale Balilla），短写即 O.N.B.。

（2）法西斯大学学生会（Gruppi Universitari Fascisti），短写即 G.U.F.。

（3）欧林匹克委员会（Comitato Olympic Nazionale Italiano），短写即 C.O.N.I.。

（4）法西斯党先锋队（Fasci Giovanile di Combatimento），短写即 F.G.C.。

（5）公余娱乐运动会（Dopolavboro），短写即 D.P.L.V.。

顾名思义，各有其相当之地位及提倡体育之出发点，彼此互相合作，并行不背〈悖〉，其总目标皆以谋全国国民之健康为目的，至于方法则“健身体操与娱乐运动”并重，此外均杂以政治训练及军事教育，准备国家征兵时之服役。

第三章 考察感想

意大利自法西斯蒂革命，墨索里尼执政十三年来，以墨氏伟大人格之领导及加紧之奋斗，至今全国内物质及精神上之建设均有显著之进步，察其成功最大之原因不外：

一、选择相当之人才使之担负相当之责任。

二、教育全国国民认识国家团结之重要及个人应负之责任。

三、运用法党之威权使各项工作增加效率。

四、全国国民对于教育、社会及公共事业均热心扶助。

如此全国上下打成一片，互相尊重，互相信任，对于领袖尤加意崇拜，兹将考察所得，对于我国应取法者有三：

（甲）大学学生会之组织（即 G.U.F.=Gruppi Universitari Fascisti）。

我国大学学生思想行为，放荡不拘，家庭不能管，学校无法管，社会管不着，可谓三不管，以致历年来之大学毕业生虽多，国家社会不能得其所受高等教育之利益，而有时更被其害。其故何为？即无人负责指导故也。意大利法西斯大学学生会之组织（G.U.F.）即为指导大学生生活之健全组织，兹将该会之概况简略录后：

（1）意大利共有大学廿六处（现均改为国立，无私立大学），每处皆有法西斯大学学生会之组织。该会皆有宏大之会所（与基督教青年会或俱乐部相仿佛），内设政治训练指导员一人，由墨索里尼指派，此外另聘顾问五人，亦名指导（Directors），分任体育、德育、艺术、救济、总务诸事，皆系义务职，不支薪俸，均选择地方适当人选充任之。

（2）意大利大学学生除上课关系外，学校不负任何责任。大学学生不在学校寄宿，所有该生一切生活活动，统由学生会（G.U.F.）管理。各部指导员之效能甚大，对于学生生活上之行为有切实纠正之权。该学生会会务最发达者莫过于体育活动；其次则为救济工作，如地方上之卫生清洁，及救济失业灾黎等事；再次则为学术、政治、艺术等集会。

（3）法西斯大学学生会之经济除收学生之会员会费外（每人每学年纳五十利若，约合华币十二三元，享受会员一切利益，如乘车、看电影、吃饭等，凭学生会会证减价，有会证者练习体育可以自由出入体育场），不足经费概由法西斯地方党部补助，学生入会之手续，先须呈递请求书，请求登记，填写籍贯、履历，并缴二寸之像片二张（一张贴在存根卡片上，一张贴在会员的会证上），审查合格后，发给会证。每年举行总登记一次，所有会员一年中之各项活动及运动之成绩，均行填入个人之卡片内，组织办法极臻严密。然大学学生入会与否，概听自便，惟因宣传得法，办理周善，现在大学学生入会者占全数学生之百分之九十五以上！

（乙）少年团及青年团（O.N.B.[①]）的组织。

墨索里尼之眼光远大，认清意大利之希望不在现在，而在将来。故对于少年之教育非常注意。复利用意大利国民腊丁（现通译为“拉丁”——编者）民族之特性，欢喜盛大之集会，此或根源于古罗马宗教庙会之风尚，如 Saint’s Day 等佳节及戏剧表演等举动，故世称意大利为佳节地境（“Land of the Fiesta”），盖每星期内必有“庆祝”“纪念”等会故也。所以他们组织爱国少年团（O.N.B.），自六岁至十八岁之少年男女多加入训练，每届国家及地方之纪念日或星期日，即见该组童子等穿着壮丽之制服，满街满市、成群结队唱歌作乐，使意大利有声有色，充满活泼之朝气，一个沉闷涣散之国家，藉此可以振作兴奋，全民族互相感应之力量颇大！我国各学校之音乐唱歌课程，急应改善并加重！笔者在意大利参观罗马、米兰、吐林等城少年团（O.N.B.）之办公室、大食堂、健身房等设备大同小异，与基督教青年会少年部之办法相同，除体育指导及少数之干事、书记外，余多义务职，不支薪俸。他们虽然不受薪酬，但是对于辅助国家少年教育事业之热心与努力，概不稍减！（详细章程已寄至中国童子军总会代译）

（丙）国民公余运动会（Dopolavboro）及军事训练团（Militia）的组织。

法西斯党对于国民公余运动会，委由各职业公会组织，各项联合之体育活动，均于星期六及星期日举行，各工会发给乘车减价执照，鼓励远足旅行及参加运动、娱乐等事。

---

① 本文译“O.N.B.”作“青年团”“少年团”“少年团及青年团”等。

年满十八岁以上之党员，得自由参加军事训练团，每星期训练一次，满三十二次得有相当成绩者，准予卒业，颁给证书，并须于暑假或年假期间实行露营一个月。所有枪械子弹，概由政府供给（每人每次打靶发给子弹五粒），教官多在野军人，皆义务职。①

（《中国童子军总会月刊》第1卷第7期，1937年1月1日）

① 本文至此，从文意上应未完整，文章其余部分多方搜寻未果。

普及国民体育的急需①

（1937 年 3 月 14 日）

诸位：

今天兄弟藉着中央广播电台，跟诸位同胞讲一讲甚么是体育？为甚么要提倡体育？和普及国民体育的重要或急需。

我们无论推行那一种救国运动之前，第一项步骤，必须有适当的宣传，使人民了解这项运动的意义，和该项运动与个人切己的关系，给人民以正确的观念，才能够进行无阻，顺利的进行。就是总理的领导国民革命，也预告采取所谓“心理的建设”，我们提倡体育，也应该如此，何况在非常时期，宣传的教育，尤关切要。因为在非常时期，一切都不寻常。所要做的工作，要有效力，要快，要有力量，要简单，要普遍。我们现在所提倡的广播教育，是普及教育的惟一利器。

所以我们要普及国民体育之前，要采取宣传教育的方法，努力矫正一般国民对于体育认识不正确的观念。过去我们提倡体育，没有采取正当宣传的步骤。一般民众所见过的，只是运动会的比赛，所以他们所认识的体育，就是运动的比赛。有的人认为体育是青年学生的活动，跟社会民众毫不相干。也有人认为体育是洋派有闲阶级的消遣品。是有钱人的玩艺儿，一般老百姓是不配享受的。就是一般的教育家们，也认为体育只是发达肌肉，强壮身体的东西，很少的人看到其他方面的功用。简单的说吧，大多数的民众，没有认清体育的真谛，发生了许多执行上的障碍。所以我们的先决问题，就是要宣传体育的真义！

体育是各种教育方法中的一种方法。没有说到体育之前，应该先明白教育的定义，甚么是教育呢？“根据现代教育心理学上的发明，教育的意义，不是仅仅的只限于入学校，也不是专读书，乃是一个人自生下来以至于死，无论在家庭，在学校，在社会里，受外界环境的激刺，或者是受自己内心的冲动，自动的来反应，叫他个人继续不断的有所改变，为的是要适应生存。至于叫他们改变的方法，就是要利用各种的活动，叫他们运动他们的身体，激刺他们的思想，触动他们的感情，影响他们在人群中一切的行为。至于他们的改变是好了还是坏了，全都在乎社会道德的标准和制裁了！”按照这个定义来讲，若是估一估我们现在国内教育的价值，就可以晓得凡一切被动的方法，不能叫学生自动反应的动作，绝不能收到所盼望的效果。静而不动的教育，也不能有甚么意义。社会上没有道德的标准和相当的制裁，也是闭着眼睛办教育，不知道将来办到甚么地方的！

说到现代体育的意义，我们可以讲体育为各种教育方法中的一种方式。它的定义跟教育的定义一样。它们不同的地方，就是体育多利用大肌肉的活动，和其他相关的反应，

① 本文署名为“教育部体育组副主任章辑五”。

叫他整个的机体有所改变，勿论思想、感情、行为全都包括在内，不是仅仅的只限于身体一方面而已！

讲到这里，兄弟要说一说为甚么我们要做大肌肉的活动，或体育呢？我们人类需要户外大肌肉活动的原因，就是有眼光的科学家看到，人类在生物进化的过程中，室外的空气，美好的阳光，粗糙的食物，旷野里的爬山、泅水、奔跑、追逐，及一切天然大肌肉的活动，全都是与身体的健康有益处的。近代因为工业发达，科学家发明许多的机器，替代人工，又加上大都市的人口繁殖，大多数的人民都是在室内从事不自然的生活。每天工作所需用的只是生理学上所说的一些神经末梢及一切小肌肉的活动（如同手、眼、口、舌、耳、鼻等），所以身体的健康日渐萎靡，不是消化不良，就是神经衰弱，真是百病丛生。吾们人类和一切的动物，非用大肌肉的活动，不能够发达性命相关的内脏（如同心脏、肺脏、肠胃等）的健康，这是许多人不明白的！

还有一种误解，就是普通人以为体育是指着“身体的教育”而言，这因为是由于“德智体”三育的传统名词而来，也是受身心二元说的传统思想的影响所致，跟现代整个机体的教育原则，完全相背。

世界著名体育家赫泽灵吞氏的体育界说是：“体育为全部教育之一方面，关系组织及指导儿童从事大肌肉的活动，根据科学的知识，和社会道德的标准，在活动的附带中，发达他们的健康，陶冶他们的品格。并且在领导活动中，自然而然的要注意管理一切不健康或妨碍发育的情况，及控制环境社会的不道德，好叫体育教育进行无阻。”

以上兄弟所讲的，是向诸位介绍“甚么是体育”，和“为什么要提倡体育”，现在兄弟要讲一讲，普及体育的重要。

我们的先哲就晓得，一国立国的根本要素，就是“教”“养”“卫”。我们的国民，像叶楚伧先生所说的，最低限度要能够做到自养自卫底地步，才可以跟别的国家来比较论论短长！

我们既然晓得“教养卫”是立国的要素，我们现在要问一问，体育对于“教养卫”有什么贡献？关于“教”的方面，兄弟前边已经说过，体育是教育的一种，不过藉着从事大肌肉的活动，发达学生的健康，陶冶学生的品性，锻炼学生的思想、感情、行为等，这明明是一种教育的方法，不必细讲。现在兄弟要讲一讲，体育对于“自养”和“自卫”上的贡献。

现在我们中国的农村破产，大多数的农民几几乎全都没有饭吃。所以政府当局和一般的民众，全都高唱甚么“改善农村经济”，甚么“组织国民经济建设运动”等等。不差，建设经济，提倡生产，固然要紧，但是站在各种建设背后的，还是需要体格健壮的好国民！我们全都晓得中国最大的问题是“贫”是“弱”。然而究竟是先解决“贫”的问题要紧呢、还是先解决“弱”的问题要紧呢？据兄弟观察，贫弱是互为因果的，决不是先贫而后弱的。有的人说肚子里没有饭吃，那里有功夫强壮身体呢？兄弟要回答说：身体强壮了，自然有饭吃！我们因为穷的关系，叫我们的眼光，只注意到“大洋钱”的身上，而看不见比大洋钱还宝贵的生命、死亡、疾病、医药等等的漏卮，和巨大的统计。前年卫生署的报告上说：中国国民的平均年龄不过二十九岁，而美国人民平均的年龄是五十九岁，差不多活过中国人的一倍，他们国内许许多多伟大创造的事业都是四十岁以后的人所成就的。回头看到我们中国人的平均年龄才二十九岁，论到求学时期，刚刚在大学卒业不久，过了消费最多的教养时期，而入到起首从事建设或生产的时期，就呜呼哀哉了，这种的漏卮是何等的大呀！这不过是论到强壮有为的青年，至于大多数的民众，形容枯槁，精神萎靡，不胜艰巨，半生不死，溺于嗜好的成人还不计其数呢！

自"九一八"后，因为强邻的压迫，军事救国的呼声，日嚣尘上。当然在表面上看起来，目前最直接、最急需的救国要图，自然是属于国防方面的海、陆、空军的实力。在用的方面上着想，吾们固然要侧重于军事方面的准备，然而在体的方面，或者质的方面着想，吾们还是缺乏富于民族意识，善于组织能力，肯为团体牺牲，智勇兼全的好国民。在这种教育救国的条件之下，健康的精神和健康的身体，为基本训练中最基本的条件。在二十世纪的自卫战争之中，站在海、陆、空军的背后的，还是体魄坚强好勇士。现在世界各国对于中国军事"不在量而在质"的批评，是大家所共认的！

好了，现在吾们既然明白体育的重要，就是健康精神和健康身体的重要；我们下一个的问题，就是要问一问，如何可以养成健康的精神和身体呢？

根据心理卫生专家勃哈姆博士的发明，养成健康精神的方法，就是要从事身心合一的动作，多多接触事实，竭力避免玄想，实事求是。至于健康身体的养成法，根据多数体育卫生家的主张，就是尽力使个人的生活纪律化、合理化和科学化。就如同：服装要整洁，饭食要有度，居处要清洁，起眠要有定时，工作与游戏要互相调剂，每天要抽暇从事户外的运动。

说到这里，有的人要问，为甚么要从事户外运动呢？因为要促进健康，增长体力，非努力从事户外运动不可。大家都承认，国难时期所需要的，是"刻苦的能力"，是"劳动的身手"，是"自卫的技能"等等；然而这些东西，非有坚强的体力不可，坚强的身体非由从事有兴趣的户外活动养成不可。何以呢？因为运动有以下几种效用：

第一，发达心脏，促进血液循环，加快新陈代谢作用。

第二，发达体力，使身体各部的肌肉增加效能。

第三，增长工作的技能与效率，增加自信的能力。

第四，调剂机械化的苦闷生活，适应游戏的本能。

此外，还有一个重要的意义，兄弟不得不申说的！就是藉着体育的组织与活动，可以培养团体的意识与合作的精神。增长体力，促进健康，为从事体育活动中，不期然而然的结果。我们提倡体育最重要的目标，为的是藉着这样的组织与活动，养成国民团体的意识；把一盘散沙的人民，黏合起来，使他们团结。藉着团体运动的比赛，养成他们"为团体牺牲个人的精神"。这是我们中华民族数千年来最感缺乏的东西！

在没有结束之前，兄弟还要说一说提倡国民体育的途径：

第一，要利用适当的宣传方法，坚定生活科学化的信仰；

第二，要提倡研究学术的精神，努力排除各方面的隔膜与误解；

第三，调整体育的组织，实现各方面的合作，以期达到以体育复兴民族的愿望。

完了。

（《播音教育月刊》第1卷第7期，1937年7月）

大学男生普通运动技能测验[①]

（1937年3月）

实施普通运动技能测验之简略说明。

一、准备后列式样之卡片。填入学生之姓名及测验日期。

第一表

普通运动技能测验记录

________学校体育课

注册号________ 教员________先生

姓　名________ ________组________体育班 助手________君

日期 / 成绩 / 项目	年　月　日				年　月　日				分组
	成绩	分数	觔重	结数	成绩	分数	觔重	结数	
1. 棒球掷远			1.5				1.5		甲＝496分
2. 蹴球比远			1.0				1.0		乙＝399－495
3. 把杠跳远			.5				.5		丙＝302－398
4. 立定跳远			.9				.9		丁＝205－301
5. 双臂屈伸			.8				.8		戊＝204以下
6. 闪躲跑快			1.0				1.0		
7. 400公尺赛跑			1.3				1.3		
	总结＝________				总结＝________				

此生按测验结果应加入______田赛、径赛、篮球、足球、排球、棒球、网球、拳术、器械操、健身操______练习。

二、按照学生个人之身高体重，决定该生应行分入的组目。

（参看柯氏《大学男生身高体重分组表》（Achievement Scales for College Men. Lea & Ebejer，1936），按身高体重共分九组：（1）高瘦，（2）高中，（3）高胖，（4）中瘦，（5）中中，（6）中胖，（7）矮瘦，（8）矮中，（9）矮胖。）

① 本文原署“Frederick W. Cozens 原著”“章辑五编译”。

第二表

大学男生按身高体重分组对照表

	身高尺寸	体重：瘦	体重：中	体重：胖
矮	4'—11"	至多 92 磅	93—108 磅	109 磅以上
矮	5'—0"	至多 97 磅	98—112 磅	113 磅以上
矮	5'—1"	至多 101 磅	102—117 磅	118 磅以上
矮	5'—2"	至多 106 磅	107—121 磅	122 磅以上
矮	5'—3"	至多 110 磅	111—126 磅	127 磅以上
矮	5'—4"	至多 114 磅	115—131 磅	132 磅以上
矮	5'—5"	至多 118 磅	119—135 磅	136 磅以上
矮	5'—6"	至多 121 磅	122—139 磅	140 磅以上
中	5'—7"	至多 124 磅	125—143 磅	144 磅以上
中	5'—8"	至多 128 磅	129—147 磅	148 磅以上
中	5'—9"	至多 131 磅	132—150 磅	151 磅以上
中	5'—10"	至多 134 磅	135—153 磅	154 磅以上
	5'—11"	至多 138 磅	139—157 磅	158 磅以上
高	6'—0"	至多 142 磅	143—162 磅	163 磅以上
高	6'—1"	至多 146 磅	147—166 磅	167 磅以上
高	6'—2"	至多 150 磅	151—171 磅	172 磅以上
高	6'—3"	至多 154 磅	155—175 磅	176 磅以上
高	6'—4"	至多 158 磅	159—179 磅	180 磅以上

大学男生身高体重对照表的使用法

1. 在 5'6¾'及 5'—6¾'以下的学生皆算为矮子；在 5'—10½'及 5'—10½'以上的学生皆算为高子。①

2. 矮子占全体学生百分之廿五；中身量的占百分之五十；高子占百分之廿五。

3. 在体重栏内，瘦子占下层的百分之廿五，中身量的约占中层百分之五十，胖子占上层的百分之廿五。

4. 量得学生身高体重之后可以参看对照表把学生分归九组中之一组：

a. 高瘦组　d. 中瘦组　g. 矮瘦组

b. 高中组　e. 中中组　h. 矮中组

c. 高胖组　f. 中胖组　i. 矮胖组

5. 学生按身高体重分组之后即可按照组级由成绩量表内查对应得的分数。

三、按照标准说明，测验后列七项运动：

第一项：垒球掷远 Baseball Throw for Distance（12-inch, out-seamed）。

应用之器具与设备——按照全班学生人数的半数（每次每组最好十人用球五枚），预备十二吋外缝的垒球若干个。把运动场按照后列的尺数，用白粉画好，别的丈量的方法固然也可以用，但是都不如此处的方法手续简便，节省时间。

① 其中数字原文如此。

测验的大意——当大班人数测验掷垒［球］的时候，最好把他们分成小组，每组十人，集成五对。每对供给一个垒球，允许他们一分钟，让他们练习膀臂。然后把他们召集在教员的面前，给他们以下的说明：场子上的白线，是由两端起算画好了的，所以掷球的人可以随便由两端掷出，在两旁的线上看尺寸。学生在测验之前，必须站在端线之后。他们掷球前所跑的区域，至多不得过十五呎。在接球人右边地旁横线上所记的尺寸，就的掷球人所掷最近某十呎之间的距离。接球人应该在垒球着地后第一次跳起来的时候，把球接住，同时喊叫所掷的距离，用估计的视察，叫出最近的呎数来。

在每对学生掷完三次之后，应将各人最优之成绩报告教员，并将垒球送交教员。

当掷球进行的时候，教员应该站在场子的旁边，监督测验。

第三图　垒球掷远场图①

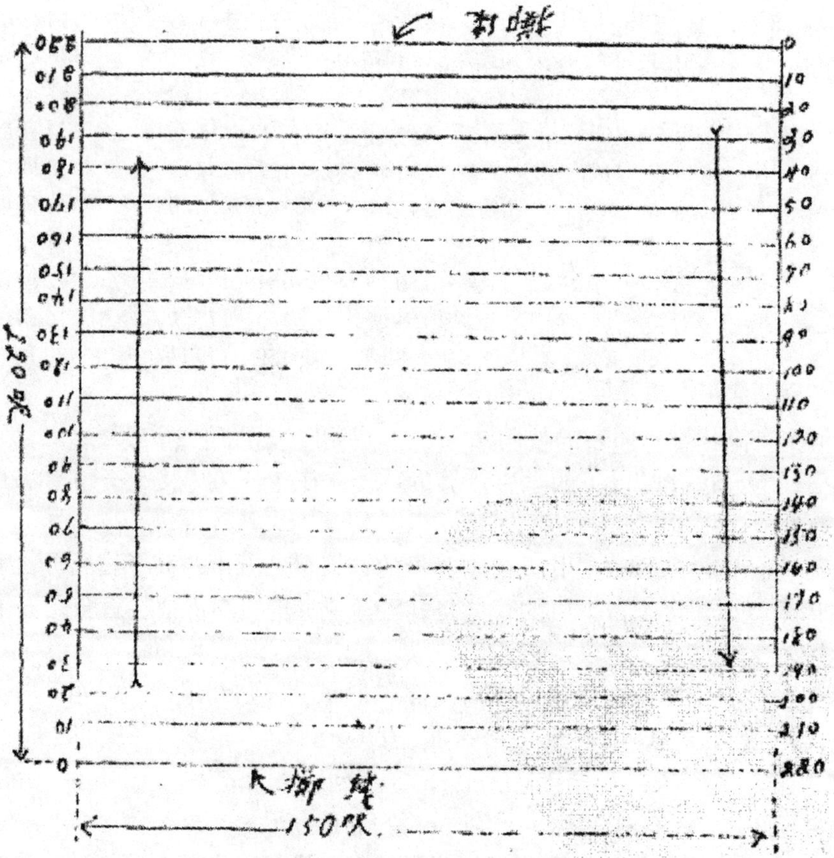

规则

（1）掷球人掷球时不得踏过限制掷球的白线。

（2）在特许的一分钟练习之后，正式测验只准抛掷三次。

（3）三次中最后〈优〉的成绩，即作为该生的记录。

第二项：蹴球比赛（Football Punt for Distance）。

① 第三、四、五图系影印原图。

应用之器具与设备——预备一两个正式的美国足球。

把运动场照着后列的图样画好，这种手续为大多数学生的测验，是必须的。

第四图　蹴球比远场图

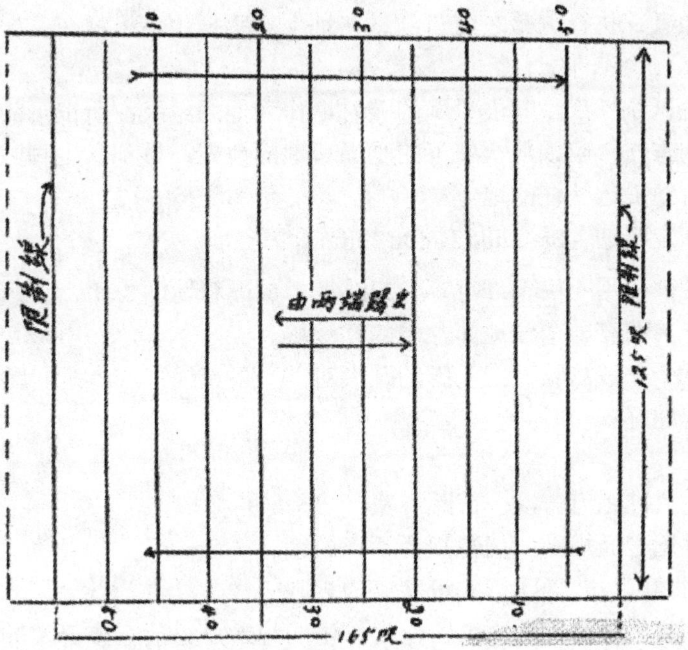

测验的大意——当大班人数测验的时候，最好把他们分成小组，每组十人，集成五对，每对供给一球。在实施测验之前，先把学生召集到教员的面前，给他们以下的说明：场子上白线是由两端起算画好了的，所以蹴出来球的距离可以从两端算起。学生在蹴球的时候必须站在端线之后。他可以在十五呎长的区域之内，跑来蹴球，但不准跑过白线。巡视员在球落地的时候，应该注意场子右边横线端上所写的距离。横线端上所写的，全是十码的距离，中间加一道五码的中线。接球员（即巡视员）应该注意球着地的所在，不必注意球的去向，赶快把球着地的距离，估计到最近的码数，大声喊着报告给蹴球人，巡视员必须视察场子右边的码数，不可看差了。每对学生蹴完三次之后，立刻把成绩报告教员。记住了最优的成绩，同时把足球带回。在测验之前，不可随便蹴球。

当蹴球进行的时候，教员应该站在场子的旁边，监督测验。

规则

（1）蹴球员踏过白线蹴球时，不记成绩，作为试蹴三次之中的一次。

（2）每学生共蹴三次；三次中成绩最优者作为该生的记录。

第三项：把杠跳远（Bar Snap for Distance）。

应用的设备——用一付或数付可以升降的高横杠，无论室内室外全都可以。假若在室内测验的话，最好在横杠之前，放几张垫子；假若在室外测验的话，横杠的前面应该有一个锯末坑或沙坑。

测验的大意——这种机巧运动，就是命被测验者面对横杠站立，双手把住横杠，摇摆后双足靠近横杠努力向上踢，将背弯起，在适合能跳最远的时候，把双手放松，双足落在垫上或沙坑里。

规则

（1）把高横杠务必放在距离地面四呎六吋的高度。

（2）被测验者在执行测验之前必须站在地上双手把住高横杠。

（3）不许跑，也不许上杠。

（4）每学生试跳三次，其中最优的呎吋，作为他的纪录；所记录的标记到最近的吋数。丈量距离的方法，应该从横杠下的垂面着地的地方，量到学生脚跟着地的最近处或身体其他部份着地最近横杠的地方。

第四项：立定跃远（Standing Broad Jump）。

应用的设备——用一块十二吋宽的起跳板，放的和地面一平，上面放置一块带凹凸纹的胶皮垫子，前面有一个跟地面一平的软沙坑。

测验的大意——被测验者把双脚的趾尖对着一条直线，或者是起跳板的板边，身体向前跳起，越远越好。

规则

（1）每学生只准练习一次，试跳三次。

（2）按照跳远普通规则，倘犯规者不记成绩。

（3）丈量的规则与普通跳远丈量距离的规则一样。

（4）学生试跳三次最优的成绩，作为该生的纪录，纪录应该记入最近的吋数。

第五项：双臂屈伸（Dip on Parallel Bars）。

应用的设备——预备一付可以升降的平行杠，或双杠。

测验的大意——双臂屈伸的起首，应命被测验者双臂直立支撑在平行杠上；屈时至最低处后，然后撑直将全身提起，如此由降至升，作为双臂屈伸一次。

规则

（1）做双臂屈伸时，上臂和地面所成的角度，必须为正数，那就是必须超过平行度之上。

（2）被测验者不许踢足或身体摆动，身体必须一直的推起，身体与双腿必须正常的垂直，双肘必须完全伸直。

（3）一次连续作完，不可休息间断。

（4）被测验人的成绩，就是他用双臂屈伸所撑起来的次数，半次或不完全的撑起，不算成绩。

第六项：闪躲跑快（Dodging Run）。

应用的设备——用五个低栏并一块画好了的运动场，划场子的方法，如下图：

第五图　闪躲跑快场图

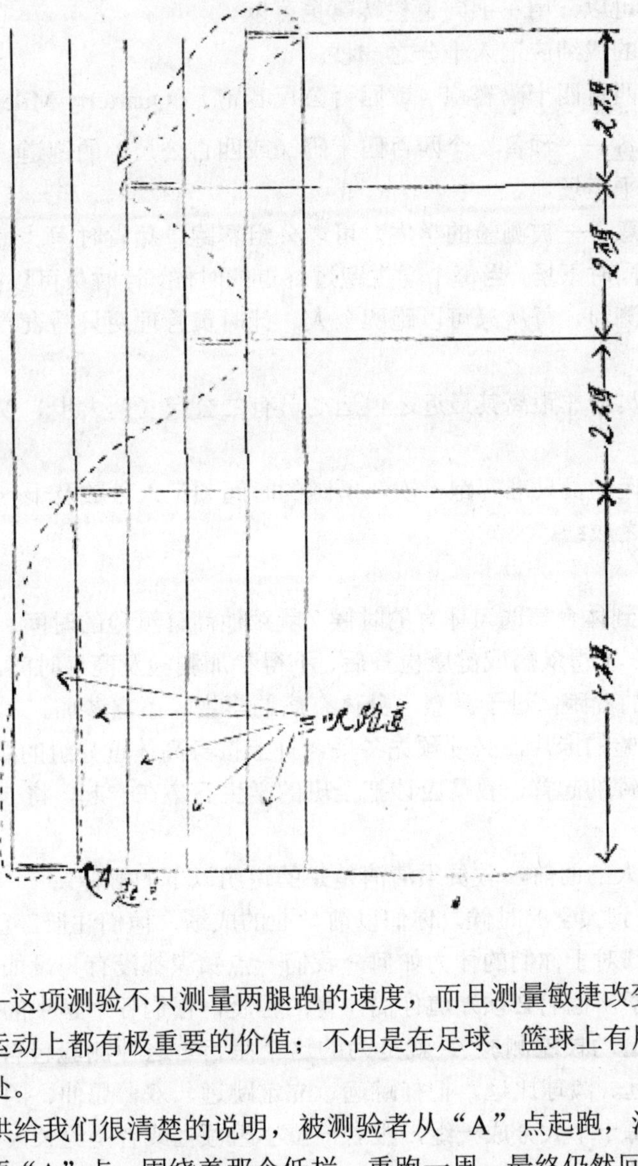

测验的大意——这项测验不只测量两腿跑的速度，而且测量敏捷改变方向的能力，这种能力，在各项运动上都有极重要的价值；不但是在足球、篮球上有用处，就是在网球和手球上也有用处。

以上的场图，供给我们很清楚的说明，被测验者从“A”点起跑，沿顺着虚线所指的箭头，仍然跑回原“A”点，围绕着那个低栏，重跑一周，最终仍然回到“A”点。简言之，就是被测验的人要完全跑完两全周。

平行跑道，要画三呎宽，把低栏放在相当的地位上（看图上的尺寸）。做这种测验的场面，最好是沥青铺的。

为使学生预期练习，并熟悉应转的方向起见，在未起始测验之前，可以令学生先行围绕着低栏，走过一遍。

规则

（1）所计的时间，应从发令“跑”号起，直至跑员踏过终点止。倘若跑员跑差了行圈，也可以允许他重新再试一次。

（2）跑员在绕跑低栏的时候，身体任何部份不得触着低栏。

（3）在第一周跑完之后，绕跑“A”栏的时候，他的方向可以随便；那就是用右手向着栏转弯也可以，用左手向着栏转弯也可以。

（4）所记的成绩应记入十分之一秒。

第七项：四百四十码赛跑（或四百公尺赛跑）（Quarterly-Mile Run）。

应用的设备——预备一个四百四十码（或四百公尺）的跑道，或者能量到四百四十码距离适宜的平坦场地。

测验的大意——被测验的学生，可以分组赛跑，藉省时间。每次测验，可以命十个至十五个学生同时下场，当每个学生跑过终点的时候，计时员可以把最近的秒数喊给他。为时间相近的测验，每次只可以跑两个人，计时员管理两只马表。

规则

（1）运动员苟非距离其最近之他运动员有二公尺（两大步）以外者，不得斜跑至他运动员之前。

（2）每个运动员只准赛跑一次，所跑的时间须记入秒数及十分之一秒；或最近之秒数，作为该员之成绩。

详细说明

1. 当学生到体育部选习体育的时候，就跟他商订测验的时间。每小时可以预备测验六十人。学生在未得疾病或健康检查后，不得参加测验及商订时间，这是很重要的手续，因为四百公尺的赛跑，过于激烈，身体有病的学生，不宜参加。

2. 学生测验的卡片，必须预先备妥，打上按身高体重分组的戳记。

3. 在每点钟的起首，教员应该把全班的学生召集在一起，将卡片分给他们，当作点名的手续。

4. 在全班人的面前，教员须清清楚楚的说明以下的解释：

“当你们来到大学的时候，你们以前学业的成绩，他们注册部已经得到相当的知识，但是我们体育部对于你们的体力如何，我们一点知识都没有！设如本部的教员要做一种合乎科学的教学，他们必须知道你们体育的程度，你们各个学生的短处和长处，我们实施这种‘普通运动技能测验’，就是为的这个宗旨。这种测验包含着七个不同的项目，如——垒球掷远、蹴球比远、把杠跳远、立定跳远、双臂屈伸、闪躲跑快、跟四百公尺赛跑，你们须每十个人分成一组，跟着一位小组领袖或者是组长（保管卡片）到指定的地点去实行测验。你们不可离开本组，按照卡片上所定的次序，循序进行，把四百公尺赛跑，摆在最末一项，从闪躲跑快起，至垒球掷远止，除四百公尺之外，必须完全测完。明天清晨在体育部布告栏内，要宣布今日各个学生所测验的成绩。在你们各个学生姓名之后，分为上下学期，指导你们应该加入的活动。你们看见布告之后，应该立刻到相当活动的主管人那里登记。”

教员说明之后，就把全班的学生按十人分组，指派一位小组领袖或组长，保管十张卡片，并且指示各组分到各项测验的地点去测验，按照卡片上的次序，循序进行。

5. 在各项测验（四百公尺除外）完毕之后，每组循序报告测验四百公尺的主管人，此后卡片即留在此处的测验员手里。

6. 选定几位有资格的学生充当计分员。在测验的进行当中，他们可以逐渐地计算卡片上的分数，所以除去末了一组之外，学生测验完了，他们的分数也都算好了！

7. 如果是“组织得当”，随便的一组人，都可以在六十分钟的时候，测验完毕，——有的人员还可以做到有闲暇的时候呢！

第六表　垒球掷远成绩量表

身高体重分组——距离用英尺

分数	1. 高瘦	2. 高中	3. 高胖	4. 中瘦	5. 中中	6. 中胖	7. 矮瘦	8. 矮中	9. 矮胖
100	240	249	254	236	247	250	229	242	246
99	238	248	252	235	246	249	228	241	244
98	237	246	251	233	244	247	226	239	243
97	235	244	249	232	243	245	224	237	241
96	234	243	247	230	241	244	223	236	239
95	232	241	246	228	239	242	221	234	238
94	230	240	244	227	238	241	220	233	236
93	229	238	243	225	236	239	218	231	235
92	227	236	241	224	235	237	216	229	233
91	226	235	239	222	233	236	215	228	231
90	224	233	238	220	231	234	213	226	230
89	222	232	236	219	230	233	212	225	228
88	221	230	235	217	228	231	210	223	227
87	219	228	233	216	227	229	208	221	225
86	218	227	231	214	225	228	207	220	223
85	216	225	230	212	223	226	205	218	222
84	214	224	228	211	222	225	204	217	220
83	213	222	227	209	220	223	202	215	219
82	211	220	225	208	219	221	200	213	217
81	210	219	223	206	217	220	199	212	215
80	208	217	222	204	215	218	197	210	214
79	206	216	220	203	214	217	196	209	212
78	205	214	219	201	212	215	194	207	211
77	203	212	217	200	211	213	192	205	209
76	202	211	215	198	209	212	191	204	207
75	200	209	214	196	207	210	189	202	206
74	198	208	212	195	206	209	188	201	204
73	197	206	211	193	204	207	186	199	203
72	195	204	209	192	203	205	184	197	201
71	194	203	207	190	201	204	183	196	199
70	192	201	206	188	199	202	181	194	198
69	190	200	204	187	198	201	180	193	196

续表

分数	1. 高瘦	2. 高中	3. 高胖	4. 中瘦	5. 中中	6. 中胖	7. 矮瘦	8. 矮中	9. 矮胖
68	189	198	203	185	196	199	178	191	195
67	187	196	201	184	195	197	176	189	193
66	186	195	199	182	193	196	175	188	191
65	184	193	198	180	191	194	173	186	190
64	182	192	196	179	190	193	172	185	188
63	181	190	195	177	188	191	170	183	187
62	179	188	193	176	187	189	168	181	185
61	178	187	191	174	185	188	167	180	183
60	176	185	190	172	183	186	165	178	182
59	174	184	188	171	182	185	164	177	180
58	173	182	187	169	180	183	162	175	179
57	171	180	185	168	179	181	160	173	177
56	170	179	183	166	177	180	159	172	175
55	168	177	182	164	175	178	157	170	174
54	166	176	180	163	174	177	156	169	172
53	165	174	179	161	172	175	154	167	171
52	163	172	177	160	171	173	152	165	169
51	162	171	175	158	169	172	151	164	167
50	160	169	174	156	167	170	149	162	166
49	158	168	172	155	166	169	148	161	164
48	157	166	171	153	164	167	146	159	163
47	155	164	169	152	163	165	144	157	161
46	154	163	167	150	161	164	143	156	159
45	152	161	166	148	159	162	141	154	158
44	150	160	164	147	158	161	140	153	156
43	149	158	163	145	156	159	138	151	155
42	147	156	161	144	155	157	136	149	153
41	146	155	159	142	153	156	135	148	151
40	144	153	158	140	151	154	133	146	150
39	142	152	156	139	150	153	132	145	148
38	141	150	155	137	148	151	130	143	147
37	139	148	153	136	147	149	128	141	145
36	138	147	151	134	145	148	127	140	143
35	136	145	150	132	143	146	125	138	142
34	134	144	148	131	142	145	124	137	140
33	133	142	147	129	140	143	122	135	139
32	131	140	145	128	139	141	120	133	137
31	130	139	143	126	137	140	119	132	135
30	128	137	142	124	135	138	117	130	134
29	126	136	140	123	134	137	116	129	132
28	125	134	139	121	132	135	114	127	131

续表

分数	1. 高瘦	2. 高中	3. 高胖	4. 中瘦	5. 中中	6. 中胖	7. 矮瘦	8. 矮中	9. 矮胖
27	123	132	137	120	131	133	112	125	129
26	122	131	136	118	129	132	111	124	127
25	120	129	134	116	127	130	109	122	126
24	118	128	132	115	126	129	108	121	124
23	117	126	131	113	124	127	106	119	123
22	115	124	129	112	123	125	104	117	121
21	114	123	127	110	121	124	103	116	119
20	112	121	126	108	119	122	101	114	118
19	110	120	124	107	118	121	100	113	116
18	109	118	123	105	116	119	98	111	115
17	107	116	121	104	115	117	96	109	113
16	106	115	119	102	113	116	95	108	111
15	104	113	118	100	111	114	93	106	110
14	102	112	116	99	110	113	92	105	108
13	101	110	115	97	108	111	90	103	107
12	99	108	113	96	107	109	88	101	105
11	98	107	111	94	105	108	87	100	103
10	96	105	110	92	103	106	85	98	102
9	94	104	108	91	102	105	84	97	100
8	93	102	107	89	100	103	82	95	99
7	91	100	105	88	99	101	80	93	97
6	90	99	103	86	97	100	79	92	95
5	88	97	102	84	95	98	77	90	94
4	86	96	100	83	94	97	76	89	92
3	85	94	99	81	92	95	74	87	91
2	83	92	97	80	91	93	72	85	89
1	82	91	95	78	89	92	71	84	87

第七表　蹴球比远成绩量表

身高体重分组——距离用码数（约一公尺）

分数	1. 高瘦	2. 高中	3. 高胖	4. 中瘦	5. 中中	6. 中胖	7. 矮瘦	8. 矮中	9. 矮胖
100	54				55		50		54
99			58	52					
98		55				55		52	
97	53			51	54		49		53
96		54	57			54		51	
95	52				53		48		52
94			56	50					
93		53				53		50	
92	51			49	52		47		51
91			55			52		49	

续表

分数	1. 高瘦	2. 高中	3. 高胖	4. 中瘦	5. 中中	6. 中胖	7. 矮瘦	8. 矮中	9. 矮胖
90	50				51		46		50
89			54	48					
88		51				51		48	
87	49			47	50		45		49
86		50	53			50		47	
85	48				49		44		48
84			52	46					
83		49				49		46	
82	47			45	48		43		47
81		48	51			48		45	
80	46				47		42		46
79			50	44					
78		47				47		44	
77	45			43	46		41		45
76		46	49			46		43	
75	44				45		40		44
74			48	42					
73		45				45		42	
72	43			41	44		39		43
71		44	47			44		41	
70	42				43		38		42
69			46	40					
68		43				43		40	
67	41			39	42		37		41
66		42	45			42		39	
65	40				41		36		40
64			44	38					
63		41				41		38	
62	39			37	40		35		39
61		40	43			40		37	
60	38				39		34		38
59			42	36					
58		39				39		36	
57	37			35	38		33		37
56		38	41			38		35	
55	36				37		32		36
54			40	34					
53		37				37		34	
52	35			33	36		31		35
51		36	39			36		33	

续表

分数	1. 高瘦	2. 高中	3. 高胖	4. 中瘦	5. 中中	6. 中胖	7. 矮瘦	8. 矮中	9. 矮胖
50	34				35		30		34
49			38	32					
48		35				35		32	
47	33			31	34		29		33
46		34	37			34		31	
45	32				33		28		32
44			36	30					
43		33				33		30	
42	31			29	32		27		31
41		32	35			32		29	
40	30				31		26		30
39			34	28					
38		31				31		28	
37	29			27	30		25		29
36		30	33			30		27	
35	28				29		24		28
34			32	26					
33		29				29		26	
32	27			25	28		23		27
31		28	31			28		25	
30	26				27		22		26
29			30	24					
28		27				27		24	
27	25			23	26		21		25
26		26	29			26		23	
25	24				25		20		24
24			28	22					
23		25				25		22	
22	23			21	24		19		23
21		24	27			24		21	
20	22				23		18		22
19			26	20					
18		23				23		20	
17	21			19	22		17		21
16		22	25			22		19	
15	20				21		16		20
14			24	18					
13		21				21		18	
12	19			17	20		15		19
11		20	23			20		17	

续表

分数	1. 高瘦	2. 高中	3. 高胖	4. 中瘦	5. 中中	6. 中胖	7. 矮瘦	8. 矮中	9. 矮胖
10	18				19		14		18
9			22	16					
8		19				19		16	
7	17			15	18		13		17
6		18	21			18		15	
5	16				17		12		16
4			20	14					
3		17				17		14	
2	15			13	16		11		15
1		16	19			16		13	

第八表　把杠跳远成绩量表

身高体重分组——距离用英尺英寸

分数	1. 高瘦	2. 高中	3. 高胖	4. 中瘦	5. 中中	6. 中胖	7. 矮瘦	8. 矮中	9. 矮胖
100	9-1	9-5	9-3	9-2	9-5	9-5	9-0	9-4	9-5
99	9-0	9-4	9-2	9-1	9-4	9-4	8-11	9-3	9-4
98	8-11	9-3		9-0	9-3	9-3	8-10	9-2	9-3
97	8-10	9-2	9-1	8-11	9-2	9-2	8-9	9-1	9-2
96	8-9	9-1	9-0	8-10		9-1	8-8	9-0	9-1
95	8-8	9-0	8-11	8-9	9-1	9-0	8-7	8-11	9-0
94	8-7	8-11	8-10	8-8	9-0	8-11	8-6		8-11
93	8-6	8-10	8-9	8-7	8-11	8-10	8-5	8-10	8-10
92	8-5	8-9	8-8	8-6	8-10	8-9	8-4	8-9	8-9
91		8-8	8-7	8-5	8-9	8-8	8-3	8-8	8-8
90	8-4	8-7	8-6	8-4	8-8	8-7	8-2	8-7	8-7
89	8-3	8-6	8-5	8-3	8-7	8-6	8-1	8-6	8-6
88	8-2	8-5	8-4		8-6		8-0	8-5	8-5
87	8-1	8-4	8-3	8-2	8-5	8-5	7-11	8-4	8-4
86	8-0	8-3	8-2	8-1	8-4	8-4		8-3	8-3
85	7-11	8-2	8-1	8-0	8-3	8-3	7-10	8-2	8-2
84	7-10	8-1	8-0	7-11	8-2	8-2	7-9	8-1	8-1
83	7-9	8-0	7-11	7-10	8-1	8-1	7-8	8-0	8-0
82	7-8	7-11	7-10	7-9	8-0	8-0	7-7	7-11	7-11
81	7-7		7-9	7-8	7-11	7-11	7-6	7-10	
80	7-6	7-10	7-8	7-7	7-10	7-10	7-5	7-9	7-10
79	7-5	7-9	7-7	7-6	7-9	7-9	7-4	7-8	7-9
78	7-4	7-8		7-5	7-8	7-8	7-3	7-7	7-8
77	7-3	7-7	7-6	7-4	7-7	7-7	7-2	7-6	7-7
76	7-2	7-6	7-5	7-3		7-6	7-1	7-5	7-6
75	7-1	7-5	7-4	7-2	7-6	7-5	7-0	7-4	7-5

续表

分数	1. 高瘦	2. 高中	3. 高胖	4. 中瘦	5. 中中	6. 中胖	7. 矮瘦	8. 矮中	9. 矮胖
74	7-0	7-4	7-3	7-1	7-5	7-4	6-11		7-4
73	6-11	7-3	7-2	7-0	7-4	7-3	6-10	7-3	7-3
72	6-10	7-2	7-1	6-11	7-3	7-2	6-9	7-2	7-2
71		7-1	7-0	6-10	7-2	7-1	6-8	7-1	7-1
70	6-9	7-0	6-11	6-9	7-1	7-0	6-7	7-0	7-0
69	6-8	6-11	6-10	6-8	7-0	6-11	6-6	6-11	6-11
68	6-7	6-10	6-9		6-11		6-5	6-10	6-10
67	6-6	6-9	6-8	6-7	6-10	6-10	6-4	6-9	6-9
66	6-5	6-8	6-7	6-6	6-9	6-9		6-8	6-8
65	6-4	6-7	6-6	6-5	6-8	6-8	6-3	6-7	6-7
64	6-3	6-6	6-5	6-4	6-7	6-7	6-2	6-6	6-6
63	6-2	6-5	6-4	6-3	6-6	6-6	6-1	6-5	6-5
62	6-1	6-4	6-3	6-2	6-5	6-5	6-0	6-4	6-4
61	6-0		6-2	6-1	6-4	6-4	5-11	6-3	
60	5-11	6-3	6-1	6-0	6-3	6-3	5-10	6-2	6-3
59	5-10	6-2	6-0	5-11	6-2	6-2	5-9	6-1	6-2
58	5-9	6-1		5-10	6-1	6-1	5-8	6-0	6-1
57	5-8	6-0	5-11	5-9	6-0	6-0	5-7	5-11	6-0
56	5-7	5-11	5-10	5-8		5-11	5-6	5-10	5-11
55	5-6	5-10	5-9	5-7	5-11	5-10	5-5	5-9	5-10
54	5-5	5-9	5-8	5-6	5-10	5-9	5-4		5-9
53	5-4	5-8	5-7	5-5	5-9	5-8	5-3	5-8	5-8
52	5-3	5-7	5-6	5-4	5-8	5-7	5-2	5-7	5-7
51		5-6	5-5	5-3	5-7	5-6	5-1	5-6	5-6
50	5-2	5-5	5-4	5-2	5-6	5-5	5-0	5-5	5-5
49	5-1	5-4	5-3	5-1	5-5	5-4	4-11	5-4	5-4
48	5-0	5-3	5-2		5-4		4-10	5-3	5-3
47	4-11	5-2	5-1	5-0	5-3	5-3	4-9	5-2	5-2
46	4-10	5-1	5-0	4-11	5-2	5-2		5-1	5-1
45	4-9	5-0	4-11	4-10	5-1	5-1	4-8	5-0	5-0
44	4-8	4-11	4-10	4-9	5-0	5-0	4-7	4-11	4-11
43	4-7	4-10	4-9	4-8	4-11	4-11	4-6	4-10	4-10
42	4-6	4-9	4-8	4-7	4-10	4-10	4-5	4-9	4-9
41	4-5		4-7	4-6	4-9	4-9	4-4	4-8	
40	4-4	4-8	4-6	4-5	4-8	4-8	4-3	4-7	4-8
39	4-3	4-7	4-5	4-4	4-7	4-7	4-2	4-6	4-7
38	4-2	4-6		4-3	4-6	4-6	4-1	4-5	4-6
37	4-1	4-5	4-4	4-2	4-5	4-5	4-0	4-4	4-5
36	4-0	4-4	4-3	4-1		4-4	3-11	4-3	4-4
35	3-11	4-3	4-2	4-0	4-4	4-3	3-10	4-2	4-3
34	3-10	4-2	4-1	3-11	4-3	4-2	3-9		4-2

续表

分数	1. 高瘦	2. 高中	3. 高胖	4. 中瘦	5. 中中	6. 中胖	7. 矮瘦	8. 矮中	9. 矮胖
33	3-9	4-1	4-0	3-10	4-2	4-1	3-8	4-1	4-1
32	3-8	4-0	3-11	3-9	4-1	4-0	3-7	4-0	4-0
31		3-11	3-10	3-8	4-0	3-11	3-6	3-11	3-11
30	3-7	3-10	3-9	3-7	3-11	3-10	3-5	3-10	3-10
29	3-6	3-9	3-8	3-6	3-10	3-9	3-4	3-9	3-9
28	3-5	3-8	3-7		3-9		3-3	3-8	3-8
27	3-4	3-7	3-6	3-5	3-8	3-8	3-2	3-7	3-7
26	3-3	3-6	3-5	3-4	3-7	3-7		3-6	3-6
25	3-2	3-5	3-4	3-3	3-6	3-6	3-1	3-5	3-5
24	3-1	3-4	3-3	3-2	3-5	3-5	3-0	3-4	3-4
23	3-0	3-3	3-2	3-1	3-4	3-4	2-11	3-3	3-3
22	2-11	3-2	3-1	3-0	3-3	3-3	2-10	3-2	3-2
21	2-10		3-0	2-11	3-2	3-2	2-9	3-1	
20	2-9	3-1	2-11	2-10	3-1	3-1	2-8	3-0	3-1
19	2-8	3-0	2-10	2-9	3-0	3-0	2-7	2-11	3-0
18	2-7	2-11		2-8	2-11	2-11	2-6	2-10	2-11
17	2-6	2-10	2-9	2-7	2-10	2-10	2-5	2-9	2-10
16	2-5	2-9	2-8	2-6		2-9	2-4	2-8	2-9
15	2-4	2-8	2-7	2-5	2-9	2-8	2-3	2-7	2-8
14	2-3	2-7	2-6	2-4	2-8	2-7	2-2		2-7
13	2-2	2-6	2-5	2-3	2-7	2-6	2-1	2-6	2-6
12	2-1	2-5	2-4	2-2	2-6	2-5	2-0	2-5	2-5
11		2-4	2-3	2-1	2-5	2-4	1-11	2-4	2-4
10	2-0	2-3	2-2	2-0	2-4	2-3	1-10	2-3	2-3
9	1-11	2-2	2-1	1-11	2-3	2-2	1-9	2-2	2-2
8	1-10	2-1	2-0		2-2		1-8	2-1	2-1
7	1-9	2-0	1-11	1-10	2-1	2-1	1-7	2-0	2-0
6	1-8	1-11	1-10	1-9	2-0	2-0		1-11	1-11
5	1-7	1-10	1-9	1-8	1-11	1-11	1-6	1-10	1-10
4	1-6	1-9	1-8	1-7	1-10	1-10	1-5	1-9	1-9
3	1-5	1-8	1-7	1-6	1-9	1-9	1-4	1-8	1-8
2	1-4	1-7	1-6	1-5	1-8	1-8	1-3	1-7	1-7
1	1-3		1-5	1-4	1-7	1-7	1-2	1-6	

第九表　立定跳远成绩量表

身高体重分组——距离用英尺与英寸

分数	1. 高瘦	2. 高中	3. 高胖	4. 中瘦	5. 中中	6. 中胖	7. 矮瘦	8. 矮中	9. 矮胖
100			9-10						9-5
99	9-6	9-9		9-5	9-8	9-7	9-3	9-5	
98			9-9						9-4
97	9-5	9-8		9-4	9-7	9-6	9-2	9-4	
96			9-8						9-3
95	9-4	9-7		9-3	9-6	9-5	9-1	9-3	
94			9-7						9-2
93	9-3	9-6		9-2	9-5	9-4	9-0	9-2	
92			9-6						9-1
91	9-2	9-5		9-1	9-4	9-3	8-11	9-1	
90			9-5						9-0
89	9-1	9-4		9-0	9-3	9-2	8-10	9-0	
88			9-4						8-11
87	9-0	9-3		8-11	9-2	9-1	8-9	8-11	
86			9-3						8-10
85	8-11	9-2		8-10	9-1	9-0	8-8	8-10	
84			9-2						8-9
83	8-10	9-1		8-9	9-0	8-11	8-7	8-9	
82			9-1						8-8
81	8-9	9-0		8-8	8-11	8-10	8-6	8-8	
80			9-0						8-7
79	8-8	8-11		8-7	8-10	8-9	8-5	8-7	
78			8-11						8-6
77	8-7	8-10		8-6	8-9	8-8	8-4	8-6	
76			8-10						8-5
75	8-6	8-9		8-5	8-8	8-7	8-3	8-5	
74			8-9						8-4
73	8-5	8-8		8-4	8-7	8-6	8-2	8-4	
72			8-8						8-3
71	8-4	8-7		8-3	8-6	8-5	8-1	8-3	
70			8-7						8-2
69	8-3	8-6		8-2	8-5	8-4	8-0	8-2	
68			8-6						8-1
67	8-2	8-5		8-1	8-4	8-3	7-11	8-1	
66			8-5						8-0
65	8-1	8-4		8-0	8-3	8-2	7-10	8-0	
64			8-4						7-11
63	8-0	8-3		7-11	8-2	8-1	7-9	7-11	
62			8-3						7-10
61	7-11	8-2		7-10	8-1	8-0	7-8	7-10	

续表

分数	1. 高瘦	2. 高中	3. 高胖	4. 中瘦	5. 中中	6. 中胖	7. 矮瘦	8. 矮中	9. 矮胖
60			8-2						7-9
59	7-10	8-1		7-9	8-0	7-11	7-7	7-9	
58			8-1						7-8
57	7-9	8-0		7-8	7-11	7-10	7-6	7-8	
56			8-0						7-7
55	7-8	7-11		7-7	7-10	7-9	7-5	7-7	
54			7-11						7-6
53	7-7	7-10		7-6	7-9	7-8	7-4	7-6	
52			7-10						7-5
51	7-6	7-9		7-5	7-8	7-7	7-3	7-5	
50			7-9						7-4
49	7-5	7-8		7-4	7-7	7-6	7-2	7-4	
48			7-8						7-3
47	7-4	7-7		7-3	7-6	7-5	7-1	7-3	
46			7-7						7-2
45	7-3	7-6		7-2	7-5	7-4	7-0	7-2	
44			7-6						7-1
43	7-2	7-5		7-1	7-4	7-3	6-11	7-1	
42			7-5						7-10
41	7-1	7-4		7-0	7-3	7-2	6-10	7-0	
40			7-4						6-11
39	7-0	7-3		6-11	7-2	7-1	6-9	6-11	
38			7-3						6-10
37	6-11	7-2		6-10	7-1	7-10	6-8	6-10	
36			7-2						6-9
35	6-10	7-1		6-9	7-0	6-11	6-7	6-9	
34			7-1						6-8
33	6-9	7-0		6-8	6-11	6-10	6-6	6-8	
32			7-0						6-7
31	6-8	6-11		6-7	6-10	6-9	6-5	6-7	
30			6-11						6-6
29	6-7	6-10		6-6	6-9	6-8	6-4	6-6	
28			6-10						6-5
27	6-6	6-9		6-5	6-8	6-7	6-3	6-5	
26			6-9						6-4
25	6-5	6-8		6-4	6-7	6-6	6-2	6-4	
24			6-8						6-3
23	6-4	6-7		6-3	6-6	6-5	6-1	6-3	
22			6-7						6-2
21	6-3	6-6		6-2	6-5	6-4	6-0	6-2	

续表

分数	1. 高瘦	2. 高中	3. 高胖	4. 中瘦	5. 中中	6. 中胖	7. 矮瘦	8. 矮中	9. 矮胖
20			6-6						6-1
19	6-2	6-5		6-1	6-4	6-3	5-11	6-1	
18			6-5						6-0
17	6-1	6-4		6-0	6-3	6-2	5-10	6-0	
16			6-4						5-11
15	6-0	6-3		5-11	6-2	6-1	5-9	5-11	
14			6-3						5-10
13	5-11	6-2		5-10	6-1	6-0	5-8	5-10	
12			6-2						5-9
11	5-10	6-1		5-9	6-0	5-11	5-7	5-9	
10			6-1						5-8
9	5-9	6-0		5-8	5-11	5-10	5-6	5-8	
8			6-0						5-7
7	5-8	5-11		5-7	5-10	5-9	5-5	5-7	
6			5-11						5-6
5	5-7	5-10		5-6	5-9	5-8	5-4	5-6	
4			5-10						5-5
3	5-6	5-9		5-5	5-8	5-7	5-3	5-5	
2			5-9						5-4
1	5-5	5-8		5-4	5-7	5-6	5-2	5-4	

第十表　双臂屈伸成绩量表

身高体重分组——支撑的次数

分数	1. 高瘦	2. 高中	3. 高胖	4. 中瘦	5. 中中	6. 中胖	7. 矮瘦	8. 矮中	9. 矮胖
100		23	22	23	24				
99						23		25	24
98	21						23		
97		22	21	22	23				
96						22		24	23
95	20						22		
94		21		21					
93			20		22				22
92	19					21		23	
91							21		
90		20	19	20	21				
89						20		22	21
88	18						20		
87		19	18	19	20				
86						19		21	20

续表

分数	1. 高瘦	2. 高中	3. 高胖	4. 中瘦	5. 中中	6. 中胖	7. 矮瘦	8. 矮中	9. 矮胖
85	17						19		
84		18		18					
83			17		19				19
82	16					18		20	
81		17		17			18		
80			16		18				18
79	15					17		19	
78							17		
77		16	15	16	17				
76						16		18	17
75	14						16		
74		15	14	15	16				
73						15		17	16
72	13								
71		14		14			15		
70			13		15				15
69	12					14		16	
68							14		
67		13	12	13	14				
66						13		15	14
65	11						13		
64		12	11	12	13				
63						12		14	13
62	10						12		
61		11		11					
60			10		12				12
59	9					11		13	
58		10		10			11		
57			9		11				11
56	8					10		12	
55							10		
54		9	8	9	10				
53						9		11	10
52	7						9		
51		8	7	8	9				
50						8		10	9
49	6								
48		7		7			8		
47			6		8				8
46	5					7		9	

续表

分数	1. 高瘦	2. 高中	3. 高胖	4. 中瘦	5. 中中	6. 中胖	7. 矮瘦	8. 矮中	9. 矮胖
45							7		
44		6	5	6	7				
43						6		8	7
42	4						6		
41		5	4	5	6				
40						5		7	6
39	3						5		
38		4		4					
37			3		5				5
36	2					4		6	
35		3		3			4		
34			2		4				4
33	1					3		5	
32							3		
31		2	1	2	3				
30						2		4	3
29							2		
28		1		1	2				
27						1		3	2
26									
25							1		
24					1				1
23								2	
22									
21									
20								1	
19									
18									
17									
16									
15									
14									
13									
12									
11									
10									
9									
8									
7									
6									

续表

分数	1. 高瘦	2. 高中	3. 高胖	4. 中瘦	5. 中中	6. 中胖	7. 矮瘦	8. 矮中	9. 矮胖
5									
4									
3									
2									
1									

第十一表　闪躲跑快成绩量表

身高体重分组——时间用十分之一秒

分数	1. 高瘦	2. 高中	3. 高胖	4. 中瘦	5. 中中	6. 中胖	7. 矮瘦	8. 矮中	9. 矮胖
100		20.9	21.1	21.0	20.9	21.1	21.2		20.8
99	21.1	21.0					21.3	21.0	
98	21.2		21.2	21.1	21.0	21.2		21.1	20.9
97		21.1	21.3	21.2		21.3	21.4		21.0
96	21.3	21.2			21.1		21.5	21.2	
95			21.4	21.3	21.2	21.4		21.3	21.1
94	21.4	21.3	21.5	21.4		21.5	21.6		21.2
93	21.5	21.4			21.3			21.4	
92			21.6	21.5	21.4	21.6	21.7	21.5	21.3
91	21.6	21.5					21.8		21.4
90	21.7	21.6	21.7	21.6	21.5	21.7		21.6	
89			21.8	21.7	21.6	21.8	21.9	21.7	21.5
88	21.8	21.7					22.0		21.6
87	21.9	21.8	21.9	21.8	21.7	21.9		21.8	
86			22.0	21.9	21.8	22.0	22.1	21.9	21.7
85	22.0	21.9					22.2		21.8
84	22.1	22.0	22.1	22.0	21.9	22.1		22.0	
83			22.2	22.1	22.0	22.2	22.3		21.9
82	22.2	22.1					22.4	22.1	22.0
81	22.3		22.3	22.2	22.1	22.3		22.2	
80		22.2	22.4	22.3	22.2	22.4	22.5		22.1
79	22.4	22.3					22.6	22.3	
78	22.5		22.5	22.4	22.3	22.5		22.4	22.2
77		22.4	22.6	22.5		22.6	22.7		22.3
76	22.6	22.5			22.4		22.8	22.5	
75			22.7	22.6	22.5	22.7		22.6	22.4
74	22.7	22.6	22.8	22.7		22.8	22.9		22.5
73	22.8	22.7			22.6			22.7	
72			22.9	22.8	22.7	22.9	23.0	22.8	22.6
71	22.9	22.8					23.1		22.7
70	23.0	22.9	23.0	22.9	22.8	23.0		22.9	
69			23.1	23.0	22.9	23.1	23.2	23.0	22.8

续表

分数	1. 高瘦	2. 高中	3. 高胖	4. 中瘦	5. 中中	6. 中胖	7. 矮瘦	8. 矮中	9. 矮胖
68	23.1	23.0					23.3		22.9
67	23.2	23.1	23.2	23.1	23.0	23.2		23.1	
66			23.3	23.2	23.1	23.3	23.4	23.2	23.0
65	23.3	23.2					23.5		23.1
64	23.4	23.3	23.4	23.3	23.2	23.4		23.3	
63			23.5	23.4	23.3	23.5	23.6		23.2
62	23.5	23.4					23.7	23.4	23.3
61	23.6		23.6	23.5	23.4	23.6		23.5	
60		23.5	23.7	23.6	23.5	23.7	23.8		23.4
59	23.7	23.6					23.9	23.6	
58	23.8		23.8	23.7	23.6	23.8		23.7	23.5
57		23.7	23.9	23.8		23.9	24.0		23.6
56	23.9	23.8			23.7		24.1	23.8	
55			24.0	23.9	23.8	24.0		23.9	23.7
54	24.0	23.9	24.1	24.0		24.1	24.2		23.8
53	24.1	24.0			23.9			24.0	
52			24.2	24.1	24.0	24.2	24.3	24.1	23.9
51	24.2	24.1					24.4		24.0
50	24.3	24.2	24.3	24.2	24.1	24.3		24.2	
49			24.4	24.3	24.2	24.4	24.5	24.3	24.1
48	24.4	24.3					24.6		24.2
47	24.5	24.4	24.5	24.4	24.3	24.5		24.4	
46			24.6	24.5	24.4	24.6	24.7	24.5	24.3
45	24.6	24.5					24.8		24.4
44	24.7	24.6	24.7	24.6	24.5	24.7		24.6	
43			24.8	24.7	24.6	24.8	24.9		24.5
42	24.8	24.7					25.0	24.7	24.6
41	24.9		24.9	24.8	24.7	24.9		24.8	
40		24.8	25.0	24.9	24.8	25.0	25.1		24.7
39	25.0	24.9					25.2	24.9	
38	25.1		25.1	25.0	24.9	25.1		25.0	24.8
37		25.0	25.2	25.1		25.2	25.3		24.9
36	25.2	25.1			25.0		25.4	25.1	
35			25.3	25.2	25.1	25.3		25.2	25.0
34	25.3	25.2	25.4	25.3		25.4	25.5		25.1
33	25.4	25.3			25.2			25.3	
32			25.5	25.4	25.3	25.5	2.56	25.4	25.2
31	25.5	25.4					25.7		25.3
30	25.6	25.5	25.6	25.5	25.4	2.56		25.5	
29			25.7	25.6	25.5	25.7	25.8	25.6	25.4
28	25.7	25.6					25.9		25.5

续表

分数	1. 高瘦	2. 高中	3. 高胖	4. 中瘦	5. 中中	6. 中胖	7. 矮瘦	8. 矮中	9. 矮胖
27	25.8	25.7	25.8	25.7	25.6	25.8		25.7	
26			25.9	25.8	25.7	25.9	26.0	25.8	2.56
25	25.9	25.8					26.1		25.7
24	26.0	25.9	26.0	25.9	25.8	26.0		25.9	
23			26.1	26.0	25.9	26.1	26.2		25.8
22	26.1	26.0					26.3	26.0	25.9
21	26.2		26.2	26.1	26.0	26.2		26.1	
20		26.1	26.3	26.2	26.1	26.3	26.4		26.0
19	26.3	26.2					26.5	26.2	
18	26.4		26.4	26.3	26.2	26.4		26.3	26.1
17		26.3	26.5	26.4		26.5	26.6		26.2
16	26.5	26.4			26.3		26.7	26.4	
15			26.6	26.5	26.4	26.6		26.5	26.3
14	26.6	26.5	26.7	26.6		26.7	26.8		26.4
13	26.7	26.6			26.5			26.6	
12			26.8	26.7	26.6	26.8	26.9	26.7	26.5
11	26.8	26.7					27.0		26.6
10	26.9	26.8	26.9	26.8	26.7	26.9		26.8	
9			27.0	26.9	26.8	27.0	27.1	26.9	26.7
8	27.0	26.9					27.2		26.8
7	27.1	27.0	27.1	27.0	26.9	27.1		27.0	
6			27.2	27.1	27.0	27.2	27.3	27.1	26.9
5	27.2	27.1					27.4		27.0
4	27.3	27.2	27.3	27.2	27.1	27.3		27.2	
3			27.4	27.3	27.2	27.4	27.5		27.1
2	27.4	27.3					27.6	27.3	27.2
1	27.5		27.5	27.4	27.3	27.5		27.4	

第十二表　四百四十码（约合四百公尺）赛跑成绩量表

身高体重分组——时间用十分之一秒

分数	1. 高瘦	2. 高中	3. 高胖	4. 中瘦	5. 中中	6. 中胖	7. 矮瘦	8. 矮中	9. 矮胖
100	54.0	51.9	53.3	55.2	52.3	53.4	55.6	53.1	54.7
99	54.4	52.2	53.6	55.5	52.6	53.8	56.0	53.5	55.0
98	54.7	52.6	53.9	55.8	53.0	54.1	56.3	53.8	55.4
97	55.0	52.9	54.3	56.2	53.3	54.4	56.6	54.1	55.7
96	55.4	53.2	54.6	56.5	53.6	54.8	57.0	54.5	56.0
95	55.7	53.6	54.9	56.8	54.0	55.1	57.3	54.8	56.4
94	56.0	53.9	55.3	57.2	54.3	55.4	57.6	55.1	56.7
93	56.4	54.2	55.6	57.5	54.6	55.8	58.0	55.5	57.0
92	56.7	54.6	55.9	57.8	55.0	56.1	58.3	55.8	57.4
91	57.0	54.9	56.3	58.2	55.3	56.4	58.6	56.1	57.7

续表

分数	1. 高瘦	2. 高中	3. 高胖	4. 中瘦	5. 中中	6. 中胖	7. 矮瘦	8. 矮中	9. 矮胖
90	57.4	55.2	56.6	58.5	55.6	56.8	59.0	56.5	58.0
89	57.7	55.6	56.9	58.8	56.0	57.1	59.3	56.8	58.4
88	58.0	55.9	57.3	59.2	56.3	57.4	59.6	57.1	58.7
87	58.4	56.2	57.6	59.5	56.6	57.8	60.0	57.5	59.0
86	58.7	56.6	57.9	59.8	57.0	58.1	60.3	57.8	59.4
85	59.0	56.9	58.3	60.2	57.3	58.4	60.6	58.1	59.7
84	59.4	57.2	58.6	60.5	57.6	58.8	61.0	58.5	60.0
83	59.7	57.6	58.9	60.8	58.0	59.1	61.3	58.8	60.4
82	60.0	57.9	59.3	61.2	58.3	59.4	61.6	59.1	60.7
81	60.4	58.2	59.6	61.5	58.6	59.8	62.0	59.5	61.0
80	60.7	58.6	59.9	61.8	59.0	60.1	62.3	59.8	61.4
79	61.0	58.9	60.3	62.2	59.3	60.4	62.6	60.1	61.7
78	61.4	59.2	60.6	62.5	59.6	60.8	63.0	60.5	62.0
77	61.7	59.6	60.9	62.8	60.0	61.1	63.3	60.8	62.4
76	62.0	59.9	61.3	63.2	60.3	61.4	63.6	61.1	62.7
75	62.4	60.2	61.6	63.5	60.6	61.8	64.0	61.5	63.0
74	62.7	60.6	61.9	63.8	61.0	62.1	64.3	61.8	63.4
73	63.0	60.9	62.3	64.2	61.3	62.4	64.6	62.1	63.7
72	63.4	61.2	62.6	64.5	61.6	62.8	65.0	62.5	64.0
71	63.7	61.6	62.9	64.8	62.0	63.1	65.3	62.8	64.4
70	64.0	61.9	63.3	65.2	62.3	63.4	65.6	63.1	64.7
69	64.4	62.2	63.6	65.5	62.6	63.8	66.0	63.5	65.0
68	64.7	62.6	63.9	65.8	63.0	64.1	66.3	63.8	65.4
67	65.0	62.9	64.3	66.2	63.3	64.4	66.6	64.1	65.7
66	65.4	63.2	64.6	66.5	63.6	64.8	67.0	64.5	66.0
65	65.7	63.6	64.9	66.8	64.0	65.1	67.3	64.8	66.4
64	66.0	63.9	65.3	67.2	64.3	65.4	67.6	65.1	66.7
63	66.4	64.2	65.6	67.5	64.6	65.8	68.0	65.5	67.0
62	66.7	64.6	65.9	67.8	65.0	66.1	68.3	65.8	67.4
61	67.0	64.9	66.3	68.2	65.3	66.4	68.6	66.1	67.7
60	67.4	65.2	66.6	68.5	65.6	66.8	69.0	66.5	68.0
59	67.7	65.6	66.9	68.8	66.0	67.1	69.3	66.8	68.4
58	68.0	65.9	67.3	69.2	66.3	67.4	69.6	67.1	68.7
57	68.4	66.2	67.6	69.5	66.6	67.8	70.0	67.5	69.0
56	68.7	66.6	67.9	69.8	67.0	68.1	70.3	67.8	69.4
55	69.0	66.9	68.3	70.2	67.3	68.4	70.6	68.1	69.7
54	69.4	67.2	68.6	70.5	67.6	68.8	71.0	68.5	70.0
53	69.7	67.6	68.9	70.8	68.0	69.1	71.3	68.8	70.4
52	70.0	67.9	69.3	71.2	68.3	69.4	71.6	69.1	70.7
51	70.4	68.2	69.6	71.5	68.6	69.8	72.0	69.5	71.0
50	70.7	68.6	69.9	71.8	69.0	70.1	72.3	69.8	71.4

续表

分数	1. 高瘦	2. 高中	3. 高胖	4. 中瘦	5. 中中	6. 中胖	7. 矮瘦	8. 矮中	9. 矮胖
49	71.0	68.9	70.3	72.2	69.3	70.4	72.6	70.1	71.7
48	71.4	69.2	70.6	72.5	69.6	70.8	73.0	70.5	72.0
47	71.7	69.6	70.9	72.8	70.0	71.1	73.3	70.8	72.4
46	72.0	69.9	71.3	73.2	70.3	71.4	73.6	71.1	72.7
45	72.4	70.2	71.6	73.5	70.6	71.8	74.0	71.5	73.0
44	72.7	70.6	71.9	73.8	71.0	72.1	74.3	71.8	73.4
43	73.0	70.9	72.3	74.2	71.3	72.4	74.6	72.1	73.7
42	73.4	71.2	72.6	74.5	71.6	72.8	75.0	72.5	74.0
41	73.7	71.6	72.9	74.8	72.0	73.1	75.3	72.8	74.4
40	74.0	71.9	73.3	75.2	72.3	73.4	75.6	73.1	74.7
39	74.4	72.2	73.6	75.5	72.6	73.8	76.0	73.5	75.0
38	74.7	72.6	73.9	75.8	73.0	74.1	76.3	73.8	75.4
37	75.0	72.9	74.3	76.2	73.3	74.4	76.6	74.1	75.7
36	75.4	73.2	74.6	76.5	73.6	74.8	77.0	74.5	76.0
35	75.7	73.6	74.9	76.8	74.0	75.1	77.3	74.8	76.4
34	76.0	73.9	75.3	77.2	74.3	75.4	77.6	75.1	76.7
33	76.4	74.2	75.6	77.5	74.6	75.8	78.0	75.5	77.0
32	76.7	74.6	75.9	77.8	75.0	76.1	78.3	75.8	77.4
31	77.0	74.9	76.3	78.2	75.3	76.4	78.6	76.1	77.7
30	77.4	75.2	76.6	78.5	75.6	76.8	79.0	76.5	78.0
29	77.7	75.6	76.9	78.8	76.0	77.1	79.3	76.8	78.4
28	78.0	75.9	77.3	79.2	76.3	77.4	79.6	77.1	78.7
27	78.4	76.2	77.6	79.5	76.6	77.8	80.0	77.5	79.0
26	78.7	76.6	77.9	79.8	77.0	78.1	80.3	77.8	79.4
25	79.0	76.9	78.3	80.2	77.3	78.4	80.6	78.1	79.7
24	79.4	77.2	78.6	80.5	77.6	78.8	81.0	78.5	80.0
23	79.7	77.6	78.9	80.8	78.0	79.1	81.3	78.8	80.4
22	80.0	77.9	79.3	81.2	78.3	79.4	81.6	79.1	80.7
21	80.4	78.2	79.6	81.5	78.6	79.8	82.0	79.5	81.0
20	80.7	78.6	79.9	81.8	79.0	80.1	82.3	79.8	81.4
19	81.0	78.9	80.3	82.2	79.3	80.4	82.6	80.1	81.7
18	81.4	79.2	80.6	82.5	79.6	80.8	83.0	80.5	82.0
17	81.7	79.6	80.9	82.8	80.0	81.1	83.3	80.8	82.4
16	82.0	79.9	81.3	83.2	80.3	81.4	83.6	81.1	82.7
15	82.4	80.2	81.6	83.5	80.6	81.8	84.0	81.5	83.0
14	82.7	80.6	81.9	83.8	81.0	82.1	84.3	81.8	83.4
13	83.0	80.9	82.3	84.2	81.3	82.4	84.6	82.1	83.7
12	83.4	81.2	82.6	84.5	81.6	82.8	85.0	82.5	84.0
11	83.7	81.6	82.9	84.8	82.0	83.1	85.3	82.8	84.4
10	84.0	81.9	83.3	85.2	82.3	83.4	85.6	83.1	84.7
9	84.4	82.2	83.6	85.5	82.6	83.8	86.0	83.5	85.0

续表

分数	1. 高瘦	2. 高中	3. 高胖	4. 中瘦	5. 中中	6. 中胖	7. 矮瘦	8. 矮中	9. 矮胖
8	84.7	82.6	83.9	85.8	83.0	84.1	86.3	83.8	85.4
7	85.0	82.9	84.3	86.2	83.3	84.4	86.6	84.1	85.7
6	85.4	83.2	84.6	86.5	83.6	84.8	87.0	84.5	86.0
5	85.7	83.6	84.9	86.8	84.0	85.1	87.3	84.8	86.4
4	86.0	83.9	85.3	87.2	84.3	85.4	87.6	85.1	86.7
3	86.4	84.2	85.6	87.5	84.6	85.8	88.0	85.5	87.0
2	86.7	84.6	85.9	87.8	85.0	86.1	88.3	85.8	87.4
1	87.0	84.9	86.3	88.2	85.3	86.4	88.6	86.1	87.7

普通运动技能测量

为各大学的体育部增进适合科学方法的教学起见，著者曾于一九二八年在欧瑞岗[①]大学（University of Oregon）撰著博士论文，他的题目就是：《大学男生普通运动技能测量》（“Measurement of General Athletic Ability in College Men”）。因为个个学生身体的能力相差悬殊，体育部理应尽力寻求方法，帮助学生促进他们的能力，所以最好寻求各个学生需要的法子，就是令他们做一种技能测验，看一看他们实际的程度如何，体育部的目标并不是要问他们怎样学来的这种技能，只是要知道他们体育的成绩究竟能做到什么程度。

现代最高体育界的思想全都承认说：学校体育部工作中最重要的一部份，就是要指导学生学得对于各种活动里共同应有的原素。这些原素可以分为甚么跑、跳、掷、接、踢、爬、越、推、拉，用双臂保持身体在空气中的均衡、平衡、有韵律、支持重量、敏捷改变方向的能力等等。本测验特殊的供献就是要决定大学男生应该训练的活动原素，这里普通运动技能的名词，也可以改为“普通敏捷训练”。自卫活动和游泳固然为大学男生最重要的训练，但非成年前个人学校生活的一部份，且此类活动须在不同的媒介物（Different Media）中动作，故须另编测验，本文暂不列入。

由分析大多数著名体育家判断的结果，得到普通运动技能中所包含的原素如下：

对于普通运动有帮助的为：

（1）肩膀和两臂的膂力。

（2）肩膀和两臂的调协。

（3）手眼间、足眼间、臂眼间的调协。

（4）跳跃和腿部的力量与拨动。

（5）耐性（持久支撑的力量）。

（6）身体的抑制与调节。

（7）两腿的速度。

标准的正确性　从上列的七项原素中，我们可以很容易的看到无论人类那一种活动，都可以概括的包容在其中的一项或数项之内，假使这种分析足以代表人类活动的写

① 现通译为“俄勒冈”。

真，那么我们就能够决定普通运动技能的标准（Criterion），在每项之下设计几种测验。在每项原素之下测验后加起来所得的平均分数足可以充作判断汇集测验正确性的客观标准。

这种标准分数（Criterion Score）的正确性还可以引用后列的三种方法决定：

1. 在体育界中曾经有过两种（D. K. Brace 的《测量动官能力》及 F. R. Rogers 的《在体育行政中的体能测验》）科学的研究曾用总分数（Composite Score）判断测验的正确性（Validity）。

2. 著名运动员的分数在四十一种不同测验的二十二种代表取样中全都表示这些运动员在技能测验中所列的位置很高。这些运动员总分的平均数如此之高，差不多一个普通大学的一百个学生中间，亦有三个学生可以达到。这是很有意义的事实！

3. 在比较几个被测验学生的总分数和大学体育教员评判的结果相对照，我们算得相关系数很高（R＝.936），并且可靠性的系数也很高（R＝.972）。

测验项目的可靠性　在不同的日期重复的测验，除去关于“手眼间、足眼间、臂眼间的调协”的测验之外，所有测验的可靠性的系数全都很高，大多数的皆在.9 以上，全数公认的测验在.8 以上，在最好应用的“汇集测验”（“Battery of Tests”）所选的各项目中能得到.968 汇集可靠系数。

各测验项目的觭重　用葛雷氏（T. L. Kelley）的“逐渐接近的统计法”（Method of Successive Approximation），对于最好汇集测验算得最适宜的觭重结果如下：

项目	乘数
双臂屈伸	0.8
垒球掷远	1.5
蹴球比远	0.8
立定跳远	0.9
把杠跳远	0.5
闪躲跑快	1.0
四百公尺赛跑	1.3

以上乘数的意思，就是倘若各项测验的分数被这个乘数来乘一下，然后再加起来，所得这个学生能力的写真较比不乘的时候加起来反准确。这种乘数数目的大小足可以供给读者认识在测量普通运动技能各项目的重要性。

测验汇集的正确性　以上测验汇集与标准所得的多数相关为.967（Roc=.967）。与真实标准能力估计标准差（Standard Error of Estimates）为（σ ∞0.1）14.8。

平均分数＝350

R_1I. ＝ .967

（汇集的可靠性）

σ （标准）＝65.7

σ （觭重的汇集）＝80.9

测量的标准差＝σ ∞1.1＝14.5

为不熟悉统计学中名词的教员或学生对于以上的统计名词似乎应该加以解释。

测验汇集的平均分数当然是350分，因为每项测验的平均分数是50分，并且在这汇集中间共计有七项测验，总平均分数当然就是350，比方每项测验都得50分，用每项畸重的乘数相乘，然后再总加起来，结果就能得到350。

这个统计学的名词 R_1I.是指着本测验汇集跟自己相关的可靠系数（Reliability Coefficient）说的。决定这种可靠系数必须特别另作研究。

标准分数的标准差［σ（Criterion）］是一个统计名词充作完全明了标准分数的差数（Variability）所必须要的。亦为计算“估计标准差”（Standard Error of Estimates）（σ ∞ 0.1）所需要的。这个估计标准差可以回答这一类的问题，如“真实的能力（真实的标准分数）究竟能估计到怎样程度？”回答就是σ ∞0.1＝14.8，意思就是“在一百个人中间有六十八个人的真实能力从畸重后的汇集分数来估计相差的分数上下不过14.8。

这里畸重汇集（Weighted Battery）的“标准差”较比“标准分数的标准差”（“Standard Deviation of the Criterion Score”）大了许多，这个原因就是因为标准分数是由于普通运动技能中各项目平均后加起来的分数造成的。这个量数是为计算“测量的标准差”（“The Standard Error of Measurement”）（σ ∞1.1）所必须的。其公式为——

$$\sigma\ \infty 1.1 = \sigma_1 \sqrt{1 - R_1 I.}$$

以上的σ_1是代表畸重汇集的标准差。

R_1I 是代表畸重汇集的“可靠系数”。

在说明“测量的标准差”的意义时候，可以用以下的解释：“在被测量的每一百个人中间有六十八个人的真实汇集分数从所得的汇集分数可以估计到差不了14.5分上下的区别。兹将所得的数目替入以上的公式

$$\sigma\ \infty 1.1 = 80.9\sqrt{1 - .968} = 14.5$$

譬如某生测验得到汇集分数397分，我们就可以说“在百分之六十八的机会当中，他的真实汇集分数是介乎397±14.5或者382.5与411.4之间”，在其余的百分之三十二的机会当中，他的分数要落在所限制的界线之外了。

技能分组　根据五级的分组法，所用的全组距为平均数上下的三个标准差（Three Standard Deviations above and below the Mean）每组可以用1.2标准差代表。σ（畸重汇集）＝80.9。

组级	乘数
Superior 优（甲）	496及以上
Above Average 良（乙）	399－495
Average 中（丙）	302－398
Below Average 可（丁）	205－301
Inferior 劣（戊）	204及以下

诊断　因为在编造量表的时候，每一种量表中标准差的分数是 $16\frac{2}{3}$（$\frac{100}{6}=16\frac{2}{3}$），所以某生如果分数在平均数（50分）之下的超过.6σ 以上就表示他在某项测验上的软弱。为什么要用.6σ 呢？就是要求跟以上所举按五级分组的方法相符合。——那就是在“中”

级组的分数是介乎 M±0.6σ 者之间的，所以某生如果在某项测验上所得的分数在 40 分以下，应该把他分到参加一种活动去训练补足他的短处。比方说某生在垒球掷远，或蹴球比远，或闪躲跑快，或其余的各项运动上表示软弱（40 分以下），他就应该在游戏的活动上多加训练和指导。假使他只在闪躲跑快上软弱，就应该命他多参加手球、网球或拳术一类的活动。同一样的道理，学生若在把杠跳远、双臂屈伸或两项都软弱，就应该命他在用两臂支撑体重抑制身体重量的基本训练中多加练习。假使他的肩膀膂力太弱，就应该劝他加入摔角。训练用两臂抑制身体的工作，可命学生加入器械体操、翻筋斗、爬、腾跃等活动，凡是在立定跳远、闪躲跑快，和四百公尺诸运动中表示软弱的学生要须令他们加入田径赛运动。田径赛的课程应该范围较宽，包括一切田径赛中的基本技术，不只限于跑跳两项。

在这里用几个学生实际测验的记录来说明著者所提倡的诊断方法（参看下页第十三表）。

第十三表 举例

	成绩	分数*	觔重	总结	分组与诊断
例一 矮中					
垒球掷远	128	28	1.5	42.0	
蹴球比远	35	56	1.0	56.0	根据本文之首的记录表，按照技能测验所得的总分数，学生可以分为甲或优，良或乙，中或丙，可或丁，劣或戊五组。
把杠跳远	5—0	45	0.5	22.5	
立定跳远	7—6	53	0.9	47.7	
双臂屈伸	9	46	0.8	36.8	按照 322.6 的分数，此生应入丙组。缺乏游戏技能，应强迫参加游戏，然后再允其自由选课。
闪躲跑快	24.2	50	1.0	50.0	
四百公尺赛跑	69	52	1.3	67.6	
			总计	322.6	
例二 高中					
垒球掷远	148	37	1.5	55.5	
蹴球比远	30	36	1.0	36.0	
把杠跳远	4-0	32	0.5	16.0	按照 174.4 的分数，此生应列戊组。缺乏各种技能。先命其加入田径赛，次命其加入体操，最后再命其加入游戏。
立定跳远	6-0	9	0.9	8.1	
双臂屈伸	1	23	0.8	22.4	
闪躲跑快	27.4	0	1.0		
四百公尺赛跑	76	28	1.3	36.4	
			总计	174.4	
例三 中胖					
垒球掷远	162	45	1.5	67.5	
蹴球比远	35	48	1.0	48.0	
把杠跳远	4-0	32	0.5	16.0	按照 267.5 的分数，此生应列丁组。在用双臂抑制自己的体重上及敏捷改变方向的能力上表示软弱，应该命他加入体操、手球、网球或打拳。
立定跳远	7-4	45	0.9	40.5	
双臂屈伸	6	43	0.8	34.4	
闪躲跑快	27.6	0	1.0		
四百公尺赛跑	71	47	1.3	61.1	
			总计	267.5	

续表

	成绩	分数*	觭重	总结	分组与诊断
例四 中中					
垒球掷远	157	43	1.5	64.5	按照 358.7 的分数，此生应列丙组。由测验的结果上看出来他对于游戏技能的软弱，但其总分业经超过 350 分以上（中等），也可以勉强允许他自由选课。
蹴球比远	30	37	1.0	37.0	
把杠跳远	6-0	57	0.5	28.5	
立定跳远	7-7	49	0.9	44.1	
双臂屈伸	7	44	0.8	35.2	
闪躲跑快	23.4	61	1.0	61.0	
四百公尺赛跑	63	68	1.3	88.4	
			总计	358.7	
例五 中中					
垒球掷远	209	76	1.5	114.0	按照 510.9 的分数，此生应列甲组。有造就成为一个极好运动员的能力，应该劝他加入选手队，代表学校对外比赛。
蹴球比远	50	87	1.0	87.0	
把杠跳远	7-8	78	0.5	39.0	
立定跳远	8-3	65	0.9	58.5	
双臂屈伸	10	54	0.8	43.2	
闪躲跑快	22.6	73	1.0	73.0	
四百公尺赛跑	61	74	1.3	96.2	
			总计	510.9	

*用于行分数可以充作诊断的参考。

分组教学　固然这种测验汇集最大的价值是用它作为诊断的工具，但是它还可以用来充作分组教学和分组比赛的工具。在测验的记录卡片上可以指明某生普通运动技能的组目；如优、良、中、可、劣等组。假使我们把这种组目放在学生的点名簿上，足可以利用它作为教员分组教学的根据。比方说在一个器械体操班上，某几个学生的组目是“中”（“Average”），但他们肩膀的膂力和用两臂抑制体重的能力表示薄弱，他们不久就须要较比“可”“劣”两组，稍微难一点的体操。如此，班内较好的学生，在学习基本动作的时候，不致〈至〉于受较坏学生的钳制。

汇集测验的其他方式　为适应各地各时各人的需要起见，最好对于测验汇集多采几种别样的方式。以下四种方式，可供参考。但应用时须加注意，最好的汇集（第一式）是得到与标准最高的多数相关（Highest Multiple Correlation with the Criterion）。第二式稍差，第三第四反次之。第四式在诊断上不能算是一种好的汇集，因为它缺乏测验普通运动技能中的三种原素——两臂和肩膀的调协，足眼间的调协，与耐性。但在气候不适宜的时候，或者不适宜的地方也可以充作分组的工具，因为这种汇集中的各分项测验全都可以在一个普通的健身房内执行。

第十四表

方式二	乘数	
垒球掷远	1.2	$\gamma_{0}c$=.955（与标准的相关度）
蹴球比远	1.2	
急行入水比远	0.6	$\gamma_{1}I$=.967（汇集的可靠度）
三级跳远	0.5	
引体向上	1.0	σ（畸重汇集）=80.6
120码低栏	1.3	
四百公尺赛跑	1.2	$\sigma\infty_{0.1}$=17.9（估计的标准错误）
		$\sigma\infty_{1.1}$=14.6（测量的标准错误）
方式三	乘数	
爬绳比快	0.6	$\gamma_{0}c$=.9476
推铁球（12磅）	1.5	
蹴球比远	1.0	$\gamma_{1}I$=.967
立定跳远	0.7	
把杠跳远	0.5	σ（汇集）=83.1
闪躲跑快	1.2	
四百公尺赛跑	1.5	$\sigma\infty_{0.1}$=19.15
		$\sigma\infty_{1.1}$=15.1
方式四（阴雨用健身房）	乘数	
双臂屈伸	1.6	
立定跳远	1.7	
把杠跳远	1.2	
闪躲跑快	2.5	
		σ（汇集）=87.75
		$\sigma\infty_{0.1}$=32.2
		$\sigma\infty_{1.1}$=19.2

（《体育季刊》第3卷第1期，1937年3月）

非常时期之国民体育[①]

（1937 年 3 月）

自序

二三年来国事阽危，个人在国内外所感受的激刺和痛苦，真可以令人发癫发狂！又兼归国之后，公私猥集，情绪万状，不敢冒〈贸〉然动笔，出书问世。本年五月，教育部雷震司长托由郝更生先生之介绍，嘱为中国新论社代撰《非常时期之国民体育》一文，限期出版。坚辞不获，因就鄙人对于改善我国体育之刍议旧文中，略事整理修改，以出版发表，其中不洽文题或不合体裁的地方，尚希读者见谅是幸！

本书之编，取材于当代名贤的言论正多，不及一一志谢，良用歉疚。兹在发刊之首，特此铭感。

民国二十五年九月十八日章辑五序于天津

一、绪论

世界二次大战的必然性，似乎不容吾们疑惑了！吾们推测的根据，一在欧洲，一在远东。

日本在"九一八"后，退出国联，于一九三五年发生效力，此后侵略者不受条约上之制裁，凶顽横行，为所欲为，和平破坏，岌岌不可终日！日海军条约于一九三六年期满，伦敦海军军备缩减之协定，亦宣期满。因日本反对比率主义，要求海军平等，赓续妥协已不可能。造成敌对局面，以填其侵略之欲壑。

德意志因利用英法间之嫌隙，以遂其恢复国权脱离敌人桎梏之欲望，于本年三月七日希特勒宣布《罗迦诺公约》[②]无效，派兵占领莱茵非武装区域。简直是向法兰西及和平主义者挑战。

意阿战起，制裁无力，意大利于本年五月十日正式宣布并吞阿国了！国联的约章，撕毁践踏，都要化为灰烬了！国际和平机构推翻了！集体安全制无法存在了！继之而起者，自然将为国际猜疑、仇视、连合、火并，毁灭文化的武器比以前的欧战，更要变本加厉了！

中国自一八四二年《江宁条约》订立以后，与世界各国的交涉频繁，闭关自守闲逸的生活是维持不住了，因为外力四面的压迫，可以说是天天发生国难，时时是非常时期，

① 本书为中国新论社《非常时期丛书》之一种，1937 年 3 月由上海中华书局印行。

② 现通译为《洛迦诺公约》。

算起来已经将近一百年了！在这些时候，因为种种的关系无非是因循苟且，或者是轻易蹉跎罢了。“九一八”后，疆土日蹙，民族阽危，又兼冀察问题日紧一日，一般国民咸认目前教育，不足以应付严重国难，而要求非常时期的教育。

一般眼光短小的民众，和时髦派的青年，只顾目前的紧急，不问将来的得失，要求学校内减少普通课程，增加军训时间，停止娱乐活动，提倡刻苦锻炼等等的主张，一时颇能迎合惶惑交集，紧急不知所措的社会心理。

吾们不要因为世界的混乱，和中国目前时局的严重，把吾们的头脑弄昏了。外界愈是混乱，吾们内心愈应该镇静；时局愈是严重，吾们愈应该看清了事实，认定吾们的脚步。一言可以兴邦，一言也可以丧邦；所以作者在编撰这篇论文之前，就决定不说时髦的话，不唱时髦的调子，不随声附和，要本着真理事实，存着“哀矜敬慎”的态度，要说良心内的话！

自欧化东渐，中日两国原处于同等地位，全都是要力图富强追求维新，可是在最近三十年内日本一跃而为世界上第一等强国，而中国在一切事业上仍多望尘莫及。即就体育一项论，在第一、二届（一九一三与一九一五年）远东运动会席上，日本之成绩，远不如中国。然嗣后日本则蒸蒸日上，而中国则每况愈下。（比较的，自己确乎有点长进，但不如人家进步的快！）现在日本的体育不但称霸远东，而且要问鼎世运，她在一九三二年的第十届世界运动会中，对于游泳、田径赛及其他运动席上，已经得到相当的地位，为世界各国所震惊。在本届的柏林欧会期中，仍抱着极大的雄心，并且下届一九四〇年的欧林匹克[①]大会，有决定在日本东京的可能。回顾瞻前能不令人愧死！

日本在体育上，比较中国进步快的原因，虽然是他们国民经济文化的程度较为高些，政治与社会组织的机构略灵敏些，国民尚武、好斗、服从、耐劳的习性稍微好些，然而中国教育的方针屡次变更，缺乏确定的政策又兼国民短少认真持久（Persistence）的性格，朝三暮四，随着环境的推演，无论做甚么，全都得不着相当的成绩！前几天，作者到塘沽参观黄海化学工业研究社，与该社的社长、老友孙颖川博士畅谈中国的问题；他说：

“中国现在有许许多多的事情，都是‘拔苗助长’，‘欲速则不达’，没有根本彻底的办法，是很危险的……”

后来他又谈到，他当年十七岁在日本留学的时候曾经加入过同盟会，因为瓜分惨祸的恐怖，主张中国革命，那个时候就有“非常时期……国亡无日……不必读书……”等等的口号。孙博士看到中国二十余年光阴的虚掷，发生无限的叹慨！前几个月有人谈到四川近来的建设，曾经给过八个字的考语，就是“百废俱兴[②]，一事无成”，这虽然是一种悲观刻薄的批评，但是足可以给吾们思想幼稚者一个当头棒喝了！

在本年五月十日的第二十六号《教育杂志》上欧元怀先生曾说：

“吾人以为教育系国家百年大计，方针不能轻易改变；过去新教育失败之主因，就在教育随政潮而演变。教育既无永久的中心目标，当然会演成今日麻木不仁之现象。故今日如要改变教育方针，绝不宜如已往将教育置诸政治之范

① 现通译为“奥林匹克”。

② 原文如此，疑为“百废待兴”之误。

畴中。教育之宗旨或方针，势须有两种作用：一是适应当前环境，一是巩固立国根基。……”

吾们承认教育的作用须要“适应当前环境”是对的。教育的作用是要“巩固立国根基”也是对的。在两者不能得兼的时候，就要按着轻重缓急决定政策了！根本说起来，教育还是“巩固立国根基”的方面多些，尤其是中小学的学生，“适应当前环境”是政治家，军人及社会成人的事，大学的学生少些。

在本年四月一日第二卷第四期的《中国新论》上雷震先生曾说：

“今日非常的准备是：一面既须讲求外交策略以资应付，一面更须充实本身力量以为抵抗。……中国必赖自力充实之后，国难始能解决，决非短期间内可以完成，而且亦非专致力于枝枝节节的问题可以收效，必须要在各种根本问题谋根本之改革与建设，如义务教育之普及，科学基础之确立，国民经济之建设，金融财政制度之革新，农村经济之改善，国民健康之增进……关于衣食住行之基本需要，必须做到自立的地步。故中国近日之准备，一面是为着应付目前的局势，一面是要树立立国根本的要件。换一句话讲，就是要在非常时期之下，并谋经常时期之建设，要时时准备与敌人肉搏，但其准备仍须在大处远处，积极的着想与迈进。故其出发之点，决不能只顾目前难关，而忽略解除国难的重要因素……所以我们今日不能单注意战争爆发之刹那的需要，要切实充实今日立国世界之根本力量……我们应彻底觉悟者，敌人迟早会对我们开火，但亦不见得立刻就会发作，倘一旦敌人光临，我们要有长期奋斗的决心，要拖到我亡敌人亦亡的地步，我们才会有最后的胜利。我们的敌人很强，决不是一战二战可以使敌人精疲力竭的。”

从雷先生“非常时期之意义”的解释中，吾们认清吾们的地位，立论就不至于出于近视眼式的见解了！

教育部为适应国难时期之需要，于本年二月征集各方意见闻达一百余件，并召集会议，商订之后，已拟订特种教育方案，陈请行政院蒋院长审核。闻该方案内容均甚切要，饬由教部分别订定具体办法实施。教部现正赶拟具体实施办法，不久即可颁发。该方案之基本目标为：

（一）注重体格训练；

（二）改进精神训练；

（三）在知识与技能方面注重生产能力与特种教材。

该方案（一）关于增进各级学校训育及体格精神训练者之主要项目如次：

（甲）改进一切与体格训练有关之科目，（乙）厉行教训合一，（丙）改善并扩充童子军训练，（丁）实施强迫体育，（戊）规定青年劳动服务办法，（己）举行特别讲演。（二）关于整理各级学校课程及设置学科暨技术科目者……（三）关于厉行民众训练者，约为：（甲）推广民众学校，（乙）改善民众补充读物，（丙）推广播音教育，（丁）促进电影教育诸项。此外关于（一）学龄儿童义务教育之加紧推行，（二）生产教育之扩充，（三）高等教育在地域分配上之调整，亦均经另定办法。大概全案旨趣在充实各级教育之内容，矫正其弱点，注重切实应用，而对于各级学校之经常基本训练，不令过受牵动。

写到这里，读者或者以为作者所说的，过于宽泛，谈了半天，净是些世界国家的大势，中国现在教育的问题，还没有涉及体育本身问题。因为作者的根本信念认为中国的国难，必须整个的同时解决，决不主张体育单独可以救国的。要促进国民的体育，不但要在体育本身上努力，其他方面也要同时进展。过去“头齐脚不齐”的畸形现象（试看最近各城市所建筑宏壮伟严的运动场与附近居民生活程度的不相称），足可以使吾们明白综合的看法，比较分析的看法胜过一筹了！各方面的隔膜、缺乏调协、短少联贯的现象为阻碍进步的通病。廖世承先生在本年五月份的《教育杂志》上说的很好；他说：

“目前国家救亡图存的惟一要着，在各方协力，一致对外。政府、学校、学生、社会，知识份子，各方一定要打成一片，不要有一点隔阂！”

二、纠正对于体育认识不正确的信念

无论在推行那种教育运动（Movement）之前第一项步骤，必须有适当的宣传，使人民了解该项运动的意义，和该项运动与个人切己的关系，给人民以正确的观念，才能够推行无阻，顺利的进行。就是孙总理的国民革命亦预先采取所谓“心理的建设”；提倡体育，又何独不然。何况在非常时期内，宣传的教育尤关切要。在本年五月十日三卷一期的《民间半月刊》内罗靖华先生说：

“在非常时期，一切都不寻常，并且都达到了危乎其危，险乎其险的地步。乃所谓断续存亡之秋；在此断续存亡之秋，如何使它续而不断，存而不亡，才是一切共同的目标；全国上下，应该同心协力，竭诚以赴……”

他又说，“要满足非常时期的需要，必须具有五个条件：

“（一）要有效力，（二）要快，（三）要有力量，（四）要简单，（五）要普遍。”

对于宣传的教育他说：

“何必读书然后为学！假使蚩蚩之氓，任何事都敢作，都愿意作，都不反对，独于当汉奸，则认为辱及九代，臭遗万年，擎桌揎拳，血涌筋偾，深恶痛绝，……他尽管一本书也没有读过，一个大字也不认识，我们也不能不承认他是受了教育，而且是受了真真实实的教育。同时，也不能不承认这种教育是成功的，是有效的……”他又说：“只是宣传式的讲演，可以尽量的鼓励，刺激，不受文字的限制，没有咬文嚼字，不用笔墨纸张。只有用活的言语，活的表情，活的动作，活的姿态，才能够表达出来，才能够收功迅速。”

所以我们要促进国民体育之前，要采用宣传教育的方法，努力矫正一般国民对于体育认识不正确的观念。

过去我们提倡体育，没有采取过正当宣传的步骤。一般民众所见过的，只是运动会的比赛，所以他们所认识的体育，就是运动的比赛。有的人认为体育是青年学生的活动，与社会民众毫不相干。也有人认为体育是洋派有闲阶级的消遣品，是有钱人的玩意儿，一般老百姓是不配享受的。就是一般的教育家，也认为体育是发达肌肉，强壮身体的，很少的人看到其他方面的功用。简言之，大多数的民众，没有认清体育的真谛，发生许多推行上的障碍。所以我们的先决问题是宣传体育的真义。

（一）现代教育的意义：根据现代教育心理学上的发明，教育的意义，不是只限于入学校，也不是专读书，乃是一个人自生至死，无论在家庭，在学校，在社会里受外界环境的激刺，或自己内心的冲动，自动的反应，使其继续不断的有所改变，以求适应。教他改变的方法，就是利用各种活动，使其运动他的身体，激刺他的思想，触动他的感情，影响他在人群中一切的行为。至于他的改变是好了，还是坏了，全在乎社会道德的标准，与制裁了。

按照这个定义，估一估我们现在国内教育的价值，就可以晓得凡一切被动的方法，不能使学生自动反应的，不能收到所期望的效果。静而不动的教育也不能有甚么意义。社会上没有道德的标准和相当的制裁，也是闭着眼办教育，不知伊于胡底的！

（二）现代体育的意义：体育为诸般教育方法中之一种方式，其定义与教育之定义略同；其所不同者，只在多利用大肌肉之活动，及其相关之反应，使其整个机体有所改变，无论思想、感情、行为，均包括在内，不只限于身体之一方面而已也。（柯森氏，F. W. Cozens）

我们人类需要户外大肌肉活动（Big Muscle Activities）的原因，就是有眼光的科学家，看到人类在生物进化的过程中，室外的空气，美好的阳光，粗糙的食物，旷野中的爬山、泅水、奔跑追逐及一切天然大肌肉的活动，全都是与身体的健康有益处的，近代工业发达，科学家发明许多的机器替代人工，大都市内的人口繁殖，人民多在室内，从事不自然的生活，每日所需用者只是神经末梢及一切小肌肉的活动（如手、眼、耳、口、舌、鼻等），以致日渐萎弱，百病丛生；盖因非用大肌肉的活动，不足以发达内脏（如心、肺、肠、胃等）的健康。

普通人以为体育是指着“身体的教育”而言，盖由所谓德、智、体、群、美五育的名称而来，亦是受身心二元说的传统思想的影响所致，与现代整个机体（Whole Individual）的教育原则有背，早经被人弃绝。

按照赫泽灵吞（C. W. Hetherington）的界说，他说：

> “体育为全部教育之一方面，关系组织及指导儿童从事大肌肉之活动，根据科学的知识，及社会道德的标准，在活动之附带中，发达他们的健康，陶冶他们的品格。并且在领导活动中自然而然的要注意管理一切不健康或妨碍发育的情况，及控制社会环境的不道德，使体育教育进行无阻。”

这两个体育的界说，可以互为表里，足可以代表现在体育界权威者的见解了！

（三）为甚么我们需要体育？吾们的先哲就晓得，一国立国的根本要素是“教”“养”“卫”三个字，就如叶楚伧先生所说的，我们的国民，最低限度，要能达到自养自卫的地步，国家才可以立足，才有余暇讲究到别的问题，老百姓还没有饭吃，那里有工夫提倡体育？人民被人家欺侮凌辱的不能立足喘气，那里有心思讲到休闲娱乐的问题？诸如此类的话，不一而足。我们要提倡体育的人，必须能够解答这样疑难的问题。在中华全国体育协进会本年出版的第二卷第二期的《体育季刊》上王庚先生曾经解答说：

> “说这种话的人，未尝没有理由，只可惜这种人，他根本没有知道乡村体育，是甚么一回事？他没有知道体育比吃饭还要紧，他没有知道，农民先要体格强壮，然后才有饭吃，他只知道‘饭后哲学’，没有知道‘饭前哲学’，他更

没有亲自下过乡，没有亲自和农民接触过，没有知道农民对于体育之需要，他更不知道有许多不化钱的乡村体育方法！”

作者根据近年来的研究所得，要举出十个证据来说明吾们中国国民的的确确有努力提倡体育的必要：

（1）缺乏“机体的生活力”（Organic Vigor）及“实验的健康”（Tested Health）之需要：我们机体的生活力，或者说吾们身体劳作的气力精力，是我们生活操作的本钱，勿论作工，求学，非有精力气力不可。身体健康的人，能够运用自己的气力，适应工作的需要，能够持久耐劳而不倦。我们在公事房工作的人，常常以为没有疾病，是很健康的；就是经过人寿保险公司医生的身体检查，也是查不出毛病来的；但是使他做一种活的测验，如同请他打一打球，或者是跑个五十公尺，他立刻就表显面白气喘，感觉出种种的不舒服来。稍微作一点过度的运动，他身体内潜伏的缺点，就要立刻崩溃暴露无遗了！所以体育的活动，是惟一测量真实健康的寒暑表。世界著名的生物学者金宁氏（Jennings）曾经说过，吾们各人因为环境上的不需要，可以隐藏着许多身体内遗传上的短处，可以避免着不至于暴露。但是遇见非常时期，做非常活动的时候，就要显露出来了！体育的特殊地位，就是要藉着各种活动，测一测各部“实验的健康”，预期锻炼，防患未然。

（2）缺乏品格教育及公民教育实验室的需要：在体育活动的团体中，人与人的磋磨，和实际对人接物的机会最多，人的性格也都可以露真的表现出来。人的品格是一个行为问题，不是理论问题，只可以利用正当的领导与专注调协的活动（Attentive Coordinated Activity）使之发达。用熏陶渐染的工夫使之互相标榜，互相矫正，始可以收效。洛德博士（F. S. Loyd）曾经指明体育活动包含品格训练与公民训练的机会最多，可供该项训练之实验室，因为他们的活动都有兴趣，都需合作，都要专注与调协，都能供给自动选择是非利害的关系。近年来各国利用体育的活动，吸收青年，组织青年，减少他们从事有害的消遣与罪恶，实在不少；现在有统计可按。

（3）缺乏休闲时间从事有益消遣的需要：科学愈发达，世界愈进化，机器发明的愈多，需用人工的机会愈少，因而人民工作的时间愈短，而休闲的时间愈长。这是世界普遍的现象，尤以大都市为然。在此种趋势之下，倘若国家没有指导国民，在休闲时间，从事正当娱乐的办法，社会就要蒙受休闲时间的害处。现在吾们都市社会中所见到的，增加了许多酒馆、茶庄、饭庄、戏院、电影院、妓馆、赌场、跳舞场、鸦片烟馆，使国民的身体日渐孱弱，道德日趋堕落，舞弊、偷盗、斗殴、凶杀的事件，层出不穷。

（4）缺乏天然游戏调济专业工作的需要：旧时代的农村生活，尚有各时季的庙会聚集等活动，以发泄其各人好娱乐喜结群的天然本能。工作与游戏，家庭与社会的生活没有严格的界限，皆混在一团（Self-contained）。工业愈发达，工作愈分化。每日运动全身工作（All-round Work），发达大肌肉的机会，日愈渐少，而各人之工作变成专业化矣（Specialized）！生产竞争的剧烈，分工制度的倾向，生活程度的提高，“人为财死，鸟为食亡”的心理，驱使着一般无知的民众，忘却身心的健康，拚命的工作而无游戏。为发泄他们的好习游戏本能的原故就不得不用少数的金钱，短小的时间，从事些个被动（Passive）商业化（Commercialized）的娱乐，利用嫖、赌、烟、酒、鸦片、吗啡等刺激品，以求兴奋。本能上的驱使（Instinctive Drive）把理智上想到的健康问题，早已忘到九霄云外矣！

（5）缺乏推翻传统有害成见的需要：中国数千年来，受老庄无为哲学的遗毒，“一动不如一静”的观念，“认命守己”的思想，真真把我们中华民族害苦了！按照作者的现代教育定义来讲，凡是静而不动的教育，只有被动而不能使学生自动反应的教育，根据近代教育心理学的看法，都是没有用处的。我们东方人因为受惯了专制时代的压迫，都认为“尽责任”“守本分”“忍为高”为人生最高之意义。而西方人对于人生的见解（毫不虚伪，不假造，坦白，率真的讲起来），除了尽本分之外，还要尽量的享受人生的快乐。德国人在艰苦奋斗，努力民族复兴的期中高唱 Kraft durch Freude（快乐为力之源）的口号，组织消遣运动。第一年中在柏林一处已获得二百五十万人加入。这与中国人“卧薪尝胆”的思想完全相反。因为他们认为环境愈困难的时候，精神愈要愉快，关在屋子里头“忧愁啼哭”是毫没有用处的！

（6）缺乏心理健康的需要：现在社会组织的复杂，人心的诡诈，时局的不安，各种主张的矛盾，及一切的纷扰皆易使吾们的脑筋疲惫，精神冲突，趋入病态心理，反兼生计艰难，生活龌龊，时时刻刻处在不舒畅的压迫环境当中，碍难保障吾们的健全人格（Safe-guarding a sound and healthy personality）。不健全人格的象征就是：怕羞、神经过敏、迷信、猜忌、狐疑、恐惧、懒惰、不整洁、犹豫等。他们常作玄想及无根据的推论，缺乏此时此地的哲学看法，吾们跟这样不健全人格的人办事，很难合作，因为他们不重视事实，多是因循苟且，缺乏持久认真（Persistence）的毅力。这样的人情感最不衡稳，热心也不坚定，恍恍惚惚，今日东，明日西，稍一不合，即遭激忿。说谎、偷窃、戕害、自杀的事为普通现象。举目看一看我们全国国民个别的心理，就可以晓得健康不健康了！

（7）缺乏经济建设能力的需要：现在吾们国家因为要治“穷”的病，所以高唱“改善农村经济”，组织“国民经济建设运动”。不差，经济建设固然要努力生产，提倡工商业的企建，但是站在各种建设背后的，还是需要体格健壮的好国民！我们全都晓得中国最大的问题是“贫”是“弱”。然而“贫”“弱”是互为因果的，绝不是先贫而后弱的。我们因为穷的关系，使吾们眼光只注意到“大洋钱”的身上，而看不见比“大洋钱”还宝贵的漏卮，就是每年疾病死亡巨大的统计。（前年卫生署的报告，中国国民的平均年龄是三十岁，刚刚过了消费最多的教养时期，而入到起首从事生产的时期，而就呜呼哀哉了！这种的漏卮是何等的大呀！美国人平均的年龄是五十九岁，他们所能成就的事是何等的多呀！）至于大多数形容枯槁，精神萎靡，半生不死，不胜艰巨，会吃不会做的成人，还不计其数呢！

（8）缺乏满足人生富丽生活及游戏欲望（Play Drive）的需要：现代紧张的生活，工商业的制度缺少兴趣的、极单调的（Monotonous）工作，使人减少生活的乐趣，不能满足人类机体内自然自动游戏（Natural Spontaneous Play）的欲望，碍难有创造伟大的思想与建设。自一七五〇至一八五〇年工业革命后，世界的文化皆受重大之影响，最重要的，就是用新式的机器替代宝贵的人工，把自然发达全部身体的机会，日渐剥夺，把最高贵的人类，也当做机器看待，使人生缺乏高尚的意义。体育的地位，就是要把这种无聊不自然的生活，用天然自动的游戏调济调济，使人得到美满富丽的生活（Full Living）。

（9）缺乏农工阶级游戏的需要：体育既为大肌肉之活动，于是常有人认为乡村的农夫，城市内的苦工，每日从事大肌肉的活动，即可不必需要体育。甚至一般工〈功〉利主义者主张以劳动代体育者。这种人的论调，根本就没有认清工作与游戏的分别。游戏是出于自动的，从心所欲的，为发达自己康健的；工作是因为经济所迫，环境上的需要，是不得不活动的，不是从心所欲的，多是因为压迫牺牲个人健康的。工作因为生活之必要，而适当之游戏，亦为生活之不可无（理由见前）。况且体育所达之各种教育目标均非劳动所能达。

（10）缺乏坚强体力捍卫国家的需要：现在因为敌人用武力的侵略，国将不国，于是全国一致的高唱厉行军事训练，恨不能一时全国皆兵才好，作者认为这也是一种近视眼式的见解。在本年五月十七日第二〇一号的《独立评论》上，张其昀先生发表的《中国国势的鸟瞰》内说：

“常备军的人数，据国际军缩会议一九三二年报告，第一位为中国，计常备军一百八十万人，英国常备海陆军为十一万人，……日本为二十八万人（朝鲜、台湾及旅大租界地均在内）。统计英、美、法、俄、日五强国共养之常备军一百五十万人，犹比中国一国所养之军少三十万（但日本若遇战时可以陆续征集军队至三百万人左右）。

“中国的军人数目虽多，但日本人批评中国的军人，因为精神、体格与技术的关系，是不能作战的，是丝毫不足畏的。这虽然是藐视吾们的军人，壮他们自己威风的说法，但是如果严格的检查我们全国军人的身体一下，究竟身体上及格人有几人？真正能够抱着奋勇的雄心，抵抗一阵的又有几人？故作者对于中国军人的建议，不在量的扩充，而在质的充实与改善。军事科学的发达，军人体育的讲求，全都是最关切要的！”

三、改善并调整现行组织之弱点

如果我们全国民众，对于体育得到正确的认识，用有力宣传的方法，使他们感觉到体育的需要，那么我们就要设计如何运用固有的组织，改善他们的职权，调整他们的机构，使他得到更有效力的推行，更良善的效果。在本年五月三日第一九九号的《独立评论》上傅葆琛先生论到“乡村建设运动”的文章里曾说：

“我觉得乡建的成功，必须有三个条件：（一）学术力量，（二）政法力量，（三）社会力量。没有学术力量，乡建不能发动不能进行；没有政治力量，乡建不能普遍，不能彻底；没有社会力量，乡建不能坚固，不能持久。学术力量由专家负责，政治力量由政府负责，社会力量由人民负责。专家只能根据事实与学理来号召，来研究，把研究的结果贡献与政府和人民；政府必须利用专家研究出来的方法去实施，去建设；同时一般乡村人民必须能了解此种建设的意义，并能接受此种建设的事项。这样专家、政府、人民三方面共同努力，然后乡建才有成功的希望。请问我国今日的乡建运动，是否切实地履行了这三个条件？专家代表的学术机关是否得到政府的赞助？政府当局是否采纳专家的意见和贡献？一般乡村人民是否具有自觉自动的意志和组织的能力去接受政府的命令，去实行专家的主张，毋须外力的勉强与压迫？若是这三个条件有一个没有办到，乡建的目的就不能达到。”

我们读完了傅先生的文章之后，我们深佩服傅先生对于推行新建设的眼光和最彻底的主张。我们提倡国民体育与推行乡建运动需运用的力量相仿佛的地方甚多。我们没有学术的力量不能发动，不能进行；就是勉强的发动了，进行了，不是妄动，就是盲从，也难望其收到合理的实效。没有政治力量，体育就不能普及，不能彻底，观乎近年各地方之推行体育，各省市之设立体育督学和体育指导员，蒋委员长冬令通电各机关、各军队实施强迫体育的效果，就可以晓得政治的力量了！没有社会力量，体育就不能坚固，不能持久；只有靠政府的力量，养成人民的倚赖性，难免走入“人存政府〈存〉”的现象。作者考察欧美各国体育的发达，他们的根基差不多都是建设在人民的组织上，鲜有专赖政治力量发展的！

对于以上所说的三种力量，我们仿佛已经有了相当的组织，不过有的具体而微，能力薄弱，有的机构呆滞运用不灵，有的是陷入歧途或者是缺少调协与联贯罢了！

关于学术力量方面已经有了南京中大，及北平师大的两个体育系及本年五月十六日新成立的中华体育学会；关于政治力量方面，已经有了中央和各省市的体育协进会和督学指导；关于社会力量方面已经有了中华全国及各地方的体育协进会；并且于本年四月在党部指导下组织了中央民众训练部体育指导科，指导全国各县市筹设体育会，各级党部预算得列入体育经费。兹就管见所及，对于改善以上三种力量的建设，胪列于后：

（一）关于改善学术力量方面的

1. 联络并沟通其他有关体育之学术团体共同探讨体育问题，并于相当时期成立体育研究所。体育成为一种新的职业，不过二三十年，与其他职业，如医药、法律、工程等，比较幼稚，有许许多多的问题，非其本身上所能解决，有待于其他学科之协助。为适应现代国家造就健全国民之需要及努力新体育职业的建设起见，除普通教育之外，不得不努力与后列职业谋相当之联络与沟通：

（1）与医学与卫生界（包括自然科学）联络。沟通关于身心健康教育上的新原则，医药卫生上的新贡献、新发明。

（2）与社会科学及民众教育机关联络。沟通社会科学上关于中国社会上的新发见，民众休闲时间消遣的新方法，公民品格训练的新方式等等。

（3）与研究人类学与心理学科等机构联络。沟通关于中国民族血统状况，体格消长的原因，民族特性的探讨，心理学上学习律的新发见等等。

（4）与军事教育界联络。沟通关于训练士兵新式操典之实用，最新战术的研究等。

此外中央研究院、中央编译馆、中国科学社、北平社会科学调查所、中国医学会、新教育学会等团体， 均应鼓励关于国民体育问题的探讨与著作；并于相当时间择定相当地点，成立体育研究所。

2. 中华教育文化事业基金董事会应指定专款设立体育奖学金及延聘体育讲座。

（1）设立体育奖学金。中国提倡体育将近三十年，体育受政府之重视者已有五六年，而从未闻学术界之最高奖励机关中华教育文化事业基金董事会设立体育奖学金，此或为该董事会之轻视、或忽视体育而致，斯又待于体育界本身之努力，及该董事会之垂青。

（2）延聘世界体育名宿来华指导研究中国体育上之待决问题，限期报告。中国数千年来积累体育之方法甚多，如各种乡土游戏，及各派武术等即所谓中国本色的体育，均有重新整理、估价，如何使之科学化、现代化、教育化的必要。作者所知中国新式的体育家均无暇顾及此项问题之探讨，而旧式的体育家，没有受过现代科学的训练，缺乏整理、估价、选择的能力，故“国术科学化的问题”，已成为多年待解决问题。他如中国民族体格的标准，男女两性各年龄体能体力的测量，体育考试的标准，合理课程的编撰与实验等等，均为当前亟待解决之问题。作者所知麦克乐博士曾在中国体育界服务七年，供献最多，精通汉文，现充美国体育协会会长，为美国第一流研究派（Research Men）的学者，应聘其来华一年，在南京中大及北平师大两校讲学一年，专门指导研究事业（探讨的问题可以预先通函商洽，研究的人才（Research Fellows）也可以先期准备），将来的成就可以预卜。

3. 充实及改善体育系并添设实验学校。现在研究体育的最高学府，当然算是南京中大及北平师大的两个体育系了。女子体育的最高学府，一为金陵女子大学的体育科，一为北平女子文理学院的体育系。他们都是以造就中等男女学校的体育教员为目的。他们的课程内容，作者局外人不敢冒昧的批评，而他们设备的简陋，与其他学科切实的联络与沟通，注重指导实地教学（Practice Teaching），附设实验学校试验新教材，改善吸引高材生的招生方法，注重生活科学化的训练，均极切要。作者从事体育行政垂二十余年，深觉到做一个优良体育导师，不是人人所能的事。看到许多的体育教员，任事不久，即遭失败者有之；丧失兴趣中途改变职业者有之；因环境之推移，在社会中堕落者亦有之。其中最大之原因，固由于一般教育者未能深切明了体育之真谛，然而个人择业之不当，考选人才方法之失宜，平素训练之未能彻底，与夫照顾卒业后之教学进步，未能周到，皆有改善之余地，希望负训练责任者一垂鉴焉，则幸甚矣！

4. 赶快推动中华体育学会积极工作。去夏作者由欧美考察归国之后，在青岛的全国体育讨论会中，和几位体育同志，发起中华体育学会的组织，于本年五月十六日已经在南京中大组织成立了。深切的盼望他们罗致全国的体育人才，实行分工合作的办法，把我国当前的体育问题，按照各人的所长，适宜的支配，彻底的研究探讨一下，用相当的鼓励方法限期（或在全国开讨论会的时候）著作发表论文，想在一年之内，定能作出相当的成绩与贡献！

（二）关于改善政治力量方面的

现在我国负责推行体育上政治的组织，如中央体育委员会，各省市体育委员会及体育督学的制度，是由于民国二十一年八月在南京教育部召集的全国体育会议中产生的。在当场曾经通过了国民体育实施方案，由中央体育委员会督促实现；准备了五年推行的计划，五年期满应召集第二届全国体育会议，规定以后的实施方法。现在已经过去了四年了，实际推行到甚么地步？我们局外人不得而知；总括起来观察，固然得到不少的成绩，切实批评起来，恐怕差强人意的地方尚多呢！

中国现在到了病入膏肓的时候，一个医生不应该随随便便的乱开方子，以促其亡。吾们应该把已经吃过的药方拿来，重新估计，稍微的增减修改，不应另起炉灶。民国二十一年的国民体育实施方案为全国体育家费尽了许多的时间与思虑所产生出来的精粹，当然是不错的；最近中央民众训练部所决定的国民体育训练实施方案，也是很好的；不过在推行上犯了中国人最普通的毛病——就是把问题看得太简单了，太容易了。这也是多年中国人崇拜计划，迷信文字的遗毒，以为作完了一篇国防设计论，就以为国防已经布置好了！作完一篇漂亮的救国论，就以为国已经救了！这种自欺欺人的心理，足可以亡国而有余！这也许是因为中国人太聪明，太懒惰，不肯坚决持久用力的恶根性！

好了，我们介绍过现行体育的组织，又说到中国人迷信文字的毛病；现在我们要讨论几个改善现行组织的建议，设法充实他们的内容，增加他们的效率，希望着政府当局，对于非常时期体育的需要，看得很透彻，对于体育训练要下最大的决心，认真推动，停止一部分普通教育工作（类如识字运动等），实行全国民众的总动员。效法德意志及苏联的办法，对于国家积极的准备起来。委派负责的专员，限期得到相当的成绩，厉行体、教、训合一的教育，注意或增加几种切合国防体育的活动。

1. 改组和加强现有的中央体育委员会，并增设人才执行部。自从国民政府抄袭“委员会”的制度以来，我们受到办事迂缓，动转不灵，效率减低的教训不少。委员人人负责，即是人人可以不负责，只是在一极短的时间，谈一谈不切实际的空论而已。且该委员会，每年开会二次，于二月及八月行之，就是该会的常务委员，每月才得开会一次，试问办事有何效率可言？况且体育的活动，属于空间（Space）的性质较少，属于时间（Time）的性质较多。问题的产生多在“此时此地”（Here-and-Now）的一刹那间，事过境迁，稍纵即逝，问题的成因早已无法追及了！

说到这里，作者不得不费一点功夫，解释明白空间思想者（Space Thinker）的或者说是静的（Static）观法短处和时间思想者（Time Thinker）或者说是动的（Dynamic）观法的长处，以揭穿中国人迷信文字，好作文章的坏处。关上宝门，自圆其说，纸上谈兵，好作文章的人，大半是空间的思想者；饱尝世故，经历过各种阅历的人，大半是时间的思想者。譬如世界各国的和平公约，当年国际联盟的组织，全都认为集体的安全，可以维持长久了；谁想到日本可以用武力强占吾们的东四省；德意志可以武装占领莱茵区域；意大利可以用新式的武器并吞阿比西尼亚？吾们推行体育思想者，应该明白时间性质的道理。

办事效率最高的方法，莫过于独裁的制度。看到事实上的需要，言出即行。德意志的总揆希特勒为求民族的复兴，锐意取消一切被压迫的条约，建设国民的自信力，组织希特勒青年团（Hitler Jugend），委任许拉贺氏（Baldur Von Schirach）为该团总指导，努力指导青年体育及野外生活训练。委任萨摩奥司顿（Schamer Osten）为全国体育总指导，厘定全国体育标准，负责普及体育。我们中国如果真有精明强干，具有远大眼光，富有现代体育学识，坚具推行体育之信心与毅力者，政府当局亦无妨授予厉行体育之大权，负责普及全国体育，限期考成。现在既无斯项人才得最高上峰之信任者，只可仍旧采取委员制，扩大范围与职权，下增人才执行部，而已！

现在的中央体育委员会只由教育部、训练总监部、国术馆及体育专家组织的，范围职权均嫌过窄。为求各方面之调协与联贯起见，理应加入内政部、军政部、卫生署、中国童子军总会能负全责的人才代表发号司令，可以直达各军队、各机关、各学校、各民众团体，减少许多呈上启下的麻烦。

以前光杆一人的全国体育督学，应该改设强有力的人才执行部，认真的推行，认真的组织，认真的指导，轰轰动动的活泼起来！竭力避免一向那些“等因奉此”空洞抽象的公事文章，而与民众中“此时此地”的问题毫不相干的！

2. 成立中央常年短期之体育指导员、训练班及添设巡回体育指导员，藉谋沟通中央与地方上推行体育之策略。体育既为一种活动事业，如欲切实推行，非纸上谈兵之官样文章可以奏效的。中央固应具有审慎周详之推行策略，而地方上随时随地的问题，也不能不随时随地设法解决。所谓督促、指导、纠正云者，并非坐在公事房大椅上可以办到的。一向中央与地方的体育督学的制度，我们都感觉到官僚的气味十足，上下隔阂为推行之通病。

四年来中央体育督学巡视地方者不满十次，且从未闻中央有地方督学之召集，对于各地方推行之困难，加以研究指导者。如斯制度，如何能望其有结果收实效呢？故作者主张，中央体育委员会应于最短期内编撰各级学校，男、女、民众体育之内容、组织之方法、实行之步骤、考成的标准，及各种体育问题之小丛书，使现在的督学室内，具有“要甚么有甚么”的地方。不可令中央及地方的体育督学室内成为“要甚么没有甚么”的地方，使督学成为赤手空拳的督学。并且希望着中央政府，于最短期内，指定中央大学或中央军官学校，成立体育指导员训练班，两周或一月卒业，使各地方之体育督学，轮流到班受训，授以推行之策略，解决地方之困难，如此周而复始，常年不息。此外增设巡回体育指导员，周巡各地方，实地指导。如此方能中央与地方打成一片！

3. 切实指导并鼓励民众体育团体的组织。作者在前边曾经说过，“没有社会力量，体育事业就不能坚固，不能持久；只靠政府的力量，养成人民的倚赖性，难免走入‘人存政存’的现象。”况且民主国家，事事应以民众为主体，努力培养民力才是。欧美各国体育发展的根基，差不多全都是建设在人民的组织上，少有专赖政治力量发展的！做体育行政的人，无论是督学或者是指导员，都应该信仰民主主义，努力培养民力，努力与民众合作，要时时刻刻居在乐意辅导的地位。不可有丝毫的隔阂，阻碍人民的进展，遇有民众团体组织体育会者，设立体育场者，或筹备高尚娱乐所者，倘动机正当，应切实指导鼓励，不可摧残。

4. 严格检定体育师资并厘订修养进酬抚恤条例。大凡一种职业在社会上能存在者，其最重要之条件有二：

（1）其所有之知识与技能必发达到相当之程度，且继续在发达之中，非其他职业所能同有；

（2）其所得社会上之酬报与保障，必能使其生活无虞，职业进步，并使其安心乐意以体育为终身事业，不致中途废弛。

明白第一个条件，就可以晓得体育师资不是人人可做，随随便便可以滥竽充数的。除了受过专业训练之后，愿意在本职业内继续不断的努力，养成专业的尊严（Professional Pride），不致〈至〉于三心二意的，见异思迁，使个人与职业两受其损，这全在乎师资严格的检定。作者时常听见有人说现在因为正当体育师资的缺乏，势难严格的检定。不过在这混乱时期，也可以规定几种过渡的办法，譬如大学毕业的运动员，普通学科的教员，社会上热心体育的人士，如果对于体育事业，感觉兴味的话，在体育学校内读过指定的学科或者是参加过几次有连续课程的暑期体育学校之后考试及格者，也无妨予以相当的资格。

关于第二个条件，吾们感觉到现在的师资，既不严格，待遇进级的方法也无标准，使进步者无奖，蹉跎混时者反得进益，并无抚恤保障的条例，使从事体育事业者只看到职业中的艰难与危险（指导激烈运动及游泳等活动的危险，及疾病、衰老、经济的艰难），碍难使其安心职业，不致中途废弛。无怪乎每年体育系招生不能吸引优秀之份子也！

5. 中央与地方应编定相当预算或指定专款添置体育设备，奖励体育事业，并指定相当地点试办体育实验区。经济为各种事业之命脉，尤其是初提倡之新兴事业。等到人民得到相当的兴趣，养成了相当的习惯之后，使人民自动的乐于从事体育的活动，至于提倡达到这种地步，他们虽然化钱也是乐意的。等到提倡达到这种时期，他们的经济就可以独立了！不过在这提倡体育的幼稚时期，中央及地方政府不能不努力设法编定相当的预算，或者是指定专款，添置体育设备，奖励体育事业，并指定相当的乡村与城市，试办体育实验区，充作提倡体育之模范。

6. 厘订并颁布奖励各种运动之标准——如：三项、五项、六项、十项等运动，——颁发金、银、铜各级奖章，鼓励运动之自习。中国虽然提倡体育二三十年，至今仍然没有考试体育的具体标准。勿论作事、求官、入学，全都有一种“体格健强”空洞的条件，但是问体格健强的标准是甚么？作者在前边说过，医生短时间主观式的检查，是不可靠的。全国体育委员会可按照年龄、性别及各人之体能，厘订各种运动及格标准，指定各地方有资格的人才，分期考验，鼓励运动之自习。（学生不达到最低之标准者，不得升班，不得卒业；军队内的士兵，各机关的公务人员，不及格者不得进级；新任职者不得录用。使全国的青年与成人，皆晓得体格不健强者，在社会上就没有地位，将来就没有饭吃。那怕体育不彻底，体育不普及？）作者考察德意志与苏联的时候，全都有这样彻底普及体育的办法，足资吾们的借镜。

（三）关于改善社会力量方面的

迷信政治力量的人常说：运用政治的力量，可以使体育普及的彻底，使体育发展的迅速。譬如本年我国能够选送一百余名的选手，考〈参〉加柏林的世界运动大会，若是没有政府的力量，协助三四十万的巨款，是绝对办不到的。的确，政治的力量，可以使各种事业立时收速效，但是只是治标的，不是治本的。“拔苗助长”“欲速则不达”的道理，作者在前边已经说过的。前者跟几位外国的朋友谈起来，他们欧美各国选送奥林匹克代表的费用，大多数都是人民捐助的。试观他们各国民众欢送代表的热烈，竭诚的捐输，就可以看出他们社会民众的力量来。我们中国因为受过多年专制的遗毒“上行下效”的习惯，把社会民众的力量，一点也没有培养起来，作者对此不敢乐观。而且养成人民的倚赖性，事业是不能坚固的，不能持久的！固然，以前政府的漠视体育是不对的，但是完全倚靠政府也是不对的。这也许是因为“九一八”后国难的压迫，人民觉悟到“巩固中央政府”“服从民族领袖”的需要，逐渐喜欢独裁政治的效力。但是中华民国，仍然是一个民主主义的国家，无论“民主”的方法如何的不合时宜，如何的过于迂缓，吾们的信仰民主，仍然是将来根本理想彻底的办法。吾们还要看清吾们的敌人，并不是惧怕现在的政府，因为政府是可以用武力压倒的，实在恐怕民众的力量是长久不倒的。所以吾们提倡体育，一方面是用政治力量“由上而下”的认真推行；一方面是努力培养社会民众的力量“由下而上”的热心提倡，如此才能上下携手，打成一片。

我们现在国内，关于体育上民众的组织，最大的就是中华全国及各地方的体育协进会了。较小的就是各地方的学校体育联合会、体育教员联合会、体育促进会、各学校各公司各工厂各商店各机关各私人组织的体育会、足球会、篮球会等，因为缺乏适宜的调协（Coordination）与联络（Integration），没有相当指导的机关，听其自生自灭，业经走入“畸形发展”的境界。因为沿革传统的关系，个人的背景，不能使民众的组织完全“合理化”与“效率化”。现在作者就着现行的民众组织，说几个积极的建议，加以改善与调整。

1. 全国体协应与地方谋切实的联络与辅导，不可限于上海一隅。中华全国体育协进会的会址设在上海。因为传统的关系与环境的驱使，除了审订各项运动规则，最近发行《体育季刊》，与每二年举办一次全国运动会，四年一度的远东运动会之外，他们最大的工作，就是每年冬季在上海一埠举办国际的足球赛，其余甚么网球赛、篮球赛、棒球赛、竞走、田径赛运动会，也占用他们一点的时间。因为会中经济的关系，只用一位义务不支薪的名誉主任干事，及雇佣的干事一位。在名义上说，虽然他们是以全国的各省、市（指行政院所辖各市）、特别区，及华侨团体为会员，但是在实际上，各会员单位除了指派代表，出席每二年一次的代表大会之外，平日并没有丝毫的联络。会与会员仿佛没有甚么多大的关系。这样不健全的组织，如何能收到提倡体育普及的实效？这是很可以疑问的！所以全国体协，应该努力得到各地方分会经济上的资助，同时它也要设法辅导各地方的分会，添聘各项运动流行的指导员，举办各项运动教练班，分季举行各项运动会的模范比赛。

2. 中央民训部体育指导科、各级党部及全国如〈各〉人民团体亟应兴办体育训练，切实指导民众体育的组织。中国人是一盘散沙，没有组织的能力，这是人人所共知的事实，不待作者赘述。但是向来人民的组织不是本着“工〈功〉利主义”的推动，就是有“特别意义”的，如：农会、工会、商会、工商同业会、学生自治会、妇女会、教育会及其他特种社会团体，他们很少注意到娱乐消遣的组织。在这一点上，就可以看出来中国人民的心理，还是本着“勤有功，戏无益”和“认命守己”“卧薪尝胆”的人生观，没有把游戏娱乐当作一回事！他们西方人，却完全相反。苏联自从革命之后，普遍提倡俱乐部的组织，以为民众教育上重要的设施，举凡学校、工厂、疗养院，以至于监狱等民众机关皆设大的俱乐室。在大工业的中心，建筑宏壮伟丽的“文化宫”“劳动宫”，内设各项球场、影戏场、餐堂、讲演厅，专为工人娱乐游戏休闲消遣之用。德意志国社党的指导青年运动，推行劳动服务，及国民消遣由“娱乐中求力量”（Kraft durch Freude）的运动，为党务中最重要的活动。意大利提倡“消闲游览”（Dopolavoro）运动，藉求劳资间的合作。捷克民族组织“索克鲁”（Sokol）体育会为纪念他们民族的意识等等，这全都是明白人类喜好游戏与结群性的本能，利用它诱导它作为组织民众的手段，使之达到国家各种目标的方法。作者希望社会上的领袖，民众组织的负责者，看清这个道理，利用运动消遣的组织，把一盘散沙的民众，黏合起来，在游戏谈笑之中，附带着求他们农会、工会、商会、党部、同业会、妇女会、教育会等等个别工作的进步！

3. 巩固各地方的体育联合会或体育协进会，规定各地方推行体育的程序。现在国内各大都市有体育联合会，或体育协进会组织的很多，但是没有相当组织的也还不少。作者希望各地的领袖，热心体育的人士，在最近期内，召集各机关的负责者，组织地方体育协会。在最初没有相当的领袖或人才的地方，无妨由当地的党部或社会局长、教育局长暂时用一点政治的力量，把他们召集起来，根据中央民训部拟定的国民体育训练实施方案，赶快的先行组织业余、学余或公余体育会，再由各团体的负责代表，组织体育协会，规定推行体育的步骤，活动的内容。体育协会的组织，可以设监察、执行两部，各机关或团体的首领为监察委员，体育的指导员或教员，如〈为〉执行部的委员。协会的会员可分团体、个人两种；协会的经济可由会员分担；并且可以抽出各会员十分之一的会费，解送全国体育协进会，为的是得着他们的辅导与协助。这不过是巩固民众体育组织的大概。其余因地制宜的地方尚多呢！

四、确定推行体育的步骤

（一）宣传

平民教育运动的发起人晏阳初先生曾经说过：

“我们到乡下去作事，头一炮定要放得响；不然失了信用，以后的事便不好作了！”

外国做大买卖的人都明白“广告心理”“推销术”等等的学问应该了解人民的心理，看清他们的情形，知道他们的需要。不能使人民有丝毫的误解，发生拒绝他们的心理，然后用千方百言（计）达到买他们货物的目的。

我们推行体育的人也应该明白一点“广告心理”与“推销术”，不要把事情看得太容易了，拿起来胡乱的傻干，越干越觉困难，越干越糟，给后来推行体育的人加增了许多的绊脚石，倒不如“压根儿”不干的好！所以我们在出卖“体育”之前也要用一点广告学的方法，先把大家“催眠”了，或者“煽动”起来，叫大家感觉到体育的需要，乐于从事，这是开宗明义的第一章！

“宣传”这两个字，在中文有好坏两方面的意思。在英文有“宣传”（Propaganda）与“宣扬”（Publicity）的区别；不择手段，任意“颠倒是非”“捏造黑白”，只要是骗得大家“上套儿”就可以，这是宣传（Propaganda）坏的方面。若是“公布事实”“罗列利害”使大家乐于从事，这是“宣传”（Publicity）好的方面。作者以为体育界过去的“张大其词”“开空头支票”的地方甚多。这并不是他们“容心欺骗”，实在是因为中国人好作无根基的推论及“大言不惭”的毛病！宣传不过是为“开台唱戏”的准备，但不可以有超过事实的宣传。葫芦里头卖的是甚么药，就说是甚么药，不可打着羊肉的幌子卖狗肉！骗人只是一次，是不能长久的。所以要头一炮放得响，的确不是容易的事。真是要说到那里，就能够做到那里才可以。

宣传体育的方法必须包括下列四种功用：

1. 怎样可以叫大家注意体育（需用能够使大家看得见，听得着的东西）？
2. 怎样可以激发大家发生体育上的兴趣和欲望（需用能够使大家喜欢的东西）？
3. 怎样可以叫大家产生体育的信仰（需用能够使大家改变信念激刺感情的东西）？
4. 怎样可以叫大家养成体育的习惯（需用能够使大家“擎桌揎拳”“乐此不倦”的

东西）？

1. 吸引民众注意的方法。

吸引民众注意的方法甚多，但至于有效与否，全视乎宣传的媒介，是人是物？大小如何？地位如何？轻重怎样？是动的？是静的？新奇不新奇？清楚不清楚？全须要审慎的考虑。在同等环境之下，最快最有效率的宣传，就是需用最少的金钱，最短的时间，能够吸引最多数人的注意。如街市上的广告较比杂志内的广告看的人要多些等等。

（1）日报、杂志、书籍及壁报（Posters）

自民国十六七年后，国内都市之各大报，全都增刊体育栏，宣传体育，传播运动消息。不过他们各日报的体育记者，大多数皆是各学校的运动员，有相当资格和程度的人甚少。每日所登载的消息，十之八九都是干燥无味，运动比赛的情形与结果，不然就是捧几个他们所喜悦的运动员。除了少数的“球迷”和特别热心运动的读者之外，不能吸引普通民众的注意，使他们兴奋，喜欢阅读。作体育编辑的人多少得要读一些“广告心理学”（Psychology in Advertising），变换一点内容，吸引民众的注意。他们应该研究的地方，简单说起来：

（a）改良排版所占篇幅字码的大小与地位等等。排版上所占的篇幅越多，字码越大，当然吸引注意的价值（Attention-Value）也越大。但是据心理学家的发明，吸引注意的价值与所占篇幅大小的方根成正比例，比方整篇的篇幅能够吸引到一百分注意的价值，半篇的篇幅可以得到注意的价值七十一〈五〉分；四分之一的篇幅可以得到五十分；如此类推。登载的地位也关重要，首页与末页的地方，当然比较其余各页吸引注意的价值都大。其他如带色的套版，各种的漫画，新奇清楚的画片与字句，均有改良考虑之必要！

（b）政府亟应鼓励宣扬体育的杂志与书籍出版。中国市上关于体育出版者书籍，除了勤奋书局在最近时间发刊几本体育丛书之外，其余多是陈腐不堪。体育杂志更是凤毛麟角了！观乎美国一国，关于体育的定期刊物，统计不下五百余种，相差何啻天渊之别！

（c）地方政府与体育协会应联合印刊体育壁报。壁报宣传体育的效力较比日报、书籍、杂志效力更大，可以达到民众中的最下层，倘能不时的附以带色、新奇人物的图画，放在人烟稠密的街市上，或者是交通的通衢，不但是能够吸引识字民众的注意，就是一字不识的妇人和小孩子们，也都可以吸引得到！

（2）开映体育电影及广播体育的无线电消息。作者在前边曾经说过吸引民众注意体育的方法，需用能够使大家看得见，听得着的东西，就是用物理学中声、光、电、力的各种方法，不只限于文字之一种。在本年五月十日三卷一期的《民间半月刊》中董渭川先生曾经介绍过英国民众教育两种利器——广播与电影。——他说英国广播公司（British Broad Casting Co.）能够吸收全国百分之八十的民众，听无线电的消息。自一九二八年后成立中央广播教育局（Central Council for Broad-casting Adult Education），实施成人民众教育。

电影在教育上的效力，是人所共和（知）的。它宣传的能力不但可以使观众看得见，同时还可以听得着。英国的教育与文化影片委员会（Commission on Educational and Cultural Films）是几百个教育和科学的团体联合产生的，他们的效力非常之大。现在我国的教育部已经有了同样的注意了。盼望他们在最近的将来，筹一笔巨款，购买些个关于体育卫生的影片，在各地映演映演。中央及各地方的广播电台，盼望他们能够广播些个提倡体育的演说和消息，并且传授些个体育的方法，如各国各式的早操等等。

（3）普通的提倡体育讲演、体育表演、体育展览等活动。罗靖华先生在《非常时期的民众教育》的文章里曾经主张“宣传化的教育”比任何方式的教育都“有力量”“快”“有效力”“简单”“普遍”。其中有一段他说：

“在精神方面我们要培养健全的民族精神，充分的唤起民族意识，尽量的煽起民族的战斗的烈火——这些，都不是百把几十个字一课的课本所能为力，也不是读几个月书，识几百字所能奏效；只有用活的言语，活的表情，活的动作，活的姿式，才能够表达出来，才能够收功迅速。”

讲演的材料不要太长，至多半小时；内容要包括演讲、口号、唱歌等材料。这些都要事前整套的准备，不能由演讲人临时乱抓瞎凑。

体育表演和模范比赛的效力也很大，不但能够使民众可以看得见，听得着，还可以鼓动他们直接参加，供给他们直接模仿的机会。（不良的运动会有时造成不良的反感，宜戒之！）体育展览会的办法，在中国还没有采用过。在东西各国早都有这样的设施，举凡各时代运动用品的陈列，各项运动模范姿式的模型、图画，各种体育场、健身房的缩形，各著名运动员、体育家的像片、塑像，各时代运动奖品的搜集，各国运动成绩的比较，各项疾病与死亡的统计表等均可陈列展览，唤起民众的注意。

2. 启发民众兴趣的方法：

教育心理家桑戴克氏曾经说过：

“教育法中之第一个原则，就是要利用个人自然固有的欲望与需要使之养成变为良善有益的习惯、知识、能力、兴趣及理想。”

韦廉布克（Wm. Book）曾列举发达某项兴趣的定律有四：

（a）兴趣第一律。新的兴趣与良善的兴趣，必须建设在本人自然或固有的兴趣之上。

（b）兴趣第二律。欲发达某项兴趣，教育者必须供给与该项兴趣有关之知识与技能。

（c）兴趣第三律。欲发达某项兴趣，教育者必须采用适当之教材与方法，使学生有成功之可能。

（d）兴趣第四律。欲发达某项兴趣，学生必须自动切实不断的从事与该项兴趣有关的活动。

鲍芬柏哥氏（A. T. Poffenberger）曾列举人类天然固有的兴趣十余项，教育者均可利用诱导，使之变为良善有益的兴趣：

（a）饮、食、性欲的欲望为推动人类各项活动的总动机。野蛮的本能可以升华作用（Sublimation），养成高尚的兴趣。如体格健强与求生作事的关系、健康美与求婚择配的关系，均可唤起男女从事体育的兴趣。

（b）寻求舒适安逸的欲望。体育设备的完美运动，沐浴后所感觉的舒畅。

（c）避免危险的欲望。各年龄各性别的体育设施应按个别之能力，努力避免危险性；不可激起学生恐惧的心理。

（d）控制与屈服的欲望。这两种相反的欲望，互相反应（React），有时力求成功，胜过阻碍，压倒他人，不受拘束，不甘降服等等的心理，使人从事体育。有时自己不能寻求适应环境的方法时，也有时候服从领导甘心屈服。

（e）从俗与异俗的欲望。这两种相反的欲望也是互相反应。普通社会心理总是由于模仿性“从俗”的居多。别人都怎样，我也怎样。也有的时候欢喜有异与别人。这全在乎社会的舆论与制裁的能力了！

（f）作父母的本能（Parental or Maternal Instinct）为人类各种同情心（Sympathy）的源泉，盼望自己子女安全健康的欲望，可以诱导从事体育活动。

（g）欢喜游戏的欲望。倘环境适宜，不受任何的压迫，在闲暇的时候，无论男女老幼全都欢喜游戏。

（h）好群性与怕羞性。这两种相反的性情，也是相互反应。普通人得着志同道合的朋友之后，总是好群的居多。怕羞性（Shyness）不是健康的心理，应该设法免除。

（i）探险求新与守旧从俗的欲望。这两种相反的欲望，也是互相反应，彼此冲突，其结果当视何方战胜为定。宣传人可以视机说：“人人都是如此，你们还不如此吗？”或“只有几个有眼光的大人物是如此的，你们怎样？”两类的话。

（j）采集物件的欲望。儿童好习拾集石子、蛤壳、花草等的本能，成人欢喜搜集邮票、古物等性格，全可以利用使他们从事体育的活动。

（k）欢喜清洁与美丽的欲望。欢喜清洁的欲望，多是由于小的时候在家庭教育中养成的，爱美的欲望与性欲和控制、制胜的心理有关。

（l）欢喜省钱力求经济的欲望。这种欲望在上等与下等社会中不尽相同，要看他们的经济的状况而定。喜好健康的幸福，惧怕疾病的缠绕有时胜过省钱的欲望。且体格不健强的，疾病缠绵的人，不能赚钱，全都可以改变他们的观点。

我们明白人类天然固有的欲望之后，下一步就是要想出几种方法来，利用这些欲望，使之升华（Sublimate），激励成为好习体育的兴趣。兹将激励体育兴趣的方法列后：

（a）领导民众常时注意几种体育上良好的事实及模范人物。我们常看报的人就晓得，我们对于某人某事感觉兴趣不是偶然的，必须对于此人此事曾经有过相当的兴趣。如果我们打算激励民众发生对于体育上的兴趣，必须时常提醒他几种体育上良好的事实和几位模范的人物。

（b）激励民众认识体育与切己关系。“风马牛不相及”的话，是不能够激励人的。民众都是注意自己的问题，不关心别人的问题。所以激励他们从事一种新的运动，必须与他们个人自己有切己的关系。如同他们自己的家庭，自己的儿女，自己的健康，自己的容貌，自己的适逸，自己的安全，自己的亲友，自己的信仰，自己所崇拜的英雄等等。

（c）激励民众的题目必须切合时宜并适应他们心内的需要。各年龄、各时期、在各地方，人人心中所感觉的兴趣都不一样。宣传的人应该抓住民众当时当地心内感觉最有兴趣的问题，导入体育活动的需要。

（d）用新奇、比赛、滑稽的方法激励民众。民众好奇性（Curiosity）为愿意求知识的源泉，譬如常用“怎样可以抵抗疾病的恶魔？”“为甚么我们必须健康？”“强健身体的秘诀是……”这类的话激励他们的兴趣。比赛奖励的方法也有时候很有效。新奇滑稽的故事、笑话、讽画等，均有激励的价值。

（e）用严重切己的问题（Problem of Vital Concern）激励民众。教堂的牧师和传教士都晓得寻求各人心内严重问题的所在，设法打动人的心坎，勿论如何不信有神的人，也能够接受他们的宗教。宣传体育的人，也应该学一学他们的方法。

（f）火烈的感情、同情的思想与有创造能力的人格（Creative Personal Quality），皆能激励民众的兴趣。民众心内所感觉的困难，所怀疑的问题，宣传体育的人，起首都应该设法替他们决解，要表示十二分的同情。然后用诚恳的态度、热烈的情感，和个人有创造能力的人格，指导他们实用体育的方法，可以解决他们的问题。

（二）推行

以上所用宣传的方法，不过是解决民众“知”的方面问题。现在我们要设法解决民众“行”的方面问题。无论是“知难行易”哲学是对呢？还是“知易行难”的哲学是对呢？作者认为他们各有不同的见解。在“知”与“行”之间他们都遗漏了一个“信”字。在前边所解决的只是 1. 怎样可以叫大家注意体育？2. 怎样可以激励大家发生体育上的兴趣？两个问题，现在我们所要解决的是 3. 怎样可以叫大家产生体育的信仰？和 4. 怎样可以叫大家养成体育的习惯？

3. 产生民众体育信仰的方法。

信仰（Conviction or Belief）是一种极复杂的心理状态（Complex Mental State），其造成某种信仰的因素，关系的方面也甚多。人类的行为不是完全受理智支配的，人的行为多是出于个人的信仰，而信仰也不是完全根据于理智的。因心里边所“好”与所“恶”的，多是不能拿逻辑来解释的。据各方面心理学家的观察，信仰多是出于奥妙不易摸索的感情方面的。

（1）信仰既为觉触和感情的力量所造成，推行体育的人应该延用激刺和联络感情的方法，率导力行，不可专恃真理和理智上的说法。

（2）信仰既为个人问题，为直觉阅历之构造物，推行体育人的主张，不可与个人的经验相违反。

（3）信仰多为社会力所造成，社会中赞助体育的舆论可以产生民众的信仰。有权威领袖者的意见尤关重要。

（4）仑德氏（Lund）的研究证明信仰与理智的相关系数 R（Coefficient of Correlation）为 0.42，信仰与欲望的相关系数为 0.88。又欲望与理智的相关系数为 0.03。所以推行体育，愿意把体育造成民众信仰的人，必须切合民众的欲望（Desire）。

（5）供给民众美好的印象、切实具体的方法、充足的知识，不可产生反感或疲倦厌恶的暗示及态度，均可以促成适宜的信仰。

4. 养成体育习惯的方法：

做教员的人都晓得一点学习心理。学习就是培养新的感应结（S. R. Bond 即环境与反应间所成的联络），改变习惯就是要加强或者杀灭旧的感应结。儿童生来旧的感应结，凡与现代文明的需要或新拟造成的习惯适相合的，应该加强，不相合的，应该杀灭。神经学家的说法，学习是要叫神经交处（Synapse）联接的较密使激刺易于传导造成习惯，或者是叫神经交处联接的疏松，使激刺传导滞涩，不易造成习惯。桑戴克氏的学习定律为——

（1）准备律。当学生感觉活动的兴趣，预备活动的时候，就叫他们活动，他们立刻感觉适意。反之，则感觉烦恼。所以教员第一条先决问题即要启发他们的兴趣，引起他们的动机，使他们有学习该活动的意向，因势利导，他们就会自动的学习。

（2）练习律或用与不用律。可以改变的感应结，应该得到相当的练习；神经交处联接的严密或疏松，与练习的次数和练习强烈的程度成正比例。

（3）效果律或满足与烦恼律。凡一可改变的感应结是加强或者是灭弱，全视练习时所感觉的适意与烦恼而定。起一种反应，随一种适意之感觉者，则下次愿意复习愿意学习。

反之，随一种烦恼之感觉者，则下次不易复习，不易学习。

以上三条学习定律，虽然近代心理学家持异议的主张甚多，因为我们限于篇幅的关系，不能详加讨论，在原则上暂时可以承认它们是对的。

养成优良好习运动习惯的方法，在不同年龄时期，及不同的性别之中，方法也都不一样。

A. 幼稚及小学时期体育习惯的养成法。

一个儿童自产生下来之后，就是活泼好动的。我们要彻底了解，凡是不好动的儿童，都是病态的儿童，他们好习游戏玩耍的天性，乃是天赋发达他们各种能力的本能。

教育者应该因势利导，不应该摧残。凡是用消极的方法禁止儿童活动的，都是现代教育的罪魁。

明白儿童的天性之后，推行幼稚及小学的体育就不甚困难。只要是有美满的环境（Wholesome Environment），丰富的设备，供给充满儿童自动游戏，自由从事有意义工作的机会，教员在旁，稍微加一点护卫及指导，就能够养成优良好习运动的习惯，不用费多么大的力量。

（a）由各地方官民共同组织地方儿童幸福运动委员会，认真推动关于儿童身心健康的一切设施。由各地方的教育当局，儿童的父母，和教育界的领袖，组织儿童幸福运动委员会，特别注意五岁以下未到学龄儿童的健康。组织儿童父母教导班，儿童健康展览会，儿童健康比赛会、讨论会、讲演会等等。

（b）在各城各乡调查空地，广设儿童运动场。此事可由各地方的官民合组调查规划，以增进儿童运动之机会与便利为原则。至于设备方面当视各地方的经济情形而定。

（c）彻底充实小学体育设备。小学学生的体育较中学及大学的体育更为重要。因为他们在游戏兴趣最浓厚的时期，教甚么就会甚么。并且他们没有甚么升学、择业、求生、婚配种种问题的缠绕。他们活泼的天性驱使着他们不顾饥渴、不怕疲倦的玩要。作者认为我们中国在中学、大学里边提倡体育，已经太晚了！假使我们在小学时代，没有养成运动的习惯，没有训练他们在运动上得到“一技之长”（勿论是游泳，是田径，是球术运动），恐怕到了中学时代，受了别的兴趣的牵动，永远就难以得到好习体育的习惯了。所以作者主张要彻底充实现在各小学的体育设备，增加体育钟点，认真的指导教育。

（d）改良小学师资，使他们个个全都热心体育，能够指导体育。现在各处的小学教员没有受过丝毫师范教育的有一部份，受过一点旧式师范教育不重视体育的又有一部份。真正受过新式小学师范教育，彻底认识体育之重要者，直如凤毛麟角！这是说到一般普通的教员，至于他们体育教材的内容，不是一二十年前陈腐的东西，就是些个适合中等学生的田径赛球术等，最新的韵律体操，故事表演，唱歌游戏，土风舞蹈等教材，全都缺乏专门人才的指导。嗣后应在师范学校内，努力设法添加是项教材，订为普遍的必修科。现在在职的小学教员，均令加入传习所，于二三年之内，使个个小学教员，均能认识体育的重要，能够担任体育、唱歌的功课，这是我们急切的要求。

如果我们现在缺乏小学体育的专门人才，无妨选择几位适当的人才，送到外国去留学；或者是聘请外国的专家，到中国来讲学，开设短期训练班，以资普及。

（e）取消科任及钟点制度的教学，提高待遇，厉行教、训、体合一的小学教育。小学学生摹仿师长，服从师长的性格颇大。师长的言语、思想、行为、态度影响学生的力量也最大。现在的小学教育应该提高他们的待遇，使他们明瞭自己的地位，牺牲利禄安逸的观念，抱定乐观主义，与儿童共同生活，以身作则，热心提倡体育。

（f）师生合作，造成环境的健康。除了（c）前边所说的彻底充实小学体育设备之外，在学校里边应该充分利用带色人物图画的体育壁报，活动电影，各种比赛表演，吸引儿童的注意，启发他们体育的兴趣。

（g）实行能力分组教育，厘订各年龄各性别的体育标准，采用客观的测验及度量法，有缺点的学生应该特别矫正。旧时代的体操班，只是换一换新鲜的空气，随便的玩一玩，这固然也可以得到一点健康的效果，但是不如有目标有方法的制度。现代鼓励学生自动长进的方法，不外（一）造成鼓励上进的社会舆论（Social Approval）或校风，（二）使学生认识自己的缺欠及进步。新式的教育测验，都是为测量学生的缺欠及进步用的。

B. 中学或青春时期体育习惯的养成法。

中等教育的专家卜瑞哥氏（Prof. T. H. Briggs）曾经说过，中学时代或青春时期为各项良好习惯的坚定时期。在这个时候，各种重要的习惯，勿论是关于身体的，或者是关于思想的，若是不能养成正常的态度与习惯，等到长大成人之后，就很难得再养成了。

青春时期的青年，生理及心理两方面，皆有极重大的改变。身体上的增长无论男女差不多都是直线型的（Rectilinear）发育。在十一岁前男子发育较快，十一岁后女子发育较快。在十一岁与十四岁之间，女子之身高体重较男子为大。十四岁后男子的发育均较女子为大。在心理方面，因为性的发育成熟，产生新的需要与新的欲望。他们火烈的感情，走极端的态度，浪漫的幻想，崇拜英雄，妄自尊大，趾高气扬，喜欢成群结党，好奇冒险，好动恶静，和爱好旅行漂泊的兴趣，皆为创造伟大人格的黄金时期。推行体育者明白青年身心的需要与欲望，可以因势利导，对于体育得到正确的观念，养成好习运动的好习惯；时乎不再，蹉跎误事。说一句悲观的话吧，大学和成人的体育，是没有甚么希望的！

（a）在学校内外普遍的提倡组织青年体育会，奖励义务指导员。为好胜之心驱使的青年们，如果有适宜的环境和相当的设备，稍加提倡，体育就可如野火一般的发达起来。

所困难的就是他们没有适宜的组织和指导。倘若各地方的体育协会，和体育督学或者是指导员，在各机关物色着几位体育的义务指导员，奖励他们负责提倡指导，青年的体育就不会不发达了！

（b）在学校内外普遍的提倡组织青年团，鼓励野外生活锻炼。在现在的中国童子军总会的指导之下，在各农村，各山林中，各湖滨及各海岸广设长期露营地点，使全国青年轮流实施定期露营。

（c）供给适宜的方便，提倡全国青年的自行车及徒步的长途旅行。在现在的中国童子军总会指导之下，在各城市各乡村利用公共处所，如：庙宇、学校、民众教育馆等，广设青年寄宿舍，便利途旅。各线铁路也应该对于此项活动，规定优待减价乘车的办法。

（d）厘订各年龄各性别的奖励运动标准，鼓励运动之自习。举办运动会及各项运动比赛的方法，固然可以促得体育上之进步，但是应该多用名誉的奖励法，少用物质的奖励法。厘订并颁布各年龄各性别的各种运动之标准——如三项、五项、六项、十项运动——颁发金、银、铜各级奖章，鼓励自动之进步，使他们养成自己跟自己比赛的习惯，尤为良善。如此可以免去许许多多的虚荣心、妒忌、纷争等等的恶习。

（e）在环境上努力造成好习体育运动的风气，提倡仁侠的精神。青年人妄自尊大，不甘屈服，崇拜英雄及竞赛好胜的心性，推行体育的领袖均可利用，在社会上造成竞武的风气，崇尚仁侠的精神。

（f）在各地方由政府率导，组织青年劳动服务部，使全国青年轮流值班直接参加地方及国家建设事宜。有几位自由派的体育家或者不赞成作者以劳动服务的工作充作体育的主张，因为违反体育的定义，混“工作”（Work）与“游戏”（Play）为一团。不过作者认为“工作”与“游戏”根本说起来，没有严格的界线，只是“从心所欲”与“非心所欲”态度上的区别而已！耕种掘犁大家都认为是农家的“工作”，可是欢喜园艺（Gardening）“乐此不倦”的人，就认为是一种“娱乐”。倘若我们指导有方，把青年们组织起来，使他们直接参加地方上的公益建设事宜，如：卫生指导，救济灾黎，解除文盲，协助民众教育，矫正不良风俗；从事劳苦工作，如公共卫生、清洁扫除、修路、筑桥、开垦、通渠及一切防御工事等，在国家的非常时期，一般爱国的青年，如果得着相当的指导，他们都是很高兴很乐意作的！

此外养成青年体育习惯的方法与养成小学学生习惯的方法，相同的很多，读者可以不必拘泥，可以互相参考。

C. 大学及成人时期体育习惯的养成法。

中小学校学生的教育原则，有许多在大学及成人中可以适用的。成人每日所做的事情，多半都是出于他们自身的感觉。他们自身的感觉（Feeling）按照心理学家翁氏（Dr. W. Wundt）的“三面学说”（Three Dimensional Theory of Feeling）的看法，在乎动机关系的大小，动机的清晰，和目的地远近或紧急。简言之，就是凡关系重要，动机清楚，目的不费事，就可以达到的事，就乐意去作；反之就不愿意去作。还有一个道理，就是一位成人凡是他能力可以做得到的，并且在经验中曾经使他满足的，或者是愉快的，他就愿意去作；反之，就不愿意作。所以成人的运动习惯，应该在中小学期中养成。使他们得到“一技之长”，乐意在人群中出风头；并且在运动之后，得到满足的快感。如果大学的学生和成人，在中小学时期得到体育上的“一技之长”，提倡就不费力；并且他们的进步因为智力和体力的关系，比中小学的学生还要快。

（a）检查各人的缺欠，供给正确的知识和矫正的办法，指导正当的态度，和鼓励具体的进步。如推行大学体育之秘诀：在大学学生或成人中因为时间的宝贵、生计的艰难和工作的繁忙，他们都不愿意像小孩子一般的作些无意识的举动，虚掷他们宝贵的光阴。所以推行大学及成人体育的人，不像中小学那样容易，应该费一番的思索，寻求他们各人的需要，供给他们运动的动机（Motivation），利用社会的舆论，或学校的校风，鼓励大家从事体育的活动，再用体育测验法，使他们认识自己的缺欠和进步。

（b）扩大民众教育馆及建设高尚娱乐场。在工作短少，闲暇时间较多的时期，寻求游戏娱乐为人性之所趋。试观各大都市的消闲场所，除去吃、喝、嫖、赌、吹之引诱外，鲜有增进民众健康，提高民众文化，富有教育价值之设施。故今后各地方的官绅，应该互相联络，募集股款，筹设富有教育意义，引人入胜之休闲场所；如博物院、图书馆、大公园、影戏场、俱乐部、公共游泳池、公共体育场。各地方的民教馆应该设法扩大，使之加重体育健康诸活动。

（c）常时举行民众体育讲演会、健康比赛及民众运动会。利用民众教育馆常时举行体育讲演及开映体育电影等会，提倡健康教育宣传及健康比赛周。在春秋两季举行民众体育表演会（除新式体育外应包括旧式之打拳、摔角、皮条、杠子、举石锁、打花鼓、掷沙袋等运动）及民众运动大会，学校学生不得参加。

五、适应当前急需，充实固有的体育内容

作者在前边已经引证过，教育有两种作用：一为“适应当前的环境”；一为“巩固立国的根基”。在现在的中国，我们要兼筹并顾，一方面是为着应付当前的局势，一方面是要树立立国根本的要件。中国新论社的雷震先生说的很好，他说：

“要在非常时期之下，并谋经常时期之建设，要时时准备与敌人肉搏，但其准备仍须在大处远处积极的着想与迈进。故其出发点决不能只顾目前的难关，而忽略解除难关的重要因素。”

作者作本文的出发点，在前四章可以看到的，就是完全在远处大处着想，在解除国难的因素上着想与迈进。直接的把立国的基础可以巩固起来，间接的可以增加些民众的抵抗能力。并不愿意说“体育救国”、体育可以“冲锋杀敌”“收复失地”那一类的论调，以迎合普通民众的心理。

本题既为“非常时期的……”，在本章内就不得不问一问非常时期特别的需要是甚么？看一看体育上固有的内容，可以不可以供给他们的需要？怎样的可以修补？怎样的可以充实？

教育部为适应国难时期之需要，曾于本年二月征集各方面意见，闻达一百余件，其内容不外：

（一）注重体格训练；（二）改进精神训练；（三）在知识与技能方面注重生产能力与特种教材。

再进一步的探讨，我们就要问一问，在国难时期，我们需要甚么样的体格？那一样

的精神？那一种的知识与技能？

（一）我们要求于体格方面的：

（1）身心得到健全发育的坚强体格。

（2）能够刻苦、耐劳、动作灵敏的劳动身手。

（二）我们要求于精神方面的：

（1）有刚果、肯奋斗、能自治、不自私、重道义的精神。

（2）肯服从、能领导、守纪律、能合作、情愿牺牲自己、献身为国的公民道德。

（三）我们要求于知识和技能方面的：

（1）明了宇宙间人与物的关系，及世界国家大势。

（2）认清国家此时此地的需要及个人应努力的途径。

（3）具备应用于一般生活及国家需要上之知识与技能。

我们看到现在国难时期的要求，回头再看一看固有的体育和一切与体育有关系的各种科目，能不能供给这一类的要求。

与体育有关系的科目当然是许多许多的，其中关系最密切，目标相仿佛者当属“卫生教育或健康教育”“童子军”“军事训练”和最近新兴的运动“劳动服务”了！我们用一点工夫，把他们各别的目标及相互间的关系分析探讨一下，然后把他们联络起来，设法统制，使他们得到更有联贯的组织，与更有效率的推行。（请看另外附图表）

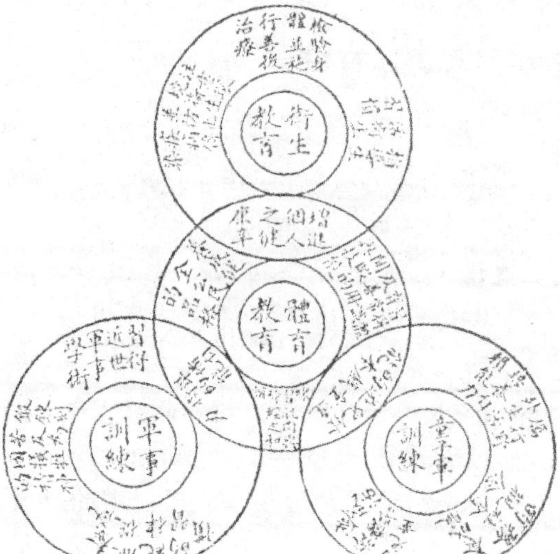

普通人的见解，多认“体育”专为身体之锻炼而言，其实不然；不过藉着身体各部大肌肉的活动，供给道德教育的机会，为达到教育目的的方式或手段。至于机体内的发育，与健康的促进，为必然的结果。故“体育教育”除发泄感情，善用闲暇外，实含有培养公民道德，训练应用于一般生活及国家需要上之技能的内容。

我们明白体育的功能，跟它与“卫生教育”“军事训练”和“童子军”的关系，为着适应非常时期的需要：有“要有效力”“要快”“要有力量”“要简单”“要普遍”，我们应该把他们联合的组织起来，就像程登科先生在本年一月份二卷一期的《体育季刊》上发表采取“共同合作”“实施统制”“打成一片”的主张。在各中等以上学校内组织体育委员会，以体育主任为当然主席，实施统制有关于体育的各种活动，分工合作，使之得到最严密的组织，和最有效率的推行。我们要采取军事训练那样严密的编制，动作那样的灵敏，负责任，守纪律，有礼貌，甘为团体牺牲那一类的好处。要采取体育上那样活泼自动的态度，浓厚的兴趣，热烈的感情、有果断、肯奋斗、能合作那一类的好处。要采取童子军训练上那样服务社会，帮助别人，机警有为，事事自赖，活泼可亲，那一类的好处。我们推行“劳动服务”为的是要采取重视劳工，参加建设，能刻苦，能耐劳，养成劳动身手那一类的好处。我们采用“卫生教育”为的是要得一日二十四小时内生活健康化的好处。我们在各处如果得到这样严密的组织，并且达到以上的教学要点，只要把现在固有的内容稍为改善充实一些，就好了！

1. 关于军事训练方面应该充实改善的。

（1）应根据国府公布《兵役法》第三条：男子年满十八岁至四十五岁之间者，平时一律应受规定之军事教育，不可只限于高中以上的学生。

（2）依照国民军事教育方案，应彻底充实其内容。如实弹射击，野外演习等（以前“托枪”“开步走”的教材太多，使人厌倦！）。

（3）与各地方之军警机关联络合作，实施与军事有关之后方勤务。如防空、防毒、警卫、救护、民众组织、粮食管理及交通运输等项的实施演习。

（4）与当地医院及卫生机关密切联络，实施女子军事看护训练。

2. 关于体育方面应该充实改善的（除固有的田径、球类、国术、游泳、器械、垫上体操外）。

（1）注重集团的训练，力矫过去无秩序、无纪律、无礼节的浪漫活动（要供给适宜的动机（Motivation），不要强制）。

（2）扩充军事体育设备，添加特种教材，如搏击、爬墙、打靶、障碍赛跑、骑马、驾驶、唱歌等。（参考程登科先生在《勤奋体育》月报二卷三、四两期上发表的《军事体育教材之检讨》及《国衡》月刊一卷上发表的《军事体育化教材之商榷》等材料。）

（3）添加或充实“个人抵抗”（Personal Combat）和训练“自卫技能”（Self-defense Technique）的体育活动，如东西洋拳术、角力、摔角、柔术、劈刺等。

（4）实行体育标准测验及科学的成绩考核法。

（5）提倡大规模的越野赛跑，接力传信等。

3. 关于童子军训练方面应该充实改善的。

（1）征集义务教练员从事组织学校以外的闲散儿童，编成童子军团，附设于各地方之公共团体。

（2）除固有之课程外，应积极参加社会上之公益事业及各项建设工作，如“劳动服务”“新生活运动”等活动。

（3）认真提倡野外生活，厉行定期露营及远足（参看四章中青春时期的体育习惯养成法（b）与（c）两节）。

（4）现在的中国童子军总会有彻底改组之必要，须使之得到更有效率之推行。

此外关于童子军训练应该推行的事情甚多，本篇不及备述，读者可参考徐观余先生在《教与学》的第一卷第七期的“国防教育专号”内所发表的《国防教育与童子军训练》一文，材料甚丰。

4. 关于卫生教育方面应该充实改善的。

（1）加紧培养医药卫生人才，扩充卫生经费与设备。据卫生署调查全国医师数目，平均每十万人中尚不到医师二人，而日本则有七十七人。卫生经费依民国二十三年岁出预算只占全岁出百分之〇.〇九八，而日本则占全行政费百分之一三. 六，相差不只一百三十八倍，故亟应增加现有之医学校及卫生救护人员训练班，努力扩充现有之卫生经费与设备，至少扩充至岁出百分之二。

（2）普遍的组织卫生劝导队，实地督促民众的卫生。在非常时期叫人民了解“衰弱疾病”不但要消耗战时的实力，而且减衰生产的效率。所以保持国民的健康，就是增厚国防的实力。我们应该组织卫生劝导队，灌输合理而有效的卫生知识，教授救急的技术，毒气弹的防避法，细菌的扑灭法，及一切防疫的常识，并且要实地的检查和督促民众的卫生。

（3）施行全国医生的总动员，在当地医院及卫生机关内检查人民体格，设法推行善后治疗。嗣后可以得到全国人民体力的总估价。

（4）准备基金，于相当时期内建设医药卫生救济所。“兵凶战危”，不仅人民受直接的杀伤与死亡，且间接引起疫疠流行，战时倘没有相当的准备，设法救济和预防，临时不特减衰前方战斗力量，而且引起后方经济的崩溃，根据许多历史的教训，医药卫生，的确成了现代战斗实力的保姆！

5. 关于劳动服务方面应该注意的。

“劳动服务”或者“义务劳动”是由德意志 Reichsarbeitsdienst 抄袭来的。在中国仿佛像是较新的名词，其实秦代之筑长城，隋代之凿运河，早就由于利用徭役而致。不过当时未能像德国今日使其充分的“国防化”“政治化”和“青年教育化”而已！所谓德国青年劳动服务原属志愿工役性质，自一九三五起，则改为强迫工役了。即凡德意志男女青年，于十七岁至二十五岁之间，一律服工役半年。工作的种类不外垦地、乡村筑路、改良交通、造林、园艺、预防工事、搭造营房等。此类的工作，皆由上午七时起至午时止，下午二时半起上课或运动，包括政治教育、游戏、技竞、唱歌和舞蹈等。罗廷光先生说他们的情形：“青年无分贵贱，皆共室而居，共桌而食，出入相友，守望相助，时作时息，且歌且舞，乐其有极乎？”

他们劳动服务的计划，由国社党拟定，于十年内完成，委任大员负责推行。分全德为三十个工役区：区下又分组队等小单位，每小组设组长，有助理员、体育教官、政治教官、音乐教员、医务员，其余驾驶、缝纫、烹饪等工作皆由工人中选任，他们营中的生活完全“纪律化”“健康化”和“艺术化”，德国青年劳动服务制度的特点很多，举其要者：开辟荒地，增加生产，调剂都市和乡村的人口，消泯阶级意识、实行互助合作，锻炼体魄，整饬步伐，觉醒民族意识，养成青年好习劳工的态度，使他们明了一切一切都是为整个社会着想，为整个国家打算，不是专为个人的利益打算而工作的！

在现在非常时期的中国，我们有认真效仿德国青年劳动服务制度的必要，且应严厉执行，兹就我们应注意的几点胪列于后：

（1）先由实业、内政、交通各部及中央建设委员会调查全国青年可以做的工作，统〈通〉盘筹划，如：（一）兴办已垦地的水利，（二）土地的粿合，（三）洼地和荒地的开垦，（四）筑堤防水，（五）改良农村道路，（六）植树造林等。

（2）组织中央青年劳动服务委员会为统辖全国劳动服务之最高机关，以委员长（在未得到正当人选的时候，最好由蒋院长自兼）为首领，下设各项人员，分司工作设计及监督工役等事项。

（3）分全国为若干区，在各区内成立劳动服务部，由当地之地方长官协助调查推行。

（4）各中等以上学校学生，除分期轮班从事重大之劳动服务外，应利用星期日、寒假、春假、暑假及其例假之一部份时间从事下列工作：

（a）参加当地公益事业及各项建设工作，如植树、防灾、救灾、工程、农艺、调查户口、识字运动、公共卫生运动、新生活运动等。

（b）参加军事后方勤务之实习，如防空、防毒、警卫、民众组织、粮食管理、运输管理以及电话电报机之装置使用等。

（c）参加学校内之劳作，如校舍清洁、校园整理、修垫体育场、用器修理等等。

六、结论

1. 日本自“九一八”后，强占我国的东北四省，退出国联，不受条约的制裁。这是第一个破坏和平的危机。

2. 本年海军条约期满，因日本反对比率主义，要求海军平等，赓续妥协已不可能，造成敌对局面，这是第二个世界和平的危机。

3. 德意志的希特勒于本年三月七日宣布《罗迦诺公约》无效，派兵占领莱茵非武装区域，这是第三个世界二次大战的危机。

4. 意大利的墨索里尼于本年五月十日正式宣布并吞阿国，国联的条约失效，和平机构推翻，集体安全无法存在，继之而起者，自然将为国际间的猜疑、仇视、连合、火并。毁灭文化的武器，较前更要变本加厉；这是第四个岌岌不可终日的和平危机。

5. 中国自一八四二年《江宁条约》订立以后，与世界各国的交涉频繁，是为非常时期的起首。不过国民因种种关系，因循苟且，轻易蹉跎罢了！

6. 自欧化东渐，中日两国原处于同等地位，惟日本励精图治，孜孜不怠，至今一跃而为世界上第一等强国。而中国则方针屡变，犹豫失策，演成现在麻木不仁的现象！

7. “九一八”后，疆土日蹙，民族阽危，又兼冀察问题日紧一日，国民始感到非常时期的压迫，咸认为目前教育不足以应付国难，一致要求非常时期的教育。

8. 我们不要因为时局的严重，混乱我们的思想，只顾目前的紧急，不问将来的得失。外界越混乱，内心越应该镇静。时局越严重，我们越要看清事实，认定了步骤，稳扎稳打，不可随声附和，做一般近视眼式的见解！

9. 教育系国家百年大计，方针不宜轻易变更。体育为各种教育方法中之一种方法，似亦不宜随着政潮而演变。在现在的非常时期，教育固然要适应当前的环境，然而它的实在作用，还是在乎“强固立国的根基”！

10. 我们要在非常时期之下，并谋经常时期之建设，要时时准备与敌人肉搏，但其准备仍需在大处远处积极的着想与迈进。故其出发点，决不能只顾目前难关，而忽略解除国难的重要因素。

11. 我们深觉国难的解决，不专靠表面上的军事和外交，而实在国民力量的充实。培养民众力量，决非短期间内可以完成，而且亦非专致力于枝枝节节的问题可以收效。中国的国难，必须整个的同时彻底解决。（但须切记“百废俱兴，一事无成”“欲速则不达”等等的教训！）

12. “单独体育可以救国”是偏激夸大的主张。要促进国民的体育，不但要在体育本身上努力，其他文化经济方面也要同时进展。过去“头齐脚不齐”的畸形现象，可以为我们的前车之鉴。在现在的中国，我们须多采用综合的（Synthetic）解决法，使各方面努力调协，努力合作，无论政府、学校、学生、社会、知识份子，一定要打成一片，不容有一点隔阂！

13. 在推行体育之前，必须有适当的宣传，使人民了解体育的意义，和与个人切己的关系，给人民以正确的观念，始能推行无阻，顺利的进行。

14. 在非常时期之内，宣传的教育尤关切［要］，如宣传式的讲演，可以尽量鼓动、刺激，不受文字的限制，不用笔墨纸张，只用活的言语，活的表情，活的动作，活的姿势，如此可收功迅速。

15. 过去我们提倡体育，没有采取正当的宣传步骤，一般民众没有得到正确的观念，他们多认体育为洋派学生及有闲阶级的消遣品，或者认“开运动会”“球类比赛”就是体育，与民众毫不相干，实有纠正之必要。

16. 根据现代教育心理学上的发明，教育的意义，不是仅限于入学校，也不是专读书，乃是一个人自生至死，无论在家庭，在学校，在社会里，受外界环境的激刺，或自己内心的冲动，自动的反应，使其继续不断的有所改变，使他运动他的身体，激刺他的思想，触动他的感情，影响他在人群中一切的行为，至于他的改变是好了，还是坏了，全在乎社会道德的标准与裁判了。

17. 体育为诸般教育方法中之一种方式，其定义与教育之定［义］相同，其所不同者只在多利用大肌肉之活动及一切其他相关之反应，使其整个机体，有所改变，无论思想、感情、行为，均包括在内，不仅限于身体之一方面也。

18. 我们需要户外大肌肉活动的原因，就是人类在生物进化的过程中，室外的空气，美好的阳光，粗糙的食物，旷野中爬山、泅水、奔跑、追逐等为发达内脏（如心、肺、肠、胃等）健康的必需。近代因为科学工业发达，人民多在室内从事不自然的生活，只用神经末梢及一切小肌肉的活动（如手、眼、耳、口、舌、鼻等），以致日渐萎弱，百病丛生。体育是调剂生活的必须品。

19. 中国的“贫”“弱”问题必须同时解决，不应有所先后。农民先要有饭吃，然后再讲体育，是“饭后哲学”；农民先要体格强壮，然后才有饭吃，又是“饭前哲学”。我们须认体育为立国“教”“养”“术”三者中间的媒介物，并且要知道有许多不用化钱的乡村体育法。

20. 中国需要提倡体育的理由甚多，举大者为：（1）缺少机体的生活力（Organic Vigor）及实验的健康（Tested Health）；（2）缺少品格教育及公民教育的实验室；（3）缺少休闲时间有益的消遣；（4）缺少天然的游戏调剂不自然的工作；（5）推翻传统“无为”有害的成见；（6）缺少心理健康及此时此地的观念；（7）缺少经济建设能力；（8）缺少满足人生游戏本能及富丽生活（Full Living）的需要；（9）缺少农工阶级的游戏；（10）缺少坚强捍卫国家的体力。

21. 在非常时期，我们用最有效力的宣传法，使民众得到体育正确的认识，感觉到体育的需要之后，我们就要运用现在固定的组织，改善他们的职权，调整他们的机构，使他们得到更有效力的推行，更良善的效果。

22. 推行体育成功的条件必须尽量的发挥，（1）学术力量，（2）政治力量，和（3）社会力量，三者缺一不可。没有学术力量不能发动，不能进行，就是勉强的发动了，进行了，不是妄动就是盲从。没有政治的力量不能普及，不能彻底。没有社会的力量，不能坚固，不能持久。最近单靠政府的力量容易养成人民的倚赖性，只有培养民众的力量，体育才可以持久的。

23. 学术力量由专家负责，政治力量由政府负责，社会力量由人民负责。专家根据事实与学理来号召，来研究，把研究的结果贡献于政府及人民；政府必须利用专家研究出来的方法去实施，出<去>推行；同时一般民众必须能了解此种运动的意义，并能接受此种运动的事项。这样专家、政府、人民三方面共同努力，然后体育才有成功的希望。

24. 关于改善学术力量方面的：（1）联络并沟通与体育有关之学术团体；（2）文化基金董事会应设立体育奖学金，延聘体育名宿研究中国体育问题，限期报告；（3）充实改善体育系并添设实验学校；（4）赶快推动中华体育学会，积极工作。

25. 关于改善政治力量方面的：（1）改组和加强现有的中央体育委员会，并增设人才执行部；（2）成立中央常年短期之体育指导员训练班，及添设巡回指导员；（3）切实指导并鼓励体育民众团体的组织；（4）严格检定体育师资并厘订修养进酬抚恤条例；（5）中央与地方编定预算或指定专款举办体育事业；（6）厘订并颁布奖励各种运动之标准，鼓励运动之自习。

26. 关于改善社会力量方面的：（1）全国体协应与各地方谋切实的联络与辅导，不可偏于上海一隅；（2）中央民训部体育指导科应切实指导民众体育的组织；（3）巩固各地方之体育协会并规定各地方推行体育的程序。

27. 推行体育的步骤，跟做买卖一样，要明白些“广告心理”和“推销术”，运用适当的宣传，看清民众的情形，用千方百计先把大家“催眠”了，“煽动”起来，叫大家感觉到体育的需要，乐于从事。这是开宗明义的第一章。

28. 适当的宣传不过是“开台唱戏”的准备，但不可有超过事实的宣传，骗人只是一次。头一炮要放得响！不然失了信用，以后的事便不好做了！真是要说到那里，就能够做到那里才可以的。

29. 宣传的方法，必须包括四种工<功>用：

（1）怎样可以叫大家注重体育？（需要能够使大家看得见，听得着的东西。）

（2）怎样可以激发大家发生体育上的兴趣和欲望？（需用能够使大家喜欢的东西。）

（3）怎样可以叫大家产生体育的信仰？（需用能够使大家改变信念，激刺感情的东西。）

（4）怎样可以叫大家养成体育的习惯？（需用能够使大家“擎桌揎拳”“乐此不倦”的东西。）

30. 吸引民众注意的方法：（1）利用日报、杂志、书籍、壁报；（2）开映体育电影及广播体育的无线电消息；（3）普遍的提倡体育讲演、体育表演、体育展览。

31. 启发民众兴趣的方法：（1）领导民众常时注意几种体育上良好的事实及模范人物；（2）激励民众认识体育与切己的关系；（3）激励民众的题目必须切合时实并适应

他们心内的需要；（4）用新奇的争胜的滑稽的方法激励民众；（5）用严重切己的问题激励民众；（6）用火烈的感情，同情的思想，与有创造能力的人格激励民众。

32. 产生民众体育信仰的方法：（1）用激刺和联络感情的方法率导力行；（2）努力避免与个人经历相违反的事实；（3）利用赞助体育的舆论及社会中有权威者的意见和话语；（4）适应民众当时当地的欲望；（5）供给民众美好的印象、具体的方法和充实的知识，不可产生反感及厌恶的心理。

33. 养成体育习惯的方法。在不同年龄及性别当中方法都不一样，然均须注意学习定律的准备、练习和效果律。（1）关于幼稚和小学时期者：（a）供给运动的机会与环境；（b）组织儿童幸福运动委员会，认真推行关于儿童心身健康的一切设施；（c）在各城各乡调查空地，广设儿童运动场；（d）彻底充实小学体育设备；（e）改良师资，使他们个个热心体育，指导体育；（f）提高教员待遇，厉行教、训、体合一的小学教育；（g）实行能力分组教学，厘订各年龄各性别的体育标准。（2）关于中学或青春时期者：（a）在学校内外普遍提倡组织青年体育会，奖励义务指导员；（b）在学校内外普遍提倡组织青年团，鼓励野外生活锻炼；（c）供给适宜的方便，提倡全国青年的自行车及徒步的长期旅行；（d）厘订各年龄各性别的奖励运动标准，鼓励运动的自习；（e）在环境上努力造成好习运动的风气，崇尚仁侠的精神；（f）在各地方由政府率导组织青年劳动服务部，使全国青年轮流值班，直接参加地方及国家的建设事宜。（3）关于大学及成人时期者：（a）检查各人的缺欠，供给正确的知识和矫正的方法，指导正当的态度，与鼓励具体的进步为推行大学体育之秘诀；（b）扩大民众教育馆的体育设施，及建设高尚娱乐场；（c）常时举办民众运动会、体育讲演，及开映体育电影等会，提倡健康教育宣传及健康比赛周。

34. 关于适应非常时期的急需，我们看到当前的需要如下：（1）关于体格方面的：（a）身心得到健全发育的坚强体格；（b）能够刻苦、耐劳、动作灵敏的劳动身手。（2）关于精神方面的：（a）有刚果、肯奋斗、能自治、不自私、重道义的精神；（b）肯服从、能领导、守纪律、能合作、情愿牺牲自己献身为国的公民道德。（3）关于知识和技能方面的：（a）明瞭宇宙间人与物的关系，及世界国家大势；（b）认清国家此时此地的需要，及各人应努力的途径；（c）具备应用于一般生活及国家需要上之知识与技能。

35. 在非常时期为求“通力合作”“实施统制”“打成一片”起见，我们要将和体育最有密切关系的“卫生教育”“军事训练”“童子军训练”严密的联合组织起来，使他们得到最有效率的推行。

36. 我们采取军事训练的目标，为得是要得到编制严密、动作灵敏、负责任、守纪律、甘为国家牺牲那一类的好处。我们采取体育的目标为的是要得到活泼自动、感情热烈、兴趣浓厚、有果断、肯奋斗、能合作那一类的好处。我们采取童子军训练的目标，为的是要得到帮助别人，服务社会，机警有为，事事自赖，活泼可亲那一类的好处。我们采取“劳动服务”，为的是要得到重视劳工、参加建设、能刻苦、能耐劳、养成劳动身手那一类的好处。我们采用“卫生教育”，为的是要得到每日二十四小时内生活健康化及环境卫生化那一类的好处。

37. 我们在各处如果得到以上严密的组织，并且达到以上所举的教学要点，只要把现在固有的内容稍为改善充实一些就好了！

38. 关于军事训练方面应该充实改善的：

（1）根据国府《兵役法》，男子满十八岁至四十五岁之间者平时一律应受规定之军事训练，太<不>可只限于高中以上的学生。

（2）彻底充实军事训练的内容，如政府供给子弹、枪械，练习实弹射击及野外演习等，以前“托枪”“开步走”的教材太多，使人厌倦。

（3）与当地军警机关联络合作，实施与军事有关之后方勤务。

（4）与当地医院及卫生机关密切联络，实施女子军事看护训练。

39. 关于体育方面应该充实改善的：

（1）注重团体的训练，力矫过去无秩序、无纪律、无礼节的浪漫活动。

（2）扩充军事体育设备，添加特种教材：如搏击、爬墙、打靶、障碍赛跑、骑马、驾驶、唱歌等。

（3）添加或充实“个人抵抗”和训练“自卫技能”的体育活动，如东西洋拳术、角力、摔角、柔术、劈刺等。

（4）实行体育标准测验及科学的成绩考核法。

（5）提倡大规模的越野赛跑，接力传信等。

40. 关于童子军训练方面应该充实改善的：

（1）组织学校以外的闲散儿童，编成童子军团，附设于各地方之公共团体。

（2）除原有之课程外，应积极参加社会上之公益事[业]及各项建设工作。

（3）厉行定期露营及远足，认真提倡野外生活锻炼。

（4）彻底改组中国童子军总会，使之得到更有效率的推行。

41. 关于卫生教育方面应该充实改善的：

（1）加紧培养医药人才，扩充卫生经费与设备。

（2）普遍的组织卫生劝导队，实地督促民众的卫生。

（3）施行全国医生的总动员，检查国民身体，设法推行善后治疗。

（4）准备基金，于相当期内建设医药卫生救济所。

42. 关于“劳动服务”方面应该注意的：

（1）由实业、内政、交通各部及中央建设委员会调查全国青年可以参加的工作，统〈通〉盘筹划。

（2）组织中央青年劳动服务委员会，统辖全国青年劳动服务工作。

（3）分全国为若干区，在各区内成立劳动服务部，由当地之地方长官协助调查推行。

（4）各中等以上学生除分期轮班从事重大之劳动服务外，应利用星期日、寒假、春假、暑假及其他例假之一部份，从事地方及校内公益及建设工作。

怎样从事农村建设下层工作

（1938 年 9 月）

我国的农村因为几十年来帝国主义者不断的侵略掠夺，和国内连年战争，政治不上轨道，简直弄得凋敝不堪。在这抗战期间，兵额的补充，资源的供应，大致都由农村负担。我们为繁荣农村，增加抗战力量，就不得不正本清源，从建设农村作起。

在过去，那班农村建设运动者常常喜作理论的争辩，岂知徒有理论，于事何补，必需有健全的下层工作人才，才能做出真正的事业来。因此，关于从事农村建设下层工作者应守的原则确有研究的必要。如果率尔行事，就不免引起农民的疑虑或反感，最低限度是农民觉着不起劲，工作推行不利。

那末应守的原则到底是甚么呢？笔者以为最低限度应有五点：

（一）参加农群——我们要从事农村建设的实际工作，最好参加农民生活。所有衣食住行应与农民同化，最低限度也不可距离他们太远。在心理方面，我们不可以知识份子自居，自命先知先觉，轻视农民，大家应抱着传教师的信念，而且较传教师有更强的耐心。一到乡间，马上和农村现有组织的负责者取得联络，甚至为减少阻碍起见，明知他们不好，也得以礼相待。这不是说他们不好，我们消极怕事，不是不敢、不肯或不能改革他们或打倒他们，而是时机未到，没有代替他们的新势力，却不可过事操切，所谓“欲速则不达”，就是这个意思。我们宁取诱导商量的态度，不采高压的手段。最理想的是暗示他们，使他们在不自觉中，类似自发自动的走上我们心目中的道路。

（二）利用民俗——为求农村建设事业的速效，农民的习俗，确有留意的必要。即使是不良的习俗，只要对我们的工作无大妨害，最好不必批评攻击，惹起他们的反感。有些良好习俗，乃至无益亦无大害的习俗，我们最好能好好儿加以利用，使我们的工作与它发生联系，农民才感到亲切，才高兴参加，因利乘便，事半功倍，确比拒民于千里之外的态度强得多了。

再如农民见面，相互间的礼节与称呼，在可能范围中，最好去学习采用。这一采用，他们便觉得格外舒适，以为我们看得起他们。他们高兴了，喜欢我们了，我们的工作就容易推动了。

（三）择要推行——建设农村，在消极方面是解除农民痛苦，在积极方面，是增加农民福利。使农民感到痛苦的普通为贪官、污吏、土豪、劣绅、匪患、天灾、疾疫、贫穷等。增加农民福利则须注意交通、治安、农业、教育、卫生等项。这些工作需要大批人力财力和长久的时间才能作到。如果人力财力不足，又要尽速的推动，就非择要而行不可。这固然要看工作的价值，更得以农民需要的缓急而定实施的后先。把农民迫切急需的事在短期中作到好处，自然会得到大家的信仰与拥护，将来的工作无疑的也便于推进了。

（四）意志坚定——参加农群，利用民俗，只是我们的手段，而目的却在建设农村，增加农民幸福。所谓择要推行，也只是权宜办法，为推动其他重大工作的准备。要推动这些艰难的工作，高级职员固然会感到痛苦，却还只是心思的、头脑的。而担当下层实际工作的，除了服从上司，应付同事，还得直接跟农民来往。乡间的道路不如城市好走，卫生设备不如城市的讲究，治安不如城市的可靠，身心的痛苦不言可知。但我们的事业是伟大的，责任是重大的，在困难的环境里，担当伟大的事业，负起重大的责任，就非怀抱百折不挠的坚定意志不可。

（五）切实合作——农村建设是一种新事业，从来我国的新事业都由知识份子开始推动。原因是没有西洋式的宗教，和普遍设立的大规模工厂农场，其弊病便是缺少集团生活，极鲜公共训练。不客气的说，我们知识份子却一脉相传，几乎多少都沾染些“文人相轻”“不合作”的旧习。如果说他完全不合作，未免有些冤枉。不过，那只在受迫不过，急谋自救，或利益丰厚，算盘打清的时候；再不然，就是另一文人阿谀自己或向自己投降之际。于今我们要作新时代的人物，担负农村建设实际工作的重大使命，就非革除旧习切实合作不可。农村建设工作的部门很多，决非一个团体可能胜任。此外，尚有党政军各种团体，为工作推行便利起见，总以互相密切联络，免除隔膜或掣肘为好。各团体间的联络固然重要，而每一团体内部的团结尤为重要。欲求内部团结牢固，则从事下层实际工作的人就应该绝对服从主管者的指挥。同事间更要互相关切，如亲如友。服从并非阿谀谄媚，关切更非结党营私，乃是为推进工作应有的态度。如果内部团结不坚，轻者可以减少工作效率，重者丧失农民信仰，毁坏建设前途。所以非切实合作不可。

参加农群和利用民俗是把握对象，对象把握住了，然后分清工作步骤，择要作去，再辅以坚定的意志，合作的诚心，那末我们从事农村建设下层工作，就有成功的希望了。

（《农村建设》创刊号，1938年9月）

三育并进的重心问题

（1938年12月）

学术研究的范畴，各种科学的种类，和各项事业的部门，都是为了从事者分工上的方便。其实办理一件事，或者教育一个人，根本那里分得清甚么德、智、体三育或德、智、体、群、美五育呢？比方说：两个学校的学生做一次篮球比赛，普通传统的看法，都认为这是一件体育上的事；然而我们仔细的要问一问：在篮球比赛的范围内，如客队队员如何适应新球场的环境，明白两队队员的强弱（知己知彼），判断距离的远近高低，掷球时用力的轻重缓急等等的关系，这些算不算智育问题呢？又如宾主两队接触时的礼貌，以及遵守规则，服从裁判，尊重队长领袖，队员互相间的合作，以及胜了不骄，败了不馁的精神，这是不是德育的问题呢？

在北方平津的清华和南开两个学校，每年轮流着（今年在南开，明年在清华，如此类推）异地举行一次足篮球友谊比赛，一年一度相沿有廿余年之久。在举行之前，两校的体育部的学生和教职员，在校刊上及地方中英文日报上都广事宣传，在主校里，要筹备招待客队的方法，组织游艺会、交谊会，修理运动场，预备参观席等，在客校里要组织旅行参观团，接洽交通工具，在归校之后，各人要写一篇参观记，说一说他们的感想。这虽然是一种体育上的活动，但其中附带着包含有教育价值的东西很多！笔者无以名之，称之为一种教育设计。

根据现代心理学上的发明，新教育的意义，不是只限于入学校，也不是专读书，乃是一个人自生至死，无论在家庭，在学校，在社会里，受外界环境的刺激，或自己内心的冲动，自动的反应，使其继续不断的有所改变，以求适应。教育的方法，就是利用各种活动，使学生运动他的身体，刺激他的思想，触动他的感情，影响他在人群中一切的行为。至于这个学生的改变，是好了还是坏了，全在乎教师的指导，及社会道德标准的制裁了！

按照以上的定义，估一估我们现在国内教育的价值，就可以晓得凡一切被动的方法，不能使学生自动反应的，不能收到所期望的效果。静而不动的教育，也不能有大的意义。

体育为诸般教育方法中之一种方式，其定义与教育之定义略同，其所不同者，只在多利用大肌肉的活动（如躯干、大腿等）及其相关之反应，使其整个机体有所改变，无论思想、感情、行为都包括在内，不只限于身体之一方面而已。普通人以为体育是指着“身体的教育”而言，是受身心二元说传统思想的影响，与现代整个机体的教育原则有背，早经被人弃绝。

至于我们人类为甚么需要户外大肌肉活动（Big Muscle Activities）的原因，就是因为科学家看到人类在生物进化的过程中，室外的空气、美好的阳光、粗糙的食物、旷野中的爬山、泅水、奔跑、追逐，及一切天然大肌肉的活动，全都是与身体的健康有益处的。近代工业发达，科学家发明许多机器替代人工，都市内的人口繁殖，人民多在室内，从事不自然的生活，每日所需用者，只是神经末梢，及一切小肌肉的活动（如手、眼、耳、口、舌、鼻等），以致生机日渐萎弱，百病丛生，盖因我们非用大肌肉活动，不能发达内脏（如心、肺、肠、胃等）的健康。

言德育，在前清光绪年间，笔者受小学教育的时候，课程内设修身一科，由一位秀才先生教授《孝经》与《礼记》。民国初年，书坊内编有修身教科书，后改为公民科。中等学校的组织里设有训育课，聘用警察式的训育员，专司消极方面的管理，缺少积极的指导。嗣后“训教合一”之说起，教务与训育两课归并为教导处，最近教育部推行导师制，在颁行的办法中，最重要的是：导师应以身作则，导师应负功课以外的责任，导师应与家庭切实合作等等。此外教育界关于导师制的讨论，有主张导师应与军事管理及童子军管理融合贯通的，有主张导师制以师生共同生活为要件的。然而试观导师制实行半年以来的结果：第一幕是学校当局公布导师名单和学生分组名单；第二幕是导师发出请客单来请学生吃饭或茶会，在吃饭或茶会的当中，随便谈谈天，穷宇宙之大，无所不谈，笑话也好，批评也好，时间一到，便即散会，这是一般普通的现象。至于教育部颁布《中等以上学校导师制纲要》第三条：“导师对于学生之思想、行为、学业，及身心摄卫，均应体察个性，施以严密之训导，使得正常之发展，以养成健全之人格。”这个抽象空泛的条文，不过见诸敷衍塞责的实行罢了。在新教育的范围内，道德训练从来没有独立为一科，也没有能够指导道德训练的一个人。学生的品格都是由于课外活动、或者由于学习各种学科中间“附带学习”的。最重要的就是教师的态度和他潜移默化的工夫，在心理上就是暗示与模仿的功能。

说到智育，是我们中国历来最偏重的。读书可以代表整个的教育；会考（不包括德育与体育）可以决定毕业的资格；考试院的制度可以决定一个人的名位利禄。陈立夫部长说的很透彻，他说：

智育之离事际也，无自知不能自立，无自信不能自救。

纵横史地，认识之然后爱慕之，爱慕之然后保卫之、教养之。地方需要与国家需要应为施教之根据，（总理以县为建国之基础，各县自治为政治经济之单位，是以乡土教材与国家教材应视为同等重要。）今则不然，本国史地不重，乡土之教材不谈，而以世界各国之文学教材为用，宜乎学生对于本国社会经济实况茫无所知，欲求学以致用难矣！

笔者在抗战期间，为了救济事业经过西南各省，顺便中考察他们的农村经济和教育的实况，翻阅了几部关于农村经济的书籍，最使人惊叹的，对于广西、云南、贵州三省的统计，全都付之阙如！在某省参观了几处省会以外的学校，所见到的只是教员、学生、教室、桌凳，至于图书、仪器，几乎完全等于零。至于下午四点钟下课之后，所见到的只是一所空房子！

为了适应战时的需要，某省教育厅才成立了战时教育设计委员会。笔者被邀为设计委员之一，在开会时间曾发表关于战时教育的意见：就是把课程中关乎时间较古、距离较远的问题，暂行搁置，应该以注重研究此时此地的问题为出发点。于是在变更中小学课程大纲草案里规定着：初中减少英语科教学时数，历史减少古代部份，增加近世及现代史料；地理侧重经济地理，增加本省乡土教材；生物教材酌减理论部份，增加本省乡土教材；公民科注重时事问题之研究；各级农业学校之专科教员应负研究本省农产品之责；各工艺学校应参加当时之该业生产合作社，使学校成为生产机构之一部；各级生产学校应视当地之需要尽量开设各种短期技术训练班等等。

论到我国体育，因为过去没有采取正当宣传的步骤和优良导师的供不应求，把体育弄成现在的畸形病态！一般民众所见过的，只是运动会的比赛，所以他们认为体育就是运动比赛，是青年学生的活动，是洋派有闲阶级的消遣品，是有钱人的玩艺儿，与老百姓不相干的！学校内的体育，因为课程标准的规定，每周设两小时的体育课，一曝十寒，敷衍塞责，焉能修成良好的习惯。钟道赞先生在他的《抗战与教育》（《教与学》三卷四期）的论文中，第一件事他所举的就是：

> "体育卫生之未能注重：多数学生缺乏运动兴趣，卫生习惯多不注意，营养不良，缺乏浴室设备，缩小运动场所与时间，以多授课为能事，……学生身体之不健全，每于集中军训时发现之，半途病退，中暑晕厥者屡见不鲜。"

航空委员会的金兆均先生在他著的《飞行人员体格的三个基本问题》（《中国航空》第十二、四两号）文中曾把事实举出来说：

> "全国投考空军学生取录的百分数，平均约百人中只得七、八人，但是投考空军的青年体格比较普通学生为强健（大多数都是学校的运动员），所以要以全国青年为对象，恐怕合格者百人中难得其一！这不仅是空军的发展前途引为寒心，整个民族复兴的大业，更难设想！
>
> "根据主持空军体格检查的某医官谈，他说：'我们需要的体格标准并不甚高，只要正常发育的体格……'，换句话说：空军不能有失常或病态的体格。可是现在的青年，这样残缺不健全的份子太多了。这就是过去学校体育的失败，也就是整个教育的失败。"

在近几年行政院卫生署的调查统计里告诉我们说：

> "社会上因超格死亡每年所受的经济损失，有三十三万万七千五百万元！这很可以惊心怵目。我国如果拿这每年因超格死亡所受的经济损失约三十四万万元来做各种建设事业，可以建筑三万里铁路，或办八百个大工厂，办一千个大学，办十万个小学，开办五千个医院，建设六百处城市的自来水工程，修筑十万里柏油马路，或购置二万架的飞机。"

以上是摆在我们面前的事实，不容吾们疑惑的。

新体育为欧战后的产物，美国是注重体育的国家，在参加欧战募兵时医生检查，尚发现百分之二十九的人民体格不及格！在今日我国抗战正酣的期中，笔者在西南各省目睹所抽的壮丁，真可以令人叹息流泪，那里谈的上及格不及格呢！

我们再看看新兴国家中德、俄两国的体育状况。德国国社党（Nazis）领导下的"劳动服务"（Arbeitsdienst）配合着"康乐运动"（Kraft durch Freude）[①]为现时代民族奋斗

① 关于"康乐运动"这四个字，是笔者杜撰的。按照德文 Kraft durch Freude 的原意，应该译为"快乐为力量之源"，或者译为"快乐生力量"较为适当。——此为原文注。

中的特殊贡献，足资吾们取法的。

德国青年劳动服务，原属志愿工役性质，自一九三五年起，则改为强迫工役了。即凡德意志青年男女，无论中学及大学学生，于十七岁至二十五岁之间，一律服工役半年。工作的种类不外垦荒、筑路、改良交通、造林、园艺、防御工事、开河、搭造营房等。此类工作，皆由上午七时起至午时止，下午二时半起上课或运动，包括政治教育、游戏、竞技等；晚间有时候演戏剧或电影等。笔者在德国的时候，参观了几处德国青年劳动服务营（Reichsarbeitsdienst Lager），所得的印象最深！上午见一群如狼似虎的青年，在炎日之下只着短裤，光背赤足，手持铁口，散在一片田野里，满头流着汗，且歌且干。此情此景，真是动人！中午回到他们的营房，共桌而食，出入相友，守望相助。下午分队参加球术比赛，或游泳运动，晚间举行音乐歌咏会，其一种纪律化、健康化，和艺术化的生活，真令人称赞不置！据云：他们劳动服务的计划，是由国社党根据他们的国防计划，经济建设的大纲所拟定，于十年内完成，委任大员负责推行，分全德国为三十个工役区；区下又分组队等小单位，每小组设组长，有助理员、体育教官、政治教官、音乐教员、医务员，其余驾驶、缝纫、烹饪等工作皆由工人中选任，他们营中的生活，充分的“青年教育化”，其中的特点很多，举其要者：开垦荒地，增加生产，调剂都市和乡村的人口，消泯阶级意识，实行互助合作，锻炼精神体魄，整饬步伐，觉醒民族意识，养成青年好习劳工的态度，使他们明了一切一切都是为整个社会着想，为整个国家打算，不是专为个人的利益打算而工作的，同时也得着整个机体的教育！

苏联的体育宗旨，是根据整个的国策规定的。因为要充实国防的力量，努力提倡大众化的军事体育；因为要增加生产，使劳动与游戏得到相当的调剂。史达林（今译斯大林——编者）有一次在民众运动会的演说道：

> “人体机构原是一部有生命的机器，吾人必须注意的，先把这部机器使之全部健全起来，全部灵活起来，而后乃能善用出自人手的机器。”

在一九三三年的五一节，于列宁格勒举行体育大检阅的时候，据报告称：苏联今日优秀之运动员竟有六百余万之多，女子达二百余万人。这一般强健的青年男女，在农工机关，皆为重要的份子。因为他们以体育的精神，养成了“乐业的态度”，不但提高了工人的生计，及至调查体育政策成功后（一九三五年）农工矿出产量的统计，较以前竟增至三倍之多！这是苏联实行体育政策后的新收获。苏联当局因鉴于体育人才之缺乏，及一般青年对于体育兴趣之热烈，除已在莫斯科、列宁格勒、哈可夫、基辅、巴库等地设立体育大学四处，及体育学院三处，学生有四千余人之外，最近又特于莫斯科中央体育场中，增设中央体育学院，建筑规模甚为宏大，能容学生一千人云。

在此抗战建国的大时代中，全国国民视线中所注意的，是军事，是经济，而不知体育为体，军事为用的道理。论到经济的建设，是靠科学的方法，和健强体魄的人工所能生产的。陈立夫部长所举中国的征象为贫、弱、病、乱、愚；胡适之先生说中国的毛病是贫、弱、私、愚。无论是四样、五样，很难以判定何先何后，都是互为因果的。然而体力不强，根据以上所列举的事实，的的确确是最重要的病根。陈部长在教育部体育委员会第五届会议席上曾说：

> “体育为德智体三育之基础，有体育而后德、智、体三育始有发展之机

会。……有健全之身体，乃能成伟大之事业；试观作奸犯科、性急暴躁之辈，推其原因，皆因身体内部组织不良也。”

说到德、智、体三育的重心，不要因为界限所束缚，也不可被名词所愚弄。应该根据我国实际的需要与国策，运用体育及科学的精神与方法，完成国防及经济建设的大计划。

谚云：“世人所追悔的是过去，所希望的是将来，所忽略的是现在。”这可以作我们宝贵的教训。笔者深望负责的当局，不要推诿，不要犹豫了！

（《教与学月刊》第3卷第12期，1938年12月）

厘定各级学校男女学生体育技能标准之步骤

（1939 年 6 月 10 日）

一、引言

体育是用身体活动作工具的一种教育方法，其具体目标为（一）锻炼体格，使机体发育健全，能力增进；（二）培养公民道德，发扬团体精神；（三）训练生活上及国防上之基本技能；（四）养成卫生习惯，促进健康生活等项。

考查体育成绩，应该根据上列目标，厘订客观而合理的方法与标准，测验学生的程度与进步，然后体育的设施，才可以有所准绳。

根据教育部第六届体育委员会的决定，学校体育成绩的考核，应该包括下列各项，（一）技能测验；（二）运动精神；（三）出席勤惰；（四）体育常识；（五）卫生习惯等等。本文所论的步骤，只限于“技能测验”一项，其余另文研讨。

二、学生分组法

体育分组，不应按照普通学级或智力分组，因为虽在同一学级的学生之年龄不齐，身体发育的程度不同。所以在可能范围内，体育的设施与考成，应该采用能力分组的制度。民国二十五年教育部修订颁行的初高中体育课程标准中，曾列举五种分组法：（一）性别；（二）健康检查之结果；（三）按年龄、身高、体重指数；（四）体能；（五）技能。

最近国内普通通行的体育分组法，就是上列五种方法的前三种，即性别，健康检查之结果，及年龄、身高、体重指数是也。

（一）性别：男女学生自十二三岁以后，发育逐渐不同，兴趣亦异。是以中等学校男女学生之体育，应该完全分别实施，训练与考成的方法，也不相同。

（二）健康检查之结果：健康检查为学校行政最重要事件之一，至少每学生每学年应该检查一次。检查之结果，应作实施体育的根据。身体发育不良，或有缺陷的学生，应该拣选分别出来，予以特别之指导与训练。

（三）年龄、身高、体重：吾人身体发达的能力，根据统计学的考证，与年龄、身高、体重三项，均有直接的关系，其计算指数的回归方程（Regression Equations）为：

（a）麦克乐氏（C. H. McCloy）之研究：

分组指数＝20 年龄＋6 身高（吋）＋体重（磅）……………1932[年]发表

（b）尼鲁森（N. P. Neilson）与柯蒸氏（F. W. Cozens）之研究：

分组指数＝20 年龄＋5.5 身高（吋）＋1.1 体重（磅）……………1934[年]发表

（c）尼、柯与崔伯（M. H. Trieb）三氏之研究：

分组指数=20 年龄+4.75 身高（吋）+1.6 体重（磅）=2 年龄+.475 身高（吋）+.16 体重（磅）……………1935 年 5 月美国采用发表

若把美国以上的公式（c）变成我国通行的度量衡制，应改为：2 年龄+.187 身高（公分）+.353 体重（公斤）=分组指数。

根据以上的研究所得，吾们可以制造出中小学男生的年龄、身高、体重指数对照表来，按照他们个别的指数，分成若干组，然后再寻求各组学生所应达到的体育技能标准（指数对照表另详）。

三、女子发育的特殊性

关于女子体育分组的方法，研究的资料不多，兹就最近所得者，分述于后。

（一）柯蒸氏与克伯雷氏（H. G. Cubberley）的研究：一九三四年当柯蒸氏与尼鲁森研究小学体育的时候，他们发表女生的运动技能，与年龄、身高、体重的关系如下：

2 年龄+.55 身高（吋）+.11 体重（磅）=小学女生分组指数

嗣后又研究中学的女生，他们主张用下列的公式求得分组指数：

2 年龄+身高（吋）+.11 体重（磅）=中学女生分组指数

他们附带声明，在中学女生当中，年龄、身高、体重的配合，对于运动技能的关系，不如小学时期的女生重大，无论那一种运动项目，三个因素的多数相关（Multiple Correlation）最高不过 R=.400。后来又分析初高中女生的运动成绩，找出来女子在平均年龄十五岁半，身高六十六吋，体重一百三十五磅的时候，运动的技能，差不多是不变的（Stand-still）。

此外克伯雷氏又采用六项测验，试验了四百名大学女生，所得的结果是：年龄、身高、体重三项，对于大学女生的运动成绩，是差不多没有关系的，所以在施行运动技能测验的时候，大学女生可以不必分组。

（二）麦克乐氏的研究：在一九三二年前所研究的资料，多采取小学的男女生（其中有中国的材料），他的计算分组指数的公式为：20 年龄+6 身高（吋）+体重（磅），可以适用于男女生。后来又增出一种简便的公式如下：

10 年龄+体重=分组指数…………适用于十五岁以下的男女学生

一九三四年后，他也发觉，女子的发育，尤其在十二三岁的青春时期（在美国是十一岁半）以后是很特殊的。按年龄、身高、体重分组，似不相宜。所以在一九三五年他又主张采用体能（就是先天的能力，不是学习得来的能力）（General Motor Capacity）分组法，其计算指数的回归方程如下：

中小学女生体能指数：3.57（萨锦氏弹跃公分）+2.20（卜瑞氏测验[T]分数）+19.12（勃皮氏测验）+119

附注：女子体能测验中所包括的萨锦氏弹跃比高（Sargent Tump in cm.）、卜瑞氏测验（Brace Test in [T] Scores）及勃皮氏测验（Burpee Test）另见说明。

（三）阿当姆氏（E. G. Adams）的研究：为的是便于应用起见，阿当姆氏又把麦氏的发明，缩简计算指数的方法，只采用年龄和萨锦氏的弹跃二项，其公式如下：$1\frac{1}{2}$（萨锦氏弹跃英吋）＋年龄＝体育分组指数。

四、标准的成绩测验（Standard Achievement Test）

体育课程内所包括的活动甚广，技能测验约可分为普通与特殊两种：（一）普通运动技能，包括跑、跳、掷、推、拉、踢、接、躲诸动作。（二）特殊技能，包括各项运动技能，如器械体操、机巧运动、篮球之投篮、足球之射门等，勿论是普通的，或是特殊的运动技能测验项目的选配，吾们应该顾及全身运动元素（如同以上列举的跑、跳、掷、推、拉、踢、接、躲诸动作）的平均发展，不可偏于一部。还有一点，就是要多采取些“自试活动”（Self-testing Activities）。其理由另地说明。

选配各项运动技能测验，除了注意“正确性”“可靠性”“客观性”“有连续性的鉴别力”及“时间与设备之经济”等应具之条件外，对于每项测验的方法与规则，均应编有标准化的说明，使执行测验的人，有所准绳，不得有丝毫的苟且或变通（各项测验说明，与实施通则另详）。

五、范围

除了幼稚园和初级小学的学生，多注重自然活动与游戏外，其余自高小至大学的学生都可以施行运动技能测验。因为需要急迫的关系，吾们应该尽先从厘订中等学校男生的体育标准入手，渐及女生、小学和专科以上学校的学生。

我国幅员广大，人口众多，南北各省人民之体格不同，沿江沿海各都市之文化水准，及体育程度，和内地或边疆区域各地亦异。所以欲研究并厘订各个人之体育标准，颇非易易！

但是大家都公认，科学的体育考成法，是促成良好教学的重要工具，因为藉着科学的体育测验与测量，可以察知学生初入学时的情况，按照他们的体能和需要分组训练，使一切运动比赛更洽公允。从测验得来的结果，吾们可以规定他们训练的进度与目标；由测得的事实，评判学生个别的进步；如此吾们可以供给具体的事实和数目字，使学生家长和社会人士，对于体育得到相当的信仰！

在过去不少的地方，如天津、青岛、江西、福建、南京、湖北等处，曾经发表了许多“暂行运动成绩考核标准”“体育成绩考查暂定分数对照表”“暂行体育及格标准”等，皆不十分完善。一则因为他们所采取的标准之意义（是均数呢？是中数呢？是众数呢？还是下二十五分差（Lower Quartile）呢？），不甚明了；一则因为他们的统计资料不甚充分，适合于甲地者不能适用于乙地。所以吾们为力求真实代表中华民族的体格与体育程度起见，趁此抗战建国时期，吾们在可能范围内，应该选择几处包含各地青年的学校（现在吾们有很好的机会，就如各处国立中学，联合中学，中山中学等），从事较广的随机取样（More Extensive Random Sampling）施行标准测验。此外再择几处体育设备较优，运动程度较好（如香港、上海等地的学校），和体育设备较差，运动程度不好的学校（如边疆偏僻地方的学校）同行测验。务期得到足以代表中华各形各色学生的整个常态曲线（Normal Probability Curve）为原则！但是吾们的范围，暂从中等学校的男生入手。按照学制来讲，中学的学生是十二岁到十八岁的，但实际上，因为各地方学生入学的早迟不同，所以凡在十岁至二十岁之间的，吾们一并纳入。吾们打算把全数的中等学校学生，按照年龄、身高、体重的指数，分为甲、乙、丙、丁、戊、己六组，每一组吾们希望能够得着至少五百人的成绩，共计需要测验一万二千名中等学校的学生。

六、厘订标准的步骤

我国提倡新式体育二十余年来，早已有了“学生的体育不及格不准毕业或升级”的呼声。但是各级学校男女学生所及的“格”，是什么格？中央向来没有具体的研究或规定，本年第三次全国教育会中，也有举行体育会考的建议，但是吾们打算要厘定标准，至少要采取以下的五种步骤：

（一）根据教育部颁的体育课程标准及教授细目的内容，选配体育成绩测验的项目。

（二）编印《各项运动成绩测验说明及体育分组法》，分发各地，预先试验练习。

（三）训练测验员，预期在重庆附近的指定学校内举行小规模的“预期试验”，然后再分赴各地实行大规模的测验。该项测验员并负各校督导之责。

（四）统计测验结果，计算常模，编造各项运动成绩量表。

（五）厘定各级学校男女学生体育及格标准。

1. （一）与（二）两项工作业经大致完成。小学五、六年级男女生适用的测验，选择了二十五项。中学男生适用的五十项，女生适用的三十五项。专科以上学校男生适用的五十项，女生适用的三十项。其余的测验尚在续编中。

2. 拟请由教育部体育组印《小学男女生运动技能标准测验法：附分组指数对照表》《中等学校男生运动技能标准测验法：附分组指数对照表》《中等学校女生运动技能标准测验法：附体能测验及分组方法》《专科以上学校男生运动技能标准测验法》，和《专科以上学校女生运动技能标准测验法》小册子五种，由教育部通令各地教育行政机关，指定学校，试验推行，并订期考验。

3. 根据过去的经验，各地体育教员多缺乏科学的训练与态度。施行标准测验一事，若完全委托他们去执行，其结果殊难正确。所以吾们在实施测验之前，最好采取训练小组测验员举行预期试验（Preliminary Test）的办法。其手续如下：

（1）召集重庆市附近某中学之体育教员三五人，再由教育部体育组指定三五人，中大（指中央大学——编者）体育系四年级学生三五人，在最近期内举办运动技能标准测验员训练班或座谈会，研讨实施测验的方法并利用某中学的学生及设备从事试验，希望着在本年暑假前得到结果。

（2）在本年暑假的各项体育训练班中应该讲授“体育测验的理论与实施”一科，并命各学员实际参加各项测验。

（3）拟请由教育部体育组组织“体育巡回视导团”，由近及远，分期斟酌至西南与西北各省、各校巡回视导，并负“实施测验督导之责”。此项工作，期望在本年暑假后推行。

4. 把各地学生测验的成绩结果，汇集之后，拟由教育部体育组会同中央大学师范学院教育统计系整理，计算常模，编造成绩量表，其手续大概如左：

（1）学生分组之后，先行求得每组每项成绩的次数分配表（Frequency Distribution

Table）平均数（Means）及均方差或标准差（Standard Deviations）。

（2）因为吾们学生的分组是均一的（Homogeneous），吾们首先假定，要采取一种均等进级的给分计划（An Even-step Interval Plan of Scoring）。根据麦考尔氏（McCall）的“T”量表的方法，编造各项运动的成绩量表。不过稍微地加一点修正。因“T ”量表内包括着，在均数的两旁，有五个标准差的全距（A Range of 5 Standard Deviations on Each Side of the Mean），而且在“T”量表的两端上下 20 分是很少用的，所以吾们就决定所编造的成绩量表，要使在得 100 分内的学生，时常应用的。因此吾们就决定全距（Range）只限制在均数上下的三个标准差的距离。

所有的量表在编造的时候，都使 50 分的成绩恰巧落在均数之上，100 分的成绩落在均数以上的三个标准差之点。零分的成绩落在均数以下的三个标准差之点。至于每增加一分，应提高的成绩计算法，就是用 50 来除三次标准差所得的数目。

（3）在某种的运动项目中成绩纪录的分配，是特别偏歪的（Skewed）。吾们为免除量表的离开正规起见，吾们应该采用特别的处理法，就是在均数两旁，觅得一个较近事实的标准差来，就这用 3 来除均数两旁的全距，然后即用所除得的数目，替代所计算得来的标准差。其余都照着统计学的技术去处理，编造出一种近乎专科学的《各项运动成绩量表》来。

5. 吾们有了各项运动的成绩量表，就如同得到一个“标准尺”一样，吾们可以随便测量或厘订“各项运动技能的及格标准”。在体育发达的都市，用一样的量表，规定 60 分及格。在体育落后的乡村，规定 50 分为及格数。如此甲地的学生可以和乙地的学生比较。同一个学生自己亦可比较其进退，激励其自修。各项运动的成绩亦可以按照分数平均（距离的尺寸和速度的时间都可以合成分数相加平均）。同等的学校可以做团体成绩的比赛，不同地的学校亦可以通函比赛，求体育普及的发展，矫正偏重选手的弊病。教育行政机关，评断学校体育的好歹，亦可以有所准则，得到了这种成绩量表，他的功用不胜枚举。

（《教育通讯》第 2 卷第 23 期，1939 年 6 月 10 日）

1940—1975年

最近十年美国体育测量研究工作的介绍

（1940 年 5 月 31 日）

旷观欧美各国提倡体育的热烈及体育研究工作的精求，很可以使我们体育界的同志有所警惕。兹将美国最近十年（一九三〇年至一九四〇年）来对于体育测量上研究的进步介绍于后。

体育测量的研究，大略可以分为六个时期：

（一）一八六〇年至一八八〇年——人体测验发展时期。

（二）一八八〇年至一九一五年——体力测验工作发展时期。

（三）一九〇〇年至一九二五年——心脏机能测验发展时期。

（四）一九〇四年至今日——运动技能测验发展时期。

（五）一九二〇年至今日——五项测验或能力指数的发展时期。

（六）一九三〇年至今日——品格测量及健康或营养测量的发展时期。

在一九二五年科学工具未发达以前，体育工作测量的方法多是不合乎科学条件的。但是有许多的测验，因为实际上的需要，我们还是勉强的应用着，仍然有人在继续不断的研究中。为求应用上的方便起见，我们把最近十年来研究的工作分成九项胪述于后：

（一）心脏机能测验（Cardiovascular Test）——我国体育界很早就感觉了这种测验的需要，因为它可以把病态的和健全的学生区别出来：（1）因为身体内的夙疾，不能参加激烈运动，应当交给医生详细检查者；（2）身体健壮，可以立时参加激烈运动而无碍者。虽然我们至今还没有研究出可靠的团体学生心脏机能测验法，但最近几年，已经有三种个人的测验法，凡是受过相当训练的教员都可以执行。测验后的结果，就可以使我们了然某学生的“身体状况”（Physical Condition）。

爱我华（Iowa）大学的陶尔图博士（W. W. Tuttle）和他的同伴曾做了许多实验工作，他采取英国伦敦盖氏医院（Guy’s Hospital in London）所用的“脉搏比数测验”（Pulse Ratio Test）作研究的资料。

在这种测验里，脉搏比数就是代表一个人休息时候的脉搏次数被从事运动后（一种制定的固定的运动量数）的脉搏次数相除所得的比数。

其次就是麦克乐博士（C. H. McCloy）的“现实身体状况”测验（Test of Present Condition）。这种测验里包含着三种要素：（1）站立时脉搏次数，（2）站立时运动前心脏血压（D-Static Blood Pressure），与（3）从事固定量的运动后之脉搏次数。麦氏用统计的方法，把这三种要素编制成一个简单的公式（Simple Formula），由此可以很容易的算得某人的“现实状况指数”。

再次就是春田体育学院马克狄（McCurdy）和拉森（Larson）二氏由五种项目中所研究出来的结果。他们所采取的项目，都根据统计的手续分别加重，编成一个统计公式，这可用来分辨身体健康与否。

（二）人体力学（即姿势）的测量（The Measurement of Body Mechanics）——“矫正姿势”为最老之体育目标之一，许许多多的方法，例如人体姿势图表、人体透影照像等，都时常用来充作改良判断和估量姿势的工具。这些工具在科学上没有十分重要的价值，但是有几种估量姿势的方法，确曾经过科学方法的研究，倘能获得体育界同人的重视，未始不能引起学生对于矫正姿势的动机。

勃朗乃尔氏量表（The Brownell Scale）为测量初中三年级（美国学制第九级，Ninth Grade）学生的躯干前后姿势（Anterior-Posterior Posture）的标准，按照专家评判所给予的等级，供给一种有次序的或者说可以晋级的透影照像（Silhouettes），在评判某学生的姿势成绩时，他的躯干前后姿势（透影照像）须照量表上所列举的各样姿势互相比较，恰和书法描仿量表（Handwriting Scale）的功用一样。

其次马克伊文和郝威二氏姿势测量方法（MacEwan-Howe Method of Grading Posture）是先取得学生躯干的前后照像，再从照像中取得三种量数，这三种量数用统计的方法结合起来酌量加重后，算成一种姿势的分数，用一个数目字或一个字母代表其等级。为证明此项姿势分数的正确性起见，二氏曾集合□位著名的专家共同评判，所得的结果足资依据。这种姿势测验的方法，虽然可以供给学生人数较少的学校应用，但在公立学校中，为经济所限，是不能采用的。

再次，克鲁克（Crock）最近贡献一种透影照像量表（A Silhouettes Scale for Measuring Anterior-Posterior Posture）,是为测量学龄期前的婴儿躯干前后姿势用的，克氏所采取的方法，大致与勃朗乃尔氏的方法相似。

再其次吾们应该介绍邱尔顿（Cureton）氏和他的同伴在春田体育学院所研究的工作：（1）测量脊柱□线模型的器具，（2）客观的姿势测量的给分方法，与（3）静力的重心测验。

（三）学生之分组法（The Classification of Pupils）——为期有二十多年的工夫，体育界全都承认，为使学生从事运动比赛得到公平起见，学生有按指数分组的必要。同年级中学生体格的大小、成熟的程度、运动的能力等，产生了体育上许许多多的问题。例如身体弱小的学生对于运动比赛缺乏兴趣，因为勉强使他们和身体强大的、运动能力熟练的学生比赛，是实在不公平而且使他们失望的！

虽然运动能力的高低与个人身心各方面的发育都有连带关系，而且有许多体育测量的数目字也与运动的成绩有直接的关系，但是年龄、身高、体重三项，若是经过合理的编配，就可以供给我们很简单很切实用的一种学生分组方法。麦克乐氏的分组指数（McCloy’s Classification Index），就是20乘年龄（年数），加上6乘身高（英寸），再加上体重（英磅），已经多方证明，为测量身体□□和成熟的最好指数。此三种因素的正当配合，也曾经过其他专家研究的证实。麦氏的分组指数不能适用于年龄大过十五岁半的女子也为研究所得，成人女子运动成绩的长进，是与这三种因素没有多大关系的。为中等学校的男生，柯蒸氏（F. W. Cozens）又作出一种指数来，特别适用于中等学生年龄的，其指数计算的公式为 20A+4.75H+1.6W，为行政上的便利起见，这个公式可以改写为2A+.475H+.16W。初级中学男女生最好用指数（Best-fit Index）为20A+10H+1.1W。

为大学男生的分组，已经制定了两种方法。其对象为十七岁以上的男子。麦克乐氏的指数为6H+W，柯蒸氏却把大学的男生按照测量分成九组，也是根据身高与体重的不同而定的。这两种方法相同之点，都是承认在大学中成人的男子，年龄是没有关系的。

虽然罗杰氏的体力指数和健康指数（Rogers' Strength Index and Physical Fitness Index）,在他□□的地方很多，但其最重要的用途，还是把参加运动比赛的个人或团体按照学生的体力分成相等的组别。

如果我们在年龄、身高与体重之外，再来按照体力分组的方法，吉士乐曾经研究并且证明另外一种分组的方法，根据三套测验，每套包含着四个项目。各个测验的用法，须视当地现有的知识和经济能力而定。

（四）普通性质的测量（The Measurement of General Qualities）——在这个“普通性质”的名词之下，包括着许多测验，都是为测量身体活动上面天生（Innate）的性格的，有的时候称为普通运动能力或体能（General Motor Physical Capacity），也有的时候称为运动能力、神经肌肉技能（Motor Ability Neuromuscular Skill Capacity, and the like）等等，这些名词都是为的和特殊运动技能（Specific Ability），如某项球术运动技能表示区别。我们可以大胆地约略来讲，这些测验中决没有单独一项测验，足能测量所谓普通全部性格的，但是某一项测验都有其价值，有的是为诊断体育中的困难，有的是为检测“尚未发育充足”（Undeveloped）的能力。

体力测验的健康指数曾经输入到美国各校的体育测验程序中，以测量学生的普通运动能力和大肌肉活动的习惯。这种测验指数，如果有受过课堂训练的教员就能运用，的确能够表现身体机能的运动力，此指数与身体的健康有基本的关系。但是普通的教员千万不可根据此种测验或指数的结果，指导学生的健康。罗杰氏的体力指数（Rogers' Strength Index）与麦克乐氏对于该项指数的修正和适用，曾经证实对于体育界有莫大的贡献：一则可以表明身体的现实状况，一则可以激励学生努力的兴趣。除此之外，马克狄博士的“体能指数”（McCurdy's Physical Capacity Index），也可以应用于中等学校的男生，马氏的指数不但考虑肌肉的力量，而且顾及到伸缩的速度，因为按照物理学的公式，能力等于力量与速度相乘（Power=Force×Velocity）。此项指数似乎在造成体育成绩的肌肉潜能（Muscular Potentialities），是一个很好的量数，……[①]并且足以代表普通体能，无论在个人及团体运动比赛的项目中都占很重要的位置。

麦克乐氏的普通运动能量测验（Test of General Motor Capacity）与普通运动能力测验（Test of General Motor Ability）在民国廿五年中华体育协进会出版的《体育季刊》中，笔者曾经译成中文发表。身体能量测验可用为测量身体生来就有而尚未发达的本能或能量（Innate Potentialities）。在另一方面，能力测验可用为测量按照身体能量而发达出来的普通运动能力。倘若用运动能量来除运动能力，所得的商数名之为“普通运动能力商数”（General Motor Ability Quotient），这种商数可以用来代表一个人按照他固有的能量所发达出来的能力的一种量数。每一种测验都包含数项运动，按照年龄、性别分别加重，所得的结果足以用来测定“运动机能的发达程度”和“比较的长处及弱点”，这两种测验已

① 原文如此。

经证明在中小学内颇可应用。

“运动机能的可教育性”之测验（Test of Motor Educability）——“运动机能的可教育性”这一名词，经麦克乐氏的创制，业经普遍地通用了。它代表一种运动神经的机能，足以使一个人在学习一种新技能的时候，很容易学会。在这种范畴里，有三项很有价值的测验，可以应用在体育测验的教程中：(1) 卜瑞氏的运动能力给分量表（The Brace Scale of Motor Ability Tests），（2）爱我华大学对于卜氏测验的修正法（The Iowa Revision of Brace Test）与（3）约翰森氏的体育技能测验（The Johnson Physical Skill Test）。卜瑞氏的测验包括二十个项目，均属机巧运动的性质，采用T量表的方法给分，可以充作学生分组的方法，也可以估计学生运动的成绩。爱我华氏对于卜氏测验的修正法，包括着十项机巧运动，分为两套，每套五项，T 分数是根据每项机巧运动二次测验的结果给分。约翰森氏的体育技术测验的目的，为的是测量学生固有的神经肌肉技术能量（Native Neur-muscular Skill Capacity），其中共有十项体操，包含着十五英尺按照在番布上画好的口线的自身移动（Locomotion）。学生可以根据他们所得的分数，很均匀地分出组别来。

在大学的阶段中，柯蒸氏的“普通运动技能测验”（Cozens' General Athletic Ability Test）足资应用。这种测验的目的，可以诊断学生的缺点而设法补救之。

为大学的女生，已经制定了三种测验，都是为了测量所谓运动技能（Motor Ability）的。这种技能有的专家解释为“在从事大肌肉活动中所必须的活动体能”。欧瑞冈（现通译为“俄勒冈”——编者）大学的运动技能测验（The University of Oregon Motor Ability Test）包括四项大肌肉活动，为学生分组用的。闵聂素达大学（现通译为“明尼苏达大学”——编者）的运动技术测验（The Minnesota Motor Ability Test）包含着五种个人测验项目，对于测量“现实状况”很有价值。胡密斯顿的运动技能测验（The Humiston Motor Ability Test）可以测量学生的“现实状况”，也可以用来分组。其终结的测验包括七项，实施的时候，可以当作连续不断的单元。

（五）体育成绩测验给分量表（Achievement Scales）——勿论站在学生的立场或是教员的立场，这种测验成绩的给分量表，在体育教练中确系不可缺少的部分。否则，学生客观的进步是无法推测的。卜瑞氏在这个工作上，可以算是先期倡导者。他首先测验篮球、棒球及足球的技术，并且实用T量表的方法在体育上给分。

麦克乐氏为田径赛项目所造的给分表，是根据逐渐增加（An Increased Increment）的原则，应用于不同能力的学生团体（Heterogeneous Groups），按照成绩的难易逐渐加分。

美国的加里弗尼亚州（California）在最近五年内，对于编造各项运动的成绩给分量表，曾有彻底的研究。起先采用十岁至十六岁的男生编造一种“初级五项运动”（Junior Pentathlon）的给分表，嗣后又研究从小学男女生以至大学，编造各项运动的成绩给分量表。至今该项工作业经完成，编造出来分组适用的各项运动成绩给分量表，全都是根据一样的基础和客观的事实造成的。

全国娱乐协会（The National Recreation Association）曾经公布为男女青年适用的“全国体育成绩标准”（The National Physical Achievement Standards）。因为所有的运动成绩都与年龄、身高和体重有极大的关系，若是学生只按年级分组，实在是不可靠的。康格氏（R. G. Congre）为十二岁至十九岁男子所编造的成绩给分量表，也有可怀疑的。

（六）个别运动技术测验（Sport Technique Test）—— 在这种测验的范畴内，虽然有许多教员的建议，但是其中经过科学的证验而实在正确的□在少数。在我们整个的测验教学中，这种测验的目的，不是为的推测固有的游戏能力，就是估量现实的状况，它的结果也可以充作每学期终了时对于学习某项运动一部分的分数。

在小学学生的阶段中，罗吉氏与希斯（H. G. Rogers and H. L. Heath）合编男生两种运动的测验，一种是垒球，一种是足球。此外对于中等学校的女生也编了篮球和排球测验。

为大学男生，也有编好了的三种运动技术测验，艾格林篮球测验（The Engren Basketball Test）、鲍雷司克美式足球测验（The Borleske Touch Football Test）、及邱尔顿氏的游泳比速耐性测验（Cureton's Test for Endurance in Speed Swimming）。关于这类的测验，无疑地，有许多的研究未见发表。

对于大学的女生，有两种运动技术测验已经发表了，杨毛赛的篮球测验（The Young-Mercer Basketball Test）及戴尔氏的网球撞板测验（The Dyer Backboard Tennis Test）。在大学的女生中，有许多测量“韵律”或“节奏”的测验，正在试验期中，但是完全妥善的测验，尚未产生出来。

（七）体育常识测验（Physical Education Knowledge and Information Test）——在最近十年来体育界同志颇注意这一方面的测验。现有的常识测验的研究要算闵聂素达大学女子部的工作最为彻底。十项体育活动的常识测验，再加上卫生方面的常识，每项包含着四十五个问题，编成复式选择的方式（Multiple-choice Type），业经科学的证明，认为正确。亨费鲁氏（Heinphill）为中等学校的男生在五种主要的运动上，编造出体育和健康教育的常识经验来，莫尔菲（Murphy）高尔夫球术常识测验及葛瑞尔（Grier）为大学女生部的曲棍球常识测验，在考试运动常识上皆为很有价值的贡献。

（八）行为（品格）给分量表（Behavior Rating Scales）——爱我华大学的麦克乐教授及其他专家为在从事体育活动中应用所研究的“行为给分量表”，业经造成很优良的开端，在最近几年内，我们都期待着有更大的进展。

（九）卫生教育（健康教育）（Health Education）——我们在此处采用“卫生教育”概括名词，其用意不只限于卫生知识、卫生习惯和卫生态度的测量，而且还要包含着各种保健工作。在这种范畴内，有许多著名的测验业经公布了：（1）盖滋、司权二氏（Gates-Strong）为高小及中等学校学生（美国学制中之第三级至第十二级）制定了卫生常识测验；（2）佛朗蒸氏（Franzen）为高小学生（第五、六级）编订了卫生教育测验，而且制订了常识标准；又乌德一乐科（Wood-Leuigo）二氏制定了“卫生行为给分量表”，从幼稚园的儿童一直到大学全部包括在内。在最近的刊物上又发现两种卫生知识测验，将来的应用甚广，包括成人及大学的学生在内。

营养实况的“臂胸宽”指数（The ACH Index of Nutritional Status）——在美国轰动一时的“臂胸宽”指数（The ACH Index）的用途，是在鉴别学生中有营养不良（Malnutrition）及滋养不足（Undernourishment）者，以便送给医生予以详细的检查。这种指数的计算方法极其简单，就是测量上臂的周径、胸部的厚薄和髋骨的宽窄三项（Arm, Chest,

Hips=ACH）算成一种指数，按标准对照比较，其方法远胜过当年常用的年龄、身高、体重对照表（Old Age-Height-Weight Tables）。

普爱儿氏的髋宽体重表（Pryor Width-Weight Tables）——美国斯坦佛大学（Stanford University）的普爱儿女士（Helen B. Pryor）于一九三六年在该大学的出版部发表一种髋宽体重表，也可以很简单、很正确地测量一个人的营养状况，比较普通的身高体重表又正确又方便。

以上不过将美国一方面最近十年来关于体育测量的研究工作，约略地介绍出来。笔者发表本文的用意，在求“抛砖引玉”，希望在欧洲各国及日本留学研究体育的诸同志，把各国最近研究体育的情形尽量地介绍给国人参考。

在教育部体育委员会第七届会议里曾有“充实中华体育学会”及“筹设体育研究所”的提案，中国提倡现代体育虽然有了二三十年的历史，但是有待于研究试验的各种问题，真是不胜枚举，亟待有学术研究兴趣的诸同志来努力！

（《教与学》第5卷第3期，1940年5月31日）

《童子军教育原理及方法》[1]自序

（1940年8月）

“发展儿童作事能力，养成良好习惯，使其人格高尚，常识丰富，体魄健全，成为智、仁、勇兼备之青年”，这是中国童子军训练目的所在，也就是父兄对于子弟、教师对于学生、社会对于人民，所渴望达到的标准。我国教育尚未普及，无论家庭、学校、社会各方面，均未臻健全之境，故童子军教育的倡导，实为当前首要之务。

三十年来，中国童子军事业，从仿效创办，进而自由发展，更进而由党国领导经营，已被全国公认为各种教育法中的一种重要活动。

然而，关于童子军教育理论，始则盲目抄袭，人云亦云，忘却中华民族的立场，继则各执一见罔所依从。同时且有重视成人，忽视儿童本位之弊，所以始终没有产生合理而有系统的正确理论，以致影响事业的进展！其实童子军教育，是为现代国家所需要，能于我们借用外来的舶来品，自然要站在我国的立场，根据本身的环境与一切的因素，经过一番“蚕吐丝”“蜂酿蜜”的消化工夫，才能够产生出适用应时的贡献来。

童子军教育是良好公民教育的实验室，从实际生活中由做而学，由学而做，训练国民的生活智能，培养正确的政治意识，树立军事教育的基础，养成处世接物的正当态度。同时还要吸收外国科学方法和技术，并发扬我们固有的民族道德，这就是中国童子军教育成功之匙。

远在二十六年初夏，我们偕同二十五位活泼的童子军，前往欧洲参加意大利青年大露营的时候，我们曾经在康德罗梭号轮船的休憩室中，畅论中国童子军教育的各项问题，当时便有编述一书的雄心。旅程苦短，率队归来，又值神圣抗战开始，奔走无暇。去年中央训练团举办中国童子军教导人员训练班，辑五奉命主持教务，耀麟亦自香港受聘来任教官，公余之暇聚首时多，不禁旧话重提，以客观的见解，根据二十年来从事童子军教育的实际经验，遂编成这本关于童子军教育原理和实际方法的书。先草拟大纲，前后稿凡七八易，每次都有详密的讨论，结果才确定了本书内容，并且在今年四月间着手写稿，经过三个多月的时间，我们的工作总算完成了。不过我们虽然自信本书所谈的原理和方法均系根据客观的见解，审度我国需要，吸收童军先进国家的技术和方法，求能适合国情，供给一般热心童子军教育人士，和童子军教育课程一科参考之用，但是我们仍然希望海内热心研究童子军教育人士，不断地努力与创造，本书不过是聊贡一得之愚而已。

---

① 该书由章辑五、吴耀麟编著，正中书局民国三十一年（1942年）1月初版，民国三十六年（1947年）12月沪一版。

最后，我们要向引用各书的作者表示谢意，同时并请海内高明不吝赐正。

章辑五、吴耀麟于中央训练团中国童子军教导人员训练班
二十九年八月空军节

附：该书“编辑大意”

一、本书专供中国童子军服务员及热心童子军教育者研究童子军教育原理及方法之用，并可作为一般童子军干部训练班、大学童子军专修科、特别师范科、高中师范科“童子军教育原理”一科之教科书或重要参考书。

二、本书共十六章，前四章讨论童子军教育意义和价值，起源与其进展，以及产生期间的时代背景，并将童子军各个支流加以分析，使读者得到具体的概念。第五、六章叙述童子军教育与现代公民训练的关系，和儿童本位教育的要点。第七章说明中国童子军教育的目的及训练原则，训练的内容和训练的基本方法。第八章讨论童子军教导人员与教材。第九章根据现行法规，叙述我国童子军现在行政机构。第十章以后，讨论童子军团部组织行政和管理，提出一般基本问题，如小队制度的运用、野外生活的提倡、专科课程的训练、徽章制度、比赛方法与成绩考查、各种集会及仪式等实际方法。最后一章则列举我国需要提倡童子军教育的理由，应当注意的原则以及将来的理想，作为结论。

三、本书说明各项原则时，皆引证中外童子军教育名著，理论与实际并重，读者可以一面研究，一面实习，以求融会贯通。

四、本书各章之末，附有提问要点，以学生体验为立场，使其易于融会消化。外附有著作备览及重要参考书目，可作补充教材及课外阅读之用。

在全国国民体育会议上的提案[①]

（1940 年 10月）

一、拟请举行小学儿童体格测量案

理由：

前次所举行之体格测量，止限于初高中学，小学体格测量，尚付阙如。为完成身高、体重等对照表起见，小学儿童体格测量，实为必要，如此则对照表上，其年龄可在五岁左右开始，不至如现在所有只从十二岁起。又小学儿童在身高、体重等方面发展甚速，为比较计，并为查出健康指数计，亟须定立标准，作为普遍之应用，所拟是否有当，敬求公决。

附航委会代表张强邻建议本案，将来制定小学儿童体格标准时，要注意航空幼年学校之学生入校体格及格标准。

（艾伟、章辑五原案，审查会照原案通过，大会照审查意见通过）

二、拟请加测初高中学生六千人，以完成合乎统计原理的运动技能标准案

理由：

关于运动技能项目，最初定为十二，以后增至二十六，项目增多，而人数并未加多，致使各项目中所有人数，未免过少，其结果在统计学上，殊无意义，为补救计，似仍应加测，在每项技能中，其参加者最好超过一千人，最少应有五百人，平均以七百五十人计，尚须加测五千五百七十七人，又上次所测国立中学学生占大多数，共优点在代表性甚大，其劣点则在国立中学学生，纯恃贷金以维持生活，年来物价高涨，生活昂贵，一般学生在营养方面，颇有不足之感，结果在身高体重对照表上，身虽有相当的高，而体必不甚重，此种标准定立以后，若行用于全国，其代表性似不甚大。为补救计，将来加测之学生，其家庭状况，应属小康或以上者，上述两点，是否应加考虑，敬求公决。

（艾伟、章辑五原案，审查会照原案通过，大会照审查意见通过）

三、拟请完成女生体格测量及运动技能标准案

理由：

上次测量中，对于女生之体格及其运动技能，虽曾作一初步之尝试，然所测人数在二十六项运动技能中，实不满二十人，其去定立标准之人数，未免过远。倘项目数不能

① 1940 年 10 月 10—15 日，全国国民体育会议在重庆召开，本文为章辑五在大会上的提案，题目系编者所拟。

减少，尚须加测一万人。在体格测量中，若包括小学六年，使对照表得以延长下去，则在此一段尚须加测六千人，如此则定立标准，不致发生问题矣。所拟是否有当，敬求公决。

（艾伟、章辑五原案，审查会照原案通过，大会照审查意见通过）

（国家体委体育文史工作委员会、全国体总文史资料编审委员会编：《中国近代体育议决案选编》，人民体育出版社 1991 年版，第 166－168 页）

关于童子军的道德与政治训练

（1940年10月）

在陈之迈先生所著的《宪政与地方自治》一书的结论里曾说：“我们认为中国政治的路线，早已注定了是走民主政治的路线，宪政是建国的最终目标。在达到宪政最终目标工作，地方自治之建立，是一个必循的途径。人民必须学会了担负对于他们本乡本土的自治责任，才能够担负治理全国的责任。促进公民教育的第一步，端在地方自治的实行，而地方自治的实行，又在增加全国各地的生产事业，铲除积弊。这些事情，都不是可以求成太急的，但这却是一片最肥的田，有待于热心政治者的耕耘，它的收获，就是宪政的完成，建国理想的实现。”

吾们读完了陈先生的政治建设的道理，指明了公民教育的路线，吾们大可以明了童子军政治训练的原则了。笔者认为童子军训练是公民教育的实验室，这些建国基本的工作，如爱护乡土，实行自治，增加生产，铲除积弊等，都可以在训练童子军活动的内容里，切实的施行，使他们深切地体会到建国工作的内涵，并可由童子军亲手缔造的。

在现代交通便利的国际场中，中国既然不能离开世界而独存，所以吾们应该一方面要加紧建设三民主义的国家，一方面也要努力促进世界于大同，理应双管齐下，不可以偏废的。

幼童军不过是八岁至十二岁的儿童，童子军不过是十二岁至十八岁的少年，中国既然规定它为中小学的必修科目，在整个国家青年训练的过程中，应该是最普通的，最广义的，最低层的，所付予的政治训练与道德训练，切不可以成人的标准相要求。

关于儿童的道德训练，罗素（Bertrand Russell）的教育论里曾经说道：

“在对于道德的观念未能唤起何种反应，又在尚未至于需要它以支配行为的年龄中，强制注入道德的观念，实为无用。唯一的结果，只有困倦，以及在后来当这种观念可以成为有力时，反对于这种道德观念，发生钝感。儿童心理学的研究，在教育上，所以占有这样极端重要的理由，虽有种种，而这便是一个理由。”

所以对于儿童的道德训练内容，不可以勉强地把儿童经验以外，或不能了解的道理灌输他们，要认清他们的兴趣只注意到目前可以把握的具体事件，抽象的及较远的事件他们是不容易了解的。

二十九年十月

（《上海童子军教育》，1940年）

童训与军训

（1941年2月15日）

“那一种好？”童子军训练是大家所知道的，并且知道它的内容和价值；军事训练亦是大家所知道的，并且也知道它的内容和价值。这二种训练，究竟是那一种好呢？谁也不能判断。不能判断的原因，是因为这二种训练不是同一性质，也不同一功用，所以不能相比较。我相信，童子军一定说童子军训练好，军人一定说军事训练好。仁者一定见仁，智者一定见智。至于非童子军而说童子军训练好，非军人而说军事训练好，也许我们可以查出许多是为了自己利益而冒充童子军或冒充军人而来投机取巧的。所以我们就毋须问他“何以见得”，因为那已经不值识者一笑了。更不值得我们去注意。有些人真的退一百步而用极客观的态度，去作一个比较，而比较所得的结果，仍然是不公正，不正确，因为他不是童训和军训二者兼有研究的人，虽然他有了一年半载的研究或工作经验，就算懂得童子军训练，受过童子军训练，或懂得军事训练，受过军事训练，这还是不够资格做比较的工作的，何况这件事根本不能相提并论呢。

“那一种适用？”童子军训练，是儿童教育的一种，军事训练，是成人教育的一种。我们要那一种，那一种比较适用，这个问题一样的不能答复。因为童子军训练是儿童教育的一种，对儿童是适用。对成人，须要它“成人化”了以后，成人才能喜欢接受；若不是“成人化”，成人就要认它是儿戏了。童子军教育的“成人化”，就是军事训练。从军事训练讲，它是一种专门为军人设计的一种教育①，要有相当体格，相当年龄的人，才能接受。简单的说来，就是普通人所适用。而在我国，在近百数十年来的我国教育，正如总裁对第三次教育会议诸会员说过，中国教育，是解除了武装的教育，中国国民已经失去了自卫的能力，因此军事训练，有使其通国普及化的必要。换言之，教育要军事化，亦即是教育要注意到国防。使国家有自卫的能力，使人人能自卫，所以全国的人民，都应该有国防的知识，受军事化的教育，上面说过军事训练不是普通人所能接受的，而是要有相当体格和相当年龄的人才能接受，对于妇女儿童，它就必须“妇女化”和“儿童化”之后，才能适用。而军事训练的“妇女化”，比较最完善的，即是现在的女童军训练，军事训练的“儿童化”，即是现在的童子军训练和幼童军训练。其他体格不够的成人，似乎可以接受童训以代替军训。

“童与军打成一片”。有些投机取巧的分子造出一个口号——要童训与军训打成一片。这不过是一个锦上添花、画蛇添足、似是而实非的口号，亦是不值识者一笑的。因为前面已经说过，军事训练是适合成年人的，童子军训练是适合妇女儿童和体格较差的成人，

① 原文如此。

童子军训练成人化，即是军事训练，军事训练的妇女化儿童化，即是童子军训练（下面再介绍它的内容以作引读）。所以军事训练和童子军训练，原是打成一片的，何必再来一个锦上添花，画蛇添足的口号为自己利益而投机取巧呢？

“军训代替童训”。原来，造出这个口号的人，是要以军事训练替代童子军训练。因为“取消童子军训练”这样一个口号，似乎说不出口。不过他们这样说：“一个人到最后是要执干戈以卫社稷的，何不从小就教一个儿童以执干戈的训练！而且可以使国家省却多少人力物力。”这样的一鸣惊人，当我们初听到的时候，不禁很受感动，悔不当初，大有改革恨晚之慨！岂知这是一个似是而非的论调，事实不是如此简单，因为我们不能叫一个孩子从生下来就吃饭，他必须吃奶，而后吃粥，而后吃饭。执干戈的前期，就是执童子军木棍的时代。

所以作者于刊在《上海童子军教育》月刊的《关于童子军的道德与政治训练》一文中，认为“童子军教育，在整个国家青年训练的过程中，应该是最普通的，最广义的，最低层的，所付予的政治训练与道德训练，切不可以成人的标准相要求。”正如教育家罗素的教育理论说：“在道德的观念未能唤起何种反应时，又在尚未至于需要道德以支配行为的年龄时，强制注入道德的观念，实为无用。唯一的结果，只有困倦；以及在后来当这种观念可以成为有力时，反而对于这种道德观念，发生钝感，儿童心理学的研究，在教育上，所以占有这样极端重要的理由，虽有多种，而这便是重要的一个。”从这一个理由，我们同样的可以证明军事训练的不适宜于儿童。

最合理的，又如美国童子军对于幼童军训练的原则，第一点就说，“幼童军训练不与童子军训练相重复，童子军训练，留给童子军去享受，一个人的生命，是天赋渐进的，当我们渐渐的长大，幼年的兴趣是要过去的，而每一个新的年龄的到达，必定有新的兴趣，这是人生的自然趋势，所以幼童军训练是采用童子军训练中的任何一件事，实在是对不起童子军。”又说：“幼童军训练，是童子军训练的前夜，准备衔接童子军训练——一个毕业的幼童军具备了初级童子军的资格。”由此可知幼童军训练，是要衔接童子军训练，而不重复童子军训练，无论在内容上或方法上。此外幼童军团长，并不欢迎做过童子军团长人员去充任，怕他拿童子军训练的内容和方法，提早去施之于幼童。结果，就是罗素所说的，“唯一的结果，只有困倦，以及在后来当这种观念可以成为有力时，反而对这种道德观念，发生钝感。”同样的，童子军训练与军事训练，要求其衔接，可不要重复，更不欢迎以军事训练的方法与经验，直率抄袭来施之于童子军训练上。

“童子军训练的内容”。大家知道童子军训练，是英国一位数建战功的军人贝登堡爵士（当年是陆军中将）所创办的，当初贝氏在率领英国的军队到南非洲殖民的时候，他觉得军事训练的组织单位太大，而他试行的每四人乃至每二人为一组的单位，他成功了。他又觉得军队的严肃甚至呆板，把很好的民族的士兵都变成养尊处优，吃现成饭的贵族化了，远不及土人那样活泼耐劳能干，因而训练他的军队要实施所谓警探术的训练，凡是行军改良为警探旅行，凡是宿营要利用自然，实施自炊自食的自营生活，他的试验又成功了。他又感觉到警探术（当时贝氏著《警探术一助》（Aids to Scouting）一书）太严密复杂了，假如把它简易化——适合儿童的体力和经验，使迎合儿童的口味，使它成为一种“内武装”的儿童教育，而实施于儿童；儿童岂不是可有了良好的基础？将来他们长大了，受军事训练的时候，和捍卫祖国的时候，就比得上士人的活泼耐劳能干了。于是他又著了一部《童子军警探术》(Scouting for Boys)，它的内容，是以游戏方法来玩军事训练的内容，把战时应用的内容，使他平时应用，使将来儿童长大了，遇到需要执干戈的时候，他是早有准备了的。

“童子军机构的军队形式”。童子军组织有小队——小队是童子军的训练单位，类似军队里教练和操作的单位——班。小队以上的集体是团，团是童子军的组织单位，类似军队里的排或连，由一个下级干部人员指挥活动。童子军亦有很可以表显尚武精神的制服；这种制服，亦像军队里所用的一部分，并且有徽章、旗帜、符号。这些形式设计，都是脱胎于军队而迎合儿童心理的。至于团以上就不再有军队形式，因为事实的不可能和不需要。军队形式就至此为止，至此为度，至此为发展力的最大点。不如此，就有不及与太过之嫌。

“童子军训练的军事意味”。童子军有三级课程，三级课程里的种种，多半是军事训练的缩小和减低到儿童能力所及的分量。例如，童子军操即脱胎于军操，因为儿童体格和兴趣与成人不同，所以酌量采取一点儿童适用的材料施之于儿童，再加红红绿绿的旗帜，再加琳琳琅琅的徽章，儿童们尚武的精神因而就起来了。这是一点“军事”意味。将来，当他们长大，受得起严格的训练时，军事训练实施到他们身上，他们觉得，似乎是熟悉的一回事。他们遇到新的兴趣，可是不是重复的训练。其他如军队有礼节，童子军亦有礼节；军队有陆军符号，童子军有徽章旗帜；军队有野外勤务，童子军则分散为方位、童子军步、旅行、露营等等；军队有通讯，童子军有旗语；军队有侦察敌情，童子军有观察记忆；军队有测绘，童子军有估计利制图；军队有斥堠工程，童子军有结绳、搭瞭望台、架桥、刀斧用法等等，诸如此类，不胜枚举。他们的名称虽然不同（有意是为适合平时生活的应用），他们的内容，蛛丝马迹，在在可以说是军事训练的胚胎。

“结论”：我们已经检讨了童训和军训的好几方面，童训军训究竟那一种好，那一种适用，这是一个不能比较的问题。正如婴孩只有吃奶以生长，成人则非吃饭不足以充饥一样的道理，因为他们的适用不同，就各有所长和各有所专了。童训和军训打成一片，或军训替代童训的问题，是一个局外人的说法。比较妥当一点的说，可以要求“童训和军训密切衔接着”，或“军训固然要‘严’，但要合理的严”，才能使大家能相“信”。童训要为衔接他成年时的军训起见，所以对“内武装”方面的国防材料，在我国有加以充实的必要。在后期的训练——即高级童子军以上的童训，无论在学科方面、术科方面，尤其是生活纪律方面，都要求其渐渐严格起来。追考当年贝登堡爵士创办童子军的一段经过情形，我们就明白童训原是脱胎于军训的，不是抄袭直搬而来。多年经验经过消化以后，再研究儿童的能力和需要量，加以“儿童化”而成的军训的“儿童化”，就是现在的童子军训练。所以童训就不能够再“军化”，不然，岂不是还原了吗？那么，贝氏又何必多此一举呢？而这个事业怎能多年为全世界教育家所赏识推行哩。

（《广西教育研究》第1卷第2期，1941年2月15日）

《童子军行政管理与活动教材》[①]序

（1941年3月15日）

民国二十九年的秋天，我们合编《童子军教育原理及方法》一书既竟，在合川相见，分别后，又时常通信，讨论之余，觉得在该书中，对于童子军教育的产生及其发展、组织原则与各项实际训练方法，虽经一一加以介绍论述，而关于行政辅导及实际活动教材，颇觉意犹未尽。良以我国童子军事业，徒有三十年的历史，一切依然幼稚，行政的机构未能调整，行政人员之工作效率未能尽力讲求，行政业务在计划实施方面，也不能打成一片。至于各童子军团所需用的训练教材，尤其感到缺乏，我们于是产生了编写本书的动机。

一般都认为中华民族的弱点，是国民体力与经济力的衰弱，及缺乏化私为公的精神，欠少科学的头脑和社会组织能力。所以在《童子军教育原理及方法》中，已经说明童子军教育应着重儿童体力的发展，培养青年的生产能力，实践“人生以服务为目的”及“日行一善”的铭言，以矫正自私自利的恶习，同时使儿童尽量得到与自然界及社会各部门实际接触的机会，注重实际的观察和体验，以培养其对人对事之各种生活技能及正当态度。这也系锻炼国民体魄，培养团体精神，养成科学头脑的唯一捷径。在本书中便具体地□□各种不同的童子军活动资料，以供实际参考应用，使儿童从实际活动中，获得童子军教育理想的效果。

经过多次的讨论，决定了本书的内容，再度的磋商与修正，又仔细地整理全部材料，然后才确定了现在的大纲。其中除第十至第十三章关于野外活动指导的教材，系编者（吴君）在中央训练团中国童子军教导人员训练班所编讲义外，其余均在百忙中写成。其中关于童子军行政管理的原则与方法，原根据编者从事童子军教育二十余年的经验，并本着民主政治精神而发挥，其运用是否得宜，却希读者加以融会贯通。

最近总裁训示我们：“行政上之设计、实施与考核，应有密切之联系，然后可期人不虚设，财不虚耗，物不虚糜，时不虚度。”这实在是办理行政工作的金科玉律。童子军的最高行政管理机关，固然应当如此，要将计划与执行及考核联合一气，地方童子军行政，又何独不然。而各童子军团部，更要切实地执行上级机关的法令，根据自身环境，决定进行计划，因人、事、时、地、物而制宜，以收运用自如之效。本书编纂，不过提供一些参考资料而已！

章辑五、吴耀麟识于中央训练团中国童子军教导人员训练班

民国三十年三月十五日

① 该书由章辑五、吴耀麟编著，正中书局民国三十一年（1942年）2月初版。

附：该书“例言”

一、为阐发童子军行政管理的理论与实际方法、活动教材起见，特编纂本书以供全国童子军同志及各界人士参考之用。

二、本书与《童子军教育原理及方法》一书为姊妹篇，作者本着办理童子军行政多年经验，与领导童子军活动实际心得，尽量发挥，两书关系密切，内容不同，相互为用。

三、本书可供我国童子军服务员及各童子军教练员训练班学员、研究童子军行政与童子军活动指导之用，各师范学院、各级师范学校学生研究童子军教育时，亦甚适用。

四、本书第一章至第四章系根据中国童子军现行法规，详述童子军行政管理的机构，员工及实施细则。第五章至第八章，综述一个童子军团应有的一切行政组织、训练考核工作。第九章至十三章则分别介绍童子军活动的设计及各种各式的野外活动指导方法，为实际应用必备资料。读者不可断章取义，应全部联合研讨，庶几达到运用之妙。

五、本书各种说明采用表格甚多，条分缕析，以醒眉目，读者可引为依据，作进一步的研究。

六、本书于公务纷繁之中，仓卒〈猝〉编成，意在抛砖引玉，谬误之处，在所难免，至希海内外贤达，不吝赐教。

中学生之体力、智力与学业成绩相互间的关系

（1941年5月3日）

我国自提倡新教育以来，将近四十年，在新教育的课程中，各级学校，皆规订体操或体育为必修科目。一般有知识的家长，也承认身心两方面健全的教育，为有用青年的必需条件。但纵观今日所表现的事实，对于体育的价值，尚有不免怀疑的份子。就是很有知识的教育家，在排定学校课表的时候，总是把知识学科尽量使之满足，剩下的体育钟点，随便地敷衍一下就完了。论到自己的子女，总是希望他们在学业上得到优越的成绩，对于所必修的体育，常常地用千方百计，设法使之免习。他们的态度，归纳起来，不外下列三种：

（一）学生从事运动，影响学业，不如放弃运动，匀出时间努力用功，容易得到好的成绩。

（二）大多数的运动员都是些智力较低，学业成绩不好的学生，学生的领袖都是些智慧过人（Brilliant）的学生，体格健康与否，是无大关系的。

（三）自己子女的身体不好，深恐从事激烈运动，有碍健康，所以用千方百计向学校当局请求免习体育。

这种态度影响前途国民体育的进展，关系至巨。这类主观的批评，有没有客观的证据？颇值得提倡体育的人士研究，以消除无形的障碍。

这一类的问题，在美国已经有过相当的研究，惜乎所研究的范围狭小，“运动员”的定义，只限于代表队的“选手”，取样过少，不能获得可靠的常模。再者对于学生个人的智力和学业成绩，所得到的事实过少，不足以充作研究而下结论的根据。

事实的罗列

美国加州巴罗阿托（Palo Alto）公立学校的体育视导员瑞豪瓦（Howard C. Ray）于一九三六年搜集了432名中学学生的四年成绩表（旧制中学），分析各项证据，厘订各项常模，比较各项的相关度。该处的社会经济优裕，与文化水准较高，大多数学生的智力亦较强（智力商数IQ均在百分以上）。此外关于测量“领袖能力”和“公民服务”的纪录尚不免附带些传统方法的主观因素杂乎其间，但所表现的事实，聊供吾们参考的资料。

集中趋势与基本关系

根据瑞氏的研究，该中学的学生（均系男生）平均年龄是十六岁另八个月，智力商数是109分。按照年龄与身高对照，平均体重较轻，平均身高每年增长1.7吋。论学业，他平均得 62.25 分（B-），或有一次留级（不及格者平均数是.67）的机会。论体力他在

满分一千分的体能测验中可以获得480分，他的运动成绩实得53.5分。他有很少的（六分之一）机会充当学生领袖，但是有十分之六的机会充作运动员。

考查四个年级学生的成绩表，吾们看出来平均智力（IQ），体能与运动成绩，学业成绩，和公民服务纪录，差异甚微。参加运动的变迁也不大，参加运动百分比数，见少的时候，同时在学业上留级的机会也更加大，虽然智力较高也是无济于事的。身体增长的速率，在第一、二年级较快，第三年级较慢，第四年将近正常不再增加，公民服务的机会，年级相差甚微，领导的机会似乎集中在第四年级。

在第一表中，吾们利用一个平均学生的各种性能作标准，与其他各级的学生相比较。其次吾们再依智力商数，把全校的学生分成五组（优、良、中、可、劣），再求其各项的平均数以资比较。

第　一　表

全校与各年级学生之集中趋势状况

	全校（432人）	一年级（81人）	二年级（129人）	三年级（86人）	四年级（136人）
年龄	16.8	13.□	16.1	17.2	17.11½
智力（IQ）	109	112.3	107.3	109.2	109.2
体重	129½	119	120.5	136.9	138
身高	66½	63.9	66	97.3①	67.8
体重过重	50	9	17	13	11
过重百分比	11	11	13	15	8
体重过轻	86	16	27	20	23
过轻百分比	20	20	21	23	16
每年增长	1.7	1.9	1.9	1.6	1.6
参加运动（%）	57.1	52	60	62	65
体育分数	77.6	89.2	77.2	72.8	73.92
体力（千分满分）	480	453	505	491	469
运动成绩	53.5	-	47.3	51	58.7
学业成绩	62.25	63.5	59.5	65.76	61.95
等级	（B－）	（B）	（C）	（B＋）	（B－）
不及格者平均数	.67	.4	.74	.49	.8
领袖能力纪录	11	1	1.2	2.8	38.8
公民服务纪录	55	52	44.5	50	70

根据上表所发现的事实，各种性能相关的趋向看来，学业成绩是与智力商数连带增长的。智力较高的人，年龄倒小，表示该组脑力得到加速度的进步。吾们应该记住，有许多的进步是因年龄的关系而不是因为智力的关系；特别是身长和体重与年龄的关系最

① 原文如此。

多。但是每年增长的速率确与智力有关。体力与智力表示相反的关系，但体力与年龄同时并进。运动成绩，领袖能力和公民服务表示出来的趋向确与普通智力有关。还有一件很有趣味的事实，就是在劣等智力的低能组中，他们都表现一切非正常的趋向，应该在本论文之外从事研究。

第 二 表

全校与各组智力不同学生之集中趋势

	全校 （432 人）	优 （82 人）	良 （174 人）	中 （77 人）	可 （60 人）	劣 （9 人）
年龄	16.8	16	16.4	17.25	17.95	17.2
智力（IQ）	109	123	112	101	89.5	76
体重	129.5	128	129	132	134	127
身高	66.5	63	66.4	67	67	67.5
体重过重	50	10	21	9	10	0
过重（%）	11	12	12	11	17	—
体重过轻	84	15	39	18	10	2
过轻（%）	20	18	22.5	22	17	22
每年增长	1.7	2.01	1.8	1.45	1.2	.5
参加运动（%）	57.1	54	57	59.5	66	33
体育分数	77.6	76.08	79.2	73.6	74.04	78.4
体力（1000 分）	480	432	431	512	532	547
运动成绩	53.5	73	53	41	49	17.6
学业成绩	62.25	70.5	63	57.4	50.25	52.25
等级	（B－）	（A－）	（B）	（C）	（D＋）	（C－）
平均不及格者	.67	.3	.6	.88	1.2	.33
领袖能力	11	22.7	14.5	3.4	1.1	0
公民服务	55	113	67	46	44.7	14

利用斯匹尔满的排列法（Spearman Ranking Method）决定各别的相关度，只采取五种有意义项目，即：体力、智力、学业成绩、运动成绩与公民成绩。观察第三表相关度的事实，各项能力与成绩皆有相当进步的倾向。智力与学业成绩变化甚多（＋.24 至－.12）。智力与运动成绩皆成正相关（由＋.21 至＋.54）。最奇怪的，体力对于运动成绩的观测，是不可靠的。

根据学生参加运动的研究

再次仍用第四年级学生的纪录，因为他们的可靠性较大，按照学生参加运动的程度，重新分组，考查它与其他性能有无显著的关系，同时还可以考查参加运动不同程度的学生，对于健康与学业成绩上有何差异。（参见第四表）

参加运动的效果——第四年级中一个平均的运动员，与其他同年级的同学在年龄上，比较幼稚一个月。体重较重两磅，身长较高一吋。他的智力（IQ）多两分。运动员的体重与正常体重相差不过百分之十七，但是全班普通学生相差竟达百分之二十四。在体力与运动成绩上运动员都高过平均的学生，运动员学业成绩的差异较比普通学生大过百分之五。在四年中他不及格或留级的机会只是.5，但普通四年级的学生竟有.8的机会留级。在领袖能力与公民服务上，他全远超乎平均学生之上。

很有趣地，吾们还看出，参加团体运动比从事个人运动的学生，智力较低，但其学业比平均学生仍高。他容易变胖，不容易变瘦。所有的运动员无论过胖或过瘦的，全都有趋近正常体重的倾向。

不参加运动的学生怎样呢？无论出于自愿或出于父母的制止，在年龄上都比平均学生大四个月。他的智力与运动员相等。他比运动员的体重较轻，身长较矮，在他们的百分之四十五中间，有百分之十以上的学生，与正常体重不符。在体力上无论是比普通学生或运动员都低小。最有趣味地，是看到学业上，一个学生有充分自由的时间读书，天赋的智力也比普通的学生为高，照理应该得到好的成绩。但事实上，确是相反！他的学业平均成绩比普通学生低了百分之八，比运动员低了百分之十三。他留级的机会平均占1.7，比较普通学生.8和运动员.5都高。他的领袖能力与公民服务的纪录也极低，比平均学生低三分之一，比运动员低五分之一。

第 三 表

按照智力（IQ）分组研究各项性能的相关度（四年级学生）

	IQ 121—147	IQ 106—120	IQ 96—105	IQ 81—95
智力与学业成绩的相关度	＋.24	＋.06	－.12	－.09
智力与体力的相关度	－.19	－.11	＋16	＋.27
智力与运动成绩的相关度	＋.03	＋.17	＋.08	＋.12
智力与公民服务的相关度	－.15	－.07	＋.07	＋.29
学业成绩与公民服务的相关度	＋.59	＋.33	＋.11	＋.54
学业成绩与体力的相关度	＋.24	＋.09	＋.16	＋.26
学业成绩与运动成绩的相关度	＋.07	＋.25	＋.12	＋.78
体力与运动成绩的相关度	－.08	－.28	＋.03	＋.03
体力与公民服务的相关度	＋.21	＋.18	＋.18	＋.54
运动成绩与公民服务的相关度	＋.23	＋.14	＋.30	－.03

对于在校外工作，不能参加运动的学生，吾们在表中看出来他比普通学生平均年长五个月，智力低七分，体重轻九磅，身高只矮半吋，有百分之六的学生体重过重，但有百分之三十六的学生体重过轻！论体力他比平均数过低。以上的两种事实，足以矫正普通意见的错误，就是工作可以使身体健壮，劳动可以替代体育的观念。论学业，工作的学生比全班平均学生的成绩低了百分之四，但比在校外自由的学生，还高了百分之四。

工作的学生比自由活动的学生充当领袖的机会较多，但比一个运动员相差只有十分之一的机会。

根据几位著名学者如伯雷博士（E. Berry）、柯梯斯（H. S. Curtis）与伊利特（L. Elliot）等的研究，身体健康的学生，用功的时间可以持久，可以获得好的成绩；在从事运动上养成忘却自己，努力奋斗的精神，可以迁移到学业用功上来。关于自制，参加运动的学生，较比不运动的学生读书时间更长。无论如何，父母不论情形，妄行制止学生参加运动者，是没有适当理由的。

第 四 表

按照学生参加运动的比较

	四年级学生	全体运动员	团体运动	个人运动	在外自由	在外工作
年龄	17.11	17.10	17.11	17.10	18.3	18.4
智力	109.2	111	107	116	111	102.2
体重	138	140	141	138	138	129
身高	67.8	68.6	69	68	68	67
过重	11	3	3	0	3	1
过重（%）	8	3.5	6	—	15	6
过轻	23	12	7	5	6	6
过轻（%）	16	14	13	15	30	36
每年增长	1.6	1.7	1.55	1.92	1.51	1.3
体育分数	73.92	83.32	81.36	86.4	50.68	74.16
体力	469	513	546	458	488	415
运动成绩	58.7	62	60	65	56	49.5
学业成绩	61.96	65.35	62.15	70.4	54.25	57.7
等级	（B－）	（B＋）	（B）	（A－）	（C－）	（C）
平均不及格者	.8	.5	.67	.3	1.7	1
领袖能力	30.8	41	26	65	2.7	4
公民服务	70	100.4	95	112	19.6	14

结论

本文研究的结果，大致与其他同类的研究结果相符合，并供给可靠的客观团体。所得到的团体的发现是，智力商数（IQ）在预料学业成败上，是一种可靠的测验，在预测团体能力上较比预测个人能力更为可靠；生长的速度除年龄因素外，与智力有关；运动员的智力并不低，但智力最高的学生常不参加运动，有时从事个人运动。

在同等智力的团体内，体力较比智力在预料学业成败上，更为可靠。在智力较低的团体中，有许多不能测量的因素，影响学生个人的学业。

参加运动在多方面看起来，对于学生是有益的。运动员发育较快，且常保持正常体重，与普通意见不同的，运动可以使体重过轻的加重，较比体重过重的人减轻更为有效！

运动员不只于智力优秀，比普通平均学生的学业较优，而且留级的机会较少。在外工作的学生在学业上吃亏较少，在身体上吃亏较多。拒绝参加运动的学生，除去智力外，在各方面都不很好。

整个的问题，是社会舆论与父母的态度问题。现代教育者应负改造风气的责任，使下一代的青年，能够享受身心健康的快乐，与社交普及的幸福。吾们体育界的同志也要奋勉追求。

{《体育通讯》（周刊）第4卷第17期，1941年5月3日}

体育的基本认识[1]

（1941年6月7日）

章辑五先生，曾任德国体育学院及柏林大学研究员，后在英国伦敦吉尔威鲁童子军教练员训练学校毕业，并取得美国纽约大学教育硕士学位及艾欧瓦大学研究院预备博士学位，历充南开大学体育主任二十二年，现充教育部体育委员会专任委员兼设计组主任，中国童子军全国理事会常务理事。

各位先生！兄弟这次奉教育部长之命，视察四川各地体育情况，上周到达成都，适逢此地第二次市民运动大会开会，并由市府聘任兄弟担任总裁判员，前天市运会奉到部长命令，因为强迫疏散关系，暂行停止运动。这一次的运动大会，也就告一段落，本可离开此地回渝，后来又承教育厅郭厅长之邀，说是此地有一个学术讲演会，要兄弟来作一次讲演，兄弟本来负着提倡体育的责任，能够得此机会，同诸位谈谈体育问题，是很有意义的，因此就在这里多住一段时间。

中国的体育，因为过去缺乏宣传工作，一般对体育，都怀着一种不正确的认识，因之影响体育的发展，非常之大，所以今天决定讲“体育的基本认识”这个题目。今天虽然因为空袭关系，可是到会的人，也不算少，现在兄弟就用一个多钟头的时间，把体育的意义，简短的介绍一下。

大家知道，无论提倡甚么运动，宣传的工夫是非常重要，譬如兵役有兵役的宣传，节约有节约的宣传，推行新运，有新运宣传，可知无论甚么运动，甚么事业，心理的建设，很是重要。心理建设没有成功，对于事业本身的认识不够，推行起来，必定处处发生障碍。过去对于国民体育的宣传，太不够了，因此大家对于体育的观念，有种种错误的解释。他们的看法，体育是甚么呢？他们说体育，就是开运动会，赛球，赛跑，夺锦标等等，此外再没有更深一点的认识了。假如在开运动会的时候，秩序不好，或者对于裁判员不满意，甚至发生动武这一类的事情，更要诋毁体育，轻视体育，认为体育是要不得的一回事。这真是体育前途一大障碍，为求更正这一般人的谬解，因此先来从体育学理方面谈一谈。

体育究竟是甚么？没有解释这一问题之先，我们要看看教育是甚么，因为体育是教育的一个部门，懂得教育是甚么，就看得出体育在教育上的地位，和体育的意义了。以教育的定义来说，有多种的说法不同，论理主义派，或哲学派的看法是说“教育目的是要达到人类生活的最高理想”，以中国来作代表，在《大学》这一部书上说：“大学之道，

---

① 本文是章辑五1941年6月7日下午3点半在成都市中山纪念堂的讲演词。

在明明德，在新民，在止于至善。”孔子的教育目的，就是要把一般青年，教育成尽善尽美，达到“至善”的最高理想，外国的论理主义的人们也说：“教育是完美生活的准备。”

其次经验主义派，或心理学派，他们注意教育的过程，和教育的手段，不是不注意教育目的和理想，而是认哲学派所下的定义，是空洞的，有目的，有最高理想，没有方法，没有手段，结果还是不能达到这种理想，所以杜威先生说，教育是经验的改造，儿童在各式各样的经验中，才能获得美满富丽的生活，因此他为教育下一定义说：“教育即生活。”

以上两种说法虽有不同，但是从教育当中，改善人民生活，使生活达到完美这个地步，则属一致。那么一个人的生活，究竟包括些甚么？简单的说起来，共有六种，属于环境方面的有三，（1）家庭生活，个人自呱呱坠地，第一次同本身接触的是家庭，所以家庭生活，是不可少的。（2）经济生活，亦即职业生活，衣食住行，为人生四大需要，要满足此种需要，不能不求职业，不能不营生计，所以必有经济生活。（3）政治生活，人人咸有国家，且有公民资格，在国家这个群体中，需要秩序，需要组织，所以有政治的生活。其次属于个人本身的，也有三种，（1）健康生活，我们每天的起居，睡眠，吃饭，休息，运动，都要注意，才可以保持身体的健康，所以有健康的生活。（2）娱乐生活，我们整天工作，形神劳顿，不能不有娱乐的时间，使精神爽快，调济疲劳，所以有娱乐的生活。（3）宗教生活，大家知道，外国人不信基督，即尊天主，使精神有所寄托，生活得到安慰，因此有宗教的生活。一个人至低限度，必备以上六种生活，才说得上有意义，才说得上完美。可是一般的中国人，只是顾到有家庭，有饭吃，家庭和经济的生活解决而外，所有政治，宗教，娱乐，健康，各方面的生活，都未享受得到，都不肯去注意，这是教育上的一个缺点。刚才说的，教育即生活，可是我看很多学校，没有注意这点，不重卫生，不重清洁，教育的环境，不加改良，健康，娱乐，不加注意。试问，学生在学校里，就不能享受优良的环境，合理的生活，将来要他改进自己生活，改进社会一般人的生活，岂不是痴人说梦吗？

因此，我们要达到教育的最高理想，必需从生活的各方面入手，一个人受教育，并不限于入学校，无论在家庭，在社会，在一切的集体当中，都有学习的机会，都有受教育的可能。不过学习与教育的方法，需有五种要素，第一，有机体。教育的方法，必须以各式各样的刺激，让他受到各式各样的教训，所以，必需是一个有机体，具备生活的机能，才能顺应环境，才能引起反应。第二，环境的刺激。譬如先生教训学生，这是给他一种语言的刺激；各种的标语，广告，这是一种文字的刺激；玩具店里的玩具，摆在那里，一般儿童见了，招引他购买的心情，这是实物的刺激。如果没有环境的刺激，也不能收到教育的功效。第三，自动的反应。一个人受了某种刺激，一定起某种反应，否则就不能受到教育，比如我讲话，大家听了，心理起了种种感想，那就反应了。如果我在上面讲话，大家心理却怀着别样的事情，那就没有反应。又如这里有很多运动器具在刺激你，叫你运动，你对运动不感兴趣，心里不起反应，就没有受这种教育的可能。第四，社会的制裁，比如各式各样的环境刺激你，你虽然反应了，可是你的反应，不正当，那么要有一种社会的制裁来匡救。好比我们今天开运动会，运动员在会场里当有一种运动规则，如果运动员不遵守这种规则，或者不听从裁判员的裁判，以及扰乱秩序，作种种不正当的反应，那么就要取消你的运动资格，这就是社会的制裁，也是教育不可缺少的要素。第五，最高的理想，是教育的目的，所谓“至善”，所谓“完美的生活”。要有这种最高的理想，才能收到教育的功效。以上五项，是学习的方法，也是教育的要素。现在重说一遍，教育的要素有五，（1）有机体，（2）环境的刺激，（3）自动的反应，（4）社会制裁——道德的或法律的制裁，（5）最高的理想。总括来说，教育是甚么？“教育即生活。”教育的目的是甚么？是要使人类社会有一个完美的生活。

由上面所谈教育的意义看来，体育在教育的部门里，占有两项地位，1.娱乐，2.健康。娱乐是属于精神方面的，健康是属于身体方面的，不过，现在我们要谈到体育是甚么？据一般人说，体育，就是身体的教育，我们知道这是不对的。我们不能离开精神，只谈形体，身心一元论，是大家所承认的。“人”是一整个的东西，不能说精神好，身体不好；也不能说身体好，精神不好，天地间也没有这回事。西哲说：“健全之精神必寓于健全之身体。”那么体育究竟是甚么？体育的定义与教育相同，一样的是要促进人们的完美的生活，只是体育所用的刺激方法不同。体育是用一种大肌肉的活动做工具的，以全身的活动为主。我们智识分子，每天的活动，都是肩的水平以上的活动，说话用嘴，看书用眼睛，听话用耳，写字用手，思考用脑精，都是小肌肉，或者说神精〈经〉末梢的活动。至于肩的水平以下，就没有顾到。在体育学上说，那就不是这样。体育是用一种大肌肉的活动为教育的手段，这是根据生物学告诉我们的。生物的进化，是由单细胞动物，进而有腔肠动物，环节动物，鱼类、两栖动物，爬虫动物，以至于鸟类兽类，猿猴，人，由单细胞到四条腿，由四条腿到人，这样的进化，不知经过若干万万年，这一切的生物，都是先有身体，然后才有大脑；先有消化器官，排泄器官，然后才有整体；先有内脏，然后才产生神经末梢。因此一切生物的活力，都是由内脏产生出来的，而身体的内脏并不受脑精的支配，而是受大肌肉活动的影响。先知先觉的科学家，看见许多的人类整天用脑，忽略了大肌肉的活动，于是产生肺痨，消化不良，等等的病征，同时社会科学家，也认为世界愈文明，愈要作大肌肉的活动。多做大肌肉的活动，内脏始能健全，否则内脏萎弱，末梢也不能健全了。比如我们的手，吊在这里，一年半载都不去用他，那么这只手就要干枯了，内脏也是一样，如果没有大肌肉活动，也要萎缩下去，以至于断送一个人的生活。因此，体育家对于体育下一定义说：“体育是利用大肌肉活动作工具的一种教育方式。”

我们知道体育是甚么，现在要谈到吾们为甚么要提倡体育？这里有四种理由：

第一，生理方面的需要。人的一切活动，无论读书，工作，劳动，游戏，都需要精力或气力，换言之，就是一种肌体的生活力，可是我们中国人，大多数缺少这种力量。一九三六年的世界运动大会里，中国的运动员，未得到一项的锦标，同英国人赛足球，最初很可以，最后输得一塌糊涂；同日本人打篮球，开始成绩很好，结果因为神经过份紧张，精力不继，终于失败。经研究的结果，就是由于中国人缺少这种肌体的活动力，打球赛跑，技术都不差，可惜没有坚持到底的活力而失败，因此要提倡体育，锻炼肌体的生活力，使胸脏健康，保护着这个精力之源。

第二，心理方面的需要。人的大脑，有十四万万的皮质细胞，小脑有二万万，这些细胞联络起来，即成一种神经源，我们的各式各样的动作，都受神经源的支配，神经源运用的区域愈广，神经系统的功用愈大，应付环境的能力亦愈大，大肌肉的活动，即可增加神经源的活力。此外社会一天天的发展，生活一天天的艰难，因为经济的压迫，不免因操劳过度，思虑过度，因而发生一种病态心理，大肌肉的活动，可以保持心理的健康。

第三，社会的需要。中国人是一盘散沙，没有组织能力，学校方面的功课，那一种可以训练学生的团结力呢？只有体育。我们听说，英国人无论走到那里，都喜欢组织体育会，娱乐会这类的团体，藉着此种组织，就把群众团结起来了。意大利的法西斯党，亦极注重公务员业余生活。苏联各苏维埃的俱乐部等，都注意体育的团体组织。中国人一盘散沙，没有组织能力，怎样补救呢？我们就可以提倡体育使大家团结，多多组织体育会，使大家的组织能力增强。

第四，民族抗战方面的需要。外国人说，中国人缺乏自卫能力。这种说法固不尽然，但就国民的体格方面说起来，实在可以给我们一个大大的警惕。这次抗战中，亦可看到，中国人的体格，不但比不上西洋人，即比日本人，也相差甚远，如果再不从体育方面去补救，可以说抗战是没有甚么希望的。

以上是我们为甚么要提倡体育的理由，现在兄弟再将一般人对于体育的误解，提出来给大家解释一下：

第一，以军事训练代替体育的误解。以为抗战期间，大家注重军事，有了军事训练，不必再要体育。诸位！军事训练，是否可以代替体育呢？我们知道，军事训练，目的在建设国防，现在国防缺乏甚么？中国国防方面缺少飞机，大炮，机关枪，同时也缺少健全的国民体格。但是，武器的制造和使用，还是须要有健全的脑精，科学的方法，健全的人，所以人的条件尤为重要。可是中国的国民体格，向来就很差，去年双十节，何总长在全国国民体育会议席上曾经报告说："如果以体格来看，可以说中国人不能同日本作战，甚么原因，因为中国没有很多真正能够作战的人，我们每次抽壮丁检验身体，有百分之七十，就不及格，降低标准，亦有百分之五十不及格，所谓壮丁，其实并不壮，怎么能抗战呢？……"

兄弟今天上午在滑翔训练班讲演，我说，这次欧战期中，德国能够节节胜利，其原因在甚么地方？大家知道，德国在第一次世界大战后，受《凡尔赛条约》的束缚，限制他的军备，不准人民有军事训练，种种条款，非常苛刻，目的在使德国永远不能翻身，于是德国人说，不要我们训练军事，我们总可以提倡体育，抱着寓军事于体育的目的，整天地训练青年们爬山，竞走，赛球……，把所有的全国青年，通通训练都有一个坚强的体格，到了今日，只要给他一枝枪，他就成了英勇干练的部队了。不准他们有飞机，他就提倡滑翔，制造飞机模型，提倡滑翔运动，使每一青年备具空中常识和经验，使每一青年有适合空中任务的身体。不准他有兵工厂，他就尽量扩充种种机器工业，到了今日，飞机大炮也有，兵工厂也有，坚强英勇的兵员也有，所以他能够报复多年的仇恨，复兴德国。中国本来是多兵之国，一九三六年军缩会议中所报告的数字，以中国常备军的数目为最多，占世界第一位。其实中国只是数量多而已，以素质方面比较，同别人仍是差得很远，所以我们要谈充实国防，军备的扩充而外，必须有强健的国民体格。强健的国民体格，仅以军事训练，不能达到目的。可以说军事训练，是一种打钉的工作，而国民的体育是一种炼钢的工作。如制造武器一样，我们炼得有好的钢铁，才可以制造精良的武器，同样的道理，锻炼好国民的体格，无论下力，作工，当教师，充公务员，当兵士，一切可以胜任。我们看很多投考航校的学生，一百个中，仅有七个半人及格，就是说百分之七.五的人及格，而且在百分之七.五之中，有百分之七十五以上的学生是学校的运动员，因此可以看出，体育在军事上的重要。一般人注意军事，没有注意到军事的基本问题，也不能建设国防。

第二，认为减少消费，以劳动代替体育的误解。一般人以为体育是一种消费，化钱太多，是有闲阶级的一种奢侈品，现在饭也吃不饱，还去打球，去运动吗？这些人所说的体育是一种消费，忽略了体育在国民健康方面的重要，同时忘记了中国财政上，还有一笔巨大的漏卮，这种漏卮比体育消费的钱，不知多到若干倍。据卫生署的报告，中国人的平均年龄，只有三十岁，就是说中国初生的小孩，和百岁的老人一齐算起来，平均年龄是三十岁，并不是说没有一百岁的人，一百岁的人，只是最少最少。我们再看，丹麦人的平均年龄是六十一岁，美国人是五十九岁，以丹麦和美国的年龄平均，应该是六十岁，与中国的三十岁比较，恰恰是二与一之比，等于说人家要活两年，我们只活一年。此外，一个人在十五岁以前，是消费的，一切教养费用，均由家庭与国家供给，十五岁以后，才有能力来贡献国家。那么中国人报效国家的日子，只有十五年。外国人除开十五岁以前的消费年龄，服务国家的日子还有四十五年，这就成三与一之比了。而且一个人的能力、学问和经验，都在四五十岁的时候才能尽量发挥出来，就是说二三十岁的时候，是求学问，长经验的时候，必待四五十岁的年龄学术经验都够了，然后才能创造，才有所发明，有所造诣。可是中国人年龄只有三十岁，到三十岁的时间就死了，中国产生的伟大人物很少，作伟大事业的人也很少，就是由于年龄太短的缘故。卫生署所报告的中国人不应该死的而死掉了，这种财政上的损失有三十九万万之多。同时根据报告，中国人每年吸鸦片烟的消耗，在七十万万元，合计起来，总数是一百余万万，这是多大的一笔漏卮呢？如以这笔巨款来买飞机，可以买六万架之多，中国现在不说六万架，即有六百架飞机，六千架飞机，也很可以同敌人打一仗了。然而一般人只注意到体育方面，平球场，运动器具，运动设备这笔消耗费，而不看见许多不正当的娱乐的损失，与无形的巨大的漏卮。其次还有一般功利主义的人们，认为体育是运动，劳动也是运动，所以有劳动代替体育的呼声了，说是体育是一种消耗，我们不如提倡劳动服务，既可省钱，又可以增加生产。我回答他们说，如果劳动服务可以代替体育，那么街上的包车夫，都应该是头等体育家了。大家知道体育可以调剂精神，调剂工作，如果以不正当娱乐的费用，来提倡体育，很够用了。以劳动服务来代替体育，那是增加工作，更说不到调剂工作，调剂精神了。

第三，以为打球，开运动会，与别的教育没有关系的误解。刚才说过体育是以大肌肉活动作工具的教育，可以促进内脏的健康，可以增加新陈代谢作用，究竟与别的教育有无关系呢？可以说是有的，与德、智、体、美、群五育都有关系。运动的时候，可以训练对人接物的礼貌，对于裁判员的服从，如何团结互助，与胜而不骄，败而不馁这种种品德，这不是德育吗？判断远近，研究技术，研究联络的方式，与取胜的法则，这是属于智慧的训练，这种智慧，这是我们抗战必需的智慧，这不是智育吗？比如环境布置，服装的颜色，姿势的优美，怎样增加身体健康的美，属于美育。拔河，或者球赛的时候，各人期望自己学校的同学得胜，自然引起他的群的观念，是最好的群育方法。因此，足球，篮球，以及各种的运动，不只是体育的活动，而是整个教育的活动，包含整个教育的意义，怎么能说与别的教育无关呢？

末了兄弟介绍委员长说的几句话：“我们中国民族，与外国民族比，道德，智慧，都是相当的优越，惟独体格的强弱，相差甚远，中国人说自由平等，一同外国人站在一块，单凭身体也把你威胁住了，怎能说到平等呢？……”这实在是一个事实。我们在外国读书的时候，可以看到，外国人洗澡洗淋浴，中国学生，同外国学生一处洗澡，每每不敢脱光见人，因为自己肌骨瘦小，脱光了非常难看。因此，近年以来，有人喊出体育第一的口号，亦即有见于此。实则谈到教育，应该从基本着手，所谓“物有本末，事有终始，知所先后，则近道矣。”一个人固然是要有“人格”“智慧”“体魄”，但我们可以从体育中去训练人格，从体育中去训练智慧。体育好了，别的问题可以解决。总裁昭示吾们的科学的道理，是要由近及远，登高自卑，为大于微，图难于易，就是远处着眼，近处下手的意思。譬如三民主义的“民族”“民权”“民生”都很重要，但要民生解决，民族、民权才易于解决。中国人民在世界上是第三等体格的国民，很难造成一等的国家，如再不讲体育，抗战与建国的前途，危机一定很大，因此喊体育救国，体育第一的口号，并不算是过分，这一点希望大家有一种确切的认识。

{四川省教育厅主编：《学术讲演集》（第2辑），1941年6月，第34—50页}

释以劳动代体育之误

（1941 年 8 月 9 日）

一、□□故事

1. 李鸿章出使外国的时候，英皇请他在皇宫网球场上参观他们打网球，在游戏完毕休息的时间，英皇问李鸿章道："你看这种玩艺儿好不好？"李答："好是好，却未免太辛苦了！叫几个雇佣的宫人替他打，岂不更好？"英皇哈哈大笑，无辞以对！

2. 某巨公治军有名，□反对把洋式体育□入军中，主张以劳工替代体育，命士兵暇时从事劳动□务，修路补桥，做了许多于民众有益的事，人民歌功颂德，声誉昭著！

3. 某名师范学校校长以提倡劳工神圣著名，认新式体育为有闲阶级的奢侈品，主张以生产劳作替代体育，命学生在休闲时间从事学校内的耕耘，举凡学生生活需要的衣食住行，都要学生自给，校内设有洗衣房、裁缝店、理发馆、缝鞋店、消费合作社等，养成学生劳动身手和自给自足的精神。

二、目前趋势的严重

自抗战军兴后，大多数都市内的学校，皆迁至内地乡下上课。因为物质环境的限制，体育设备和用品均缺乏，物价的高涨，经济的竭厥〈蹶〉，教师与学生生活的艰辛等，一般教育行政人员对于中央提倡体育的政策表示怀疑，以劳动代体育的声浪，甚嚣尘上。□□复杂的理论，乘□□□，摇动体育同志的信念，为目前推行国民体育的最大窒碍，是为笔者纂拟此文的动机。

三、错综思想的分析

远在民初年间，蔡孑民、李石曾诸氏，因鉴于我国数千年来士大夫思想之根深蒂固，唱出劳工神圣的口号，以矫正国民的传统观念。又加斯时马克斯主义，唯物史观的学说，初入中国，一般时髦青年恶旧迎新的思想，皆认吾国唯一的出路在物质环境上的改造，更认劳动为全国国民的唯一要求。

晚近十余年来，我国思想界于不知不觉地无形中，莫不以新兴国社党的德意志和无产阶级革命后的苏联马首是瞻。苏联在初期革命之后，变更学制，改国民学校为劳作学校，注重双手万能的教育。德国希特勒执政后，厉行青年工役制度，举办全国分区青年服务营，成效昭著，各国效仿。我国近年赴欧考察新教育的人亦莫不同声赞颂。

民国"五四"运动之后，我国体育界横遭反对选手运动者之攻击，国□□□，一蹶不振。正确理论的领导不够，未能发挥权威，于是教育界对于体育真义的认识不足，因噎废食的观念，日渐加深。

某权威者□□体育之定义谓：“以大肌肉活动或身体活动为方式之一种教育。”一般误解的教育者认为劳动或劳作，既然以身体或大肌肉活动为方式，未始不可以劳动来替代体育。根据笔者的分析，这些背景都是我国之思想界对于劳动旗帜的崇仰日深，对于体育的信仰日渐怀疑。

四、诡辩思想的证误

在本文的开端，笔者说了三个故事，颇足以代表我国国民对于体育认识不足的映影。李鸿章对英皇打网球的批评代表十足我国士大夫的思想，又代表我国注重“现实”的民族特性(注一)。他把哲学中所说的“真实”（Reality）与“虚构”（Make-up），二事混为一谈，使英皇无辞以对。费气力、耗钱财是真实，打球竞胜是虚构，游戏竞争、戏剧表演以及种种的教育设计都是无中生有虚构的事，使从事游戏或演作的人，忘身其中，像“煞有介事”的样子，才能收到教育的价值与效用。罗素说：“人生的真实是重要的，虚构的理想也是重要的。学校儿童的游戏，是一种生命所需的要求，使其在虚构的景境中努力奋斗以遂其想像的满足而获得健康与幸福。”(注二)社会环境的不完全，人生是苦海，是真实的；吾们有时不能不虚构些超脱现实束缚的方法来，使吾们抑郁的情绪得以发泄，得以舒畅，而调剂工作之苦，这是游戏快乐的真价值。

第二个故事，某巨公以劳工代体育的主张，代表功利主义者的作风，也实在收到有功有利的效果。他抱着“勤有功，戏无益”的传统观念，否认游戏娱乐是生活中的重要部份，忽略了国父人生六大要素（衣、食、住、行、育、乐）中的娱乐的需要。民国二十六年冬季长沙伤兵医院的伤兵，因为缺乏娱乐生活的设施，每日闹事枪毙伤兵的经验，可为殷鉴！吾们与其说以劳工代体育，勿宁说是以劳工补闲暇，因为劳工不能获得体育上的功能。倘劳工可以代体育，则我国马路上的洋车夫和码头上的苦力可以为世界上一等的运动家！

第三个故事，某校长提倡劳工神圣的精神，吾们深致钦佩。他的思想与第二个故事的某巨公相似，否认学生游戏生活的需要，劳工神圣，思想狭隘，抹杀其他学科文化的价值。不分文野，也无论劳心劳力，人类的全部精力与时间，不完全消耗在与维持生活、满足经济需要有直接关系的活动上，总有一部分剩余□□□□时间，满足其与生存无大关系的冲动。杜威说：

> “游戏与艺术，乃是道德的必要，人类所有的冲动，都要求发泄，但实际消耗在正常工作上面的，只有其中一部份，而所遗下一部分冲动，自不得不需要游戏与艺术，作为发泄的出路。有了游戏与艺术，平衡便可保持。然而这类理想却不是工作所能达到的，我们的天性中，若要发生变化，有弹性，有敏锐的感觉，非需于游戏与艺术不可。”(注三)

提倡劳动、劳工、或劳作吾们全不反对，所反对的是以工作(Work)来替代游戏(Play)。工作与游戏的区别早经有过精密的研究。健康和娱乐生活的价值，也为世界各国所公认。苏联在无产阶级革命后，一面提倡生产劳动，一面提倡娱乐生活，在实行“五日工作制”，休闲时间加长的期间，努力充实国民休闲活动，延聘世界著名的艺术家（中国的梅兰芳亦在列！）和运动家（芬兰长跑怪杰奴米（Paavo Nurmi））等莅苏表演，普设公共体育场，和农工俱乐部，是笔者目睹的事实。德意志的青年劳动服务营，采用半日工作半日游戏的制度，每日上午努力的垦荒、修路、筑桥的苦工，下午举办球类或游泳比赛，夜间举行歌咏、戏剧、电影、音乐、舞蹈等活动，以调剂他们的疲劳。在营中所见德国青年所表现的一种对于民族复兴的热望，和欢腾愉快的情绪，非笔者所能尽述！这也是笔者在一九三四年留德的时候亲自阅历的。

五、基本观念的确定

第一点，吾们要承认的，教育的目的，除去引导儿童适应社会，训练儿童使用文明的工具，传递并发扬固有的文化之外，应依据个人的能量，给以充分机会，使其努力改善人民的生活，增加人类的幸福。关于生活的改善，一个人应该培养美满富丽生活的习惯，并非限于狭隘的经济（或职业）生活而已矣！完美丰富的生活，应该包括着健康、家庭、经济（职业）、政治（公民）、娱乐（游戏及艺术）、宗教（道德）六方面，这才是实施教育的目标和基础。[注四]张其昀氏说：

> “教育之目的，不仅在予学者以充分之智识，以为专门工作之准备，又在使学者知有正当之娱乐，以消遣其闲暇，恢复其精神，而成为良好之公民。是故娱乐与工作二事，似相反而实相成。”[注五]

第二点，吾们要认识的，儿童过渡至青年时期身心发育的特征与成人完全不同，其生活的目标亦迥异，他们的注意力多集中于目前可以拥抱的刺激与满足，并无成人远大的眼光。因而目标不同，成人与儿童之间，常常发生误会。他们自我表现的情绪和自由活动的兴趣，使他们喜欢游戏而厌恶工作。教育家应该明了他们的需要，因人施教，才能够收到教育的效果。吴南轩氏说：

> “情绪是不应压制与取消的，而且事实上也压制取消不了。被压制的正常情绪会在不正当的地方找到发泄，这是反社会行为之心理的基础。”

他又说：

> “儿童天性喜游戏，在游戏中他们可以获得欢愉与满足，给予儿童以游戏的机会，就是给予儿童以情绪生活生长的营养。……体育活动与童子军教育的成功，就因为他们能够满足儿童及青年人的情绪上的要求。”[注六]

第三点吾们要认识的，近代自机器发明后，工作效率渐高，人类工作时间减少，闲暇时间增多。大势所趋，各国皆向着工业化的途径迈进，中国当然也不能例外，（国父主张要迎头赶上，并不以效仿甘地之国风为然。）在极端的工业化的社会内，视人工为生产的机械，而抹杀其个性与自由。在这种社会经济的制度下，人类碍难发挥其自我表现的禀赋与本能。在工作之外，自不能不另求游戏娱乐以调剂。中国大多数的乡村虽然仍为农业社会，而其需要游戏娱乐之天性，并无二致。（如各季节的庙会，饮酒、嗜赌等。）勿论都市农村，我国人民娱乐生活之贫乏可怜（除去诲淫诲盗的酒、色、赌博、鸦片之外找不出东西！）为改善国民生活的沉重问题，因此吾们主张在学校内或民众间，传授些正当娱乐的方法，不为无因。

第四点吾们要认识的，体育虽以大肌肉的活动作工具，然尚含有其他的原素，如自我表现、心情自由、浓厚兴味、活泼奋斗等教育原素。（其他由附带习得的生命的健康、品性的陶冶、生活技能（如跑、跳、掷、推、拉、攀等）的锻炼，运动习惯的培养等，尚不在其数。）

德国体育家雷罗伯氏（Dr. R. Ley）在国民艰苦奋斗的当中，喊出“快乐生力量”的口号，也是吾们应该效法的。惠灵吞打败拿破仑归功于英人足球场上的训练等。拉斯基（H. G. Laski）□英国政治之开明合理，是由于周末休闲期间公务人员得畅所欲言的关系。麦克乐的体育意义说，“体育乃系从运动神经系统之经验中得来的教育，人类进化的历史，完全从身体活动之能力中，产生德智体健全的整个人生。”(注七)

六、结语

人类不分文野，也无论劳心劳力，游戏娱乐为生活的重要部门，不可忽视。体育之功能，在传授学者从事正常娱乐的方法，附带着促进其健康，陶冶其品性，训练其生活上应用技能。它对于工作效率的增加，经济的收获，健全精神的培养是无形的，间接的，而不是有形的或直接的。劳动是增加疲劳的，游戏是调剂疲劳的；工作是生产的，游戏是消费的（但以每年国人出于不正当娱乐的消费相比较，仍是经济的）。游戏是使人恢复活力的，而不是使人生活力枯竭的。

工作与游戏并无严格的界限，放任自由、饶有兴味的工作，也可以变为游戏。强迫活动，干燥无味的工作，虽名为游戏，而实变为苦役。吾国倘若不受经济的压迫，外界专横的游戏减少至最低限度时，则人生的活动，皆具有娱乐的性质。不过目前的社会，使职业与娱乐相距太远，斯不能不有所调剂耳！

参考：

注一：陈科美著：《教育与民族性》，《教育通讯》第2卷第43期。
注二：柳其伟译：《罗素教育论》，《游戏与空想》第5章第75页，商务版。
注三：杜威著：《人性与行为》（Human Nature & Conduct），第96页。
注四：赵演政译：《教育原理》上册，第8页，商务版。
注五：张其昀著：《□□与闲暇》，《教育通讯》第3卷第26期。
注六：吴南轩著：《青年之情绪教育》，《复旦月刊》创刊号。
注七：金兆均著：《体育真义之科学分析》，《体育与健康教育》创刊号。

（《教育通讯》第4卷第30期，1941年8月9日）

家庭教育应以体育为中心的科学根据

（1941年10月）

本年八月二日，在中国卫生教育社第二届年会的欢宴席上，教育部陈部长发表下列一段话，他说：

“吾们在抗战建国时期，要励行三育并重的教育，……社会教育以德育为中心，学校教育以智育为中心，家庭教育以体育为中心。……吾所说的体育是广义的体育，它当然要包括卫生教育、起居、饮食、睡眠、生活习惯等。”

吾们在听完了这段话之后，自然地联想到社会教育确应偏重普遍的国民道德之熏陶，团体意识的涵养，国族思想的育成等。而各级学校的使命，于三育并重中毕竟还是以传授学生智识占大半时间，所以有人主张学校的经费与课程钟点的支配，德、智、体，三育应该各占三分之一。说到家庭教育，其内涵，当包括学前儿童的生活教育，通学生的起居、饮食、睡眠等卫生习惯的训练，以及成人的游艺生活（Recreational Life，亦可译作娱乐生活）或休闲教育等。凡此，自然涉及体育与卫生教育的范围居多，所以陈部长说“家庭教育应以体育为中心！”

因为限于篇幅的关系，笔者在本文内对于成人的休闲教育，及儿童的卫生教育不暇列论，今只就学前儿童（Pre-school Children）与小学学生需要注重体育训练的科学根据，略加探讨，以就正于提倡家庭教育与幼稚教育的诸明达。在这里所谓科学根据，系指着生物学、生理学及心理学用实验研究（Experimental Research）的方法所发现的事实，并不假借主观的、哲学的或理论的方法来推断。

根据近代教育心理学上的发明，教育的意义，不是只限于入学校，也不是专读书，乃是一个人（有机体）自生至死，无论在母亲的怀胎里，在家庭，在学校，或在社会里受外界环境的刺激，或自己内心的冲动，自动地反应，使其继续不断地有所改变，以求适应。叫他改变的方法，就是利用各种活动，叫他运动他的身体，刺激他的思想，触动他的感情，影响他在人群中一切的行为，这就是教育。不过他的改变是好了，还是坏了，又全在乎社会道德标准及法律的制裁，与教师的暗示及指导了！

自纪元前五百年至纪元后一九一五年左右，体育的功能，注重在身体的锻炼，自杜威的哲学及桑代克的心理学问世之后，体育的领域，日渐扩大，改变体育的定义为“以身体活动为工具的一种教育”（Education through the Physical）。于是把影响生活的一切健康行为、态度、习惯以及休闲的游艺（Leisure Time Recreation）等，都包括在内，以致使今日服务体育界同志多彷徨失措，忽略了体格的锻炼，并忘记了其他的教育（德育及智育）必须建筑在健全体格之上了！

旷观生物进化的过程，吾们晓得人类进化至目前状况的途径（大脑的发达），实系经过亿万年之演进始克臻此。由原生动物单细胞的阿米巴（Amoeba）进化至双手万能的人类，其中经过腔肠动物、环节动物、鱼类、两栖类、爬虫类、鸟类、兽类、猿猴类等派生演化，皆由于生存环境的适应逐步地向上演进的。吾人身体内的各部器官和系统的增加与发达也是一步进一步，逐渐发育的。其中年代较大的系统要算消化系统了。直到环节动物（如蚯蚓、扁虫等），体内始发现肌肉的组织，司理身体的活动。肌肉系统发现后，活动之范围增加，接触之环境也较广，身体内各细胞之作用，亦急需分化，肌肉既营特殊工作，即需他种细胞供给其养料，除去其废料，此循环系统，呼吸系统，与排泄系统之所以连带发生也。再则肌肉的细胞上，须有相当之神经纤维控制其动作，由初形之神经中枢上分布之。动物增有此种运动器官，方获自由行动之能力。要言之：人类发达之经过，皆为神经系统之功能增加，渐趋复杂，而大脑为最后发达之器官，又为最复杂之组织，除"不随意肌"和"内分泌腺"外，它能控制全身各部的活动。不过吾们要注意的是它的发达需要靠肌肉的活动始能健全的。一九〇七年泰洛氏（J. M. Tyler）以生物学家的眼光发表《生长与教育》（Growth and Education）[①]的巨帙之后，迄今该书奉为体育训练的立足点，他说：

"儿童及青年时期不但为了刺激他们身体各部基本器官和系统正常地生长与发达，而且为了他们的神经和大脑的发育也要多方从事躯干与四肢的大肌肉的激烈运动。这是绝对必需的！"

儿童教育的开始，远在学前入校之前。最近一九三九年斯基尔司（Skeels）[②]等经过实验发现的事实，婴儿在未满一周岁时刺激它对于游戏情景的反应，能够得有很显著的"智力商数"（IQ）的增加。又在一位护士，看护三十个婴儿的孤儿院中，她足以使儿童变成呆笨。当有少数的婴儿分移至低能妇女（Feeble-minded Woman）院的时候（所谓低能妇女当然要比婴儿较聪明些），使三十位妇女看护一个婴儿，每个婴儿都能够很快地把智力增高超过正常标准了！

韦尔满氏（Wellman）[③]实验后发现，学前儿童的教育（其中体育占百分之七十五）足能使儿童的"智力商数"平均增加 8.2 分。这一种的增加对于整个儿童将来的教育——一直到大学都要逐级增高。

马戈奥氏（McGrow）[④]在研究同性双生婴儿（Identical Twins）之约翰（Johnny）和吉弥（Jimmy）的实验中，对于约翰的教育，发现惊人的结果，即未满周岁十个月的时期，他能够学会在水内游泳，由游泳池的左边泅到右边！十三个月的时期能够没水（Dive），未足两周岁的时候，它能够爬上七十度坡的滑板，从一个五呎高的高凳溜下来，这样用适当的环境使它迅速地进步，鼓励它反应的试验，是否对于整个儿童的教育真有裨益，吾们虽然不敢武断，不过，这足以表示在学前时期儿童体育训练的可能与重要。

---

① Tyler, J. M., "Growth and Education", (Boston, Hanghton, Mifflin Company, 1907).

② Skeels, Harold M., and Dye, Harold B., "A Study of the Effice of Differention Stimulation on Mentally Retirded Children." Proceeding and Addresses, American Association on Mental Deficiency, XI IV 1: 114-136(1939).

③ Wellman, Beth L., "Mental Growth from Pre-school to College", Ioumal of Experimental Education, VI:127-138 (December, 1937).

④ McGrow, Myrtle B., Growth—A Study of Johnny and Jimmy (New York, D., Aspleton－Century Co., 1935).

根据各方面的实验研究，小学时期儿童体育比中学时期尤为重要。因为儿童喜好游戏的本能，在十岁左右的年龄发达到最高峰，心理学家①称儿童在八岁至十二岁的时期，为“大活动时期”，他们不但欢喜在户外活动的时间最长，而且活动兴趣的范围也最广，因为他们的“神经肌肉的和谐”（Neuro-Muscular Coordination）接近发育的成熟时期，所以体育界的同仁，应该认此时为训练各部肌肉活动的黄金时代。□生□时，稍纵即逝，去岁（一九四〇年）在麦克乐氏（Prof. C. H. McCloy）的新著《体育哲学的根底》中大声疾呼地，喊着说：

> “吾们在高中以上学校内提倡体育，实在太晚了，今后的注意力，应该移到初中以下的学校，小学及未满入学年龄的儿童身上来……在小学时期养成神经肌肉普遍的和谐，在中学时期于运动技能上练得一技之长，使运动者发生满足，快活与美感，这样到达成人时期，才能保障其好习运动的兴趣。……惜乎一般的教育行政者尚未注意及此！”②

笔者并非完全相信青年心理学的鼻祖霍尔氏（G. Stanley Hall）③对于教育方法所倡议的“复演学说”（Recapitulation Theory），谓教育儿童的顺序，应该依照人种系统进化的次序实施。但它确有相当的真理在。尤其在老大的中国有提倡的必要。我国传统的教育，儿童到达六七岁的时候，装饰成大人的模样，穿起长袍马褂，教他读书识字，给他讲些仁义道德。这种教育，不但是违背自然，而且是断送儿童的生机！《大学》云：“物有本末，事有终始，知所先后，则近道矣。”总裁说：“由近及远，登高自卑，为大于微，图难于易，才是科学的道理。”儿童时期以体育为中心，青年时期以智育为中心，成人时期以德育为中心，或者也与这个道理相符吧！

（《教育通讯》第4卷第38、39期合刊，1941年10月）

① 赵演政译，Hotlingworth 原著：《发展心理学概论》（商务版）。

② McCloy, Charles H., “Philosophy Bases for Physical Education”, New York: F. S. Crotts &. Co. 1940.

③ Hall, G. S., “Adolescence”, D. Applation, Co. New York. Hall, G. S., “Hygiene of Youth”, D. Applation, Co. New York.

说中华民族本位的体育

（1941年11月）

抗战四年来，体育界同仁之教科及参考用书，因后方运输与印刷之困难，市间书坊，不易购得；体育杂志刊物或论文，更不多睹；在精神食粮缺乏，同人如饥如馑的当儿，体育与健康教育研究社的同志，出版《体育与健康教育》二月刊问世，且以提倡“民族本位体育”相号召，衷心钦佩，莫可言宣！爰就中华民族本位体育的发端，不揣谫陋，聊抒管见，以求纠正于明达。

我国自革命维新后，已有三四十年之历史，今日仿效东邻，明日抄袭欧美，失却本位的重心，以致光阴荏苒，无论在国防建设，经济建设，或文化建设上，尚未能达到合理之进展。庄泽宣氏曾慨乎言之：“我国因为社会组织，国民经济力，与民族特性的不同，凡是抄袭外国的制度或方法，不是‘张冠李戴’，就是‘名存实亡’！”[①]美国纽约大学体育主任那须氏（Gay B. Nash）称，抄袭外国的制度，只能学习其外表的形式，不能学得其原有的精神，盖精神之为物由于许多因素，如历史之背景，当时之需要，人民之欲望情绪等，所产生也。

国父中山先生在他的《民族主义》第六讲里昭示我们说：“中国所以弄到今日次殖民地底地位，就是由于我们失了民族的精神，我们要恢复民族的地位，便先要恢复民族的精神。”他列举恢复民族精神的具体条件有二：[②]

第一个条件，是要我们知道现在处于极危险的地位；

第二个条件，要善用中国固有的团体，像家庭团体和宗族团体，大家联合起来，成一个大国族团体。

此外他还主张要恢复固有的道德、智识和能力，以坚固民族的自信心。但欲使中国获得世界上的一等地位，除了恢复一切国粹之后，还要学习欧美的长处，然后才可以和欧美并驾齐驱。我们要学外国，是要迎头赶上去，不要向后跟着他；要取长舍短，得到后来居上的地位。

民国二十四年左右，沪上出版界，新中国建设学会的《复兴月刊》等，提出“本位文化”的呼声，为时代的要求。于是各报章杂志如雨后春笋，莫不以此为中心问题，盛极一时！在民族抗战已逾四周年之今日，“民族本位”似已成过去之名词，但因“民族本位”的口号，引起不少的争议与纷歧，兹不得不就其是非利害以申论之。

关于“民族”的定义，以美国社会学家柏克氏（R. F. Park）的诠释，最为恰当。他

---

① 庄泽宣、陈学恂合著：《民族性与教育》，民国二十七年商务版。

②《民族主义》第六讲。

说：[①]

“一民族可以诠释为一获得自觉意识的种族集团，无论此集团有无同时得到政治的独立。例如日尔曼民族，爱尔兰民族，捷克民族，犹太民族等。”

他又说：“如与国家分别来说，一民族是一言语的与文化的集团，此一集团已从更大的帝国，或国际集团的奋斗之中而成为有集团的意识。”

似此，种族，民族，及国家三种集团的关系，根据柏克氏的意识是这样的：民族是有自觉意识的种族（有血统关系的），是有自觉意识之言语的与文化（包括宗教、风俗习惯等）的集团。在此自觉意识未发展之前，民族只是种族，在此自觉意识发展之后，种族成为民族，但不必同时有政治的独立；如同时有政治的独立，则民族变为国家或称为国族。我们中华民国自秦汉而后，都是一个民族造成一个国家，故可称为国族。在其他各国，有一个民族造成几个国家的，如巴尔干半岛的各小国，也有在一个国家之内有几个民族的，如英美等国是。

“民族”二字既然解释清楚之后，其次吾们需要分析“本位”二字的意义，普通人见到“本位”二字，容易引起两种不同的观念：

（一）保守者的解释认为“本位”二字当作本色的（Indigenous）、或乡土的（Nation）、或固有的（Original）、通俗的（Vernacular）意义解。吾们要保存国粹，提倡国术，采用乡土游戏教材，吾们实施体育的内容要合乎中国人的理想，合乎中国人的口味，合乎中国人实际生活方式。这些主张在民国二十年的左右，产生过“土体育”和“洋体育”的纠纷，至今淆混不清！

（二）维新者的解释认为“本位”二字当作“中国为中心”（Sino-centric）、出发点（Point of Departure），或“按照此时此地的需要”（According to the Present Need of ……）的意义解。吾们提倡新式体育，不要忘掉中华民族的立场，要斟酌民族的需要，选择吸收，一切一切皆以发展民族之精神与能力为先务。吾们效法世界各国的长处，并不是盲目地抄袭。把自身的立脚点都一齐丢掉！这些也是吾们驳不倒的意见，我国自前清末年迄今，历届选派学生出洋留学，和立意维新的意义，又何尝不是这一番的用意？

民国二十四年一月十日有十位教育界与出版界的领袖，发表了一个《中国本位的文化建设宣言》，承认中国地域的特殊性，和现在的时代性，主张不复古，不妄从。又说吸收欧美文化的标准，是“现代中国的需要”。

至于“体育”二字的意义，本来用不着解释，因为近年来的思想纷歧，一般教育者的认识不清，所以前年袁敦礼先生在《教育通讯》中，发表一篇《体育究竟是甚么？》的论文，本年金兆均先生在本刊第一、二期发表《体育真义之科学分析》的巨著，解释更为详尽，兹□酌笔者的意见：

“体育是藉着全身活动作工具，使整个机体与机能双方平均发展的一种教育方式。”[②]

至于体育的目的，与教育的目的并无二致，不过因其施教时实际接触的范围与机会，

① Park, R. E.K., Burgess, E. W., “Introduction to the Science of Sociology”, p.630-645.

②“全身活动”英文原名“Whole-body Activities”，系指身心全同活动而言，不是“空想”或“玄想”，也不是“心不在焉”呆板式的机械活动。或有称为“Body-mind Activities”者。最早称为大肌肉活动“Big Muscle Activities”。又“机体”系指 Organic 构造而言；“机能”系指 Functional 功用而言。

很容易地满足下列的目标：

1. 促进机体的健康（锻炼机体的生活力）。
2. 陶冶品性或公民道德（陶冶勇敢、果断、机警、进取等品性，及民治守法等精神）。
3. 训练神经肌肉的调谐（训练随心应手生活上及国防上之基本技能）。
4. 培养社会组织能力（培养社交、负责、合作、守纪律等精神）。
5. 养成从事有益身心的消遣习惯（养成善用闲暇的习惯）。

吾们了解了民族本位体育的涵义之后，吾们就应该寻觅努力的途径与方向，这种工作的第一步，就是要“认识自己”，其次才是“策动将来”。

关于“认识自己”方面的：吾们要知道，中国的地理与物质环境，中国现在的社会组织，人民的生活状况，各地人民的性格和体质，民间等〈过〉去（历史的）与现有的体育内容及休闲娱乐。关于“策动将来”方面的：吾们要知道世界上现有的改良物质环境的方法，如垦荒、造林、通渠、筑路等；提高社会幸福，促进社会效率的组织法；改良人民生活，改善人民性格和体质的卫生，优生，营养，和锻炼法；选择并支配有益身心健康的体育法。简言之，在吾们策动将来之前，必须采取（1）调查，（2）研究，（3）实验，的三种步骤。

根据笔者的观察，吾们对于认识自己的工作，嫌不太够！说起来可怜，也很可耻，外国人往往认识吾们的东西，倒比吾们自己认识的多！美国人明恩溥氏（Arthur H. Smith）所著的《中国人的特性》（Chinese Characteristics）和《中国农村生活》（Village Life in China）在一八九二年及一八九九年即已出版，译成德、法、日文，引起世界的注意。嗣后沈有乾，李景汉，潘光旦[①]，陈科美[②]，庄泽宣诸先生也先后从事民族性的研究。关于中国人民体格与体质方面的研究：二十八年卫生署公布全国中小学学生健康检查的卫生统计；二十七年北平协和医学校解剖学系教授许文生大夫（Paul H. Stevenson）发表《华北平原中国人之体质测量》[③]在中央研究院历史语言研究所《中国人类学志》编辑处出版，中央大学生理系蔡翘氏有对于运动生理方面的测验与研究；前齐鲁大学营养化学系教授W. H. Adolph于一九三八年在美国发表《吃素人的中国（原文如此，“人”字似冗——编者注）》（Vegetarian China）的论文[④]。此外中华医学会与中国营养学会也有出版的作品。关于中国人民休闲活动及种种游戏方面，王庚氏曾编《乡土游戏》[⑤]；尚秉和著《历代社会风俗事物考》[⑥]；笔者在某训练班讲授“休闲活动”一科时，曾征集各省民间休闲活动项目及方法，搜集统计后，结果毫无所得。诚如赵演政氏所言：“中国人民的休闲娱乐生活，实属贫乏，除了诲淫诲盗的活动外，简直找不出东西！”[⑦]论到中国武术，除了经常听到的“我国拳勇技击，与西洋飞机大炮有同等作用”，及“有文有质，有刚有柔，不仅为却病延年之至宝，且因其势法中更寓虚虚实实，真真假假，声东击西，指上打下，

① 潘光旦著：《民族特性与民族卫生》，民国二十六年商务印书馆版。
② 陈科美著：《教育与民族性》，二十八年《教育通讯》第二卷第四十二、四十三期。
③ 许文生著：《华北平原中国人之体质测量》，二十七年商务印书馆发行。
④ Adolph, W. H., Vegetarian China, Scientific American, CLIX, Sept. 1938,133.
⑤ 王庚编著：《乡土游戏》，新课程标准小学体育教本，勤奋书局版。
⑥ 尚秉和著：《历代社会风俗事物考》，二十七年商务出版。
⑦ 赵演政译，查浦曼与康兹原著：《教育原理》第二册，商务出版。

变化万端，神奇莫测之妙用……"，自成一种体系外，与现代科学教育迄未沟通，斯皆有待于本社同人之努力者一。

关于"策动将来"方面的，不外内审国情，外度世界大势而已！内审国情，包括一番诊断工作。如中国的病症在"贫""弱""私""愚"，就策动一些"生产教育""卫生教育""公民教育"及"文艺教育"运动。如诊断中国的病症在"乡村凋敝"，就发动一些"乡村建设"运动，研究村治理论，培养村治人材，推动乡村建设等。外度世界大势，包括一番考察世界潮流，选择各国最新强国强种的方法，吸收适应。这里须要配合世界的眼光，与慎小察细与防微杜渐的功夫。这样才可以迎头赶上，达到后来居上的地位。斯又有待于本社同仁之努力者二。

中国今后要建设三民主义的国家，采用民主集权制度。实行宪政后施行地方自治，教育事业当属地方事业，体育当然也属地方事业之一种。现阶段的中国社会，仍为一村落社会，百分之八十五的人民，仍系农民。将来立国的基础尚多依重农业的方面多，而在工业的方面小。我国今日所效仿的体育，多输自欧美极度工业化的国家或社会，其不适于我国过渡时期由农业社会（如西北蒙古、新疆、西藏、青海各地仍属游牧社会）步入工业社会（极少数之大都市）的广大民众，良有以也！梁漱溟先生发动乡村建设的运动，标榜丹麦国（农业国家）格龙维氏（Grundvig）的作风实施民众教育，诚属眼光远大，卓识过人的主张[①]！在他的《中国民族自救的最后觉悟》一书中的议论，颇值得吾们注意。今后吾们努力体育的方向，应以吾们广大的农民为对象，介绍各国的农村体育活动。

教育部陈部长曾说："社会教育应以德育为中心，学校教育应以智育为中心，家庭教育应以体育为中心。"故今后吾辈除注意民众体育与学校体育外，容于家庭体育之内容与方法，也应注意研讨。

（《体育与健康教育》第1卷第4期，1941年11月）

① 唐现之编：《梁漱溟先生教育文录》，二十四年山东乡村建设研究院版。

关于体格指数研究的鸟瞰

（1941年）

指数的意义与普通的一切量数不同，除表示大小多少外，尚有比较的寓意。有的指数包含着两种数目的比数（Rate），其中的分子与分母，都可以用数目代表的，指数的变迁表示比例的变迁，并非是一部分的变迁。世界上有许多事物因为不容易测量，或不能直接测量的关系，所以用指数来代表。有时比数的分子是可测量的，分母是不可测量的，那么，分子单独就变成指数了——这个指数并非等于全体，不过与全体有正比例的关系而已。

今日学术界，关于测验身体的指数，创制甚多；从事体育的教导人员，几不能辨别其应用。合理的体育测验的价值是大家所公认的；不揣其中的意义，一味盲目地抄袭也是危险的。本文的目的，是把今日现有的关于测验身体的指数的限制和其效用，介绍出来。

关乎身体指数的研究，大体可分三类：（一）体格指数或身体外形态指数（Somatometric Indices），是研究身体外形的大小和其互相间之比例用的，如身长、体重、胸围等。（二）身体机能指数或称生理指数（Physiometric Indices），是研究身体内部的机能和其相互间之关系用的，如肺量、脉搏、血压、膂力等。（三）身体效能指数或称运动成绩指数（Indices of Motor Performance），是研究身体运动成绩用的，如跑、跳、掷及其他运动技能等。

一、身体形态指数

这种指数是根据年龄、身长、体重和身体各部的直径，及周径所编制的。有些指数可以表现生长、发育、健康及营养的程度；有些指数可以表现身体的大小、体型和成熟的程度等。

对于人体测量学的研究，特别是与健康和体育有关的，麦克乐博士曾有两种专门论文发表（参考注1，2，3）。测量技术的正确与否，关系结果的信度，至为重要。绝对准确的测量，当然是不可能的事，但是发见错误的来源，估量其大小确是可能的。倘若准确性的程度过低，吾们必须设法减少错误的来源，或根本改变计划，以期谋得想像的准确性。

远在一九二一年，艾欧瓦大学（Iowa University）儿童幸福研究所的鲍尔文博士（B. T. Baldwin）公布著名的《身长体重对照表》（Height Weight Tables）之后，吾们知道儿童身长的生长，由七岁至十七岁之间是比较均等的，而体重的增长是年龄愈大，增加愈多的（注4）。莫瑞狄氏（H. V. Meredith）经过十四年的研究，在一九三五年发表男子自出生至十八岁身体测量的暂行常模十八种。莫氏的结论告诉吾们说：儿童自出生至两周岁，生长的速度是很快的，自两岁至十一岁稍微慢些，自十一岁至十五岁又加快些，自十五六岁至十八九岁又慢下来（注 5）。女子方面发育快慢的曲线，大致与男子相似。溥特氏（W. T. Potter）发现人身的发育与季节有关，秋季长的快些，春季长的慢些，溥氏曾制各年龄儿童体重预期表，该表按照百分比，可以查对身长体重之增长。他说：凡身长增高而体重不随之增长者，一定是病态的现象（注 6）。哈佛大学和全美学术研究会（National Research Council）在一九三八年对于这方面研究的材料甚多，尚未公布（注 7）。

发育和营养的正常与否，是与身长体重正常地增加有密切关系。德恩氏（C. E. Turner）等发表儿童体重增加较慢的，都是因为缺乏良好的卫生习惯，多疾病及身体有缺点的关系（注 8）。据德恩氏的报告，儿童每年在秋末初冬的时候体重增长最快，同时身长增加的最少（注 9）。在学校中测量体格的意义，是要保存有连续性的纪录，注意季节关系的起伏，在可能范围内设法矫正不正常的发育。按照霍勃森（G. R. Hobson）在哈佛大学研究工作中的发觉，在青年时期身体发育的快慢与学业成绩，是没有关系的（注 10）！

一九三四年，毛尔顿氏（G. E. Moulton）在全美体育学会（A. P. E. A.）女子体格检查委员会的研究报告中，曾经发表儿童在发育的过程中，测量他们的身长体重是有教育意义的，但对于成年的女子及鲍氏的《身长体重对照表》的应用，表示怀疑（注 11）！鲍氏的《身长体重对照表》既然不能应用作为测量健康及营养的根据，次一步的研究就应注意到骨骼腔架与肌肉脂肪了。同年美国儿童健康协会，建议采用 ACH 营养指数，充作测量健康的标准（A 代表上臂周径伸缩时两次之和，C 代表胸厚呼出与吸入时两次之和，H 代表体阔。）（注 12）。这种 ACH 指数，固然优于普通常用的身长体重对照表，但用该指数充作标准，选择营养不良儿童的百分比过低，其与医生之评判不尽相符（注 13）。

一九三二年斯坦佛大学（现通译为“斯坦福大学”——编者注）的普爱儿博士（H. B. Pryor）发现体阔、身长与性别三项为推测正常体重的依据。她的《体阔体重对照表》（Width-Weight Tables），在身高每逢增加一吋时，按照体阔的不同分成七组，按组查对体重。该表是按年龄、性别分别制成的（注 14）。此外韦劳伯氏（D. P. Willoughby）又注意身体各部的比例与对称的重要，并依跗骨（小腿与足间之关节处）周径加权指数（Weighted Ankle Girth Index）编造正当体重对照表。这种指数的计算，是根据测量体阔、肩宽及腕、膝、跗三骨周径造成的。他还宣称由骨骼推算正常体重的方法，适用于男子而不适用于女子。因为女子身体的肌肉和脂肪变动过大，势难以骨骼腔架的关系，推测体重（注 15）。

唯一推测女子正常体重的方法，要推包以林氏（M. S. Boilin）在全美体育学会“女子体格检查委员会”的报告了。为推测成年女子的正常体重，她由于测量胸厚、胸宽、肩宽、体阔及身长五项编出一种回归方程（Regression Equation）来，作为计算的根据（注 11,16）。嗣后拉德拉姆（F. E. Ludlum）又根据胸厚、胸宽、及身长三项测量，作出一种更简便的方法来（注 17）。

最近寇尔敦氏与卢德提二氏（T. R. Cureton, G. R. Rudert）又研究肌肉对称和身体发育与体重的关系。他们以肌肉、脂肪与骨骸为推测体重的因素（注 18,19）。

对照表中的平均体重，不一定就是个人的正常体重或理想的体重，比较常模过重（Over Weight）或过轻（Under Weight）的百分比数，用起来是比实在的磅数或斤数更有意义。阿鲁威氏（L. K. Alway）的体重变化百分比的对照表，足供参考与应用（注 20）。根据德威氏（M. B. Davis）的研究，一个胖人的体重，不见得与肌肉、骨骼和脂肪成正比例，因为他由于脂肪质蒙受非正常的发展而得（注 21）。人身体重差异的原因非常复杂，用统计学中相关系数的研究，尚不能觅得一个简单的因素足为评断的根据。很显明地，吾们也不能以体重一项充作测量健康或营养指数的根据，而需要专家更周密的解释。

吾们研究营养问题，除了运用人体测量学所供给吾们的资料外，尚应取得生理学与生物化学（Biochemistry）的观点（注 22）。关于这类的问题，美国中部各大学研究最多。纽约城的米鲁邦氏基金团（Milbank Memorial Fund）亦研究不少（注 23）。

使体重过轻的人增加体重，并不是很简单的问题，只在食物上想办法，不过增加脂肪的储蓄和炭水化合物而已。葛门氏（C. D. Gammon）认为分级的体操是增长肌肉健强骨架的刺激品（注 24）。所以健康问题的解决是靠多方面的合作而成功的，如医生、营养学家与体育教员都有关系。

关于体格形态指数另一方面的研究，是研究“体型”（Type of Build）的。达温波氏（C. B. Davenport）的比数：$\frac{\text{体重}}{(\text{胸围})^2}$是很可满意的。胸围与身高相关甚大，所以有以身高替代胸围的，以下是达温波氏的体重指数计算公式：

1. $\frac{\sqrt[3]{\text{体重}\times 100}}{\text{身高}}=\underline{\text{体重指数}}$　　2. $\frac{\text{体重}\times 100}{\text{身高}^3}=\underline{\text{体重指数}}$

第二种计算指数的公式应用起来比较第一种公式方便的多（注 25）。根据葛鲁德氏（N. H. Gould）在吐兰大学对于女子体格的研究报告，因为社会近年注重“细长美”（Slender Beauty）的风气，女子身长的增长比较体重反为显著（注 26）。

身体的大小、成熟的程度及体型的指数与运动成绩有何关系？运动对于身体的构造有何影响？这一类适于男子的问题是不是也适用于女子？在今日常用的体育教学或运动比赛的分组法上，无论男女多根据身体的大小和成熟的程度来分组。根据各方面研究的结果，天赋的女性体型，是不能造就很高的运动成绩的，并且有人深信，激烈的运动不适宜于女子，因其结果足以使她趋近男性。

今日大家公认的事实，在体育教学和比赛上，按照年龄、身长、体重分组适用于男子，而不适用女子（注 27,35），但也有人主张保留的（注 34）。

一九三八年卡本特女士（A. Carpenter）曾经研究出女性体型的指数来（Index of Femininity of Body Build）。她研究的根据，是寻觅大学男女学生身体各部分测量平均数的不同，编成量表。但女性分数与田径赛成绩的相关系数关系甚微（-.189）。简言之，就是在体育活动的应用上，男性的体型较比女性的体型略占便宜，但也无关重要，是可以不必注意的（注 37）。一九三八年阿达姆女士（E. H. Adams）对于黑人女子的实验报告说：运动可以使女子身体的发育加快，此外并无显著地改变男性体型的趋势（注 38）。

二、身体机能指数或生理指数

测量肺量、脉搏、血压和肌肉膂力，配合身体结构，及运动成绩，编成相当指数来以表示身体机能方面的精练程度，都属这一类的指数。很显然地，这一类的指数比较前边所讲的形态指数变化无常——受环境因素与训练的影响较大，受遗传的影响较小。因为人身机体的健全和机能的效率，是体育训练的重要目标，所以这一类指数的研究，无论在估量或评判体育教案上，测量个人及团体的进步上，都是有价值的。

用肺量计测量的肺量在许久以前，就有人承认是估计身体健康的良好测验。在《美国白宫会议报告》（The White House Conference Report）中，承认肺量测验，是测验身体耐性及健壮的良好工具；凡肺量过低者，时常发现身体的不健全（注 36）。肺量测验还可以激发被测者的兴趣，作第二次测量的比较或充作能力分组（配合其他项目）的根据（注 11）。罗杰氏（F. R. Rogers）的体力测验中，也将肺量一项列入（注 40），无论在体格或医学检查上，它都列为必要的项目。

究竟呼吸量（Breathing Capacity）分数的意义是甚么？按照寇尔敦（T. K. Cureton）的研究，呼吸量与个人身体的大小有直接关系的（注 41）。所谓身体的大小，应包括身长、面积与重量三种，都为决定呼吸量的因素。克雷氏（H. G. Kelly）曾经研究公布，自十二岁至十八岁男女青年的呼吸量常模（注 42）。德恩与邓尼氏（M. H. Dennis）二氏曾发表大学女生之肺量常模（注 43,44），正常肺量分数的百分比，就是以常模来除实际分数而得，它是一种余剩肺量（旧称肺量实系呼吸量之误），按照身体大小矫正过的粗糙分数而已。

根据韦洛斯里女子体育学院（Wellesley College）最近的研究，正常肺量的百分比数，与姿势量数和运动能力分数，没有多大关系，但就经过医生检查不及格的学生中观察，他们大半肺量分数是较小的（注 44）。

罗杰氏把肺量一项列入体力测量及健康指数计算内，曾受麦克乐氏之批评，因为麦氏发觉，肺量分数对于罗氏所编的运动能力测验的效度上贡献甚微（注 45）。万达林（Van Dalen）经过更细密的研究，决定在罗杰氏的测验内，把肺量一项取消了（注 46）。在今日研究的反证明，认为在测量健康的价值上肺量比较体力更为有效。

在心脏血管机能测验（Cardiac-Vascular Efficiency Tests）中，大家公认陶尔图博士（W. W. Tuttle）的脉搏比数测验（Pulse Ratio Test）是最好的。他的方法，就是以一分钟休息时间之脉搏，除从事规定的标准运动之后的两分钟的脉搏。凡是身体健康的人多系静止时之脉搏较低，运动后增加之脉搏较少，脉搏比数也小（注 47,48）。经过多方的证明，这种测验的比数与运动的耐性相关度甚高（注 46,50）。利用这种测验吾们很可以分别个人机体的效能与运动技术的缺陷——凡属脉搏比数成绩好，而运动成绩不好的，大半由于训练姿势的不对或技术不良的关系。运动的耐久性是由于长时期的训练得来的。利用脉搏比数测验，也可以刺激学生发达耐性的动机。此外，施乃德医士（E. C. Schneider）贡献不少测量健康和耐性的测验（注 51）。

力量的测量在体育界中常引起不少的兴味，无论从事那一种运动，需用相当的体力是先决的条件。力量与速度相配合，吾们可以得到活力，它又是耐性的重要因素——凡是膂力较大的人，可以负担重量，经久而不疲倦。纯粹的力的量是不能测量的，力量的表现时常与速度、意志力、□□□□和疲劳等因素分辨不开。马丁氏（E. G. Martin）的抵抗力测验成为今日□□□纯粹力量测验。马氏把全身的各组肌肉分别测验，并且设法避免技术、调协、速度、意志力等复杂的因素（注 52,53）。马氏测验的分数体育与练习无关，马氏的体力指数是以体重除全部肌肉力量的总和求得的。较高的“力量——体重比数”表示肌肉的和神经活动的健全性与肌肉纤维的适度（注 51）。

萨锦氏（D. A. Sargent）式的体力测验，是命被测者尽力拉动测力表，表中所表现的分数，除去纯粹力量之外，没有意志力、调协等因素在内。普通测力的用具，如握力、腿力、背力、胸推、胸拉等表的应用，都属于这一类的测验。倘被测者事前引起相当的动机，并有相当的技术训练，这些测验是很好的力量测验。不过运用此种测验时，对于女子应加小心，予以相当的限制（注 54，55）。

引体向上和撑体向上皆列在罗杰氏的体力指数之内，需要相当的技术、耐性和力量才能达到好的成绩。假使某人控制身体每磅重量的膂力过低，自己的膂力不胜体重，这类测验就不适于力量过小的分子。克拉克氏（L. Clark）曾经实验体力测验与技术的关系：某中学男生在六个星期训练后，左右手握力、背力、和腿力增加成绩百分之 15、24、17、16 不等，但利用撑体向上与引体向上的测验，他们增加进步竟达百分之 164 与 323 不等（注 59〈56〉）。于此可见技术训练关系之大了。

吾们需要一种简单而直接的力量测量法，罗杰氏的体力指数不能满足这种需要，因为它包括着身长、体重、肺量等不必要的因素（注 57）。撑体向上与引体向上尚能差强人意，但又不适用于女子。在胸前用的推力和拉力表比较适用于女子，且与运动能力有关（注 58）。安德森氏（T. W. Anderson）的大腿屈肌的抵抗测验曾经证实，在测量运动能力上，较比罗杰氏的体力测验中的任何项目，都更有效（注 59）。

体力与运动成绩的相关度，在男子方面较高，女子方面较低。安德森用罗杰氏的体力指数与运动能力的相关度来研究，其结果在女子为 0.44，在男子为 0.79。其结论上说除了径赛与游泳两项外，体力的大小，与体育成绩没有很大的关系（注 60）。

罗杰氏的体力指数被本人年龄、性别、体重的常模相除，所得的“体格健康指数”（Physical Fitness Index）曾经引起体育课程的改革，与学生参加运动的动机，在美国已获得相当的成效（注 61）。然经过十余年来更精细的研究，其中尚有不少的缺点，但为参加大肌肉活动起见，用以测度大概的健康尚是有效的（注 62）。

普通人认为凡适用于男子的测验都适用于女子。一九三八与一九三九两年在韦士康辛（现通译为“威斯康星”——编者注）大学和美国医学界中，对于这种假定，表示怀疑（注 63）。他们对于罗杰氏的体力测验尤加批评（注 64）。

虽然各种测验及常模因为时间的演进，根据学术研究的进步，不时地改进或修正，但对于身体机能指数或生理指数的基本观念，大家都承认是健全的。呼吸系统、心脏血管机能和神经肌肉的效率，毫无疑义地均与身体健康和运动能力有关。大家还认客观的测验可以发现个人的需要，儆醒注意，并在编订体育教案上，可以引起学生的动机。一般医学界人士，对体育界同志所编之生理测验多漠不关心，且对于所采用之统计方法表示怀疑。今日学术界之迫切需要者，在联络医学、体育与统计学专家之合作，对于此项生理指数之研究，始能获得长足之进步！

三、运动成绩指数或体格效能指数

运动成绩测验的编造，是为测验基本技能的，如跑、跳、掷，及其他体育活动项目。概括言之，它们全是代表对于某项运动训练的普通运动能力的指数，体育学家为使某项运动成绩分数更有比较的意义起见，他们时常统计出一种常模来，以估量该成绩的价值。

关于运动成绩指数的研究，在近日美国体育教科书上皆有论列（注 3,65,66）。近年来各项运动的测验法，实在发明不少，但吾们应用时须审慎选择。有些测验已经完全标准化了的，它们曾经正式统计手续的证明是有效度、有信度、有客观性的，并且编造出合理的给分表（Rating Scales）来。不幸地很，标准化的测验尚少，大多数的测验标准化了，其余的尚未经过丝毫统计手续的证明。

美国艾欧瓦大学，在麦克乐博士领导之下，对于运动成绩指数的研究贡献最多，运用精细的统计方法，他们能够辨别，并测量造成优良运动成绩的各项因素，如力量、速度、身体的大小、耐性、运动感觉的调协力（Sensori-motor Coordination），及运动的可教育性（Motor-Educability）。力量可以用许多的方法得到美满的量数。温德洛（A. G. Wendler）编造一种四项抵抗力的汇集测验，对于敏捷或速度的因素曾用艾欧瓦订正的卜瑞氏（Brace）测验，萨锦氏的弹跃，立定跳远、推三磅铅球、及六十码赛跑，但这些测验与体力测验所要知道的力量无关。打篮球的技能，和一部分的约翰森氏测验（Johnson Test）为估量运动可教育性的良好工具，棒球或垒球的测验，为最好的测量运动感觉调协力的测验，对于运动能力各因素的分析与整理，运用适当的统计方法编造出一种加权的汇集测验来，在诊断作用上及教学与运动比赛分组上，得到很有价值的贡献（注 67,68,69）。

在田径赛运动各项目中寻觅一种比较成绩的根据，麦克乐氏相信运动员肌肉的能力（工程学界称工率）为运动的发动能力，足资比较成绩的根据。在工程学中的马力可以充作测量运动成绩的单位，给分表上的一分，无论在田径赛任何项目上，全都代表同等能力的消耗。这样所得的成绩分数再以个人身体大小分组指数常模相除，所得的商数名为“运动商数”（Athletic Quotient），在同年龄、身长、体重的组别内，用之可以比较个人运动成绩的优越或低劣。这种“运动商数”还可以表现一个儿童运动的进步，是由于生长的关系，抑系由于训练的关系（注 3,70）。

吉士洛（G. W. Kistler）实验许多种中学男生的分组测验，实验的结果，他认为简单敏捷的分组法是以推八磅铅球的成绩分组为第一选。推八磅铅球的成绩与运动能力标准的总分相关度是 0.897。倘欲得到进一步的知识，麦克乐氏的普通体量测验（General Motor Capacity Test）是可以介绍的，它与标准能力的相关度是 0.871。田径赛项目中的立定跳远，急行跃高与吉士洛氏的运动能力标准相关度也不小，为 0.840 与 0.883。罗杰氏的体力指数较麦克乐氏的分组指数为优（与标准的相关度为 0.827 与 0.787 的不同），但麦氏辩护说，吾们宁可以命儿童按照年龄与大小分组，亦不以体力分组，为的是鼓励他们在增加体力上而努力（注 70,71）。

对于女子体育教学与比赛的分组，吾们不能应用男子的年龄、身长、体重分组法，因为年龄、身长、体重在女子方面与运动成绩的关系甚少。阿达姆氏（E. G. Adams）建议采用萨锦氏的弹跃比高，充作分组的根据。

赫米司顿（G. Humiston）测验，包括着七项运动，一气呵成，注重敏捷与灵巧，而不重体力。这种测验颇适用于大学女生。约翰森测验，在女子中实验，也有相当的成功（注 72）。

在韦鲁斯雷体育学院的研究，却为中学及大学女生创制不少的成绩测验。今日为大学女生选定的为六项汇集测验：掷篮球、婴儿跳栏、接球、速掷、弹跃与攀缘比快。这种汇集测验里包含着速度、技巧、力量、与耐性，执行起来被测者感觉兴味，测验者也很方便。在牛顿中学内设计一种三项运动测验：立定跳远、婴儿跳栏与攀缘比快，实行也著有成效。这种牛顿测验（Newton Test）业经取得统计学的证明使之标准化了。它与其他客观标准的相关度是 0.608，与多数主观的标准相关度是 0.734。罗杰氏的体力测验与同样标准的相关度不过为 0.544 与 0.402 而已，所以牛顿测验测量中学女生的运动能力，无疑地比任何测验都好（注 74,75）。

关于女子体育方面，闵尼索达（Minnesota）大学的葛雷比鲁（B. Graybeal）曾从事极有兴味的研究，证明大学女生的体育训练，足使学生对于卫生与体育的态度进步，体育卫生的知识加增，身体的效能加大。此外还建议女子体育的实施，应取得各方面的合作以期尽到它应尽的功能（注 76）。

［附记］本文参照 1940 年美国鲍威鲁氏（E. Powell）《对于今日现有体格指数检讨》的论文，编译而成，资足我国今日研究国民体格参考。

［附注］

注 1. McCloy, C. H., “Appraising Physical Stature: The Selection of Measurements”, University of Iowa, Studies in Child Welfare, XV, No.2,(19??[①]).

注 2. McCloy, C. H., “Appraising Physical Stature: Methods and Norms”, University of Iowa, Studies in Child Welfare, XV, No.2,(1938).

注 3. McCloy, C. H., Tests and Measurement in Health and Physical Education. (New York: F. S. Crafts and Co., 1939)

注 4. Boldwin, B. T., “The Physical Growth of Children from Birth to Maturity.” University of Iowa, Studies in Child Welfare. I, No. 1, (1921)

注 5. Meredith, H. V., “The Rhythm of Physical Growth,” University of Iowa, Studies in Child Welfare. XI, No. 3, (1935)

注 6. Potter, W. T., “The Relative Growth of Individual Boston School Boys,” Am., J-Physical,. 41, (July 193?) ??-25.

注 7. Dearborn, W. F., Rothey, J. W. M., and Shun??worth, F. K., “Data On the Growth of Public School Children. (???????? ?????? of Harvard Growth Study), ”(Washington D. C.: National Research Council, 1938)

① 本文底本因保存关系，字迹模糊之处较多，尤以“附注”部分为甚，无法辨识之字母、数字，以“？”标出。

注 8. Turner, C. E., Lea???, W. W., Salabis, Katherine and Fuller, R. P., “Rates of Growth as a Health Index.” Res. Quart., 6:8(Oct. 1935), 29-40.

注 9. Turner, C. E., “Seasonal Fluctuation in Growth with Special Reference to the Clothing Factor”. Res. Quart., 4:1(Mar. 1933), 177-87.

注 10. Hobson G. R., “Physical Growth and School Achievement,” Harvard Teachers Record. 5. (June 193?), 155-64.

注 11. Moulton G. E. “Report of the A. P. E. A. Committee on Physical Examination for Girls and Women.” Res. Quart., 5:3 (Oct. 1934), 14-36.

注 12. Frances, Raymond, and Palmer, G. T., “The ACH Index of Nutritional S??ties”, (New York, American Child Health Association. 1934)

注 13. Allmac, D. I., “A Comparison of Nutritional Index.” Res. Quart. 8:2 (May 1937), 79-93.

注 14. Pryor, H. B., “Width-Weigth Tables”. (Stanford University Press, 1986).

注 15. Willoughby, D. P., “An Aiming Power Metric Method for Arming at the Optimal Proportions of the Body in any Adult Individual,” Res. Quart., 3:1 (Mar • 1932), 46-77.

注 16. Boilin, M. S., “??????nation of the Inp?sfications, Partial and Multiple between Variable Anthropometric Measurements of College Women”. (New York, Teacher College, Columbia University, 1930).

注 17. Ludlum, F. E., “The Pre-decision of Body Weight for College Women,” (Thesis, Wesley College, 1930)

注 18. Cureton, T. R., “Specified Tests for Ti??? Symmetry and Physical Development.” Unpublished Paper Pressed as the National Convention of the A. P. E. A., April, 1937.

注 19.Rudert, G. R., “Nutritional Appraisal of Eight Grade Boys.” (Thesis, Springfield College, 1939).

注 20. Alway, L. K., “Weight Variation Proportion Chart,” Res. Quart, 5:1 (1934), 110-11.

注 21. Davis, M. B., “The Specific Gravity of the Human Body: An Approach to the Analysis of Body Weight into Muscle.”

注 22. Nelson, P. M., “The Nutrition Status of College Women,” Journal of Home Economics, ?? (Sept, 1938), 485-9.

注 23. Boudre??, F. G., and K????, H. D., “M?? Nutrition—A Challenge and An Opportunity,” American Journal of Public Health, 29 (May, 1939), 127-88.

注 24. Gammon, C. D., “The Problem of the Nutritional Status of a College Group, ” Res. Quart, 5:1 (1934), 31-3.

注 25. Davenport, C. B., “Body Build and Its Inheritance”, (Cambridge Institute, 1923)

注 26. Gould, N. H. “The Physique of Women Students at Newcomb College of Tulane University,” Res. Quart, 3:3 (Oct, 1932), 111-16.

注 27. McCloy, C. H., “The Measurement of Athletic Power”, (New York: A. S. Barnes and Co., 1935)

注 28. Cozens, F. W., “A Study of Stature in Relation to Physical Performance”, Res. Quart, 1:1 (Mar. 1930), 38-45.

注 29. Cozens, F. W., “Achievement Scales in Physical Education Activities for College Men”, (Philadelphia: Lei and Febiger, 1936)

注 30. Neilson, N. P., and Cozens, F. W., “Achievement Scales in Physical Education Activities for Boys and Girls in Elementary and Junior High Schools”, (California States Department of Education, 1934).

注 31. Bovard, J. F., and Cozens, F. W., “Tests and Measurement in Physical Education”, (Philadelphia: W. B. Saunders Co., 1938).

注 32. Adams, E. G., “The Study of Age, Height, Weight, and Power as Classification for Factors for Junior High School Girls.” Res. Quart., 5:2 (May, 1934), 95-100.

注 33. Cozens, F. W., and Cubberley, H. J., “Achievement Scales in Physical Education for College Women, ” Res. Quart., 6:1 (Mar. 1935), 14-23.

注 34. Watson, K. G., “A Study of the Relation of Certain Measurement of College Women to Throwing Ability.” Res. Quart., 8:3 (Oct. 1937), 131-41.

注 35. Mitchell, A. V., “ A Scoring Table for College Women in the Fifty-Yard Dash, the Running Broad Jump, and the Basket Ball Throw for Distance,” Res. Quart., 5:1 Supp. (Mar. 1934), ?6-91.

注 36. Barker, Helen, “ A Subjective Criterion of Motor Ability and the Proportional Contributions to Motor Ability of Certain Physiometric and Somatometric Factors,” (Thesis, Wellesley College, 1932).

注 37. Carpenter, Ailena, “Strength, Power, and ‘Feminity’ as Factors influencing the Athletic Performance of College Women, ” Res. Quart., 9:2 (May, 1938), 120-7.

注 38. Adams, E. H., “A Comparative Anthropometric Study of Hard Labor During Youth as Stimulator of Physical Growth of Young Colored Women.” Res. Quart., 9:3 (Oct, 1938), 102-8.

注 39. White House Conference, “The Growth and Development of the Child”, (Century, 1933)

注 40. Rogers, F. R., “Physical Capacity Tests in the Administration of Physical Education”, (New York: Teachers College, Columbia University, 1935)

注 41. Cureton, T. K., “Analysis of Vital Capacity as a Test of Condition for High School Boys.” Res. Quart., 7:4 (Dec, 1936), 50-9.

注 42. Kelly, H. G., “A Study of Individual Differences in Breathing Capacity in Relation to Some Physical Characteristics,” University of Iowa Studies in Child Welfare, 7:5 (1935).

注 43. Turner, A. H., “Vital Capacity in College Women,” Archives of Internal Medicine, 46 (Dec. 1930), 930-45.

注 44. Dennis, M. H., “Vital Capacity in Reaction to Posture, Motor Ability, and Medical Restriction at Wellsley College,” (Thesis, Wellesley College, 1939).

注 45. McCloy, C. H., "The Apparent Importance of Arm Strength in Athletics, " Res. Quart., 5:1 (Mar, 1934), 2-33.

注 46. Van Dalen, Diebold, "The Contribution of Breathing Capacity to the Physical Fitness Index," Res. Quart., 7:4 (Dec, 1936) 93-5.

注 47. Tuttle, W. W., "The Use of the Pulse-Ratio Test for Rating Physical Efficiency," Res. Quart., 2:2 (May, 1931), 5-17.

注 48. Tuttle, W. W., and Dickinson, R. E., "A Simplification of the Pulse-Ratio Technique for Rating: Physical Efficiency and Present Condition," Res. Quart., 9:2 (May, 1938), 78-80.

注 49. Flanagan, Kenneth, "The Pulse-Ratio Test as a Measure of Athletic Endurance in Spirit Running," Res. Quart., 6:3 supp. (Oct, 1935), 102-8.

注 50. Henry, F. M., and Klauberger, F. L., "The Validity of the Pulse-Ratio Test of Cardiac Efficiency," Res. Quart., 9:1 (Mar, 1938), 32-46.

注 51. Schneider, E. C., "Physiology of Muscular Activity", (Philadelphia: W. B. Saunders Co., 1939), Chap. XVII and pp.54-5.

注 52. Martin, E. G., "Tests of Muscular Efficienacy, " (Physiology Rev.) (July, 1931) (45-75).

注 53. Sexton, H. R. "A Statistical Study of a Modified Form of the Martin Test," (Thesis, Wesley College, 193?)

注 54. Sargent, D. A., "Into Collegiate Strength Tests, " Am. Phys. Educ. Rel., 2 (Dec. 1879) 216.

注 55. Rogers, F. R., "Tests and Measurement Programs in the Redirection of Physical Education", (New York: Teachers College, Columbia University, 1927).

注 56. Clark, Leonard, "Melices High School Experiments, " Res. Quart., 6:1 Supp. (Mar. 1935), 111-15.

注 57. Griffitts, C. H., "The Inadequacy of Strength Norms." Res. Quart., 6:4 (Dec. 1935), 117-24.

注 58. Carpenter, Ailean, "A Critical Study of the Factors Determining Effective Strength Tests for Women," Res. Quart., 9:4 (Dec. 1938), 3-32.

注 59. Anderson, T. W. "Weighted Strength Tests for the Prediction of Athletic Ability in High School Girls," Res. Quart., 7:1 (Mar. 1936), 34-42.

注 60. Hoskins, R. N., "The Relationship of Measurement of General Motor Capacity to the Learning of Specific Psycho-Motor Skills," Res. Quart., 5:1 (Mar. 1934) 68-72.

注 61. Studies in Physical Education Sponsored by the School of Education of Boston University, Res. Quart., 6:1 supp. (Mar. 1935) .

注 62. Chamberlain, C. G., and Smiley, D. F., "Functional Health and the Physical Fitness Index," Res. Quart., 2:1 (Mar. 1931), 193-8.

注 63. Glassow, R. B., and Broer, M. R., "Measuring Achievement in Physical

Education." (Philadelphia: W. B. Saunders Co.,1938) Chapt. XIII.

注 64. "Physical Field Index Test," J. A. M. A. H. (May 6, 1936) 1852.

注 65. Bovard, J. F., and Corene, F. W., "Test and Measurement in Physical Education." (Philadelphia: W. B. Saunders Co., 1936).

注 66. Glassow, R. B., and Broer, M. R., "Measuring Achievement in Physical Education." (Philadelphia: W. B. Saunders Co., 1938).

注 67. Wendler, A. J., "A Critical Analysis of Test Elements Used in Physical Education," Res. Quart., 9:1 (Mar. 1938), 64-76.

注 68. Harris, J. E., "The Differential Measurement of Force and Velocity for Junior High School Girls," Res. Quart., 8:4 (Dec. 1937), 114-21.

注 69. Metheny, Eleanor., "Studies of the Johnson Test and Test of Motor Educability," Res. Quart., 9:4 (Dec. 1938), 105-14.

注 70. McCloy, C. H., "The Measurement of Athletic Power." (New York: A. S. Barnes & Co., 1932).

注 71. Kistler, J. W., "The Establishment of Bases for Classification of Junior and Senior High School Boys into Homogeneous Group for Physical Education." Res. Quart., 8:4 (Dec. 1937) 11-18.

注 72. Humiston, Dorothy., "A Measurement of Motor Ability in College Women," Res. Quart., 8:2 (May. 1937), 181-5.

注 73. Johnson, G. B., "Physical Skill Test for Sectioning Classes into Homogeneous Units," Res. Quart., 3:1 (Mar. 1932), 128-38.

注 74. Wellesley College Studies in Hygiene and Physical Education, Res. Quart., 9:1 Supp. (Mar. 1938).

注 75. Powell, Elizabeth, and Howe, E. C., "Motor Ability Tests for High School Girls," Res. Quart., 10:4 (Dec. 1939), 81-8.

注 76. Graybeal, Elizabeth., "The Measurement of Outcomes of Physical Education for College Women ". (Minneapolis: Univ. of Minnesota Press, 193?).

（《国民体育季刊》创刊号）

体育之意义

（1941年）[①]

一、纠正体育之误解

（一）无论在推行那一种教育运动（Education Movement）之前第一项步骤，必须有适当的宣传，使人民了解运动的意义，和该项运动与个人切己的关系，给人民以正确的观念，才能够推行无阻，顺利的进行。就是孙总理的国民革命亦预告采取所谓“心理的建设”，提倡体育，又何独不然。

（二）过去我们提倡体育，没有采取过正当宣传的步骤，一般民众所见过的，只是运动会的比赛，所以他们所认识的体育，就是运动的比赛。有的人认为体育是青年学生的活动，与社会民众毫不相干。也有人认为体育是洋派有闲阶级的消遣品，是有钱人的玩艺儿，一般老百姓是不配享受的，就是一般的教育家，也认为体育是发达肌肉，强壮身体的，很少的人看到其他方面的功用。简言之，大多数的民众没有认清体育的真谛，发生许多推行上的障碍。所以我们的先决问题是宣传体育的真义。

（三）普通人以为体育是指着“身体的教育”而言，盖由所谓德、智、体、群、美五育的名称而来；亦是受身心二元说的传统思想的影响所致，与现代整个机体（Whole Individual）的教育原则有背，早经被人弃□。

（四）为甚么我们需要体育？吾们的先哲就晓得，一国立国的根本要素是“教”“养”“卫”三个字，我们的国民，最低限度，要能达到自养自卫的地步，国家才可以立足，才有余暇讲究到别的问题。老百姓还没有饭吃，那里有工夫提倡体育？人民被人家欺侮凌辱地不能立足喘气，那里有心思讲到休闲娱乐的问题？诸如此类的话，不一而足。我们要提倡体育的人，必须能够解答这样疑难的问题。在中华全国体育协进会二十六年出版的第二卷第二期的《体育季刊》上王庚先生曾经解答说：

> “说这样话的人未尝没有理由，只可惜这种人，他根本没有知道乡村体育，是什么一回事？他没有知道体育比吃饭还重要，他没有知道，农民先要体格强壮，然后才有饭吃。他只知道‘饭后哲学’，没有知道‘饭前哲学’，他更没有

---

① 童子军教导人员训练班由国民政府中央训练团主办，自1939年开办，至1941年结束，前后共举办了5期，每期6个月。训练主要内容包括“童子军学术研究”“童子军行政”“童子军教练”“社会童子军”及教育原理、教育心理、童子军教育、世界童子军和童子军技术训练。学员来源小部分为调训，大部分为招考应届高中毕业生和具有同等学力的职工及社会青年，毕业后大都由教育部分往各中等学校任童子军教练员。

本文为章辑五在中央训练团中国童子军教导人员训练班上的讲义第二讲，文中未注明具体日期，但根据训练班举办情形，成文最迟不晚于1941年，故编者将其置于此处。

亲自下过乡，没有亲自和农民接触过，没有知道农民对于体育的需要，他更不知道有许多不花钱的乡村体育方法！”

二、体育与教育之关系

体育自有人类以来，即与教育密切相关，但其后教育被视为属于心者，体育被视为属于身者，关系渐远。且也近代教育及体育之方式与未开化时迥然不同，未开化时人类之教育几尽为体育，今日自属不可能。只以此二者之故，近代体育与近代教育之关系，究属何种情形，及其原委为何，吾人不得不一为研讨之。

壹　近代教育以整个儿童为对象，以所有儿童之经验及活动为方法。故不独心身不可分之为二，即教育之方法，亦不能划分何者为身体活动，何者为精神活动。盖身体之活动同时即为精神之活动，而所谓精神之活动无不含有身体之成分也。于是以整个儿童为教育之对象时，则一切儿童之经验与活动，均为施教之机会，体育属于儿童活动与经验，其他教育方式亦为儿童活动与经验，此体育不能与教育分为二者，一也。

贰　近代教育之方法，莽以知识灌入儿童而已，最要者为使儿童于发表自我时予以指导及学习。故教育之现象非记忆背诵，乃为活动。儿童无时不感受之刺激而发生不停之反应运动，虽在睡眠时，此种刺激及反应，亦未尝完全停止。若只准其接受刺激而抑止其反应，不独错误，亦且为极残忍之举动。彼之反应即为活动，即为发表自我，即为教育之机会。此种发表之形式，不限于语言文字，凡面目之表情与夫身体之各种活动无不在内。且也语言文字所发表者有时系造作之结果，不如面目与身体所发表者之真实。故体育教员在运动场上对于儿童性格之认识，比之他种教员在教室上较为容易。实则因体育几为儿童真实发表自我唯一之学校学科，故亦为学校学科中最富有教育机会者之一。此体育不能与教育分为二者，二也。

叁　近代教育不以所得知识之多寡为测量教育结果之标准，而以增减有例行性心理态度为主要目标，技能与知识并非被消除，不过为在每种学习时所附带之“副产物”，反不为教育家所重视。在某种情形之下所获得之知识与技能，不能迁移于不同情形之下，但在获得此种知识与技能之时所得之心理态度则可以迁移，此已为心理学家所证明。故学习时之心理态度，较之所学习之技能知识之持久性为大。许多态度之集合达成为人格（Personality），人格之养成，实为近代教育最重要之目的。体育为发表自我机会最多之学科，前已言之，故即为发泄情感最充分之场所。情感之发泄能养成之各种态度为吾人所习见者列于下：

一、诚实守规则之态度。

二、不惧艰难努力之态度。

三、合作之态度。

四、自信之态度。

五、自制之态度。

六、公正之态度。

凡此数种，体育学科中所能养成之态度，均为整个人格所必需，其不能与教育分为二者，三也。

由此三点言之，已足证明体育与教育无从划分为二，体育不过为教育之一种形式或方法。其欲以体育而独立，标榜其特殊效能，是不知教育，亦不知体育者也。

三、现代体育的定义

（一）现代教育的意义。根据现代教育心理学上的证明，教育的意义，不是只限于入学校，也不是专读书，乃是一个人自生至死，无论在怀胎里，在家庭，在学校，在社会里受外来环境的刺激，或自己内心的冲动地反应，使其继续不断地有所改变，以求适应。叫他改变的方法，就是利用各种活动，使其运动他的身体，刺激他的思想，触动他的感情，影响他在人群中一切的行为。至于他的改变是好了，还是坏了，全在乎社会道德标准的制裁与教师的暗示及指导了！

按照这个定义，估一估我们现在国内教育的价值，就可以晓得凡一切被动的方法，不能使学生自动反应的，不能收到所期望的效果。静而不动的教育也不能有甚么意义。社会上没有道德的标准和相当的制裁，以及没有良好教师的指导，都是闭着眼睛办教育不知伊于胡底的！

（二）现代体育的意义。体育为诸般教育方法中之一种方式，其定义与教育之定义略同。其所不同者，只在多利用大肌肉之活动，及其相关之反应，使其整个机体有所改变，无论思想感情、行为，均包括在内，不只限于身体之一方面而已也。(阿森氏)

我们人类需要户外大肌肉活动（Big muscle activity）的原因，就是有眼光的科学家，看到人类在生物进化的过程中，室外的空气、美好的阳光、粗糙的食物、旷野中的大山、泗水、奔跑追逐及一切天然大肌肉的活动，全都是与身体的健康有益处的。近代工业发达，科学家发明许多的机器代替人工，大都市内的人口繁殖，人类多在室内工作，从事不自然的生活，每日所需用者只是神经末梢及一切小肌肉的活动（如手、眼、耳、口、舌、鼻等），以致日渐萎弱，百病丛生，盖因非用大肌肉的活动，不足以发达内脏（如心、肺、肠、胃等）的健康。

（三）按照赫泽灵吞（C. W. Hetherington）界说，他说：

> “体育为全部之一方面，关系组织及指导儿童从事大肌肉之活动，根据科学的知识，及社会道德的标准，在活动之附带中，发达他们的健康，陶冶他们的品格，并且在领导活动中自然而然的要注意管理一切不健康或妨碍发育的情况，及控制社会环境的不道德，使体育教育进行无阻。”

这两个体育界的界说，可以互为表里，足可以代表现在体育界权威者的见解了！

参考：

1. 章辑五著：《非常时期之国民体育》，中华书局出版。
2. 吴蕴瑞、袁敦礼合著：《体育原理》，上海勤奋书局出版。

我国急需提倡体育的原因①

（1941年）

一、关于生理方面的需要（机体生活力）

（一）根据生物学的基础，人类进化至目前状况之途径，经过亿万年之演进始克臻此。动物之最下等，而生活之方法最简单莫如原生动物。此等动物只有一细胞，而该细胞即替代人类之个体。比原生动物较高等之一类，为腔肠动物（如水蛭、珊瑚等），体内呈有体腔，作消化食物之囊。他如神经肌肉等系统，竟付阙如。即有，亦极不发达。余如循环系统、呼吸系统、排泄系统，均属乌有。再进一级，至环节动物（如蚯蚓、扁虫等），则体内始发现肌肉组织，司身体之活动。

（二）肌肉系统发现后，活动之节团增加，接触之环境较多，身体内各细胞之作用，亦愈加分化，肌肉既营特殊工作即需他种细胞供给其养料，移去其废料，故体内须有养料、氧气及排泄废料之器官发现，此循环系统、呼吸系统，与排泄系统之所以连带发生也。

（三）肌肉发现以后，其细胞上须有相当之神经纤维，由初形之神经中枢上分布之。动物之增有此种运动器官，即须有自由行动，迁易进境之能力。由腔肠动物向上，经鱼类、两栖类、爬虫类、鸟类、兽类、猿猴类，以至于人类，整个发达之经过，皆为神经系统之功能增加，渐趋复杂。大脑为最后发达之器官，又为最复杂之组织。所以管理他种神经中枢及全身各部份。

（四）此外尚有身体一部份之管理，与人之意志无关者，大脑方面，无从知其活动之进行。例如心之跳动，不能以思想之方法阻止之，肝〈胆〉之分泌胆汁，不能以只就胆汁分泌之事实而督促之。内脏器官之控制，全系自动，不受意志之管束；故大脑控制其反应之力量极微。然而吾人确知身体在某种情形之下，足以使其反应，其关键即在肌肉（随意肌或横敛肌肉）。盖肌肉有刺激身体内各器官功能之作用，而肌肉能受意志之管束，故吾人能从身体上肌肉之活动，影响各器官之机能。肌肉为意志与各器官之居间物，所谓枢纽是也。例如欲心跳加速，行大肌肉之活动可矣。

（五）戴乐教授曾谓："人之身体，由分明之各系统及器官而成，各部连合成一有机体，身体中之一部软弱，足使有机全体之健康与生活受破坏。寻常有以内脏为下等器官者，殊不知此乃生命中最重要最基本之器官也。体内各部份既不能各自为政，则在重量与体力方面，各器官必须保持正当平衡，否则一部份过分发达，该部即攫取他器官之养

① 本文为章辑五在中央训练团中国童子军教导人员训练班上的讲义第三讲。

料，于是加重他器官之负担。”又云：“人体极为复杂……但在特别之时期，每器官皆快速发达，吾人亦希□促成之。其中最基本者，莫如消化器、排泄器、循环、及呼吸器等须及早发达，以应他部器官生长之需要。其他器官，待后来发达之，让出时间及 ①，以发达此等基本器官。……活动之于儿童只有嫌少绝不嫌多，不论何时，与其太少，无宁太多。”

（六）据赫泽灵吞（C. W. Hetherington）教授之意见，生长为遗传要素之产物，受胎时即树立基础，顷生殖细胞之细胞汁中之潜势力，继续进行，至组织与功能之模型完全长成而止。如身体之高度、比例、颜色、反应之趋同等，皆为生长所支配。发达为活动之产品，盖活动所以刺激各器官及各系统内之生长细胞之潜伏资源使知功能之活动。活动即所以变潜能为实现之能力也。

（七）体育供给身体发达之刺激，毫无疑问。高廷（Gaudin）教授以同校同宿舍同大年龄之学生试验，以五十学生参加训练者，与五十学生相对不参加训练者，行精确之测量，则得下列结果：

平　均　数	身高（糎〈厘米〉）	体重（[千]克）	胸围（厘[米]）	肩宽（厘[米]）
十四岁半	142	40	73	—
操练三年半	163	62	88	37
未操练三年半	160	55	80	35
操练者之进益	+3	+7	+8	+2

高廷氏复使身体羸弱而迄今未行操练者，自十六岁起参加操练，更使体格相同之七人，继续远离操场，则其结果又如下：

	身高	体重	胸围
1. 身体羸弱由十六岁至十八岁加入操练者增	15	17	14
2. 身体羸弱由十六岁至十八岁不加入操练者增	13	6	3
3. 对于操练者之进益	+2	+11	+11

根据以上之结果，可见儿童在此数年间，体育对于其身体之发展，大有关系。

（八）德国来泼切克（Leikzig）大学体育教授 A. A. Mode 研究平时不操练之大学学生一千五百五十六人，与内室运动指导员训练班学生比较。最显然者为身体结构指数、平方胸围指数、胸指数、平方肩宽指数、平方上臂周围指数、平方大腿周围指数、小腿周围指数，均比不操练者大有进步。反之，脂肪之填充及平方腹围指数则降低。一方看

① 此处原文空白——编者注。

体重之数，操练者亦有进步之事实。可见身体愈受训练，则脂肪消去，易为肌肉。

（九）前年航空委员会的金兆均先生在他著的《飞行人员体格三个基本问题》（见《中国的空军》第十二与十四两号）文中，曾把事实举出来说：

> “全国投考空军学生取录的百分数，平均约百人中只得七、八人。但是投考空军的青年体格比较普通学生为强健（大多数是学校的运动员）。所以要以全国青年为对象，恐怕合格者，百人中难得其一！不仅是空军的发展前途引为寒心，整个民族复兴的大业，更难设想！”

又前年中央社会部举行重庆市儿童健康比赛，检查市内在学儿童（初中及小学学生）的体格，据陈柏青先生的统计报告，不健全者在百分之八十五以上！这是何等严重的问题！

（十）吾们机体的生活力（Organic Vigor），或者说是吾们身体劳作的气力精力，是吾们生活操作的本钱，无论作事、作工、求学，非有精力气力不可。身体健康的人，能够运用自己的气力，适应工作的需要，能够持久耐烦而不倦。就是通过人寿保险公司医生的体格检查，也是查不出毛病来，但是如果叫他做一种活的测验，例如请他打一场篮球，或者是跑一个五十公尺，他立刻表现面白气喘，感觉出种种不舒服的样子来。稍微做一点过度的运动，他身体内潜伏的缺点，就要立刻崩溃暴露无遗了！所以体育的活动，是唯一测量真实健康的寒暑表。世界著名的生物学家古宁氏（Gunnings）曾经说过：“吾们各人因为环境上的不需要，可以隐藏着许多身体内遗传上的短处，因为不活动的关系，可以避免着不致〈至〉于暴露。但是遇见非常时期，做非常活动的时候，就要显露出来了！体育的特殊地位，就是要藉着活动，测一测各部真实的实验的健康（Tested Health）。”预期锻炼，防患未然。

二、关于心理方面的需要（心理健康与富丽生活）

（一）心理学家如詹姆士、桑戴克等尝谓：人类之本性、本能、或天性（Instinct）为一切儿童可教育性之根本。但行为心理学派瓦特孙□[①]不同意人类具有本性之主张，惟其所谓未经学习之行为（Unlearned Behavior）亦与詹姆士之本能，及桑戴克之“固有倾向”（Original Tendencies）同具相似之意义。对于各专家之分析，不论其为本性，为固有之倾向，或者未经学习之行为，而为脑中神经原（大概一人脑中之神经原数为一百十亿个），联络已开通之路则一。因一神经原与其他各神经原直接间接皆能接通，犹蛛网，犹汽车道然。人之诞生，即具此种组织，犹一已新建成之模范汽车道网也。人之本能或未经学习之行为，犹汽车道之已开行者也，儿童能独立行走，立与走皆本能，之后此种本能渐渐受训练，徐徐进展成跑、跳、掷、攀悬、举等自然活动。其后每动作受特别之训练而变化，于是跑有一百公尺之跑法，跳高时之跑法，跳有跳高之跳法，篮球中锋之跳法。若初生小孩能直立之后，剥夺其行走之机会，则基本之跑跳掷等基本技能，永无学成之理。复次，若一儿童永不使与他儿童接触，剥夺练习各种运动之机会，则各种运动将无一能学成。本能或未经学习之行为，心理学家毫不重视，最注意者，为如何训练

① 即约翰·华生（John B. Watson，1878—1958），美国心理学家。——编者注。

而改变之耳！

（二）袁敦礼先生说：吾辈不论本性或行为有无，亦不论其是善是恶，但均属个人的，其善恶之标准，以有益于个人之发展，及有益于人群与否而定。有益于个人之发展兼有益于社会者为善，有害于人性之发展与社会之标准者为恶。简言之，儿童所要求者，不能循性善之说而完全依从之，又不能循性恶之说而完全抑绝之，宜视其发而为行为者，是否合于个人与社会之两标准而定取舍之方针。

（三）吴南轩先生在《青年的情绪教育》论文中说："教育的任务在助长，促进受教者生活各方面的生长——体格的、智慧的、情绪的。"他又说："据心理学者的研究，情绪的发作，可以损害人的生理健康，可影响人的工作效率。……情绪是人类生活的原动力，没有情绪，生命不能有光、有热、有色。一个人生活之幸福与否，并不取决于其知识份量之多寡，而实以其情绪生活之是否丰满正当为尺度，所以情绪是［不］应压制与取消的，而且事实上也压制取消不了。被压制的正当情绪会在不正当的方向找到发泄，这是反社会行为之心理的基础。因此，压制情绪对社会是有害的，至于对人格之梏桎、摧残的祸害，那更不用说。"他又说："儿童天性喜游戏，在游戏中他可以获得愉悦满足，给予儿童以游戏的机会，就是给予儿童以情绪生活生长的营养。青年天性喜探索、冒险，喜新奇、喜强烈的刺激、喜戏剧（有声有色可歌可泣的生活）。而这种种只能求之于家庭及学校围墙以外的自由活动中。……所以体育活动与童子军教育的成功，就因为它们能满足儿童及青年人的情绪上的需要。……中国的青年训练除了政治的意义之外，还应该注意到这一个教育上的意义。"

（四）中国数千年来传统的观念，受尽了老庄无为哲学的遗毒，"一动不如一静"的成见和"认命守己"的思想，真真把吾们中华民族害苦了！因为受惯了专制时代的压迫，都认为"遵责任""守本分""忍为高"，为人生最高之意义。而西方人对于人生的见解（毫不虚伪，不假借、坦白、率真地讲起来），吾们除尽到本分之外，还要尽量地享受人生的快乐。德国人在艰苦奋斗，努力复兴民族的期中，还要高唱着"快乐为力之源"的口号，组织消遣娱乐运动。在今日西战场和英法联军对抗的紧张生活中，还忘不了提倡游泳比赛，组织巡演露天戏剧等等的娱乐活动。这与中国人"卧薪尝胆"的思想，完全相反。因为他们认为环境越困难的时候，精神越要愉快，若是关在屋子里头"忧愁啼哭"或者"咬牙痛恨"是丝毫没有用处的。

（五）现代社会组织的复杂，生计的艰难，人心的诡诈，生活的龌龊，时局的不宁，各种学说主张的矛盾，及一切的纷扰，都容易使吾们的精神疲惫思想冲突，中心信仰摇动，趋入病态心理。时时刻刻地处在不舒畅的压迫环境当中，碍难保障吾们人格的健康。不健康人格的象征就是怕羞、神经过敏、迷信、猜忌、怀疑、恐惧、懒惰、因循、不整洁、犹豫等。这种人常做玄想及无根据的推论，缺乏"此时此地"的哲学看法。吾们跟这样不健康人格的人做事，断难合作。因为他们不重视事实，多是因循苟且，缺乏持久认真的毅力，和敏锐的判断力。这样的人情感最不衡稳，内心也不坚定，恍恍惚惚，今日东，明日西，稍一不合，即遭激忿。说谎、偷窃、戕害、自杀的事，为普通现象，举目看一看我们全国民个别的心理，就可以晓得有多少是健康的了。

三、关于社会方面的需要（休闲娱乐与品性陶治）

（一）当生物依进化的阶段由低而高，构造与动作变得多为复杂的时候，动物集合性的研究者亚黎（Aelee）曾说：他们就实现社会生活，开始增进他们集团中各分子的福利了。在蜜蜂、黄蜂，和蚂蚁的小型的世界里，我们可以看见联合与团集的奇妙错综。在鸟、马、羊、狼等较高级的动物社会里，我们可以发现群居方面更重大的证据，以及相互关系与合作上的例子。人类由原始社会（又称渔猎社会）进步到游牧社会、农业社会，以至工商业社会，因为环境上的需要，使人民生活感受巨大的改变。从个人方面讲，由个人而家庭、而民族、而社会、而国家，都是因为生存的需要，有着更复杂、更坚强的集团。这一切集团的群居现象，无论属于那一级的生物，都可以根据该集团实际工作，或根据其“生存的价值”（Survival Value），由机能的立场上去观察。在这些集团群居的价值或利益里，我们可以把集团的生存与持续视为一个伟大的生命过程的一部份。那么，由气候情形的改善去保持生命，防御生物界的侵袭以维护生命，生活状况的调剂与改善，创造较顺利的环境以制造维持生命的东西等，这一切都是支配其□□社会集团的创造与延续的重要条件。在较复杂的社会生活上，我们可以用道德的、社会的、与政治的概念去解释这些利害关系，利益和生存的价值。

（二）现代科学越发达，世界文明越进化，机器发明的越多，当然需要人工的机会越少，因而人民工作的时间越短，而闲暇的时间越长。这是廿世纪世界上普遍的现象，尤以各大都市为然。在此种趋势之下，倘若国家没有指导国民，在休闲时间，从事正当娱乐的办法，社会就是要蒙受休闲时间的害处。吾们中国由个人主义的家庭制度里，一跃而达到现代化的工商业社会里，尤其在沿江、沿海的大都市里，吾们常见到的，增加了许多酒馆、茶社、饭庄、戏院、电影院、妓馆、赌场、跳舞场、鸦片烟馆等，使吾们国民的体格日渐孱弱，道德日趋堕落，舞弊营私、偷盗、斗殴、凶杀等事，层出不穷。在抗战之后的伤兵消闲问题，也是很重要的。

（三）旧时代的农村生活，尚有各季节的庙会聚集等活动，以发泄其各人好娱乐、喜结群的天然本能。在旧时工作与游戏，家庭与社会的生活，没有严格的界限，皆是浑在一处的（Self-contained）。但是工业越发达，工作越分化，每日运动全是工作，发达大肌肉，强健内脏的机会，日渐剥削，个人之工作愈专业化了！又因生存竞争的激烈，生活程度的增高，“人为财死，鸟为食亡”的心理等，驱使着一般无知的民众，忘掉身心的健康，拼命地工作而无游戏，为发泄他们好习游戏本能的原故，就不得不用少数的金钱，短小的时间，从事些被动和商业化的娱乐，利用嫖、赌、烟、酒、鸦片、吗啡等刺激品，以求兴奋。因为本能上的驱使，把理智上想到的健康问题，早已忘到九霄云外了！

（四）以生物学为根据的教育社会学家，德人勃尔格曼（Paul Bergmann）的教育学说来说：“教育之基础科学是生物学，而生物学所昭示于吾人之教训，谓个人乃被遗传，环境及社会的精神所规定，全为社会所产生，非单独而能存在者。又个人生活，不论其为肉体、或精神方面，皆属于社会，个人实无有独立存在之价值。虽天才亦不能脱离社会之牵系，而孑然独在。”所以现在教育之目的，应体量社会情形，使个人成为社会化的个人，而能为社会上实际有用之人物。故今日之教学法，多采用社会化（Socialized）的教学法，其优点有：（1）使教学重心专在学生；（2）与各生以自动合作之机会；（3）增加各生责任心及自信心；（4）鼓励个性不同之表现，使教师明了各生特殊之需要；（5）鼓励学生发明新方法以解决所遭遇之问题；（6）引起学生的兴趣而使全班皆有生气；（7）使成绩较差之学生感觉自己的需要而努力；（8）养成学生有谦让容忍之习惯；（9）养成学生有积极批评之精神；（10）减少书本训练，使学生习得适应社会的能力等。这些都是体育教学方面所注重的。

（五）中国若干年来的个人主义与家族制度，使全中华民族形成一盘散沙，缺乏组织能力。英国人每逢有两个人的地方，就组织有网球会。又有人说英国人的公民道德是在足球会养成的。最近各国的青年训练皆以体育活动为中心的工作。各中等以上学校学生组织的体育会，为实现群育的良好办法，因在体育活动中，人与人的磋磨，和实际对人接物的机会最多。个人的性格，也都可以认真地表现出来。因此，赫泽灵吞教授认为学校的运动场是公民教育的实验室。人的品格是一个行为问题，不是理论问题，只可以用正当的领导与专注调协的活动（Attractive Coordination Action）使之发达。用熏陶渐染的工夫，使之互相标榜，互相矫正，才可以收效。美国洛德博士（F. S. Floyd）曾经指出，体育活动内包含着品格训练（Character Building）的机会最多，因为他们的活动都有兴趣，都需合作，都要专注与调协，都能供给自发自觉和自动选择是非利害的关系。近年来各国利用体育活动，吸收青年，减少他们从事有害的消遣与罪恶，实在有统计可稽的。

四、关于民族方面的需要（公民训练与自卫能力）

（一）体育活动包含着公民训练的要素，在前节业经言之，兹不复赘。过去学校中设置警察式的训育员，专司消极方面的管理，缺乏积极方面的指导，已经破产了，由修身教科书改讲公民教科书，也没有多大的意义。在新教育的范畴内，道德训练为青年所厌恶，很难成为独立一科的。在实际上也很难物色着有资格能够指导道德教育的一个人。学生的品格，都是由于课外活动，或者由于学习各种学科中（附学习、或副学习）得到的。最重要的还是社会的制裁，和优良教师潜移默化的工夫，在心理学上就是暗示与模仿的功能。

（二）程登科先生在他的《国民体育》讲演录里说：“吾们在此抗战建国期中，国民体育的目的，应该扩大，而以全民为训练对象，并以复兴民族为终点，始可以取消‘东亚病夫’之讥。运动之易于普及而有实用者，尤应从速推进，庶可于最短期内，能使我国体育达到国家化、民族化、军事化、民众化诸目的。这样才能养成精诚团结、抗敌御侮的健全国民。”底确，吾们实实在缺乏坚强的体力，来捍卫国家。根据军政部的报告，吾们在后方所抽的壮丁并不壮，一再降低标准，而不及格尚在百分之二十五以上！在此抗战建国的大时代中，全国国民视线中所注意的，是军事、是经济，而不知体育为体，军事为用的道理。在前几年张其昀先生发展〈表〉的《中国国势的鸟瞰》文章里说：

> “常备军的人数，据国际军缩会议一九三二年报告，第一位为中国人，计常备军一百八十万人。英国常备海陆军为十一万人……日本为二十八万人（朝鲜、台湾，及旅大租界地均在内），统计英、美、法、俄、日五强国共养之常备军一百五十万人，犹比中国一国所养之军队尚少三十万人（但日本若遇战时

可以陆续征集军队至三百万人左右）。”

中国的军人的数目虽多，但日本人批评中国的军人，因为精神、体格、与技术的关系是不能作战的，是丝毫不足畏的（这是敌人对吾们的估量过低，在八一三后，吾们的军人已有惊人的成绩表现！）。这虽然是藐视吾们的军人，壮他们自己威风的说法，但是如果严格地检查吾们全国军人的身体一下，究竟体格及格的有几人？真正能够抱着奋勇杀敌的雄心又有几人？故编者认为根据军人表现的事实，力求质的充实与完善，军事科学的发达，和军人体育的请求，全都是最关切要的。

（三）论到经济的建设，是一种科学的方法，和健康体魄的人工所能生产的。大多数民众之形容枯槁、精神萎靡、半生不死、不□艰巨，会吃不会做的人，那里能够生产呢！根据前年卫生署的报告：中国国民平均的年龄是三十岁，似此，刚刚过了消费最多的教养时期，而入到起首从事生产的时期，而就呜呼哀哉了！这种的漏卮是何等的大呀！卫生署的统计告诉吾们说：

“社会上因超格死亡每年所受的经济损失，有三十三万万七千五百万元，这很可以惊心动魄了！我国如果拿这年因超格死亡所受的经济损失约三十四万万来做各种建设事业，可以建筑三万里的铁路，或办八百个大工厂，办一千个大学，办十万个小学，开办五千所医院，建设六百处城市自来水工程，修筑十万里柏油马路，或购置二万架的飞机。”

以上是摆在吾们面前的事实，不容吾们丝毫疑惑的。

（四）陈立夫部长所举中国的象征为贫、弱、病、乱、愚；胡适之先生说中国的毛病是贫、弱、私、愚。无论是四样，或五样，很难以判定何先何后，都是互为因果的。然而体力不强，根据以上所列举的事实，的的确确是最重要的病根。陈部长在教育部体育委员会第五届会议席上曾说：

“体育为德智体三育之基础，有体育而后德智体三育始有发展之机会。……有健全之身体乃能成伟大之事业。试想作奸犯科，性急暴躁之辈，推其原因，皆因为身体内部组织不良也。”

（五）蒋总裁在本年新运六周纪念前夕的广播演讲中曾提示吾们国民体育的重要，他说：

“……至于国民体育的普及，在这个抗战建国的重要时期，更是刻不容缓的，希望各地同胞认定锻炼国民体质，健全国民精神，是复兴民族的基本要务。无论爬山、泅水、拳术、国技，以及近代各种的强身运动，都要斟酌当地情形，组织团体，热烈倡导，自勉勉人，强身强种，奠定我们强国的基础。”

参考：除第一讲终了后所介绍者外，加入以下各书。

1. 沈履编：《青年心理学》，商务印书馆出版。
2. 卢绍稷著：《教育社会学》，商务印书馆出版。
3. 程登科先生讲：《国民体育》，中央训练团党政班讲义。
4. 陈立夫先生讲：《战时教育方针》，党政训练班讲义。
5. 吴南轩先生著：《青年的情绪教育》，《复旦青年》创刊号。

体育教学法的探讨①

（1941年）

一、体育教学法的意义、价值和范围

（一）体育的理想和目的。如果没有良好的教学方法，是决不能实现的。目前我国一般体育教师仍旧沿用着传统的教学方法，当然不能达到新体育所企求的理想和目的。我们要使学校体育有普遍的进步，体育教师对于体育教学法一科，非特别加以注意不可。体育教学法系根据儿童的本能和需要，供给以适当的环境，使他们能够运用最经济的精神和时间，以收到所预定的教学目的。所以体育教员对于儿童的天性，已往的经验，身心发育的状况，行为的习惯，兴趣的倾向，以及其他生活上的需要，均须加以慎重的考虑。而且对于教材的选配，环境的设备，学习心理的应用，都要密切地注意，始能达到圆满的效果。

（二）广义的教学法。于教导儿童活动时，对于当时一切的事物以及与儿童有关系的整个情境，都加以注意，使教育与生活打成一片。例如指导儿童做垒球运动，（1）关于技术学习者（Technical Learning），有站立的位置，执棒的方法，摆动的姿势，以及判断来球的好坏等。进一步学习跑垒（Running）、滑垒（Sliding）、发球（Pitching）、掷球（Throwing）、接球（Catching）等，都是个人普通的技术。（2）关于副学习者（Associated Learning），除了上面所说的关于技术学习之外，运动员还应学习和进行游戏相关的许多事物。如怎样增进体力，怎样选择适宜食品，怎样改善各种不良习惯，以及遵守日常卫生生活习惯等。（3）关于附学习者（Concomitant Learning），无论学习何种运动，教师均应注意儿童各种良好习惯的养成，如对于活动的兴趣，对于同队及对方队员的态度，对于裁判员及指导员的礼貌，都应该特别注意的。

（三）体育教师如果专注意于技术的学习，那是狭义的教学法；倘同时能兼顾上述三种的学习，才算是广义的教学法。要知良好的习惯和态度，在教育上的价值，比较技术学习更为重大。现在学校体育及〈极〉注重技能而疏忽运动道德与精神，实系一个严重的错误，教师应力图补救，尽量引用广义的教学法，注意儿童学习的全部，改进他们整个的生活，以及教育上美满的效果。

二、学习心理的应用

（一）一般学习的程序。学习就是培养新的感应结，加强或消灭旧的感应结；学习

① 本文为章辑五在中央训练团中国童子军教导人员训练班上的讲义第六讲。

的动机是需要，而学习的目的，即在满足需要。儿童受到某种刺激，即发生某种感应，此种感应的加强，事实上就是学习。可〈所〉以学习即是刺激和反应的方式，它的程序是：

需要（动机）→活动（行为）→满足（成功）→学习（知能，态度，习惯）。

（二）学习律及其应用。美国教育心理学家桑戴克（E. V. Thorndike）所发明的学习三定律，在体育教学上颇有功用，他的准备律（Law of Readiness）说："某一联结跃跃欲动时，动则生满足，否则感觉烦恼；反之，某一联结不欲动作时，强使之动，则亦觉烦恼。"根据这条定律，不论学习什么运动，必须先行引起动机，使儿童对于所学习的事物，发生一种心向感觉浓厚的兴味，然后教师再因势利导，使其努力自学，则必事半而功倍。桑戴克的练习律（Law of Excise）说："刺激与反应之间，既养成一种可以变更的联结，如时常反复练习，便可增强联结的力量；反之，如经久不用，便可减少联结的力量。"由这条定律，我们可以知道，欲养成各种运动技能和习惯，必须继续不断地作具有正确标准的练习，才能成功。桑戴克的效果率说："一个可以变更的联结，其加强或减弱，全视练习时之适意与烦恼而定。"根据这个定律，儿童不论做甚么活动，有着愉快的感觉，则容易使他再行复习；如儿童活动时，发生烦恼的感觉，下次便不容易再行复习。所以教师要儿童对于所授的运动继续不断地练习，务须使儿童从事各种运动时，常有一种适意的感觉。

（三）学习中的"高平原"（Plateau）与生理的限度。儿童入学后，在智力和体育的成就上，都能有进步。学校的责任便在刺激并指导全体学生成绩的进步。每个学生进步的情形，都可以由"学习曲线"（Learning Curve）表现出来。"高平原"是指学习时受到不良之方法、习惯或环境的影响，使学习曲线现出不进步的现象。但"高平原"与"生理限制"截然不同。不论何种学习，愈是接近生理限制，进步愈见缓慢，到了生理的限制，无论如何努力，均不能再有进步。可是真正到达"生理限制"，实是罕见的。学习的不进步既是一时的，那末，只要除去阻碍进步的原因，则学习仍可继续不断地前进。普遍学习不进步的原因是：

（1）开始时求进步之心太切，以致忽略了基本动作的练习。

（2）努力太过，徒劳无功。

（3）方法不良，积久成习。

（4）环境恶劣，如气候不调，饮食不当，睡眠不足等。

（5）身体疲劳或缺乏精力，导致减少了学习的能量和兴趣。

（6）身体状况欠佳。

（7）受了外界的引诱。

以上七种情形都足以造成学习的"高平原"现象，如果有良好的教学法，"高平原"便可以避免。教师须时常检查学生不进步的原因，施以适当的方法，或予以新的刺激，使他们兴趣增加，以避免"高平原"的发生。

（四）全部学习与分段学习。全部学习是把所要学习的要领活动加以反复练习。分段学习则是把所要学习的活动分为若干节段，先行逐节学习，然后再将各节活动作综合的练习。全部学习和分段学习在教学效能上，究竟那一种比较好些？目前许多人还在争论着。根据美国哥伦比亚大学游泳教员谢费尔德（Sheffield）实验游泳教学法之结果，全部学习的方法，实较分段学习为佳。我们对于这个尚待继续实验证明的问题，未解决以前，须知全部学习法可以增进儿童活动的兴趣与努力，而分段法则可以改正动作的疑难，所以新体育教学法多以全部法为主，分段法为辅，倘能把这两个方法运用分配的适当，便是最好的教学法了。

三、教学的计划与教案的编制

（一）教学的整个计划。体育教师如欲教学顺利，达到预期的目的，在学校开学之前，对于体育教学须有整个的计划。这种计划不是依个人主观的成见所规定的，而是根据学生的能力、兴趣与需要、学校的设施、环境与经济状况等客观标准制成的。教师编制课程的步骤，亦先由调查学校实际状况着手，然后根据这种状况，以决定目标，是后再选择达到此目标的最有效的教材与方法。对于教材的“质”和“量”的选择与分配，教师须十分谨慎，务使与各年级学生之年龄、程度、能力相适应。最好于各种运动的教材搜索完备之后，再按教材的深浅难易，分配于各年级，编成体育教程，详列每学年、每学期及每周课内外作业要项。

（二）体育教案的编制。教师有了体育教学计划大纲，教程年表与周表之后，对于某一课还须有详细的计划。惟现今的教学法多侧重于心理方面，从前流行的那种呆板的、机械的方法，如“三段教授法”等，已不适用了。在儿童中心的教育中，教师应居于辅导的地位，最好的方法在引起儿童的动机，辅导学生的自习。但教师日常上课对于教材的运用，事先须有充分的准备，编制教案实为不可少的手续。普通教学的程序（根据杜威的五段思考和克伯屈的学习程序）与时间的分配略述如下：

（1）教学单元。即系本课所用的活动题材。

（2）提示目标。即系本课所欲达到的目的。

（3）准备教具。即系本课教学应有的准备，如器具、点名等。准备的时间约占五分钟。

（4）引起动机。教师对于教材活动，须先设法引起学生的动机，使他们的身心对于此种活动，均有充分的准备，所用时间约占三分钟。

（5）尝试活动。教师于学生动机之后，应即令其尝试，并从旁辅导之。尝试运动之时间约占十分钟。

（6）讨论研究。尝试以后便有许多教育上的问题（行为的、技能的）发生，教师便当察出困难之所在，以为讨论之中心。在讨论研究，最好用问答式或启发式，使学生自己发觉困难，并使其自能解决。

（7）示范说明。必要时，可由教师或擅长该项运动的学生作示范动作，同时加以简要的说明，务使学生对于动作获有正确的印象和观念。示范说明的时间约占二分钟。

（8）分组练习。学生了解运动方法之后，即实行分组练习，其方法有二：

（a）基本练习，练习动作困难部份。（b）实地练习，即是全部的练习。分组练习时间约自五分钟至十分钟。

（9）正式比赛。如有困难再行部份的练习，使学生的技能进步无已。正式比赛时间约占十分钟至二十分钟，或更长。

（10）测验与联络。测验本课结果是否完全达到所预定的目的，并决定下课教材与本课的适当联络。

以上教学的程序与时间的分配并非一成不变，教师可以斟酌当时的情形，予以适当的变通，不必拘泥。

四、体育教学一般的原则与要点

（一）关于体育教学及指导方面者：

（1）教师对于体育课程须有整个的计划，编制教学课程表，并详列每学年、每学期及每周课内外作业要项。

（2）所有教学与指导须有一定目的，并使儿童十分明白。

（3）一切教导方法以增进儿童自觉、自励、自学的能力为原则。

（4）使儿童所有的精力都能用到适当的地方，如知能的获得、态度与习惯的养成、生活能力的增进等，均为活动之目标。

（5）注意排除一切外诱和障碍，使儿童的能力均得自由发展，从事学习，以获得最后的成功。

（6）教学时，示范与说明的时间，须力求经济，使儿童有充分练习的机会。

（7）无论练习何种运动，如欲儿童继续不懈，以成习惯，必须于每次运动时，使他们获得满足的结果。

（8）使儿童对于运动有充分的准备，作奋发的练习，设法助长适当的反应，极力灭除不适当的反应，务使满意与适当的反应联属，烦恼与不适当的反应联属，并使这适当的反应尽量迁移。

（9）所有学习须根据于学生的能力和经验。

（10）学习方法和速率各人不同，教师指导时应注意儿童个性及能倾。

（11）对于各种技能应作整个的学习，不应作部份的学习。

（12）学生一有错误，即须矫正，以免养成不良习惯。

（13）指导儿童对于工作自加批评，自知缺点，自行改正。

（14）考查并保存儿童各种运动成绩，作为教学指导的依据。

（15）成绩考查与评判方法，须以客观为标准，增加儿童学习兴趣为原则。

（16）体育教材须与其他各科互相联络。

（17）对于身心衰弱的儿童，须选择适宜的运动，加意指导。

（18）教导病后儿童，须格外留心，勿使感觉疲劳。

（19）教导儿童使用器械的方法，并使他们依序练习。

（20）准备室内教材，以备不时之需（如天气恶劣）。

（21）团体游戏须有适当组织，务使各人均有参加运动的机会。

（22）教师宜常与儿童共同练习。

（23）竞争剧烈的比赛，宜慎重从事，勿使发生意外危险。

（24）努力提倡校内普及运动。

（二）关于组织与管理方面者：

（1）校长应负责使体育课程与其他课程互相联络。

（2）每校须有专任体育教员一人，负主持全校体育之责。

（3）体育分组的目的，在求各组中各份子能力的相等与参加的普遍，故分组时当先予全体学生以慎察的测验，然后根据测验的结果分成能力相等的若干组，每组举一组长，以便从事练习。

（4）各组长须负责保护运动用品与设备。

（5）各组组员用色带或其他显明标记，以彰区别。

（6）有缺陷的儿童应设一特别班，予以特别教导。

（7）运动时应除去外衣、汗衫，穿后跟低软的运动鞋。

（8）一切运动新规章，须使学生明白。

（9）执行裁判时，务须迅速、公平、正确。

（10）应使学生分担裁判、记分、记时等职务。

（11）须使儿童养成服务团体的良好态度。

（12）保存受伤的记载，惟不可姑息受伤儿童。

（13）学力不及格留级儿童，应使其与年龄、体格相等的儿童共同游戏。

（14）各组儿童应备有运动笔记，以记载各种运动的方法与规则。

（三）关于训育方面者：

（1）教师对儿童的小恶作剧，宜取宽容态度。

（2）勿恶声责骂儿童。

（3）勿用体罚。

（4）如用课后留校或作课业方法，须使儿童知道是辅助他们，不是惩戒他们。

（5）必要时，应罚则罚，不要空言威吓。

（6）纠正行为时，不可含讥笑的态度。

（7）非万不得已，不开除学生，即送请校长惩戒，亦徒露自己无能。

（8）除非儿童知过自改，强迫他们道歉，殊非善法。

（9）用严厉口气使儿童注意，适足以乱秩序。

（10）不准少数儿童独占游戏的利益，或有欺侮傲慢的行为。

（11）不可滥用奖赏方法。

（12）教师如能引起儿童兴趣，努力专心工作，则训育问题解决过半矣。

参考书：

1. Williams 等著：Methods in Physical Education.

2. 方万邦著：《新体育教学法》，商务版。

3. 吴蕴瑞著：《体育教学法》，勤奋版。

体育与卫生教育的关系[①]

（1941年）

一、健康之意义

（一）普通人以为无病即是健康，字典中解释健康亦仅指身体无病或无痛苦而言。这不过是消极方面的意思，如此解释健康，未免离着吾人理想的健康标准相差甚远！根据美国体育卫生家韦廉氏（G. F. Williams）在他著的《个人实用卫生》书上诠释说：

“健康是人生命中的性质或功能，使个人生活富丽美满，而且对于社会人类有最高效率的服务。”

健康在体育活动上是一种不期然而然的结果，不是目的，这结果必须从各部份的合作而产生，健康的最高效用，应着重于生物学上的见地，同时顾及社会生活。上文解释富丽美满的生活，含着目前生活，并影响将来生活。最高效率的服务，意即除自身个体的需要和欲望外，更要顾到人群的幸福。

健康是受着遗传、活动，和环境所限制。人是宇宙的产物，宇宙的一部份，被公律和物质条件所束缚，故我之一切当为时间、空间的环境所决定，健康也不能例外。再说健康是相对的，而不是绝对的，我今天比昨天健康些，而今天子时比不上丑时那样健康。未尝受过身心检验的人，尝自以为健康，使潜伏的肺痨病，可以要他的命！只有引动，如从事体育活动，是真正健康的测量。

“身体和精神是直接依赖、彼此相关的。”即所谓身心一元论，是希腊早有的观念。劳顿博士（Dr. S. V. Lawton）在他的《体育诠释》中说道。英哲洛克谓：“健全的精神寓于健全的身体”，这是健身为健心之法的学说，若从生理和心理的各学□实验，我们可以说“健全的身体寓于健全的精神”。这与我国先儒重视“以养心为养身之术”的道理相吻合。那些苟且、敷衍、恐惧、易怒、自馁、忧虑、闹意见、醉生梦死、朝秦暮楚、神经过敏……等等都是不健康的表现。心理健康是精神健康，它的表现是健全的人格。体格健康是生理健康，它的表现是每个细胞和器官和谐合作。这是一元的两方面，用不着分出二元论或多元论来。

（二）传统的“人格”解释，多注重于道德方面或品性方面。其实“人格”一名词包括个人之品性、感情、智力、体格方面，若仅指人格之一方面，不足以代表人格之全体。

现代心理学家，对于“人格”之定义，解释多有不同。王凤喈先生综合各派的见解，

① 本文为章辑五在中央训练团中国童子军教导人员训练班上的讲义第七讲。

解释如下：

> “人格为个人应付环境之范式，包括个人所具之各种特性及特性之组合方式在内。”

人格之定义既明，我们当进而研究：何为“健全人格”？健全的人格是常态的人格，但是常态的人格不一定均是健全人格；因为常态人格中有的是很健全的，有的是次健全的，虽不算健全，而尚不能列入变态之列的。心理学家罗山洛夫（Romanoff）说：

> “一个常态人格的特质：为制止作用，情绪约束，心智能力之持久，有理性之均衡与神经之稳定。”

此种特质为健全人格所必需，但是健全人格之特质或尚不止此。依照盖次博士（Dr. A. E. Gates）的意见，健全人格在组织方面须具备四种特质：即完整性、一致性、连续性及适应性。

二、卫生教育之要旨

（一）卫生教育之名词，有人称为“健康教育”，日本人也是如此；编者也主要用健康教育的名词，因为它比较地有积极性。但这里从俗，仍沿用卫生教育字样，俾便普及宣传。

卫生教育系各种教育的总积，以资改善有关个人、社会及民族健康的习惯、智识及态度。这定义是指教育上各项卫生活动的总称，举凡一切与健康有关系的教育事业都包含在内，如（1）公共卫生教育，（2）卫生教育行政人员的训练，（3）学校卫生教育。

公共卫生教育系卫生教育的一部分，施行于家庭与社会。公共卫生教育亦可称民众卫生教育；自婴儿乃至成人，不分男女老少，皆能享受。实施的方法为无线电广播、报纸、刊物、演讲、讨论会、电影、展览、比赛等宣传。实施的机关不外（1）卫生行政机关，如卫生署、卫生局、卫生所等；（2）半官或私人热心促进人民健康的机关，如红十字会、防疫协会、营养学会等。编者以为今后社会幸福机关和社会教育机关，如民众教育馆、博物馆、公园、图书馆等，均应利用机会负责推行。

学校卫生教育，也是卫生教育的一部份，施行学校或由学校人员组织之、管理之。儿童在各种经验中受到卫生教育，不论用何种方法，改善儿童的卫生习惯、卫生态度和卫生智识。惟他们所有的卫生经验皆由学校生活中，如营养、运动等获得。

（二）卫生教育的范围可分三部：（1）健康服务或称保健工作，（2）健康教学，（3）环境卫生。健康服务或保健工作包括许多有计划的步骤，藉以诊断人民健康状况，引起他们维护健康的合作，并预防疾病及医治缺点等。简单的说，就是预防和诊疗的工作。

卫生教学是卫生教育的一部份，是学习经验的组织，其目的在发展良好的卫生智识、态度和行为。这种教学不专限于教室，举凡平日生活以及实施预防诊疗时都可利用机会引导卫生，尤须与学校、社会、家庭的实际生活打成一片，否则纸上谈兵无补于事。

环境卫生指良好环境的实施，学校中生活作息、师生间的关系、学校的组织、设备的安全等。家庭的房屋、社会的街道、沟渠、饮水以及垃圾的处理等等，我国急切需要的而最令人失望的确是环境卫生！

根据高静芳先生的研究，中国卫生教育普及的目标有下列七点：

1. 引起国民注意卫生的兴趣。
2. 培养国民对于健康的信心。
3. 养成国民对于卫生的正当态度。
4. 灌输合理而有效的卫生知识。
5. 养成国民佳良的卫生习惯。
6. 革除家庭、社会卫生的隐忧。
7. 实现清洁、整齐的理想环境，并推行健康而调整的新生活。

今后我国卫生教育的普及应从下列途径努力：

1. 确立卫生教育行政系统。
2. 训练卫生教育人才。
3. 普及学校卫生教育设施。
4. 推广学校卫生教育事项。
5. 普及民众卫生教育事项。

以上五项为我国目前教育部及卫生署积极努力进行者。此外关于卫生教育之推广与宣传方面，学校之体育教员与童子军教员，均应谋取相当之联系。

附录卫生署规定城市学校卫生之基本要则八条：

1. 学校卫生工作应由教职员及医务人员负责办理。
2. 每学生三千人应有护士一人，学生五千人应有医师一人，及口腔卫生员一人。
3. 每学校应有卫生室，室内应有最低限度之设备及药械。
4. 学校卫生工作，以多利用学生活动为原则。
5. 学校卫生工作，以健康教育为中心，行为与智识并重。
6. 医务人员应明了教育，教职员应明了卫生。
7. 实施学校卫生必须与学生家庭联络。
8. 预防较治疗为先务。

三、健康检查

（一）健康检查之定义：将儿童全身各部逐一详细检查，以求诊察儿童发育及健康程度，发觉早期疾病与危害健康之身体缺点者，谓之健康检查。

（二）健康检查之目的。健康检查之目的有五：

1. 诊察儿童之发育及健康状况。
2. 发觉儿童身体缺点及早期疾病以谋矫治。
3. 养成儿童重视其身心健康之观念。
4. 促进家长对于儿童之健康应有相当注意之觉悟。
5. 养成儿童及其家长对于疾病预防之观念。

（三）健康检查之定期：由健康检查发觉之缺点，应充分予以矫正，决不可以健康检查完毕即为竣事，为完成健康检查之效用计，应减少定期健康检查之次数，而多致力于缺点之矫治，因暂定健康检查之时期为二年一次。新生应随时予以健康检查，转学学生则仍用原校之记录，其原校无学校卫生实施者，则与新生同。留级者，仍用原有记录，不必重行检查，以免重复。

（四）健康检查之人员：健康检查可分初验及复验两种，初验由教职员负责检查，复验由医务人员负责检查，在一般教职员未受相当健康检查之训练以前，仍由医务人员负责检查，而以教职员协助之，以资慎重。健康检查之人员如下：

1. 教职员二人：教员之任务，为填写记录，解看学生衣钮，维持检查时之秩序。二教员中应有级任教员一人。

2. 医师一人：司理一般检查（必要时可增加医师人数）。

3. 学校卫生护士三人：一人测量身长及体重，一人检查身体、视力及听力，一人种痘。如身长、体重、视力、听力等项能由教员负责检查，则可减少护士人数，种痘应与健康检查同时举行。

4. 牙齿或口腔卫生员一人：司理牙齿检查（如无牙齿或口腔卫生人员，可由医师代之）。

（五）检查所需之时间：照上述健康检查人员每小时可检查学生二十五人。

（六）健康检查之准备：在健康检查之先，一切记录用具及检查室之布置，均须及早准备妥善，以免临时措手不及。应准备之项目如次：

1. 时间之规定：由医务人员与教职员事前规定施行检查日期。

2. 通知家长：检查日期经决定后，由学校具名函知家长届时莅校参预检查，此可使家长明了健康检查之意义，及儿童身体健康之状况，而促其注意。

3. 记录表之填写：在规定施行检查前预先将记录填妥。

（1）《学生健康检查记录》（卫生署教一号）受检查者每人一张，记录上号数之编法，从高级起，向低级学生顺序编排，至第二学期号数仍连续第一学期之号数（亦由高级起向低级顺序编排），退学生或转学生号数不再填补，姓名、性别、住址、年龄、生日、实足年岁、年级，及预防接种栏内，均须逐一详细填妥，如体重、身长事项由教员检查，亦应分别填入体重、身长记录内。

（2）学生身体缺点统计记录（卫生署教二号）每级一张，学生人数超过格内数目时用二张，均勿两级共用一张，记录上校名、年级、号数、姓名、性别、实足年龄，均须事前填就。

4. 向学生解释健康检查之意义：在举行检查之前，各级级任教师，应先将健康检查之意义与价值，向学生详为讲解，俾各生于检查时乐于听命。

5. 布置健康检查：在举行健康检查时应有下列之设备：

（1）器具

a. 视力表一张（卫生署出品）。

b. 耳镜一套。

c. 反光镜一具。

d. 身长尺（公分）。

e. 体重秤（公斤）。

f. 带尺一具。

g. 中山表一只。

h. 压舌板（或竹筷）五十只〈支〉。
i. 棉花半磅。
j. 纯酒精半磅。
k. 复方煤溜溶液二两。
l. 玻璃片二百片（不施行血液检查者可不设备）。
m. 肾形盘二个。
n. 种痘针四支。
o. 教鞭一支。
p. 粉笔一支。
q. 面盆一个。
r. 毛巾二方。
s. 肥皂一块。
t. 旧报纸三张。
u. 热水一壶。
v. 盛污物桶一个。
w. 茶杯。
x. 颜色线。

（2）室内布置：为便于检查，节省时间起见，检查室应如下图之布置：
各校建筑设施，或不是与上图相符，惟应充分设法适合此种办法，所应注意者：
a. 检查身长、体重应另辟一室。

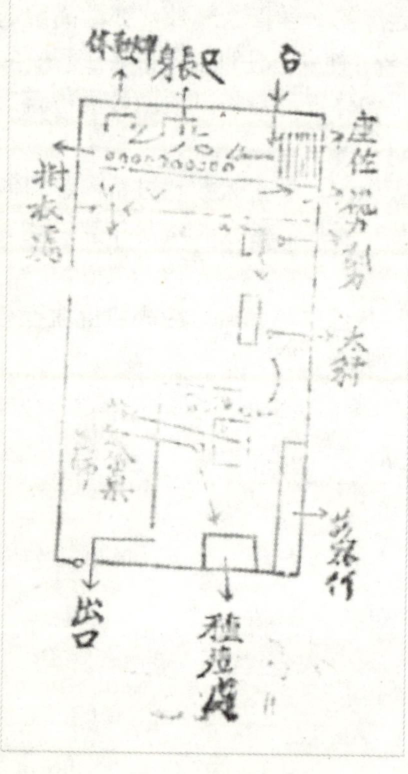

b. 视力表勿先使学生视见，以防背诵。
c. 学生在检查时，经路线须有一定次序。

（七）健康检查之手续：健康检查时，各级教员应将已填妥记录，交学生持往检查场所，查相当之查验，为便利起见，检查程序可如下列：

1. 身体及体重。
2. 视力。
3. 听力（以上由教员帮同护士检查）。
4. 耳。
5. 沙眼及其他眼病。
6. 牙（由牙医或普通医师检查）。
7. 扁桃腺。
8. 淋巴腺。
9. 营养。
10. 皮肤。
11. 循环系及呼吸系。
12. 鼻。
13. 甲状腺。

14. 脾。

15. 疝及包茎。

16. 整形外科。

17. 其他（以上由医师检查）。

对于粪之检查，应另行规定时间，由教员负责收集学生粪便，然后送检查处检查。至血之检查时间，或另行规定，或于种痘时由护士采取血片标本送验亦可。

（八）健康检查之项目（参看健康记录，卫生署教一号）：

1. 身长。将鞋脱去，仅留薄袜，枕、臀、胪三部，靠尺站立，教员或护士以三角板之勾股两边，对学生之头顶及尺，如此在板之直角与尺相会处，计其身长。身长记录[用]公分制，最低记录为二分之一公分。

2. 体重。学生须将外衣及鞋脱去，仅留贴身内衣及袜，衣袋中什物，一概取出，记录体重，须用公斤制，最低记录，为四分之一公斤，测量体重，室内冬季应置用火炉维持温度，每次测量体重前，须先将体重秤施以校对，查其是否准确，方可应用。

3. 视力。

（1）测验视力用卫生署出版之视力测验表，表内以“E”字为符号，大小不等，方位不同，共分八行，以能视清“E”字之缺口为准。符号的左边 60 公尺，30 公尺……等系测验标准之距离，例如——第一行字符号为六十公尺，即该字在六十公尺标准距离上，为正常眼力所能明识者，符号右边的分数$\frac{6}{60}$，$\frac{6}{30}$……等系测验记录的标准，例如——被检验者之眼与视表相隔之距离为六公尺，而该眼视力仅能明识第一符号字（即六十公尺），测验记录即为$\frac{6}{60}$。（分子“6”为眼与视力表间之距离，分母“60”即为标准距离）

（2）视力测验表在平时及在测验前均不可预先悬挂于外面，以免被测者预先记忆，临测时背诵，测验时又不可令他人丛立被测者之旁，以免他人预先记忆，临测时背诵。

（3）测验时将此表挂于光线充足的墙壁上，其高度以末行符号与被测者双目成一平行线。

（4）表与被测者距离为六公尺（即英尺十九尺七寸），在距离表六公尺处画一白线，即为被测者立定之处。

（5）测验时命被测者，立于距表六公尺的白线上，以手持一茶杯或纸板，轻掩一目，由测验者从第一行起，分别指问“E”字缺口之方向，如上角皆能认清此行者，再指认下一行，以此类推，如至第八行，均能认清无误，则为正常视力，如不能认清第八行，或八行以上某行“E”字之缺口，则其视力仅及该行为止，应按该行右边之符号记录之。

（6）二目测验后须分别记录，虽二目视力相同亦须分记。

例一——某生右眼能认清第八行者应记$\frac{6}{6}$，同〈左〉眼仅能认清第五行者应记左眼$\frac{6}{12}$。

例二——某生右眼能认清第六行，左眼亦仅认清第五行者，记录如下，右眼$\frac{6}{10}$，左眼$\frac{6}{10}$。

此种测验由教员、护士负责测验之。

4. 听力。测验听力用中山表，使学生坐于椅上闭目，教员或护士立于学生背后，分别置表于学生左右上后背处测验之，在相距离两耳六十公分以外处听晰表声者则为正常，左耳右耳之听力程度应分别记载。

5. 耳病。注意外耳炎，及中耳炎，至外耳油腻（俗名油耳），不应以缺点论。

6. 沙眼。沙眼之征象有三：（1）眼睑结合膜高低不光滑，或发现颗粒。（2）睑结合膜之血管不显明。（3）发生慢性结合膜炎（结睑结合膜发红）。

7. 其他眼病。红眼、流泪、眼肿等均为传染性眼病之征象，应多事注意，检查者在学生眼前轮动手指，以察其眼肌是否正常，是否斜眼。

8. 牙。检查牙齿时应注意之点有五：（1）齿。（2）齿根炎。（3）牙齿之清洁及整齐。（4）乳齿及更换。（5）牙齿之脱落。倘有专门牙科医师，则应另有牙科检查记录之项目检查。

9. 扁桃腺。扁桃腺在咽喉两边，居舌根之后，平时不易发见，有时须用小木板压舌，令儿童发“呵”音后，始能发见。在儿童时，扁桃腺很多半显露，以后年长，则扁桃腺自行缩小，普通至十四岁时，应完全减缩至不可目见之程度，如发现畸形肿大，应以缺点论。

10. 淋巴腺。淋巴腺指颈部淋巴腺，枕后淋巴腺，腹股沟（鼠蹊部）淋巴腺，滑车上（肘）淋巴腺，及腋窝部淋巴腺而言，以手扪之，若粒小及颗粒数稀少，一二粒者，以正常论，记录内应注意淋巴腺肿大之部位。

11. 营养。营养不良之标准暂定如次：（1）体重减少。（2）皮肤及肌肉松弛。（3）消瘦。（4）贫血。（5）精神萎靡不振。

12. 皮肤。检查颅顶须注意脓胞疮（Impetigo）、癣（Tinea）等，检查四肢及躯干须注意疥（Scabies）、表皮癣菌（Epidermophyton）病及急性皮肤传染病之斑疹（如天花疹子）等。皮肤病之部位及病名，应于记录内注明。

13. 循环系。检查之程序：（1）视察心尖搏动之地位。（2）用掌扪查心脏有无颤动。（3）用手指扣诊心脉之大小。（4）用听诊器检查心有无杂音。（5）注意气喘、两腿浮肿等心脏衰弱等症。（6）其他血循环系统缺点。

14. 呼吸系。用望、扪、扣、听四法检查胸之前后左右各部。

（1）望——胸部之宽挺程度，及平凹之处，呼吸时胸部之涨缩。检查时须左右两边比较，视其是否对称。

（2）扪——以两手扪胸部，令儿童低唱（一二三），触其震动力之强弱，并查左右两胸是否相同。

（3）扣——以手指扣胸部，听其声之空实及左右两胸是否相同。

（4）听——用听诊器，按胸部左右两边，由上而下，逐一听察呼吸声。

15. 整形外科病。鸡胸、脊柱畸形、膝内翻外翻等均为整形外科症，应分别记载于记录内。

16. 辨色力。检查辨色力，应用辨色力表，检查结果，依照表内说明分别记载于记录内，在特殊情况下可用红绿色线或红绿色球代替辨色力表。

17. 鼻。检查鼻时注意之点有三：（1）鼻瘤，有无瘤状物体在鼻腔内，并注意其呼吸有无障碍。（2）鼻中隔之正歪。（3）有无窦炎，如鼻流脓及窦部发痛。

18. 甲状腺。以手指扪甲状腺部，使儿童咽涎，如甲状腺肿大，则觉有肿胀物块由下向上滑过。

19. 脾。使儿童躺卧，双膝弯曲，或直坐，务求腹肌弛松，然后按左肋下缘，令学生深呼吸，如脾肿大，则能发觉硬块，随呼吸上下移动。

20. 疝。令儿童作假咳嗽，在阴囊及下腹部，有物拥出，即为疝气之初症，如程度较重者，则甚显明，无庸咳嗽，即能发见。

21. 包茎。阴茎之包皮长而小，包皮不能上翻，或小便不易射出者应以缺点论，倘包皮仅紧，而有上翻之可能者，则应以正常论。

22. 粪。备纸盒分散各儿童，嘱其将粪便留盒内少许，然后送实验室，查其有无虫卵。

23. 血。以针刺耳垂取血一点，作二血片，送实验室检查。

24. 其他。如关节结核及其他疾病，应于记录内分别详为注明。

（九）健康检查之记录：用卫生署表格教一号记录（见前），至于实足年龄计算，详实足年龄计算（见后附录）。

（十）检查时应用之符号：见学校卫生署记录教一号记录须知。

（十一）检查缺点之统计：健康检查后，所有之记录，应加以统计，统计之利益有四：

1. 知儿童所有缺点之种类。
2. 知儿童所有缺点之程度。
3. 知全校儿童缺点与年龄之关系。
4. 知全校儿童缺点与性别之关系。

（十二）检查时通知家长出席：健康检查举行时，应请儿童家长来校参观，其意义有四：

1. 使家长了解健康检查之需要。
2. 推行卫生教育于家庭。
3. 对于学生之传染病史，得有所咨询。
4. 详细说明身体缺点之危害，及其矫治之切要，以促其速予设法矫治。

体育测验与成绩考核[①]

（1941 年）

一、体育测验的重要与用途

（一）我国提倡体育已逾三十余年，至今未能达到理想的境界，其中原因虽有种种，如国民经济力的穷困，社会组织之不健全，传统思想之根深蒂固等等。但体育界为学术界所轻视尤为重要，其原因不外：

1. 一般体育界的同人缺乏专业化的精神，因为合格体育师资的供不应求，以致滥竽充数的教师甚多，普通认为人人能干的职业，不加重视。

2. 体育在学术界中认为一种"假牌科学"(Pseudoscience)，只有自然科学才是科学，因为它们有观察分类、归纳、测量、实验等方法，这些都是很准确、很客观、很可靠的东西。

3. 体育为教育之一部份，本身无所不包，亦一无所有，（多取材于生理学、心理学、社会学、哲学、统计学诸科的贡献。）根本自己不能独树一帜。

4. 过去体育界同人唱高调的，宣传鼓吹的人甚多，实行兑现，脚踏实地下苦工夫研究试验，认真推行的人太少，势难引起社会人士的信仰。

以上四柱〈种〉原因是使体育不能得到普及化与合理化的症结，吾们体育界的同人应该有所警惕。

（二）使教育科学化的呼声在一九一八年美国教育心理学家桑戴克博士（E. V. Thorndike）即已注意及之，他说：

"凡物之存在必有其量数。"

于一九二二年麦柯博士（W. A. McCall）又说：

"凡有数量的东西，都可以测量。"

嗣后因为他这些口号的激励，体育界份子，如麦克乐博士（C. H. McCloy）、柯燕氏（F. W. Cozen）努力于体育测验的研究，使体育入于科学化的途径。

体育因为受了现代科学的影响，不再满意于狭义的健身体操，乃注意于全部份关于身体的活动兴达，举凡内脏的健康，神经系统的敏捷，体格的增长，技能的熟练，道德行为的改善等，无一不可以科学的方法，和现有的工具而研究之，利用之，使会便于体育的发展。

体育测验的效用，在学生入学之初，诊断其缺陷，编制教案，引起学生之动机，努

① 本文为章辑五在中央训练团中国童子军教导人员训练班上的讲义第九讲。

力诱导，经过训练之后，后加测验，藉知其进步与效果。吾侪在研讨体验测验一学中所遭遇之困难，即人的能力之进退因受多方因素之影响，常变化不完，不若自然科学之可及也。

二、科学的体育成绩考核法

（一）引言

体育是用身体活动作工具的一种教育方法，其具体目标为：（一）锻炼体格，使机体发育健全，能力增进；（二）培养公民道德，发扬团体精神；（三）训练生活上及国防上之基本技能；（四）养成卫生习惯，促进健康生活等项。

考查体育成绩，应该根据上列目标，厘订客观而合理的方法与标准，测验学生的程度与进步，然后体育的设施才可以有所准绳。

根据教育部第六届教育委员会的决定，学校体育成绩的考核，应该包括下列各项：（一）技能测验，（二）运动精神，（三）出席勤惰，（四）体育常识，（五）卫生习惯等等。本文所论的步骤，只限于“技能测验”一项，其余另文研讨。

（二）学生分组法

体育分组，不应按照普通学校或智力分组，因为虽在同一学级的学生之年龄不齐，身体发育的程度不同。所以在可能范围内，教育的设施与考成，应该采用能力分组的制度。民国二十五年教育部修正颁行的《初高中教育课程标准》中，曾列举五种分组法：（一）性别，（二）健康检查之结果，（三）按年龄、身高、体重指数，（四）体能，（五）技能。

最近国内普通行的教育分组法，就是上列五种方法的前三种，即性别、健康检查之结果，及年龄、身高、体重指数是也。

1. 性别。男女学生自十二三岁以后，发育逐渐不同，兴趣亦异。是以中等学校男女学生之教育，应该完全分别实施，训练考成的方法，也不相同。

2. 健康检查之结果。健康为学校行政最重要事件之一，至少每学生每学年应该检查一次。检查之结果应作实施体育的根据，身体发育不良，或有缺陷的学生，应该拣选分别出来，予以特别之指导与训练。

3. 年龄、身高、体重。吾人身体发达的能力根据统计学的考证，与年龄、身高、体重三项，均有直接的关系，其计算指数的回归方程为：

A. 麦克乐氏（C. H. McCloy）之研究：

分组指数=20 年龄+6 身高（吋）+体重（磅）……………1932[年]发表

B. 尼鲁森（N. P. Neilson）与柯蒸氏（E. W. Cozen）之研究：

分组指数=20 年龄+5.5 身高（吋）+1.1 体重（磅）……………1933[年]发表

C. 尼柯与崔伯（M. H. Tripe）二氏之研究：

分组指数=20 年龄+4.7 身高（吋）+1.6 体重（磅）……………1935 年 5 月美国采用

若把美国以上的公式（C）变成我国通行的度量衡制，应改为——20 年龄+1.87 身高（公分）+3.53[体重]（公斤）=分组指数。

根据以上的研究所得，吾们可以制造出中小学男生的年龄、身高、体重指数对照表来，按照他们个别的指数，分成若干组，然后再寻求各组学生所应达到的体育技能标准（指数对照表另详）。

（三）女子发育的特殊性。关于女子体育分组的方法，研究的资料不多，兹就最近所得者，分述于后：

1. 柯蒸氏与克柏雷氏（H. G. Cubberley）的研究：一九三二年当柯蒸氏与尼鲁森研究小学体育的时候，他们发表女生的运动技能，与年龄、身高、体重的关系如下：

2 年龄+.55 身高（吋）+.11 体重（磅）=小学女生分组指数。

嗣后又研究中学女生，他们主张用下列的公式求得分组指数：

2 年龄+身高（吋）+.11 体重（磅）=中学女生分组指数。

他们附带声明，在中学女生当中，年龄、身高、体重的配合，对于运动技能的关系，不如小学时期的女生重大，无论那一种运动项目，三个因素的多数相关（Multirelation）最高不过 R=.400，后来又分析初高中女生的运动成绩，找出来女子在平均年龄十五岁半，身高九十六吋，体重一百三十五磅的时候，运动的技能，差不多是不变的（Standstill）。

此外克柏雷氏又采用六项测验，试验了四百名大学女生，所得的结果是：年龄、身高、体重三项，对于大学女生的运动成绩，是差不多没有关系的，所以在施行运动技能测验的时候，大学女生可以不必分组。

2. 麦克乐氏的研究：在一九三二年前所研究的资料，多采取小学的男女生（其中有中国的材料），他的计算分组指数的公式为——20 年龄+6 身高（吋）+体重（磅），可以适用于男女生。后来又增出一种简便的公式如下：

10 年龄+体重（磅）=分组指数…………适用于十五岁以下的男女学生。

一九三四年后，他也发觉，女子的发育，尤其在十二三岁的青春时期（在美国是十二岁半）以后是很特殊的。按年龄、身高、体重分组，似不相宜。所以在一九三五年他又主张采用体能（就是先天的能力，不是学习得来的能力（General Motion Capacity））分组法，其计算指数的回归方程如下：

中小学女生体能指数：3.576（萨锦氏弹跃公分）+2.20（卜瑞氏测验[T]分数）+19.12（勃皮氏测验）+119。

附注：女子体能测验所包括的萨锦氏弹跃比赛、卜瑞氏测验、及勃皮氏测验另见说明。

3. 阿当姆氏（E. G. Adam）的研究：为的是便于应用的起见，阿当姆氏又把麦氏的发明，缩简计算指数的方法，只采用年龄和萨锦[氏]的弹跃二类，其公式如下。

$1\frac{1}{2}$（萨锦氏弹跃英吋）+年龄=体能分组指数。

（四）标准的成绩测验（Stand[ard] Achievement Test）。体育课程内所包括的活动甚广，技能测验约可分为普通与特殊两种：（一）普通运动技能，包括跑、跳、掷、推、拉、踢、接、躲诸动作。（二）特殊技能，包括各项运动技能，如器械体操、机巧运动、篮球之投篮、足球之射门等，勿论是普通，或是特殊的，运动技能测验项目的选配，吾们应该顾及全身运动元素（如同以□□□的跑、跳、掷、推、拉、踢、接、躲等诸动作）的平均发展，不可偏于一部。还有一点，就是要多采取些“自试活动”（Self-testing

Activities)，其理由另地说明。

选配各项运动技能测验，除了注意“正确性”“可靠性”“客观性”“有连续性的鉴别力”及“时间及设备之经济”等应具之条件外，对于每项测验的方法与规则，均无〈应〉编有标准化的说明，使执行测验的人，有所准绳，不得有丝毫的苟且或变通。（各项测验说明，与实施通则另详。）

（五）范围。除了幼稚园和初级小学的学生多注重自然活动与游戏外，其余自高小学生至大学的学生都可以施行运动技能测验，因为需要急迫的关系吾们应该尽先从厘订中等学校学生的体育标准入手，渐及女生、小学和专科以上学校的学生。

我国幅员广大，人口众多，南北各省人民之体格不同，沿江沿海各都市之文化水准，及体育程度，和内地或边疆区域各地亦异。所以欲研究并厘订各个人体育标准颇非易易！

但是大家都公认科学的体育考成法，是促成良好教学的重要工具，因为藉着科学的体育测验与测量，可以知学生初入学时的情况，按照他们的体能和需要分组训练，使一切运动比赛更洽公允，从测验得来的结果，吾们可以规定他们训练的进度与目标，由测得的事实评判学生个别的进步。如此吾们可以供给具体的事实和数目字，使学生家长和社会人士，对于体育得到相当的信仰！

在过去不少的地方，如天津、青岛、江西、福建、南京、湖北等处，曾经发表了许多“暂行运动成绩考查标准”“体育成绩考查暂定分数对照表”“暂行体育及格标准”等，皆不十分完善，一则因为他们所采取的标准之意义（是均数呢？是中数呢？是众数呢？还是下二十五分差（Low Quartile）呢？），不甚明了，一则因为他们的统计资料不甚充分，适合甲地者不能适用于乙地，所以吾们为力求真实代表中华民族的体格与体育程度起见，趁此抗战建国时期，吾们在可能范围内，应该选择几处包含各地青年的学校（现在吾们有很好的机会，就如各处国立中学，联合中学，中山中学等），从事较广的随机取样（More Extensions Random Sampling）施行标准测验。此外再择几处体育设备较优，运动程度较好（如香港、上海等地的学校）和体育设备较差、运动程度不好的学校（如边疆偏僻地方的学校）同行测验，务期得到足以代表中华各形各色学生的整个常态曲线（Norms Probability Curve）为原则！但是吾们的范围，暂从中等学校的男生入手，按照学制来讲，中学的学生是十二岁到十八岁的，而实际上，因为各地方学生入学的早迟不同，所以凡在十岁至二十岁之间的吾们一并纳入。吾们打算把全数的中等学校学生，按照年龄、身高、体重的指数，分为甲、乙、丙、丁、戊、己六组，每一组吾们希望能够得着至少五百人的成绩，共计需要测验一万二千名中等学校的学生。

（六）厘订标准的步骤。我国提倡新式体育二十余年来，早已有了“学生的体育不及格不准毕业或升级”的呼声。但是各级学校男女学生所及的“格”，是什么格？中央向来没有具体的研究或规定，本年部三次全国教育会中，也有举行体育会考的建议，但是吾们打算要厘定标准，至少要采取以下的五种步骤：

1．根据教育部颁的《体育课程标准及教授纲目》的内容，选配体育成绩测验的项目。

2．编印《各项运动成绩测验说明及体育分组法》，分发各地，预先试验练习。

3．训练测验员预期在重庆附近的指定学校内举行小规模的“预期试验”，然后再分赴各地实行大规模的测验，该项测验员并负各校督导之责。

4．统计测验结果并计算常模，编造各项运动成绩量表。

5．厘定各级学校男女学生体育及格标准。

1. 1. 与 2. 两项工作业经大致完成。小学五、六年级女学生适用的测验选择了二十五项，中学男生适用的五十项，女生适用的三十五项，专科以下学校男生适用的五十项，女生适用的三十项。其余的测验尚在续编中。

2. 拟请由教育部体育组印《小学男女生运动技能标准测验法（附分组指数对照表）》《中等学校男生运动技能标准测验法（附分组指数对照表）》《中等学校女生运动技能标准测验法（附分组指数对照表）》《专科以上学校男生运动技能标准测验法》和《专科以上学校女生运动技能标准测验法》小册子五种，由教育部通令各地教育行政机关，指定学校试验推行，并订期考验。

3. 根据过去的经验，各地体育教员多缺乏科学的训练与态度，施行标准测验一事，若完全委托他们去执行，其结果殊难正确。所以吾们在实施测验之前，最好采取训练小组测验员，举行预期试验（Preliminary Test）的办法，其手续如下：

A. 召集重庆市附近某中学之体育教员三五人，再由教育部体育组指定三五人，中大体育系四年级学生三五人，在最近期内举办运动技能标准测验员训练班或座谈会，研讨实施测验的方法，并利用某中学的学生及设备从事试验，希望着在本年暑假前得到结果。

B. 在本年暑假的各项体育训练班中应该讲授《体育测验的理论与实施》一科，并命各学员实际参加各项训验。

C. 拟请由教育部体育组组织“体育巡回视导团”，由近及远，分期斟酌至西南与西北各省，“各省巡回视导团”负“实施测验训导之责”。此项工作，期望在本年暑假后推行。

4. 把各地测验的成绩结果，汇集之后，拟由教育部体育组会同中央大学师范学院教育统计系整理，计算常模，编造成绩量表，其手续大概如左：

A. 学生分组之后，先行求得每组每项成绩的次数分配表（Frequency Distribution Tables）、平均数（Means）及均方差或标准差（Standard Deviations）。

B. 因为吾们学生的分组是均一的（Homogeneous），吾们首先假定，要采取一种均等进级的给分计划（All over step Interval Plan of Scoring），根据麦考尔氏（McCall）的“T”量表的方法，编造各项运动的成绩量表。不过稍微地加一点修正。因“T”量表内包括着在均数的两旁，有五个标准差的全距（A Range of 5 Standard Deviations on Each Side of the Mean），而且在“T”量表的两端上下 20 分是很少用的。所以吾们就决定所编造的成绩量表，要使在得 100 分内的学生时常应用的，因此吾们就决定全距（Range）只限制在均数上下约三个标准差的距离。

所有的量表在编造的时候，都使 50 分的成绩恰巧落在均数以上，100 分的成绩落在均数以上的三个标准差之点。零分的成绩落在均数以下的三个标准差之点。至于每增加一分，应提高的成绩计算法，就是用 50 来除三次标准差所得的数目。

C. 在某种的运动项目中成绩纪录的分配，是特别偏歪的（Skewep），我们为免除量表的离开正规〈轨〉起见，吾们应该采取特别的处理法，就是在均数两旁，觅得一个较近事实的标准差来就这用 3 来除均数两旁的全距，然后即用所除得的数目，替代所计算得来的标准差。其它都照着统计学的技术去处[理]，编造出一种近乎专科的《各项运动成绩量表》来。

5. 吾们有了各项运动的成绩量表，就如同得到一个“标准尺”一样，吾们可以随便测量或厘订“各项运动技能的及格标准”。在体育发达的都市，用一样的量表，规定 60 分及格，在体育落后的乡村，规定 50 分为及格数。如此甲地学生可以和乙地的学生比较，同一个学生自己亦可比较其进退，激励其自身。各款运动的成绩亦可按照分数（距离的尺寸和速度的时间都可以合成分数相加平均），同等的学校可以做团体成绩的比赛，不同地的学校亦可以通过比赛，求体育普及的发展，矫正偏重选手的弊病。教育行政机关，评断学校体育的好歹，亦可以有所准绳，得到了这种成绩量表，它的功用不胜枚举。

小学时期体育设施的重要性

（1942年3月）

十八世纪的哲学家，以为人类的行为，是受理性控制的，其他下等动物的行为，是受本能支配的，所以昆虫鸟兽为本能的动物，人类则为理性动物。至十九世纪詹姆士著《心理学原理》，却认为人类的本能（就是不学即能的行为）的数目，不少于其他动物。麦根独也赞成本能的学说，且引为社会心理学的基础。迨至二十世纪（一九一九年）邓乐普（K. Dunlop）提出有无本能的质问论文后，反对本能心理学的运动又无可抗拒。嗣后本能（Instinct）一词又改称行为的模型或神经的连接，于是一般的学者以为本能乃不学而具的一种原来的倾向（Original Tendencies），或是一种驱动力（Drives），或本来的欲望（Urgent, Wants, Desires）等（如食欲，性欲，好游戏等）。

偏重遗传方面的优生学者如高尔登（F. Galton），认为人类的行为，受祖先遗传及本能因素的操纵；偏重环境方面的心理学者如行为主义派的瓦特生（G. B. Watson），重视环境及学习的控制。二者争辩不已，因为立场不同，各有其相当的见地。归根结底，正如金宁氏（H. S. Jennings）所说的："任何正常的个人，如早年施以适当的教养，固然可以成为一个医生，也可以改变指导的方法，使之成为一个律师。但因为能力倾向的不同，有些人虽竭尽心力，不过造成一位庸医，有些人便可不费大力成为名医。"因此吾们可以下一结论：偏重遗传，不免鼓励宿命主义，而放弃人为的努力；偏重环境，又不免忽视个性的重要，而有戕贼杞柳以为杯棬的弊病。

教育因受自然科学的影响，一般从事研究工作的学者，不为前人的学说或成见所囿，不迷信古人，也不加玄想或臆断，起而开始客观的测验、测量与实验的工作，如欧洲的冯德（W. Wundt），美洲的桑戴克、麦柯尔、葛赛尔（Arnold Gesell）诸氏，不胜枚举。

在世界驰名的葛赛尔与汤姆逊（H. Thompson）二氏利用同卵双生学（Identical Twins）对于学习□成熟的实验后，发现筋肉器官及神经连接一经成熟，其本能的活动便可实现，凡未经成熟而加的训练，则其时间精力都属浪费！詹姆士说打铁要在铁烧热的时候打，机会不可差过。葛、汤二氏的研究，可资覆按，贡献殊多！一九三五年马格奥（M. B. McGraw）做过同样的实验，发现出来一个年龄将满十个月的婴儿（实验的因子），在适当环境的训练下，能够从游泳池的左边，泅到右边；在十三个月的时候，能够没水；在十四个至十八个月的时候，会溜滑鞋（Roller-skate）；在未满两周岁的时候，能够爬上七十度坡的滑板，又从五呎高的平台上溜下来！

根据美国体育家赫泽灵敦（C. W. Hetherington）在研究儿童生长与发展时，对于各年龄每日实际上所需肌肉的活动的研究，列表分配如次页。

各年龄从事各项活动时间的分配

年龄	平均醒的时数	大肌肉活动	手眼活动	言语活动	无意识的活动	无所事事
0—1						
1	$9\frac{1}{2}$					
2	$10\frac{1}{2}$					
3	$11\frac{1}{2}$	—	2	—	2	? -
4	12	—	2	—	$2\frac{1}{4}$	?
5	$12\frac{1}{2}$	$4\frac{1}{2}$	$2\frac{1}{4}$	$2\frac{1}{2}$	$2\frac{1}{2}$	?
6	$12\frac{3}{4}$	$4\frac{3}{4}$	$2\frac{3}{4}$	$2\frac{1}{2}$	$2\frac{1}{2}$	?
7	13	5	$3\frac{1}{2}$	2＋	$2\frac{1}{4}$	?
8	$13\frac{1}{2}$	$5\frac{1}{2}$	$3\frac{1}{4}$	$2\frac{1}{4}$	2	? ＋
9	$13\frac{3}{4}$	6	$3\frac{1}{4}$	2＋	2	?
10	14—	6	$3\frac{1}{2}$	$2\frac{1}{4}$	2+	?
11	14	$5\frac{2}{3}$	$3\frac{1}{2}$	$2\frac{1}{2}$	2	?
12	14＋	5	4	3	2	?
13	$14\frac{1}{2}$	$4\frac{1}{2}$	4	$2\frac{1}{4}$	$2\frac{1}{4}$	?
14	15	4＋	$4\frac{1}{2}$	$3\frac{3}{4}$	$2\frac{1}{2}$	? ＋
15	$15\frac{1}{2}$	4—	$4\frac{3}{4}$	4	$2\frac{3}{4}$	?
16	$15\frac{3}{4}$	$3\frac{1}{2}$	$4\frac{3}{4}$	$4\frac{1}{2}$	$2\frac{3}{4}$	?
17	16—	3＋	$4\frac{3}{4}$	$4\frac{1}{4}$	3—	?
18	16	$2\frac{1}{2}$	$5\frac{1}{2}$	5—	3	?
19	16	2	$5\frac{3}{4}$	5	3	?
20	16	2	$6\frac{1}{4}$	$6\frac{1}{2}$	3	?

从赫氏的研究内，吾们可以看出：儿童在九岁和十岁的时期（小学的三四年级），每天应该有五六小时的大肌肉的活动，才可以促进它的发育和健康。在此时期之前后，全部逐渐减少。神经肌肉的发达，有助于将来智能的发展，也是心理学家所公认的。

再据发展心理学（Developmental Psychology）的研究，儿童在成童过渡至青年前期（就是八岁至十二岁的小学时期）身心发展的特征，是以反映人种进化过程中的远祖成熟的游牧时期，那时个人离开家庭父母的帮助，要寻求独立生存的时期，爱〈喜〉欢野外的游戏而不受父母与教师的约束，因此他们常常与父母或教师发生误会。他们的注意力多集中于目前的刺激和可以拥抱的具体事件，并无抽象或远大的雄心；成群结党开始部落的生活；模仿成人组织团体，有不明不白的目的与忠义；富有特殊的忍耐力，疲倦的抵抗力及活力；喜欢游泳、打拳、竞技、露营、远足、激烈的比赛等活动，对于诱惑、危险及各样事变，都有极大的避免力；道德、理智、宗教、同情、爱情及美的欣赏力尚未发达；技能的熟练、感觉鉴别力、感觉运动的反应时间，均达最高的限度；活动的种类和范围，比较过去及未来，均较大较多。故霍尔（C. S. Hall）称此时期为“大活动时期”。根据梅氏（M. A. May）的调查，儿童在十一二岁时期游戏的种类最多，竟达二百一十三种，而成人游戏的方法，不过十七种！

最近（一九四〇年）在麦克乐教授（Prof. C. H. McCloy）的新著《体育的哲学基础》（Philosophical Bases of Physical Education）中，他大声急呼的喊着说：

“吾们在中等以上的学校中提倡体育，实在太晚了。吾们今后应该注重中小学及学龄前儿童的体育；吾们非在学习运动的成熟时期养成运动乐趣，在中学时期于技能上锻炼精熟养成一技之长，并在从事运动中得到美感与满足后，不能保证其在成人时期有好喜运动的兴趣和习惯！”

反观我国小学的体育，因为缺乏体育的认识，少人注意，率多敷衍了事。一般的小学教师（因为师范学校不注重体育的关系），对于体育多不了解，甚至反对儿童游戏！吾们今后要注重小学体育的设施，尤应注意小学体育教师的培养，加重师范学校体育的课程，传授小学体育教材的教法，使一般师范毕业生，皆能担任小学体育的教学与辅导，才能适应目前的要求。

{《国民教育指导月刊》（广西）第1卷第8期，1942年3月}

学术界·政府·民众

（1945年2月1日）

民国二十五岁，笔者曾应中国新论社之请，编辑《非常时期之国民体育》一书，在中华书局出版。在该书内曾经说明：要普及国民体育，须运用三方面的力量——学术力量、政治力量、民众力量——通力合作，缺一不可。

推行一种运动，理论的根据，是心理建设的首要，为一切行动的灵魂。没有理论的行动，不是妄动，就是盲从。就是勉强地推动了，也不能收美满的效果。提倡国民体育又何独不然？体育学术界应该根据国民的缺陷、社会的环境及世界上现有的方法，研究贡献，著书立说，道传途说，号召同情。这样所倡导的体育，才有根据，才有□□，才能收到预期的效果！

有了学术的力量，还有〈要〉运用政府的权威，造成法令，分发地方政府，认真推行。这样所提倡的体育才可以迅速地普及各地。但是空有法令，仍不过是废纸。外国人批评中国是文字国，迷信文字公文，不问事实。所以除了政府的法令公文外，还须加上切实的督导稽查！不致使政府的法令落空！

空有学术舆论与政府法令，体育活动还是不能普及到人民群众的。这又赖乎社会的、□□□民众的组织。旷观世界各国的体育发展史，其基础靡不建立自民间者。例如德意志之体操（Teturnen），英吉利之游戏俱乐部（Sporting Club）、美利坚之体育协会（A. A. A. U.）等皆是。盖因没有社会的力量与组织，体育的推动是不能彻底，不能持久的！

所幸我国现在的三种力量——学术、政治、社会——已有相当的规模。在学术界已有了中华体育学会的组织，最近出版《中华体育》刊物，征求并奖励体育研究。在政府方面已有了国民体育委员会的组织，近七八年来颁布了不少的公文法令。在社会方面也早有了中华全国体育协进会的组织，最近三年来加紧工作，成立了不少的地方分支会。尚希三方面的同志切实联系，分工合作，加倍努力，体育前途其庶几乎！

（《体育通讯》第11期，1945年2月1日）

运动之与处世作人

（1945年6月1日）

在本刊的第八、九两期中，曾经登载过穆殿芳先生翻译的美国威廉姆士所著 Athlete in the Making 书中，关于运动上耐久力和智力的训练，彰显运动的价值。马约翰先生在他的硕士论文中发表过“运动的迁移价值”（Transfer Value of Athletics）。都是为提倡运动的人张目。根据心理学家的研究，在不同的环境中，两个问题的处理，只是这两个问题中所出过的相似的共同因素（Common Element）可以迁移，其余的特殊方法，并不迁移。又有人说在类似的环境之中，一个人的处事态度，可以迁移，其余具体的办法，并不迁移。因为限于篇幅，笔者在本文内，不拟解决心理学上的纷争，不过根据着从事国民体育三十年的阅历，思虑所得，提出一点意见，供体育界同仁的参考。

试观二十年前的运动员，在今日已经长大成人了，有的已竟在社会上得到地位了。在现代社会复杂，经济生活艰难的环境中，人人要挣扎奋斗，是无疑的。但其斗争的方法，依照在运动场上所习得的方法不外两种：一是保持运动家君子的风度（Keep the Rules of a Good Sportsman），一是不择手段压倒一切（To Win the Game by All Means）。第一种人可以说是已经得到了运动的好效果，第二种方法可以说造成社会的害虫了。至于锻炼强健的体魄，养成良好的习惯，在社会道德价值上讲都是次焉者。

万戴克氏（Van Dyke）说：

“当你从事运动比赛的时候，我要努力求胜，否则你的对手就不发生兴趣。但你求胜的方法，不能使你的良心有愧。求胜只能用公平的、合乎运动规则的方法求胜，这样在大众面前，才不致于有人说你残酷。

要欣赏运动的价值，胜负处之泰然，因为运动的本旨不专在致胜，而在努力求胜。”

关于运动上君子的风度，车斯氏（Chase’s Fourteen Points in Good Sportsmanship）列出十四点来，在今日尚有提倡的必要：

一位好的运动员——

一、要随时随地主持公道，不要欺诈。

二、比赛要贯彻始终，不要中途退场。

三、要态度镇静，即无故受人侮慢，也不发怒。

四、为游戏的娱快，为本队的成功而比赛，不为金钱或其它的酬报而比赛。

五、要尽量与本队队员合作，不要在观众面前炫耀。

六、要保守训练的规则，不可自戕身体。

七、要服从指导员或队长的命令，不可规避职责。

八、在学业上要努力用功，不要忘记读书。

九、对于本队要效忠，赌咒并不算效忠。

十、对于敌队也要公平，对于客队要有礼貌，不可占技术上的便宜。

十一、敬重运动裁判员，不合理的判决□盘接受，□望裁判员依照规则执行，不要因为失败怨恨或批评裁判员。

当他失败的时候：

十二、要祝贺得胜者的胜利，在环境不合□□要夸耀敌队的长处；在失败中学得教训，不要表示失望，不要灰心，不要诿过与人而自求宽恕。

当他得胜的时候：

十三、要宽大、谦虚，不可使人难堪，不要骄傲、夸耀自炫。

无论何时：

十四、要忠实地保持最高的理想，要保持百分之一百的君子风度。

明乎此，才不致〈至〉于收到提倡体育的坏结果。最后，体育界同人的责任之大，可以介绍朱经农先生近著的《教育思想》书中的结论几句话，以资警惕。

“教育种下自私自利的因，社会就会产生攘夺贪污之果。教育种下不守纪律的因，社会就会产生扰乱崩溃的果。……究竟我们今天在教育上所种下的是什么因，将来社会上所要受此的影响，又是如何，办教育的人不能不痛切地自行检查一下。……天下兴亡，办教育者不能辞其责。每自省察，时深冰渊之惧。”

（《体育通讯》第 19 期，1945 年 6 月 1 日）

《中国童子军组织法规》（第一辑）序①

（1946 年 5 月 1 日）

本会在抗战期间，一切法规均不免有过于集权之嫌。辑五奉命来会担任总干事职务，即以引导走向分权之路为己任，组、训二处正副主管人员亦复与余之主张不谋而合，于是旧法规之修改，新法规之拟订，莫不本此原则进行。八阅月来，组、训二处所修订之法规不下四五十种，其比较重要者必经法规审查委员会研讨通过。余以法规委员会常务委员之资格，曾对每一条文之［内］容是否符合民主精神特别注意，至于语句上之推敲尚在其次，因可交由原起草单位负责也。现《组织法规》第一辑已整理就绪，即将付梓，虽自觉尚不无迁就现实之处，未能臻理想之境，然与过去法规相对照，固不啻南辕而北辙也。倘再经过相当时期，稍稍予以修订，当不难成为完璧。有志竟成，愿与组、训二处诸同仁共勉之！

中华民国三十五年五月一日，章辑五序于陪都复兴路中国童子军总会

① 该书由章辑五等编辑，1946 年 9 月由中国童子军总会颁行，二二五童子军书报用品社发行。

愿童子军教育蓬勃起来

（1947年3月30日）

中国童子军教育是根据青年儿童生理、心理及参合国情、民族特质而产生，创始迄今，已历三十六年。民国十五年后，由中央领导，厘订法规，严密组织，事业之进步，如雨后春笋，全国各地，几无一处不有童子军，并曾数次选派代表参加国际童子军露营竞赛，倍受友邦好评，其成就实不浅也。

倭军入寇，荡我藩篱，各地童子军事业遭受摧残，创巨痛深。胜利以还，中国童子军总会复员，积极展开工作，加强各地支、分会组织，发动各种服务活动，褒扬童军忠勇事迹，不遗余力。际此国宪颁定，国事渐入轨道之时，吾人自应益加振奋，使童子军事业日新又新，蓬勃起来。

童子军教育，为中国整个教育之一部事工，工作同仁，当确实根据中国童子军训练原则，国家教育方针，配合建国需要，适应现代环境，切实培植下一代健全人材，并应以勇敢姿态，科学方法，充实中国童子军之新生力量，使每一青年儿童，各能遵循童子军规律、誓词和铭言，躬行实践，迎头赶上，俾我童子军教育之量与质平衡发展，达成中国教育最高之目的，奠定三民主义新国家之基础。

兹者欣逢中国童子军节日，①

（《童子军教学做》第2卷第10期，1947年3月30日）

① 本文只找到这部分内容，下半部内容多方搜寻未果——编者。

《国立体育师范专科学校六周年纪念特刊》发刊词

（1947年11月12日）

本校初设于四川江津，客年春辑五衔命长校，并迁校湖北武昌，光阴如驶，创校迄今，瞬届六周矣。顾以经济窘困，物质艰难，种种设施，因陋就简，复因能力薄弱，未能达成理想之体育师资专科学校之完善计划，有负国家之重托，及社会之厚期，疚心实深。综覈经过，多赖同仁襄助，粗具规模，忝窃时誉，实觉无可足述，惟国家重视体育教育，督导正殷，社会需要体育师资，关心尤切，时承各方垂询，歉难一一答复，际兹校庆，爰将校中实际情形，汇印成帙，非敢文饰，略答厚情，尚祈各界硕彦及体育先进，锡以良箴，俾得遵循改进焉。

国立体育师范专科学校校长章辑五

三十六年十一月十二日

（《国立体育师范专科学校六周年纪念特刊》，1947年11月）

本校[1]的使命

（1947 年 11 月）

一、民族的弊病

时人分析民族之弊病有五，曰“贫”“弱”“私”“愚”“乱”。爱国志士，抱救国之念者，见仁见智各有不同：开发资源，改良农工商业，增加生产，是针对医“贫”病之药。提倡体育，促进健康，注重营养优生诸学，是治“弱”病之药。提高国民道德，倡导宗教信仰，实行法制监察制度等是医“私”病之药。普及教育，扫除文盲，推进识字运动等是治“愚”病之药。改良公民教育，推行地方自治，订期实行宪法等是医“乱”病之药。以上诸端，皆有赖于教育而完成。

二、体育的真谛

根据近代体育心理学上的发明，教育的意义不只限于入学校，亦不仅限于读书，乃是人生自生至死，无论在怀胎里，在家庭，在学校，在社会里，受外界环境的激刺，或内心的冲动，都须自动的反应，使其继续不断地有所改变，以求适应。使他改变的方法，就是利用各种活动（身体的或思想的），叫他运动他的身体，刺激他的思想，触动他的感情，影响他在人群中一切的行为；至于他的改变是好是歹，全在乎社会道德标准的制裁和教师的暗示及指导了。体育的真谛，与教育的意义，大致相同，其所不同者，只在多利用大肌肉的活动而已！

按照这个定义和解释，估一估当前教育设施的价值，就可以明了，凡一切被动的方法，不能使学生自动反应的，不能收到所期望的效果。静而不动的教育，没有多大意义。社会上没有道德的标准和相当的制裁，以及缺乏良好教师的指导，都是闭门造车，难望合辙的。

三、体育的功能

体育界同人对于体育的功能，都认为在生理方面是增长机体生活力的，在心理方面是养成精神的健康与富丽的生活的。在社会方面是调剂工作疲劳，供应正当娱乐消遣的；在国族方面是锻炼自卫能力和训练公民道德的。这全都不错，此外，体育对于前面所举的“贫”“弱”“私”“愚”“乱”五大弊端，亦有相当的贡献。例如，中国人民死亡率之高，各时各地疾病之广，平均服务年龄之短，生活与工作能力之薄弱，在国民经济上占

① 指国立体育师范专科学校。

为最高的漏卮。此不能不认为致“贫”之原因。体育之能转“弱”为“强”是不期而然的效果，兹不赘论。各种团体运动的比赛，牺牲小我，注重合作，崇尚运动道德，遵守规则，服从裁判，对于矫正“私”“乱”的弊病不无贡献。中国人对于“愚”字的解释，尝以不识字者为愚，其实脑筋的灵活，常识的丰富，卫生生活的习惯等比识字更要紧，体育对此亦有相当的贡献。

四、错误的纠正

体育界为人歧视的原因有三，（1）缺乏专业化的精神，体育学术不能独树一帜，体育教员的职务为人人能干的事，运动员充任体育教员者不一而足。（2）体育是假牌的科学，只有自然科学才是科学，因为科学须有观察、分类、实验、测量、归纳等方法，体育界欲博得学术界的重视，须求体育的科学化。（3）对于体育唱高调的人多，实行兑现的人少。欲求体育之被人重视，体育界本身的修养，必须健全起来，以身作则，精诚团结，分工合作。

五、师资的缺乏

我国体育师资素感缺乏，全国中等以上学校，根据教育部统计，约有三千余所，平均每校体育教员二人，约需七千人。省市县立体育场设置完成时，约有二千余所，共需场长及指导员五千人。特种学校及军警部队，所需体育教官约二千人。各级体育行政人员，约需二千人，以上合计约需一万六千人。而现有合格高级体育人员，不足四千人。亟应增设训练机关，扩充学生名额，大量培养人才。

六、本校的宗旨

本校系国立的体育师资训练机关，负着造就优良体育师资的使命，一位优良体育师资的条件如何？外观世界趋势，内察国家需要，观察所得草拟本校施教方针分五种训练，一种精神，一个理想，如后：

1. 健康训练——体育教员兼负健康教育的责任，除注重环境卫生，充实医药设备外，养成学生生活之卫生习惯终身不渝。

2. 公民训练——体育及童子军教员在校多兼负训导及管理之责，对于青年组训，应有相当的认识与经验，以身作则，为人表率。

3. 美化训练——古代希腊教育注重音乐体操，我国六艺教育造就完人。近代体育多与音乐艺术相配合，本校尤注重韵律活动之发展。

4. 科学训练——现代科学之进步一日千里，体育不应自甘落后，应随其他科学，并驾齐驱，本校对于人体机动学，及体育测验与测量诸科，特别注重，鼓励研究、实验与著述。

5. 服务训练——我国社会体育之未能普及，实因缺少热心服务之人才，本校学生对校内校外的各项运动竞赛，多鼓励参加服务，到处宣扬、提倡、协助，要有宗教家传教士的精神。

现代体育输入中国达三四十年，不是抄袭，就是盲从，囫囵吞枣，缺少创造与发明。

本校师生应有追求真理的精神，不挟成见，实事求是，努力研究，努力实验，以解决当前繁复的国民体育问题。

人心不古，世道日衰，处此风云扰攘，生活不宁的世界，要把握衷心的信仰，具有崇高的理想！

七、今后的希望

现代体育的功能我国尚未充分地发挥，培植健全的体育师资系唯一要图，今后亟应充实体育设备，建筑体育馆和游泳池，安定师生生活，提高水准，鼓励研究著述，向体育救国的大道迈进。

（《国立体育师范专科学校六周年纪念特刊》，1947 年 11 月）

中国体育的命运[①]

（1947年11月）

在世界第二次大战以前，中国考察欧美教育的学者庄泽宣氏归国后，发表他的观感说，世界各国青年教育的同一趋势，就是如疯若狂的注重体育的趋势。中华全国体育协进会总干事董守义氏，在参加瑞京（斯陶候鲁姆[②]）欧林匹克委员会议后归国，在七月二十二日的《大公报》发表谈话说：世界各国对于一九四八年在伦敦举行的世运会，全都如火如荼的准备着！回观我国教育界和体育界同仁的景况与态度，不禁望洋兴叹！

忆昔近代体育初期输入中国的时候（就是距今三四十年前，前清光绪末年的时候，彼时笔者尚在天津公立的高等工业学校读书），有几位热心体育的基督教青年会的干事，如葛雷博士（Dr. J. H. Gray）、饶伯森博士（Dr. Robertson）、蔡乐尔大夫（Dr. Silere）等用他们传教士的精神，不辞辛苦，牺牲他们的精力和时间，扛着标枪铁锤（一项旧式运动 Hammer Throw），夹着铁饼，拿着铁球，巡回地到各学校去表演和指导。在他们的提倡之下，举办了学校的联合运动会，各种球类比赛。在他们的辅导之下举办过第一、第二届的全国运动会，和分区运动会。在民国初年由于上海基督教青年协会体育干事葛雷博士与菲律滨青年会体育干事卜郎博士（Dr. Brown）诸氏之奔跑联络，举办过一、二、三、四、五、六届的远东运动会。以运动技术的成绩而论，那真是中国运动界的黄金时代，有许多的纪录至今还没有人能打破的。

论到体育学术的研究，在民国十三四年间，南京国立东南大学体育系主任麦克乐教授（Prof. C. H. McCloy）领导着一般体育学者，从事体育问题的研究。（彼时笔者在南开大学服务，因为麦教授的感召，在南开大学请假一年，住在麦先生的家里，领受麦先生的指导，从事研究的工作）。编制中国男女学生年龄、身高、体重对照表，编辑学生运动技术标准测验法和体力测验法，研究学生按照年龄、身高、体重分组法，出版独一无二的《体育季刊》。这可以说是体育学术界的黄金时代。迄今二十余年来，中国体育学术界研究的工作在那里？有价值的贡献作品在那里？继续出版的刊物在那里？

笔者并不是盲目崇拜外国人的人，也不是一个说今不如古的悲观者，不过摆在二三十年中的客观事实，吾们不能不赞扬佩服吾们外国朋友的热心毅力和才干了。

普及中国的体育，笔者在别的地方发表过，要运用三方面的力量去努力：（一）政治的力量，（二）社会的力量，和（三）学术的力量。

1. 在政治方面的努力，政府已经颁布了《国民体育法》，教育部厘订了《各级学校

① 本文署名“济武”。

② 现译“斯德哥尔摩”。

体育实施方案》《国民体育场实施法》，中央及地方设置体育督学及指导员。这些不过是政府的公文法令和规章，检讨起来如果不能兑现，还不过是等于废纸而已！

2. 在社会方面的努力，中华全国体育协进会在人力、财力两感缺乏的当中，在各都会成立了不少的分会，举办了不少的体育活动，编译运动规则，出版《体育通讯》刊物，最近在沪发动十亿基金募捐，准备一九四八年参加世运会。其中最感缺乏的是经费与人才。

3. 在学术方面，说一句自求饶恕的话，因为抗战生活的艰苦，体育设备的简陋，图书参考资料的缺乏，除了国师院体育系金兆均、赵敏学二氏对于运动生理的研究，中大体育系吴蕴瑞氏作过比较教学法的研究外，简直是等于零。吾们唯一的中华体育学会（笔者忝居理事之一）虽然成立有年，也没见有任何的贡献。

一种事业的前途，要靠着它的理论或学术为它的前驱。没有理论的事业就失掉了灵魂，当然也丧失了前途。在运用政治力量和社会力量之前，吾们应该发挥学术的力量，著书立说发号司令，做政治和社会的指南，到处宣传，使民众了解体育的重要，取得他们的信仰，这样才能使有钱的出钱，有力的出力，发生伟大的力量。没有理论的活动，不是妄动，就是盲从。

在开始动笔写本文的时候，笔者拟用的标题是《中国体育的灵魂在那里》，后来改为《中国体育[的]命运》。盖因为一个人的灵魂在那里，就指使着他的命运也在那里。推敲中国三十余年来体育演变的沿革，大略分为四个时期。

一、盲目抄袭，注重选手运动时期。自从前清末年至民国八年学生“五四运动”之前，各中等以上学校及社会团体，只知道有运动选手，而不知道有普通学生的体育。那时候优待选手，信宠运动员的风气，实在是不一而足，惹起一般智识界的批评和攻击。

二、普及学生体育，使学校体育合理化时期。有人认为民国八年的“五四运动”是中国的“文艺复兴”（Renaissance），因为他们对于中国的一切，抱着批评的态度和民主的精神，打破一切传统的封建思想。自民国八年至十八年中间，恰是麦克乐在中国，美国的大教育家如杜威、克伯屈、麦柯尔及英国的哲学家罗素访华时期。中国的教育文化有长足的进步，体育也随之改进（国民政府也就在这个时期统一的）。

三、倡导自然活动，废除正式体操时期。民国十七八年间，我国的体育学者如袁敦礼氏、吴蕴瑞氏自美留学归国，分别主持北平师大和南京中大的体育系。他们都是美国哥伦比亚大学师范[学]院体育系的主任、美国体育界的权威韦廉博士（Dr. L. E. Williams）的高足，提倡自然活动（Natural Activity），贬值正式体操（Formal Gymnastics），理论所及，相习成风。

四、世界风云变色，鼓吹体育军事化与政治化时期。民国二十四五年间，法西斯国家的整军经武，准备抵抗苏联的赤化政策，日趋积极。适我国体育家程登科、袁凌、萧忠国、吴澂诸氏，自德意志留学归来，仿效德国的办法，鼓吹中国的体育要军事化要政治化。斯时恰值中日问题日趋尖锐的时候，此类的主张，颇能引起执政者的重视。

以上是吾们三十余年亲眼目睹的活动影片。在这八九年来长期艰苦抗战的时间，学生的营养不足，体育设备的缺欠、人才经费的拮据，根本就没有体育可谈，但是现今抗战胜利了，世界和平了，吾们的体育究竟怎样？

一切的文化要随着时代变迁，是毫无疑意<义>的。体育是文化之一，当然也不能例外。今日的时代是甚么时代？一则曰“民主时代”，一则曰“科学时代”，一个国家的文化要离开了时代，是要落伍的，是要被淘汰的。

要使中国的体育适应民主的要求，最低限度要满足下列数点：

1. 体育普及的工作要随着“教育普及”“扫除文盲”等工作，并驾齐驱，打倒重文轻武的传统观念。

2. 依照国民体育法，使全体国民机会均等，人人有享受体育教育的权利和义务。

3. 普及体育教育中，养成国民的社会道德，团体意识，及负责、守法、合作、公平、竞争的习惯。

4. 由于普及体育教育中，陶冶国民的主动、积极、持久、勇敢、果断、创造、自赖、毅力等精神。

5. 每乡每镇普设小型国民体育场，充实各地国民学校、中心学校及民众教育馆体育设施。

要使中国体育科学化，不致落伍，而随着科学时代进步，体育从业人员第一要有科学的精神，第二要有科学的智识，第三要认清时代，了解体育的趋势，第四要明白科学的研究法。兹因篇幅所限，只可约略言之。

1. 什么是科学的精神？就是对于中外过去已有体育方法，加以估价与批评。根据客观的事实，不挟成见，实事求是的加以检讨，去其弊而务其利。

2. 什么是科学的智识？关于自然科学方面自然是物理、化学，生物及纯粹科学的范典数学。此外与体育最有密切关系的应用科学如生理学、卫生学、心理学、教育学、人体机动学等。

3. 什么是现代体育趋势？这需精通外国的文字，博通中外古今体育的大势，高瞻远瞩，衡量轻重，取长补短，才能选择中国体育进展所应取的途径。德国、瑞典、丹麦式的体操经过慎选与改良后，因为限于空间与时间的关系，在中国仍有保存提倡的必须，中国武术倘不加以科学的研究与选择，二三十年后恐有淘汰的可能。自然活动中的径赛运动与球术，将日趋进展。世界潮流所趋，音乐与体育的配合，如韵律活动等将日渐发展。在体育活动中，训练品格的机会最多，纠正心理不健康的因素亦最多，因之心理卫生一科，及轻微的神经失常之心理疗法（Psycho-therapy）将为体育家所必读。因为教育心理的发展，体育测验及体育教学法将有长足的进步，增进教学的效率与功能。此不过举其荦荦大者而已。

4. 什么是科学的研究法？三四十年来中国的体育缺少进步的原因，因为明白科学研究方法的人过少。这需要大学体育系毕过业的学生，至少要读过一年研究院的课程，划清中国体育各种问题的所在（切不可囫囵吞枣！），选定研究本问题的方法与步骤（如历史法、调查法、测验统计法等），痛下工夫，个人短时间的意见，是毫无价值的。

中国体育的命运要操在体育界同仁的本身上。英国有一句谚语说，Every man is the architect of his own fortune，翻过来就是说，“个人是自己命运的建筑者”。体育界的问题，需要体育界同仁自己来解决。自己努力然后才获得其他学术界和普通教育界的同情与协助。

总而言之，欲求中国体育的普及，固然需要热心体育的政治家和社会家，而更需要领导政治与社会的学术家。没有学术理论根据的政治或社会运动，是没有灵魂的运动，不是妄动就是盲从。笔者深切地希望，各大学体育系的同志及各地的学体育者，埋头苦干，加倍努力，专心在学术上用功夫，以挽救中国体育的前途！

（《国立体育师范专科学校六周年纪念特刊》，1947年11月，第7—9页）

我对于童子军之体验

（1948 年）

远在民国四年秋后，余在天津学校任教，教授物理及英文。偶读贝敦堡氏原著 Scouting for Boys 及上海童子军协会出版之《童子军初步》《童子军规律》，嗣又读英文之 Aids to Scoutmaster, Patrol System 诸书，备感兴趣。于是在课余之暇，召集学生十余人先成立一小队，后扩充成为一团，共计人数不过二十余人。每星期聚集两次，在每星期三、六日下午行之。每星期六或星期日皆从事野外活动，不是露营就是远足（Hiking）。默观队员学习兴趣之浓厚，人与人间感情之融洽，对人接物之合作精神有非笔墨所能形容者。于是深觉童子军教育效果之伟大。嗣后南开童子军团日渐扩充。民国二十三年余赴欧美考察，在英伦得加入贝敦堡氏手创之 Gilwell Park 童子军服务员（Scouters）训练营毕业，获得木章（Wood Badge），训练内容分理论、技术两科，共时六周，皆世界各国曾受相当之教育而热心从事童子军教育者参加。余由个人之体验及与主持人（Camp-Chief Wilson）之谈话，认清童子军教育确系一种纯洁神圣之儿童训练工作，鼓励儿童之宗教信仰，人类互助，不含政治或军事意味，促成世界之大同。

（《中国童子军 177 团年刊》，1948 年）

怀念南开与伯苓先生

（1975年4月）

南开校长张伯苓先生名寿春，于光绪二年（一八七六年）四月五日生于天津。张先生昆仲二人，弟名彭春，字仲述，早年在美留学。民国六年秋张校长第二次赴美在哥伦比亚大学研究时，由彭春代理南开校长。抗战胜利后，彭春先生任“联合国教科文组织”我国之代表，住在纽约。一九五七年美东南开校友在纽约聚会，当时辑五迁美不久，寄居匹兹堡，偕内子前往参加。相别十余年，海外重逢，欢乐无似。不料是年夏彭春先生即因心脏病逝世，此次春宴竟为与彭春先生最后之一次见面。

辑五于光绪十六年（一八九一）生于天津，少伯苓校长十五岁[①]，但所遭遇时间环境上之刺激，则大同小异，所发生之反应，亦大体相同，咸认为中国之社会、教育、科学、文化、政治等方面，必须更新发展，否则难在世界立足。

张伯苓先生早年就读于天津北洋水师学堂，曾受英文、数理等西洋新式教育，身受甲午战败及威海卫易帜之刺激，深觉欲救中国，非改造中国人不可，于是决定献身于教育。光绪廿四年，戊戌变法维新，天津士绅严修，字范孙，在家中成立私塾，聘伯苓先生为教师，教育其子女，其后并有王、华两家子女加入。在伯苓先生热心教导下，颇有进益，甚得严氏之赏识。

光绪廿六年（一九〇〇年）发生拳匪之乱[②]。当时余仅十一岁，在私塾背诵四书。以后清廷废除科举，改设学堂，余由私塾考入盐关厂（地名）新设立的“官立小学堂”，学习中国史地、算术；但仍继续诵读《孝经》《礼记》等古书，下午则上体操。当时学界俱乐部在天津东南角设立小学教员讲习会，聘请张伯苓先生教授西学，如理化、数学等。大家皆目伯苓先生为圣人，因为当时能通西学者，寥寥无几也。

严馆日渐扩展，学生加多，于是在天津西南角“南开洼”成立南开中学。校门对面空地设立基督教青年会运动场。该会组织中等以上学校联合运动会，延请世界运动会百码冠军栢道克（Paddock）来华表演，并聘世界跳高名手华克（Walker）任天津青年会体育干事。天津青年会首任总干事盖莱（Gailey）博士等向张校长传福音，说明青年会之宗旨在教育青年德、智、体、群四育并进。张氏嗣受洗信仰基督，在东门里仓门口成立中华自立基督教会。旋继王正廷博士之后为基督教青年协会主席，与该会体育干事葛瑞（Gray）博士发起远东运动会。随后成立中华业余体育协会，被选为会长，委任上海圣约翰大学体育主任沈嗣良先生（后任校长）为名誉总干事。是年中国首次加入世界运动会，这些都应归功于伯苓先生的提倡。

① 光绪十六年应为1890年，原文有误。与张伯苓相差15岁，原文计算也有误——编者。
② 即义和团运动。

中国抗战时，教育部长陈立夫先生认为孔子以礼、乐、射、御、书、数六艺教育弟子，与今日青年会倡导德、智、体、群四育，正复相同。回忆家兄文锦幼时只顾读书应试而忽视体育，以致十九岁即亡于肺痨。诚如梁任公先生在《饮冰室文集》所说，中国学生之大病是死读书、读死书、读书死，可为殷鉴。

辛亥（一九一一年）革命后，张校长聘请天津城西之时作新先生任南开中学教务长兼西洋史教员。时先生字子周，保定高等学校毕业。时先生早年参加同盟会，追随国父奔走革命，不遗余力。南开成立师范班及专修班，时先生臂助甚多。

余家道寒微，私立南开学校之学费太大，无力负担。十七岁时乃考入直隶（今称河北）总督袁世凯创立之直隶省立高等工艺学堂。该堂延聘英、美、德、日等外国教员，程度甚高；因系公立，不但不收学费，且供食宿，每月尚发零用银二十五两。余入机器科，同学好友伉乂翰（字乃如）入化学科。宣统三年卒业，在学校覆试，余与乃如皆分别考列最优等第一名，授予举人衔名。

张校长聘伉乃如教化学兼校长室秘书，聘余教物理兼课外运动指导。张彭春先生时在哥伦比亚大学从杜威（John Dewey）教授研究教育，获得博士学位，回母校服务，在师范班任哲学教授。彭春先生曾介绍杜威名著 How We Think 及詹姆斯（William James）所著 Principle of Psychology。二人乃当代美国提倡实用主义著名学者，影响极大。张校长后与教育部等机构商请杜威及吉〈克〉伯屈[①]（Kilpartrick）博士来华讲学，对于中国教育之革新及学制之改进，贡献极多。数年之后，张校长又聘美国女博士阮芝仪（Rankin）来校任南开小学实验导师。伯苓校长嗣又邀请东南大学体育系主任麦克乐（C. H. McCloy）博士来南开助余计划发展体育。时余已应代校长张彭春先生之劝，放弃物理教学，专任体育课主任。麦博士要求校长给余假期一年，赴南京与彼共同研究如何普及中国之体育问题。期满返校后又服务十年，张校长允余赴美深造，余路经欧洲，先在德、义、俄考察青年运动。次至芬兰、瑞典、丹麦考察健身体操，后到英 Gilwell Park Training Camp for Scoutmaster（极伟园童子军团长训练营——编者注）受训。最后转到美国考察研究。回国后仍在南开服务。

抗日军兴，余经郝更生先生之推荐，在教育部供职，辅导全国学校体育事宜，时去沙坪坝看望老友。日本投降后奉派任武昌国立体育师范专科学校校长。一九四九年……（略去原文六字——编者注）余偕眷先到香港，一九五七年移居美国。

辑五追随张校长伯苓二十二年，亲身阅历张校长主持南开学校之发展，颇能窥其成功秘诀。张校长眼光远大，遇事看得清、看得明、看得透、看得远。抱定乐观主义，失败永不灰心，笃信教育万能。能知人、能用人、体贴人、宽容人。教育学生以身作则。民国初年，他不准学生吸烟，当众将自己之长烟杆折断，从此永不吸烟。他个人生活严肃，但也有时幽默，好说笑话。笃实履践，不尚空谈。总之，伯苓先生无论从那方面来看，都是强烈的爱国者和最伟大的教育家。

（台湾南开校友会编：《张伯苓先生百年诞辰纪念册》，1975 年，第 92－95 页）

① 又译“基尔帕特里克”。

附录：海涯寄语

附录：海涯寄语[①]

（1933 年 11 月－1934 年 6 月）

第 1 信——别家离津[②]

奔忙数月，费尽心思力量筹制一切，予出国研究体育之目的始克达到。民国二十二年十一月八日因整理行装至夜三时始眠，晨七时即起，盥洗毕，与二弟树琪同进早餐，九时下楼至母亲室告辞。予母年已七十有四，素患胃病，去岁经张子修大夫诊治，夙疾大痊，精神极佳，月前常有亲友至余家中询余母曰：“辑五不久出洋，您能舍得了吗？”予母答曰：“男儿志在四方，应为国家社会谋幸福，那有常守家门的道理呢。”至今晨睹予时，情不自禁，双手握余手，依依相泣，经予再三安慰始罢。予父年已八十三岁，今春患腰痛兼糖尿症，在北洋医院割治，住院月余，始告痊愈，现在精神益健，亲友道为奇事。今晨见予，临别训语曰：“匆忙中不要忘事，处处小心。”予答曰：“儿已四十多岁，当自知料理一切，乞勿忆念，请放心。”言罢辞出。然眼中泪已涔涔矣。

出门登车，家人目送甚远，予妻淑文，二弟树琪，弟媳问行及子侄辈均送至车站，在车站送行者除南开同事外，多体育界、新闻界同志及亲属，在站台上南开同事赠与校旗一面，段观海先生赠给德文会话书一本，以资纪念。予搭平沪特别快车，准上午十一时开行，南大同事侯洛旬先生及予妻淑文伴予至新车站下车，在新站送行者有陶少甫、傅镜如、齐守愚诸君，在西车站送行者有何澄浦君。

在列车中

车于晚八时五十分抵济南，国立山东大学体育主任，新任教育部全国体育督学郝更生君函约在此晤谈，并有要事相商。届时郝君未到，未悉何故。车于九时半复南行，予因困倦不堪即入眠。

次晨八时始醒，整理应记各事，记于笔记本内，并与同室杨仲三君（天津杂货商至上海办货者）大谈运动明星，如上海乐华足球队怎样怎样，南开的五虎将如何如何，仍不外商人看戏捧角的一套话。

轮渡误事

予所乘之平沪特别快车，于九日下午三点零五分准时到浦口，停十分钟换道至浦口新站，准备轮渡过江。是日机车所拖之客车不过九辆，于三点三十五分机车将予所乘之前三辆拖至大轮上，然后再拖中间三辆（九辆分三次拖至轮上）。是时闻工人言，机器无

① 1933 年 11 月至 1934 年 6 月章辑五赴欧美考察、研究体育，天津《大公报》特辟“海涯寄语”一栏刊载其海外见闻。

② 此信作于菲律宾至新加坡轮中，1933 年 11 月 21 日在新加坡付邮。

电不能将吊桥抬起，无法过江。直候至下午五时，（车应于五点二十五分由京开往上海）人皆不耐，遂仍将原客车拖回陆上，运至浦口老站。旅客怨声载道，予即在此下车，搭“澄平”轮渡江，至下关，闻平沪通车轮渡过江自十月二十二日首次创行，铁道部由中英庚款中为建筑轮渡工程用去三百七十多万元，予乘此车本为初试经验，不意竟遭此不快之感。中外旅客大骂且骂，均恐本晚不能赶至上海，有误要公。予此次深悔不听中国旅行社罗宗毫君之言，直接搭轮过江，免费时间，致劳京中友人在下关迎候。人言中国的事，都靠不住，于此可信。

下车后，直来中央饭店下榻，洗浴理发后即就寝，次晨十日遍访诸友及京中各要人，如戴季陶、朱骝先、褚民谊、王雪艇诸氏。

准备物品

予拟藉此出国之便，将我国国粹体育之精华及最近提倡现代体育之情形，在欧美各处视机宣传，藉洗东方病夫之耻辱。故即在京奔跑二日，从事搜集此种材料。如褚民谊先生所著之法文《中国太极拳说明》，太极操影片及教育部刊印之《中国国民体育实施方案》，明星影片公司所拍之本届全国运动会影片，立法院所订之《民国体育法》等。关于童子军者尚有《中国童子军总章》，统计照片等。除影片尚须到沪办理手续外，余均得到。

好友赠言

予在体育界及童子军界服务努力二十余年，在办得河北省留学贷费前，常自感觉“社会不仁”“民众残酷”的念头，对于公家事，不无灰心。及至双十节全国运动会时，请求各方援助之顺利及此次来京得各方诚恳之接待后，使予相信过去之努力不是徒然的，此后自信努力的决心当为之一振。十一日下午四时南京青年会老友郝瑞满先生约至彼宅吃茶，座中大谈世风日恶，美国青年男女放荡不拘，伊之大女已由美国召回中国，在北平教授法文，又上海美国海军青年会总干事乔治费须也将其美丽小姐召回中国。五时兴辞而出，郝先生给与介绍各国青年会信四封，临别郝太太嘱予曰：“Please only remember the good things.”其意为要选择好的事情记住，不要学习坏的事情，予深感谢此语。

（《大公报》1933 年 12 月 14—17 日）

第 2 信——由京到沪准备放洋[①]

生活顿觉紧张

十一日下午五时南京黄少良先生伴予乘汽车至下关，五时二十五分甫登车即开行。是日恰好星期六日，京中公务人员多搭此车至沪休息，车中异常拥挤，每间包房坐旅客八人，车中遇南大运动员段缵怡君。晚十一时五十分到上海，站上遇刘永业、周赍夫妇，寒暄毕，直赴南京饭店下榻（带欧行李早托旅行社运沪，故手中甚空闲），与童子军总会秘书、旧友章君畴兄同室居住。因系星期六晚，店中吵闹不堪，打麻雀的、吸鸦片的、开房间胡调的，扰攘至夜三时始得安眠。

十二日是星期日，又是总理诞辰，上海市举行总理铜像开幕典礼，并举行全市童子

① 1933 年 11 月 25 日自印度哥仑坡（今属斯里兰卡）发。

军大检阅，晨兴七时早点后即乘汽车奔忙各处。因为离开船的时期只余二日，在沪所要办的事情过多，每分钟都有预定的计划，于是生活大感紧张起来了。出门先至中国旅行社取行李，购船票（在津时只交订银百元，至沪取票时再随交其余之五百余元。）。嗣至戴策先生公馆、明星影片公司取借褚民谊先生所介绍之太极拳影片，教育部所介绍之本届全国运动会影片。不意戴君住址不对，明星公司星期无人办公，大失所望。次在江湾新市中心参预童子军检阅。午时回旅舍后，复旦大学体育主任陈昺德先生送来旅行用Rolleiflex照像器一架，精致可爱，只售一百五十元（因陈君在沪为有名摄影专家，予曾函托其代购者）。午餐时标准运动器具公司经理陈宇泽先生赶到，并致歉意。因伊充当全市公共竞走裁判关系，未能早到欢迎。下午三时基泰公司关颂声兄来访，助予办事。嗣夕拜访国术名家吴鉴泉、徐致一诸先生，搜集国术材料现代作品，殊感寥寥。嗣又至永安公司购买零星用具。晚餐后各报新闻记者约聚谈话，十一时彼等辞出后即就寝。

匆忙中登义轮

在中国旅行社得到的消息，义轮康梯沃底订于十四日晨五时启碇，旅客须于前一日晚六时在新关码头先搭小火轮至黄浦江心登大轮，如此只剩十三日（星期一）一天在沪办事的时间了。心中焦急，十三日晨五时即起，将所带的箱子打开，重新整理行装。因为在津时所带的东西过多，旅途不便，于是将无用的书籍衣服等取出留沪，托人带津，又把在南京所购的丝织品及上海所购的中国名人字画、名胜照片等填入，预备至欧美时赠送西方友人。整理完竣，共合大小五件，通知中国旅行社派人来取。八时早点后陈昺德、陈宇泽、钱笑煞诸君来访。九时出门，先至旅行社取船票。予所订的经济二等票价，原售四十二磅（英金），因为优待学生起见，实售九折。予因于十月间取得教部留学证书，故可按学生付价，合三十七镑十六先令，合华币五百八十七元七角九分。嗣又将所带华币兑换金镑，准备沿途应用。由旅行社出门后，即赴中法大学访吴天倪君，询问戴策下落，不得要领，于是褚民谊先生太极拳影片带欧计划，遂告失败。又至明星影片公司访张石川先生借全运会影片，据云现无余存，允为代印，但需付价每千呎百元，共五千呎价五百元，并需时一星期方可印竣，于是借用全运会影片又不成功。但予尚拟函托友人设法带欧。十一时半至静安寺路义国公使馆取介绍信（天津领事介绍义国公使，请其为予介绍至该国教育部者），得晤驻华新任公使包斯卡利及秘书安福索，不出十分钟即将公函备妥，真是敏捷痛快的狠。于是感觉到中国人办事诸多牵扯，狠少痛快正确的办法，效率二字更谈不到了。

午时十二点半上海市童子军理事会瞿绍叔君等约在四马路同兴楼聚餐，席间上海童子军前辈李启藩先生大谈欧美人情，予获益不少。三时回旅舍相约中国旅行社人来取行李，予点交完竣，清算旅馆账目后，即出门至基泰公司关颂声君及全国体育协进会沈嗣良君处辞行，赶至新关码头已五点五十分矣。遇徐振东夫妇握手告别，急登小火轮六时开驶，在码头上目睹送行的男女老幼，有送鲜花的、握手的、流泪的、亲吻的、摇手的、举帽的等等现象，百感交集。所幸予只一人登船，并无亲热送行，免去许多情感上的激荡，倒觉十分洒脱。

（《大公报》1933年12月23、25日）

第3信——途经菲岛参观第十届远东会场①

起碇赴欧

十三日晚六点一刻，在黄浦江中，弃小轮登大轮。此轮意大利名康梯沃底（S. S. Conte Verde），为欧航最快最大的邮船（一八七六五吨），船内分楼五层，设备极周。予登轮时，电灯辉煌，照如白昼。轮中招待旅客之夫役员司，皆着漂亮制服。入门时先交船票及护照，次由司徒（Stuart 即船上茶房）导予至六十二号舱第三铺（Cabin 62 Berth 3），每舱设铺四架，甚宽敞，舱中衣柜、洗脸盆、电扇等俱全。后即填写行程单，如由何处来，到何处去等等。约七时余中国旅行社交到行李五件，如数点交无误（每件纳运费六角，共三元），予将大件者存入行李舱库（每日上午九至十一时，下午四至六时开库，仍可随便取物。），应用小件携入睡室。各事整理就绪，七时半闻鸣锣，即到食堂晚餐。餐毕写家信，交旅行社人带岸邮寄。十一时沐浴后，即入寝。十四晨五时轮已启碇，予尚在梦中。

轮中所遇

十四日七时起床冷水浴后，进早点。予因得中央军校张文白先生之介绍，得识欧美军事考察团陆大校长杨（杰）耿光等六人。上午十时谈中国军事教育情形，及考察欧美行程，谈甚洽，并约定至德后互相协助。下午至餐厅吃茶时，得会艺术专家刘海粟先生，大谈中国艺术及此次中德美术展览会筹备经过，并邀予在明年二月柏林举行中德美［术］展览时协助一切。此次同轮赴欧之中国留学生约十余人，分至英、德、法、奥诸国，其中有江苏官费留学生六人，三人赴德，三人赴英，皆习工科，其中赴德之叶安素君，为上海同济医工大学毕业，曾在上海市工务局服务四年，学识经验颇富，相谈甚洽，予每日从叶君习德文（南大教授段观海先生赠予之德文小书 Der Rleine Deutsche 可于轮中卒业矣。）。此外南开校友萧承慎夫妇赴英爱丁堡习教育，实业部代表黄汉瑞赴英购办机器，每日早晚相聚，游览与共。

途经三埠

十六日早八时抵香港，轮停十一小时，与萧氏夫妇及黄君相率登岸，至中华基督教青年会访高锡威君，相约午餐，并乘汽车游全港，并拍照数张。睹香港后，深钦佩英国人之建设精神，因思我国之海港，如普陀、蓬莱等岛，无人经营，一任其荒芜，何胜浩叹。十八日早八时轮抵菲律滨，因有天主教徒四十余人赴罗马朝拜教皇，拟搭此轮赴意，故轮停小吕宋二小时。天气渐热，轮中人皆换穿白色夏衣，下轮时须由菲律滨海关人员发给临时护照，方可登岸。予与萧、黄及吉隆坡新领事阮昆利、槟榔屿领事黄延凯登岸，至中国总领事署，后由该署人员招待，乘汽车游全岛，并参观明年之远东运动会会场。现正开工修理，进门时见有横匾，上书口号“He who has not health has nothing.”意为“身体不健康者等于零”。又“Better Health Increased Physical Efficiency.”意为“健康足〈促〉使工作效率增高”。并至菲岛革命家 Razel 铜像处拍照。十一时赶回登轮，至舱时已汗流夹〈浃〉背矣。

---

① 1933年11月27日发自孟买。

游览竟日

由菲律滨起驶，轮行三日，至二十一日早八时始抵新加坡，登岸时遇新到任之总领事刁作谦博士，略谈平津体育即握别，盖因彼忙于欢迎赴欧公使二张（张乃燕驻比，张龚海驻葡）故也。予与江苏学生等九人分乘汽车三辆（警察厅令每车不得装过四人）游全埠及该地之动植物园。予初以为热带之生物丰盛，该园必甚可观，不意大失所望。据闻特殊之生物，均已运往伦敦博物馆矣。复参观华侨巨富胡文虎、胡文豹（因卖药“八卦丹、万金油、清快水、头痛乐”致富）之宅第，闻胡氏曾捐南京中央医院建筑费十万元。又参观陈嘉庚公司之胶皮厂，厂中多女工，闻该公司每日可出胶皮鞋一万双（此地只售五角钱），多数运往英国销售。盖因英国对于各属地之出品免纳入口税，倘运往中国倒须纳高率之入口税。三时回轮，四时开行，海面风景绝佳，四望群岛如珠，碧山青树，又参着晚霞中的太阳，使人在甲板上留恋难舍。

在香港、菲律宾、新加坡各埠之华人，比较任何国人为多，然对于旅行之中国人登岸，均须由英美国人签字方可入境，主权在人，可为痛心。

（《大公报》1933年12月29、30、31日）

第4信——舟中杂感一束[①]

▲西兰岛下船游览

自十一月二十一日下午四时由新加坡开驶后，轮向正西方向进行，因地球自转的关系，每日将时表须拨退三四十分钟不等（每日吸烟室内有报告），轮行四日不见陆地，于二十五日上午二时始抵印度西兰岛之哥仑坡埠，晨六时即起与友伴相率登岸，乘汽车游公园及佛教寺，车价每小时四卢比（Rupee），合华币约四元半。九时购买该埠明信片等，后搭小摩托船回轮，每人渡价合半个卢比。

▲生活用度渐增高

由东向西旅行，银币渐不值钱，一切均按金币计算。喝一杯 Tropical 冰凉汽水需一先令，理发需用六个半利若，合一元六角，刮脸洗发另外加价，洗一件小褂，需用八个便士，倘若是丝料的，仍需加倍。但在西方赚钱亦甚容易，据闻此航轮中，共用中国工人十四名，十名做洗衣工作，轮中不给工资，每人每月由所收之洗衣费中可分得英金十二镑之谱（合华币一百八九十元），其余四名充厕所清洁夫，每月给华币百元，此种华人均由宁波人 Compradore（买办，中间人——编者）在上海及威尼司两地雇用管理承办。

▲津钞的折合数目

天津的钞票，在京沪各地兑换时须贴水三分至五分不等，沪钞在香港每元只合八角九分，在新加坡只合五角二分，在哥仑坡尚无行市，约合五角左右，处处感觉吃亏，所

① 1933年12月3日寄自苏伊士运河。

以带钱赴欧者皆以带英币金磅为宜，每日轮中皆有电报报告行市，吃亏亦极有限，英国人操纵货币之权威，于此可见。

▲生活已渐入轨道

轮居十日，因风平浪静，与陆居无异，免掉一切纷扰，颇觉自由舒适。生活渐就轨道，如每晚十时就寝，晨六时起床，睡前醒后，各饮冰冷白开水一杯，每时实行冷水浴，七时半早点，九时至十二时工作，下午一时午餐，二时至三时休息、阅报或闲谈，三时至五时工作，五时吃茶点，六时至七时半游戏，七时半晚餐，饭后多闲谈，在甲板上赏月，或参加各种娱乐会，每日息作皆有定时，如此生活想不致遭遇疾病矣。

▲各国人性之观察

予在此轮乘经济二等舱，舱中多中等社会人士，每日在餐厅、俱乐室、甲板上，相聚者约百余人，英、德、意、美、瑞典、葡萄牙、俄、犹太、印度、吕宋、中华各国男女均有（惟法国人及日本人皆乘他们本国的轮船，不搭此轮），他们的举止态度，一斑一斑的皆罗列在我这冷眼旁观人的目前。见英国男女一举一动全是端端正正的，不苟言，不苟笑，处处不错规矩，一种沉着傲慢的态度表现无遗。德国男女充满了丰富的感情，喜欢与人交谈，举止多天真活泼，毫不拘束，因此常为英人所窃笑。意大利人亦富于感情，言谈常作手式（餐厅内的总管（Chief Steward）每日侍候旅客如表演戏剧一样，神气十足。），对于中国人特别亲热，这亦许因为乘坐他们的轮船，照护主顾的关系。带色皮肤的印度人、菲律宾人、马来人，虽是乘坐同等的舱房，时常藏居向隅，表示羞与世人见面的样子，其一种抑郁不舒，受人压迫的苦衷，不言而喻了。

▲由哥仑坡至孟买

二十五日上午九时半由哥仑坡埠沿印度海岸向西北孟买开驶，闲暇时与驻津意大利水军军官谈话，据云在此轮回国之海军共三百五十人，上级官佐十五人，居头等舱，中级官佐五十三人，住二等及二等经济舱，士兵二百八十二人，居下等通舱。彼等俸饷亦分三六九等，予在津运动界所识之运动部官长 A. di Angelis 每月四千利若，合华币一千元，士兵每月二百八十利若，合华币七十余元。又云意大利在法西斯蒂统制下，厉行强迫征兵制度，年满二十岁之壮丁，皆须服役陆军一年，或海军二年。自十七岁至二十三岁期间，可以自由加入服务。又云张学良在意大利聘得飞行专家 De Berneardi（曾飞行世界三周，颇著名。）教授张氏航空术，并准备驾张氏回中国者。

▲娱乐大会之盛况

二十六日晚九时在轮中头等大厅举行娱乐大会，无论头二等旅客，一律被邀参加。与会者多着礼服，秩序内容有天津意大利水兵之音乐、唱歌、打拳、摔角，并各旅客之跳舞，至夜半十二时始散。在此娱乐会中共分七节，一百四五十磅之打拳两场，一百六十余磅重之摔角一场，开会首尾及中间，均参杂悠扬之音乐及唱歌，最后全体肃立，演奏意大利国乐，最末改换本轮上之音乐团奏乐，男男女女均参加跳舞，予因无此训练，大作其“阿木林”矣。观意水兵之打拳摔角，一个个壮如猛虎，在角赛之中，对手相视俨若仇雠，但竞赛之规矩森严，按时守法，毫不陨越，至竞赛毕，即相抱亲吻，Sportsmanship之精神，使人观之发生无限感慨。

▲华人体格难入目

整日内在与欧美人士之共同生活中，看出中国人的短处甚多，最要紧的莫过于缺乏“活动教育”。比较相形之下，实属令人难堪。论男子，中国人多面黄肌瘦，稍遇风浪即卧床不起（对于晕船的风浪，不想设法制胜，早先就具屈服的心理，实属可怜。），胃口不好的，不爱吃外国饭的，比比皆是。游泳游戏多不参加，但他们手不释卷读书的精神是无与伦比的。论女子，西国人多活泼娱快，落落大方，游泳游戏无不参加，身体各部皆得充分的发育。中国女子多瘦小孜弱，胸部平如壁板，毫无发育，所谓“健康美”者，相距过远。

▲出洋学生之估价

中国派赴欧美之留学生每人往返川资约给一百六十磅（合华币约二千六百元），每年用费约给二百四十磅（合华币约四千元），平均供给四年，每人共计约用二万元左右，看他们身体的健康，大胆的说，平均皆在水平线之下，再用上三五年的功夫，身体恐益不支，回国时总在三十岁以上，倘充分的工作能耐到五十岁以后而身体健壮的，恐不可多得。论本讲利，是否经济，还是一个最大的疑问。看看印度人的身体还赶不上中国人，就身体而论，白人第一，黄人第二，黑人第三的阶级，可以算是公道了。

（《大公报》1934年1月18、19、20、22日）

第6信——游埃及后登欧陆①

▲游览埃及金字塔

其中金字塔有三：（一）The Pyramid of Kheaps，边长七四六英尺，直高四五零英尺。（二）Pyramid of Khephlen，边长六九零英尺，直高四四七英尺。（三）Pyramid of Mykerinos，边长三五六英尺，直高二零四英尺。附近尚有小金字塔三个，均已朽坏坍塌。再向南行，尚有 Sakkara，The Step Pyramid，即阶形金字塔，建于五千年前之 King Zoser Kheaps 金字塔山坡下，不过三百米，即见人面狮身像（the Sphinx），闻该像从前只露首颈，不见下身，后经掘沙，始见全体。腿爪皆系大石堆成（金字塔构造同），予在此像右侧，曾拍照片以资纪念。驼夫在此向予索钱，据云，可以藉此求福之意，亦迷信也。予先给囊中所遗之华币二角，不允，又给英金三便士始罢。下午四时半下山，仍改乘汽车，由旅行

① 《大公报》原按：“作者第五次信，迄今多日，尚未寄到，而第六信已先至，想系该稿在邮寄途中遗失所致。兹据作者家属方面消息，该稿内容系章君在地中海南岸登非洲大陆赴埃及首都开罗游览古迹情形，第六信为游览金字塔及狮身人面像纪事。兹将第六信提前刊出以免耽误。关于遗失稿件，现正函请作者重写，容后补登。”

此信1933年12月25日寄自意大利都灵。

社所派之向导（埃及犹太人）率领，游旧亚拉伯城之市场（Bagars），沿途购得埃及小帽一顶，价只一先令，五时半登汽车赶至开罗车站，登 Wagon Lits 所备之头等包车，六时开行，七时在车中晚饭，饭后，因困倦不堪，坐眠至十时半即抵波赛（Port Said）车站，下车后改坐汽车至码头，不五分钟即到，登小火轮（Viceroy）四〈至〉康梯沃底，入舱后即就寝。

▲由波赛赴地中海

五日晨四时轮即起碇开行，因稍有风浪，旅客多不起床，地中海内天气渐寒，皆更换冬衣，于七时半起床，沐浴后进早点，与友伴谈游埃及经过，同时彼等告予轮行苏彝士运河（现通译为苏伊士运河——编者）之情形。

▲轮船经过苏彝士

轮由红海抵苏彝士后，只停二小时，早八点即驶入运河，晚六时半始抵波赛，共计距离不过八十七英里，需用十一小时，轮行极慢，盖因该运河由沙地掘出，河宽不过六十米，河深十二米，只许一轮经过，倘有对方之轮相遇，即须避入运河旁边之临时停泊处，藉便放行。

▲苏彝士之建筑史

苏彝士运河（Suez Canal）关系世界交通极巨，兹探得该运河建筑史略，报告如左：

西历纪先〈元〉前十三世纪埃及法老 Rameres Ⅱ 创始修建运河，由红海通至尼罗河（River Nile）。纪元前六世纪法老王 Neko 继续工作，用十万人修筑。纪元前四八七年波斯王 Darius Ⅰ 完成其工作。纪元后一百年罗马皇帝 Trajan 循法老之外，另开运河。纪元后六百年第二次开沙漠中之运河，By the caliple Amrlbuel As. 一千五百年威尼斯威权深入，Isthnuis of Suez。一七九八年拿破仑征埃及时，意欲过地中海至红海。一八五四年法国人 Ferdiuaud de Lesseps 建议埃及总督 Mohamed Said 修建苏彝士运河，用十四年的苦工，费四万万佛郎，于一八六九年十一月十七日工成开幕。

▲苏彝士河之特点

河长八十七英里半或一六八公里，平均深浅十至十二米突[①]，平均宽六十至一百米突，经过时需用十二至十五小时（但康梯沃底只用十一时）。轮船经过时每吨纳费七个半佛郎，旅客每人十佛郎，孩童五佛郎。苏彝士运河之北端，因纪念 Mohamed Said 关系，定名为 Port Said，该地码头上建筑 Fordiuaud de Lesseps 铜像以垂不朽。

▲过地中海抵意境

五日下午访问轮船经理，改由威尼斯登岸手续（轮中中国人皆在威尼斯登岸），并补付游览埃及登岸发护照费七个先令，晚与同轮西人作 Bridge 牌戏，至午夜十二时始

① 现通译为“米”。

散。六日轮经地中海平静无浪，人言印度洋无浪时，地中海必有浪，此语亦不可靠。今日观察与军事考察团诸人碍难合作（道不同不相为谋），遂决定独自在布林地西（Brindise）登岸，维持原来计划，参观意大利全境。于是将行李箱二大件交叶安素君带往柏林，将护照交给 Purser 算清司徒帐目（共二十二先令），并给小费洋十元，回舱收拾行李，至十二时始眠。

▲在布林地西登陆

七日晨六时起床，轮已靠岸，船中意国水兵，因已抵祖国，合唱国歌，岸上欢迎者亦与同唱，予因时间匆促，未及早点，即将行李三件交 Canaid 旅行社运岸，自己到 Purser 处领取护照。登岸后先至海关检查行李，注意烟酒，余者开箱稍看即放行，不甚严格。闻是晨八时，即有快车直赴罗马，遂决意在布林地西不停（因闻人言，该地穷僻，流氓甚多，旅客常被抢骗。），赶赴车站，购买至罗马车票。三等票价一百零一利若（Lire，合国币二角七分左右），行李票五十四利若，登车后即开行。该地气候与我国上海九十月天气相仿佛，地居意大利之东南角，此车沿东海边北上，途中风景极佳，东望碧海，西望青山，铁路两旁密植果树。意大利之三等客车，有包房，每间共有六座，因旅客无多，不过一二人在内。意大利人除本国言语外，多通法语，其次英语，再次德语。

（《大公报》1934 年 2 月 3、5 日）

第 7 信——游览意大利古迹[①]

▲甫入意境之憧憬

予乘车之同室内[②]无一能通英、德语者，大受言语不通之苦。午时车抵卡瑞（Carl），为意大利东南部海滨最大之车站，车停十分钟，拟在车站购买零吃午餐充饥（此车无饭车），因予在布林地西登岸，匆忙未及兑换意币利若（Lire 或 Lira），遂在车站兑换十先令，只合二十五利若（按城内市价应合三十利若，每利若约合华币二角七分钱），购得午餐包一包，内容面包、咸肉、水果、白酒一小瓶，价五利若。下午一时在梯利昂（Trian）车站登入青年学校学生三十余人，有十余人拥入予之室内，看予为外国“稀罕景”，争相探视，其中一人能吐一二英字，向予索看中国邮票，于是将予所带之中国一分邮票，分赠各童，喜悦非常。予询彼等是否“法西斯童子”（Balilla），群皆点头，并出证书相示，临别群与握手。下午四时至佛居亚（Foggia）换车，拟照原来计划，先至拿波里（Napoli，英语 Naples）游览，于是在车内补缴 L. 10.20 车费，变更途径。在车同座遇意大利青年银行会计亦赴拿波里办公者，能吐一二英字，相谈意国情形，伊颇愿至中国服务。五时半车抵拿波里，由脚夫将行李送入 Metropole 旅馆之汽车内，给脚夫五利若（大洋一块多，因手中无零钱，未免稍多，据闻每件一利若即足。），不五分钟即抵旅舍，该旅

---

① 1934 年 1 月 9 日发自德国首都柏林。

②“予乘车之同室内”七字原在第 6 信末尾，为文意通顺，编者将其移至此处。

舍房价每日二十利若，吃饭每餐午二十利若，晚二十五利若，费用未免稍多，因缺乏向导，只得住下，晚餐后即入寝。

▲印象所得之感想

（1）在布林地西登岸后，即乘车至罗马，因决定匆忙，处事未免慌张，幸有宪兵指导，未致误车，不过未能兑换意币，在车站兑钱时吃亏不小，嗣后应免慌张将事，事先均须预计方可。

（2）意大利火车之察〈查〉票员只用一人司理各事，照护旅客，每至车站即下车看顾，效率甚富，车至小站多停一分钟即开，中国铁路员司大可缩减，上下旅客应守时间，则交通敏捷多多矣。

▲游览奔贝[①]遗迹等

十二月八日晨七时起床，一夜狂风暴雨至晨未停，沐浴后进咖啡，九时下楼，有 C. I. T.（Company Itallano Turismo）旅行社之游览汽车及能操英语之向导迎接旅客游览奔贝故城者，于是购买游览票（价四十五利若，在旅馆代售），加入车内。车中除向导外，共乘五人，计法国人夫妇二人，英国女子一人，瑞士人一人。九时半冒雨开行，路经 Artistic Museum of Corals 并其工厂，游客下车参观。该处为世界著名雕刻宝石处，出品灿烂诱人。该厂厂主殷勤招待，并云各物均按发行价出售，予因带款不多，不敢尝试。休息半小时雨稍停，复搭汽车至奔贝，入门上山入古城，城内建筑及各种什物，皆罗马时代西历 79 年 A.D.威秀卫[②]火山崩裂前之遗迹，为十八世纪考古学家所掘出者。贵重物品皆移至城内国立博物院中陈列，所剩者只为墙上之壁画及建筑遗迹耳。十二时半回旅舍，天已放晴，沿途 C. I. T.旅行社之向导高唱各种赞美拿波里之诗歌，快活异常。下午午餐后与瑞士国友伴自雇汽车一辆、向导一人（每人各摊四十利若），游览 Soifatara, Pozzuoli 等处，并至 Ceerma Aguano 温泉，Plinis, The elder 居处 Isola di Nisida，Concapo Misens 诸名胜处，下午六时回旅舍，晚看法西斯党革命纪念电影。

▲参观意国博物院

九日七时晨兴后，收拾行李，算清旅馆帐目（L.193.00），早点后下楼，由向导人（费 L.20.00）领导参观博物院（National Museum），内中保藏各时代之文艺雕刻、油画等作品，为世界著名之珍品，研究考古及艺术者不可不看，惜予为门外汉耳。十一时半参观鱼市（Fish Market），十二时回旅舍取行李赶至车站，十二点十分开行，在车站购得午餐包，价七利若。火车于下午四时抵罗马，由能通英语之意大利人代询中国使馆地址，取完行李后即雇汽车（Taxi），直赴使馆。不意驻罗马之中国使馆，时常迁移，跑了三四处地方，始寻得新公使刘文岛的住址，汽车费用去四十利若之谱。是晚恰赶刘公使请大客（欢送张学良回国，欢迎军事考察团杨杰诸人。），异常忙碌。予至使馆后，由该馆随员章

---

① 现译“庞贝”。

② 现译“维苏威”。

化农君接见，相谈甚洽，并介绍旅舍 Pensioue Silvestri, Via G. Sgambati 下榻，每日房饭费二十五利若，小账加一。于是将行李运至旅舍，与章君同进晚餐（章君在此处包饭），餐毕逛街。章君化农（名剑）北大卒业，攻法律，与予相谈一见如故，并叙为宗兄弟。逛至夜十一时至章君处稍坐（章君住旧使馆房屋，因尚未满租，故暂由章君居住看房。意大利惯例，房未满租者，不准退房，租主应负保管责任。），谈至十二时即回旅舍休息。

（《大公报》1934 年 2 月 6、7 日）

第 8 信——游罗马参观体育场[①]

参观罗马最大教堂

十二月十日晨兴，沐浴后，八时进早点（面包、牛油、咖啡），十时章化农君来，分派店主领予至罗马公教最大之教堂 Saint Peters 参观，乘坐电车及公共汽车十五分钟可达。门前中央树石碑高百余尺，两旁置喷水井，门前鸽鸟及卖纪念品之小贩甚夥，出入游人约逾千数，多各地天主教徒来此朝圣者。入门时由教皇宪兵检查衣囊，恐有人损坏古物也。堂内布置分左右中三行，分行处以大方石柱划界，石壁上多各代帝王坟墓及石像，四围有礼拜台五六处，游人随意拜跪祈祷。下午一时出门，仍乘来时之公共汽车及电车回旅舍。在门前购得名胜照片，罗马教皇之铜像镜等物。

游欧洲最新体育场

下午饭后由店主少东领予参观欧洲最新之体育场 Foro Mussolini。该场门前设大理石之墨索里尼纪念碑，高百余尺，为整块大理石凿成，价值闻为二百万利若。大门不甚壮观，入门穿过楼房过道，对面即为运动场之一端，下坡可通运动场，四周看台之下层，为运动员更衣之所。两旁大石像六个，运动场四周石像五十个，由意大利全国各大城所建，石像下雕刻各城城名，石像人皆裸体，雕成各种运动姿势。跑道四百米，看台皆大理石筑成，可容观众两万人。予在此场内拍照片三张，购得明信片两打，晚六时回旅舍。晚餐时闻使馆章君言，南大校友崔书琴君由美归国来罗马，约订晚饭后来此探望。九时余崔君果来，相谈甚欢。稍顷郭汉鸣（法国留学，学历史）、郭古香（留比学工程者）亦来，于是五人由章君率领夜游罗马古迹，如斗兽场、Colosseum 烈士墓等等，归舍已夜半十二时矣。

赴教育部接洽游览

抵欧后四日来从事游览，尚未正式工作。十一日（星期一）晨七时起床，盥洗早点后，十时乘汽车至教育部投递驻华意大利公使之介绍信，由青年训练部宣传科科长 Prof. A. Curri 接见。伊操英语颇流利，说明法西斯蒂青年训练之目的、方法及组织，其所组织之机关为 O. N. B.（Opera Nazionale Balilla），所有全国之德育、体育及社会教育均由此部掌管。教育部长之下设二司（Two Under-Secretaries），一为学校教育司，一为体育教育司，O. N.B.之组织即属第二者，该司司长即为 O. N. B.之会长，由法西斯党指派一古瑞先生（Prof. A. Curri），除说明一切外，并给印刷品七种。惜多意大利文，须觅翻译

① 1934 年 1 月 21 日发自柏林国立体育学院。

始克明了。谈二小时余始兴辞退出，并约订参观程序。一时回舍午餐，下午与崔书琴君游动物园，并至 M. E. R.（Mittel Eurspiaches Reisebitro）旅行社探询旅德办法，晚六时偕赴墨索里尼执政十周纪念展览会（Mosura della Revoluzioue Fascista）。

法党革命纪念展览

法西斯蒂党规定自去年十月至本年四月，为欢迎外宾至罗马参观法党十周纪念展览会起见，凡在意大利境内乘车者概收三折车价（予因在布林地西登岸后仓卒来罗马，不知有此办法，未能找此便宜，可惜。）。予偕崔书琴在大门外购买门票，价五利若，又购英文纪念册一本（英、法、德、意文者皆有），价十二利若。展览会场为特别建筑之大堂，各室内之配光布置完全充满艺术滋味，其研究之细微，想非短时间内所可筹备。自一九一四年欧战起，至一九三二年法西斯党执政十周止，凡关于意大利之革命前后之纪念品陈列无遗，如各时期之报纸，有价值之文件，革命人物所着之衣装，所佩之枪械，抄本用具等等皆精致保存，一望令人生敬。想我国革命数次，纪念品当然不少，惟恐无人搜集保存，实遗憾耳。

法西斯蒂中央党部

十二日晨九时崔书琴君来访，偕至 M. E. R.旅行社探询行车时间，并购得德国旅行支票（Reisecheck Registered Mark）准备在德应用（该支票较在德国境内便宜百分之十五，但该款只许在德国境内花费，不许带出境外，盖为吸收国外现款故也。）。十时半又至教育部谒见学校教育司长，准备参观学校。至时仍由古瑞先生领导，并得见中等教育及小学教育科长，取得课程说明若干种。十二时与古瑞分别时，约订次日下午至各校参观。下午二时回舍午餐，五时至法西斯蒂中央党部拜访 Prof. E. Lama（由公使馆介绍亲华派之领袖），等候许久未遇，约订明日再来。

到意数日杂感一束

（一）意大利因气候关系，各机关办公时间甚迟，上午十时至[下午]二时，下午四时至七时，中午人多睡眠。予不悉此情形，下午三时至教育部访人尚不得见。（二）予因地理不熟，出门乘坐汽车（Taxi）按路程给价，车上皆带计程表（Taxi-meter），每日常费十二三利若之谱。（三）意大利人对于外宾招待殷勤，问一答十，使人观感甚佳。

（《大公报》1934 年 2 月 20、21、22、23 日）

第 9 信——参观罗马中学校体育班[①]

游教皇陈列馆

十三日晨九时，留比学生郭古香来访，相偕游罗马教皇陈列馆（Vatican Museum），途中大雨，曾在安吉罗堡（Castle Angels）避雨，闻此处为昔日罗马教皇当政变时避难之所。逾半小时雨稍停，至陈列馆门前已十一时半矣。门票每人五利若（教士减半），雇用向导一名，每小时廿利若，内藏各天主教皇之石像、油画，及各国赠送教皇之礼物。各地珍宝齐备，可称全球最富之家。下午二时回舍休息，午餐后，三时至教育部访古瑞

① 1934 年 1 月 28 日寄自柏林国立体育学院。

先生，候至五时仍未得见。据云意大利习惯，因气候关系，每日中午人多睡眠，下午五时至七时，各大机关始行办公。于是先至中央党部访拉吗先生，当即接见。拉吗不通英语，由座中女子代译，并向予索讨中国邮票，并询中国情形及中日战事问题，临别赠送《法西斯主义之意义》及《法西斯少年先锋队》（Fasci Giovanill di Combattimento）等书。因今日时间短促，约订明日再谈。八时回舍，晚餐后与麦克乐及陈筱庄先生写信，十一时就寝。

参观中等学校

十四日晨，微雨。六时起床，沐浴毕，八时早餐，九时至 Pazza Flume 与教育部书记（法西斯党少年先锋队员）毕吉（Rag. Biri）会晤（毕吉为古瑞先生所派导予至中学参观者）。毕吉年十七岁，能操英、德二语，为意大利先锋队队员（A di Guardisti），曾受类似童子军之训练，并能驾驶摩托自行车，于是相偕乘电车至 R. Ginnares-Liceo. T. Mimiani 中学参观。该校为小学（四年制之 Elementary School，年在六岁至十岁之间者），毕业后应入之普通中学校（Gymnasa 五年，Lices 三年，共须八年卒业），该校为一八五〇年 Mimiani 氏充当教育部长时所设，该氏曾捐大批书籍（多关哲学者）及款项，内现有学生一千六百余名，男生一千一百名，女生五百余名。入校时先见该校校长，因校长不通英语，临时特约英文女教员充作翻译。十时参观男生室内体育班，教材多健身体操，如走步、柔软体操、肋木体操、吊杆、吊绳等活动，临终作排球游戏（与我国排球 Volleyball 相似，规矩不同）。十一时参观女生室内体育班，教材多走步、柔软操、舞蹈、肋木操、爬吊梯、排球及团体游戏等。十二时参观唱歌班、英文班及生物教学班，利用影片说明甚显。十二时半辞出，由毕吉送予至圣比教堂，在该教堂门前得会中国徒步旅行家卫青心君（天主教徒，并充《益世报》记者），赠予谒见教皇入门券一张（事前公使馆章化农先生代为约订者）。

谒见罗马教皇

十二时三刻入教皇城（Vatican City），门禁森严，守门人皆着古罗马武士装，雄伟可怖。是日谒见教皇者达二百余人（非由正式机关介绍者不得入内），候一小时之久，入门两层始得谒见。教皇出时人多鼓掌欢迎，教皇着红色斗篷，白色衬衣，黄色小帽，坐中间大椅上，两旁秘书、侍卫四人。教皇演说五分钟，因操意语，不明何意，想不外宗教训话。末并祈祷（参观人皆跪倒，予亦随跪），毕即退去入内室。闻教皇年已七十六岁，行颇健壮。二时出大门回舍午餐，下午六时又至中央党部访拉吗先生，至时因无翻译，约订明日再来。

罗马城内交通

罗马城内之电车办法极佳，每人乘车只纳三十分，不问距离。晨早八时半前，为便利工人上工起见，均纳半费十五分（起早者亦占便宜），公共汽车路途远者纳七十分，近者五十分，早八时半前亦纳半价。每逢星期日皆加价五分，闻为捐助红十字会慈善事业者。乘客皆在车内购票，由车后登车，车前下车，售票员在车之入口围栏内站立，开门关门均用机械，不用人力。乘客不用人催，皆争相购票，购票后得坐，在下车前方，井井有条，足见文明之一般矣。

订购赴德车票

十五日晨兴沐浴后，十时至教育部访古瑞先生，得悉今日无参观处，十一时回旅舍读韦脑拉教授（Prof. Vignola）所供给之 Peabody[①]教育杂志，内中有 Charles E. Little 氏所写关于意大利教育之文章《意大利人与其学校》（Italians and Their Schools）。午餐后，下午三时半至 M. E. R.旅行社订购赴德车票，由罗马经过 Florence, Bologna, Milan, Turin[②]，及德境 Frankfurtam Main[③]至爱森（Essen），二等车价六百十九利若，并在米兰住二日，佛兰克福（今通译为“法兰克福”——编者）住一日，代订旅舍共计九百四十一利若，食宿汽车均在内。五时后至中央党部访拉吗先生，又遇能通英语之女子作翻译。拉吗先生对于意大利之体育所知不详，遂转介绍在中央党部法西斯党大学学生会总干事奥利吉氏（Dott Aureggi）处接洽，谈关于意大利体育之组织半小时（亦须翻译会话），询予所欲考察之详目，约订明日继续谈话。六时辞出，赴教育部。

（《大公报》1934 年 2 月 27，28 日）

第 10 信——意大利……幼稚园及肺病子女学校，大学学生会干事谈法西斯蒂领导下之学生体育[④]

赴幼稚园参观

十六日七时晨兴后盥洗早点毕，九时至 Piazza Flume 路口会毕吉君，相偕至城外东北角参观意大利“国家少年工作团”（意文短写为 O. N. B.，Opera Nazionale Balilla）所办之幼稚园，三时由女团长导至各教室参观。学生自三岁至六岁不等，按年龄分为两班教授。学生皆城外贫家子女，园内不收学费，并供给制服（来校时发给更换，出校时收回，皆在更衣室内更换）、书籍、文具及午餐一顿。教员皆女子，教授方法无甚新奇，仍用讲授方法居多。然设备甚周，如戏剧表演室、游戏室、饭厅、更衣室、屋顶球场、盥洗及饮水室。教学注重儿童自制玩具，如“傀儡戏”之戏台、小人、纸花等均为学生自制。教室内悬挂意满纽利国王及墨索里尼执政之像片，并教员所绘之图画等。予出入室均由教员喊“行礼”，儿童皆举右手（法西斯礼），予出园时园长赠予学生制造品，并在参观簿上签名，以资纪念。

肺病子女学校

十一时偕毕吉复乘电车至古罗马斗兽场（Colosseum）附近之 Pie moute 露天小学参观。该校创设业经十年，三年前为罗马市政府所辖，现归“国家少年工作团”（O. N. B.）管理。现在男女学生二百余人，年龄约在六岁至十二岁之间者，皆为肺痨病家庭之子女，来此露天学校之目的，一则练习抵抗（每日中午晒太阳，午前作呼吸体操），一则隔离，免致传染他人。法至善也。每晨八时来校，下午四时放学，均由特备之大汽车接送，每日早点、午餐及下午四时之晚餐，均由学校供给，校舍皆木制小房，可容三四十人，四面大窗宽敞，虽在严冬（今日十二月十六日）时期，学生皆赤足、短裤、背心，不觉寒

---

① 伊丽莎白·帕尔默·皮博迪（Elizabeth Palmer Peabody，1804－1894），美国教育家和作家，1860 年在美国创办了第一家幼儿园。

② 分别为意大利的佛罗伦萨、波罗纳、米兰和都灵四个城市。

③ 德国城市“法兰克福”全称。

④ 1934 年 2 月 4 日寄自柏林。

冷，亦训练习惯使之然也。予在该校拍照一张以资纪念。十二时参观饭厅及厨房，颇清洁。每人午餐供给面条（Marcoloui，为意大利之特食品）一盘，牛肉、青菜一盘，乔克力糖一大块，与予每日在旅舍所吃饭食无大差别。十二时半出门，深赞文明国家组织设施之严密。

意国体育近况

十六日下午四时至法党中央党部访大学学生会干事奥瑞基（Dott Aureggi）博士谈说，并面交关于考察意大利体育问题十个，容日答覆。兹将谈话时所得关于意大利体育情形略述于后。

一、意大利共有大学二十六处，皆有法西斯党大学学生会之组织，该会设政治领袖一人，由墨索里尼指派，此外顾问五人（Directors），分任体育、德育、艺术、救济（或服务）、总务诸事，此会之名称为Gruppi Universitari Fascisti，短写为G. U. F.。

二、法西斯蒂大学学生会之经费，除收学生会费（每人每年五十利若）外，概由本省党部补助。大学学生入会与否概听自便，但因法党宣传得法，并给予种种优待权利（如有会证之学生看电影收半价，体育场自由出入练习等等）关系，现在入会之学生（男女）占百分之九十五以上。

三、意大利大学学生，除上课关系外，学校不负任何责任（学生无在校寄宿者），所有生活上一切活动统由G. U. F.管理，会中顾问（皆社会上名流，如学校校长、商界领袖等）皆义务职。该会会务中最重要者为体育活动（Litto Riale）及救济工作（Assist Cuz）。

四、世界大学学生运动会（International Students Championships）每二年举行一次，本年G. U. F.在吐林（Turin）城所举办者为第四次，参加国达三十二之多。（远东中、日两国均被约请，但均未来欧参加，奥君表示歉仄。日本表示参加，临时因故未到，中国留德学生李仲三临时赶来加入，然无正式报名手续。）

（附记）世界大学学生运动会之沿革，第一次一九二七年在罗马，第二次一九二九年在巴黎，第三次一九三一年在达姆城（Darmatadt），第四次一九三三年（九月一日至十日）在吐林（Turin，意文Torins），第五次一九三五年（明年）订在匈牙利。

五、订于明年（一九三四年九月六、七、八、九日在吐林）举行欧洲大学学生运动会（只田径赛），现在筹备中。

六、意大利现在罗马市新建“大学城”（Citta Universitaria），在Dietrs al Pollclinlees医科大学旧校址，从事扩充，业经动工三年，明年落成。

意大利对于国民体育异常重视，推行之机关有四：

（一）法西斯蒂大学学生会（Gruppi Universitari Fascistsi=G. U. F.）

（二）法西斯青年先锋团（Fasci Giournill di Conabattiments=F. G. C.）

（三）世界运动会委员会（Commite Olympic Naziouala Italianc=C. O. N. I.）

（四）国家少年工作团（Opera Nazionale Balilla=O. N. B.）

（《大公报》1934年3月5、6、8日）

第11信——国际学生冬季运动会①

在十二月二十六日到二十八日三天，在意大利北部赛斯渠亚举行五国学生冬季运动会（名为冬季运动会，实际即滑雪比赛），参加者有英、德、法、意、奥五国。Dott Aureggi特约予至该处参观，并送给本年世界学生运动会秩序册一本。予索该会成绩报告，称尚未付印，又交予介绍至福荣芝司、包娄盖、麦兰特尔音各大城之大学学生会（G. U. F.）介绍信一封，以便招待。辞出后，又至教育部访古瑞教授，约订明日参观程序。七时回舍。

参观少年工作团之活动

十七日星期（日），晨七时起床，八时早点后至Piazza Flume会毕吉君，偕至台巴河畔之海上及陆上少年部，参观其活动（彼等之活动皆在星期日上午行之），概要如下：

（一）关于海上少年之训练

与英国海上童子军训练相似，我国厦门之集美学校亦有组织。该地取名Caio Duilio，为纪念欧战时意大利海军大将Caio Duilio也。在台巴河内设木制小房一大间，旁有摇船数艇，现因天气过冷，停止练习，闻春夏季活动甚多。岸上平地设大桅杆两架，国旗、绳梯俱全，与船上无异。两桅杆间有绷紧之绳网一架，以防练习爬桅时堕落之危险。此外有手桥、荡木、篮球场、网球场等设备，是晨海上少年皆着海军制服，平帽短裤，按六岁至十四岁（Balilla）及十四岁至十八岁（Avauguaedisli）分队教练，教练员由O. N. B.团中聘派，多海军中之职员。是日予所见者多基本动作兵式体操方法。

（二）关于陆上少年之训练

与童子军相仿佛。是晨参观其新建之健身房，门前有O. N. B.三字，闻该房为最近之模范建筑，将来意大利各城皆仿此添设。入门后右为办公室，左为楼梯，入第二门即健身房，内长约三十米，宽十八米，下层地窖甚高，设沐浴室、更衣室、检验室等。上层屋顶设滑跑场，四周墙高约四尺，周围栏杆，滑跑休息时，手可扶持。是晨予入门后，由女指导员率领参观，古瑞教授亦来。健身房内男女学生三十余人，由男教员领导作柔软体操，房内设备极尽完善，如爬梯、吊杆、吊绳、肋木、手桥、刺剑、褥垫、木棒、药球、平均木、大小木球及排球等。据女指导员报告，该房建筑费为三十万利若，房内设备约五万利若，共计三十五万利若，约合华币九万余元。此房本年四月落成，学生来此体操者皆须纳费，每日九十分钟，每月纳二十五利若（约合华币六元半）。学生入班前后皆测量身体一次，以资比较，而考察其进步。参观毕，复偕古瑞先生参观罗马之旧运动场。

参观罗马之旧运动场

该场跑道为四百米，三面看台，台下设办公室及更衣室，运动场之一端设露天游泳池。闻此场为六年前所筑，用时颇多。本日下午三时有拉修（即罗马城所属之省）对崔司梯省比赛足球。（每年冬季意大利全国举行省际足球比赛，往返比赛两次，一次在本省，一次在他省，自本年十月至明年四月始能比赛完毕，闻去年为米兰所获。）至运动场门前

① 1934年2月10日寄自柏林。

空地，见有多数工人分队作 Drum Pennis 游戏，用小破皮球一个，两方队员不拘数目，各持一尺直径小皮鼓一个，打来打去不许落地，凡落地或出界者负一分，满二十一分者即负一局。似此简单之游戏，中国工人大可采用。十二时又至地方少年总会参观，该处设办公处、大讲堂、健身房、游艺室等。闻此处时常举行卫生、公民等讲演会。是日午后，由章化农先生介绍，与天主教传信部大学中国学生谈话，学生为范学淹，河北省清苑人；李少虚，河北省威县人；周连墀，河北省宝坻人。谈约一小时始别，谈话所得如左：

天主教传信部学生谈话

（一）传信部大学为罗马教皇所设，共有学生六百余人，来自三十七国，为造就传教士而设。其中寄宿者二百余人，中国学生约四十一人，北方人居多，与他校中国学生不常往来。（在意大利全国，中国留学生除此宗教学生外，不过十人。）

（二）该学生等为教会供给而来，四年毕业约用一万利若，每日上课五小时（上午三时，下午二时），皆宗教、哲学及教育科目。

（三）本年为天主教第十九周圣年，本年为西历耶稣降生后一九三三年，耶稣在世三十三岁升天，故一九三三减去三十三恰为一九〇〇，故本年四月至明年四月订为圣年，每百年一次。在本年内各国朝圣者络绎不绝，闻来自法国者达四万人（天主教为法国国教）。

（四）自一九二七年罗马教与意大利政治分离后，划教皇城 Roman Vatican 为教皇区域，所有一切行政、司法、交通、警察、纳税、财政等完全独立，各国均在该城设驻大使（中国由驻法公使代办）。墨索里尼与教皇订有条约，每年供给七千万利若，教皇拒而不受，恐各国教徒误认罗马教为意大利所收买也。

（五）墨索里尼定于本月廿日至廿五日在罗马招待东方学生游览，在意大利境内乘车免费，并供给食宿，闻由法国来意之中国学生二百余人。

谈毕复至体育场冒雨参观省际足球比赛，体育场前车马盈门，天虽阴雨，观众仍有五千人，结果为2：0，Lacio[①]胜。予在门前购纪念 Lacio 丝织手巾三条，值五利若。

（《大公报》1934 年 3 月 19－23 日）

第 12 信——参观全欧学生运动会场[②]

▲露天小学体育班

十八日上午十时半由毕吉君领导至公立露天小学（S. P. Q. R.,Scuola all'aperto Principl Di Plemonte）参观体操班，十一时半全校学生二百余人由本室教员导至操场，作十五分钟之柔软体操。因该校学生皆来自肺痨病家庭者，故由教员在旁吹哨，另外学生在前作式作呼吸体操。所有上肢下肢及躯干动作皆令学生加以深呼吸，十五分钟后解散，

① 即“拉齐奥”。

② 1934 年 2 月 17 日寄自德国。

令学生自由游戏。十二时鱼贯入食堂午餐。

▲教部少年工作团

下午四时至教育部少年工作团（O. N. B.）之健身房参观。该处除户外足球场、篮球场外，有健身房六个，其中设备甚完全，如爬梯、吊环、吊杆、吊绳、双杠、单杠、木马、跳箱、笼球、药球、排球、刺剑、木棒、大小横杠、平均木、小木块（有小学生练习爬行移木行走者，有用双手扶地体操者）、墙梯（平、弧二种），本日下午四时至六时有体操班两班，皆中学校学生，参观时有该处之指导员（皆法西斯体专毕业生）说明一切。参观毕，七时回舍，并赠送毕吉君中国名胜画本一册，以资纪念。晚餐后，与章化农君谈。

▲当夜离罗马北上

夜十二时由罗马搭快车北上，十九日早五时三十分抵佛劳林斯[①]（Florence），因天色尚早，在车站食堂休息、早点，八时乘电车至该城之新建体育场（Stadio Comunale G. Berntha）参观，并拍照二张。十时至法西斯大学学生会投介绍函。

附记，佛劳林斯之运动场西面为司令台，东面为广播机，四周可容观众五万人，跑道为五百米，一边直道为一百四十米，观众由场外转梯入场，共有六个，每个底层有大门三个，观众出入极便。四周皆售票小窗，布置极臻完善，场内红道绿草十分美观。

▲游佛劳林斯故宫

因本日下午一时须搭车至 Bologna，时间短促，不能参观世界著名之美术馆及博物院，只在故宫走马观花跑了一遭，十二时二十五分登车，在车中午餐（十七利若真贵呀！）。下午三时半抵包洛纳[②]（Bologna）。搭汽车先至党部，投介绍函。因该处人员不通英语，觅得包洛纳大学德国女生充作翻译，于是相偕至该城体育场参观。该场跑道五百米，能容观众六万人，去岁全欧大学学生运动会在此举行。看台之下设备甚多，如健身房、医学检察室、测力室、X 光测验室等。运动场之后有露天及室内游泳池两个，四周皆有看台，看台之下设更衣室、沐浴室。户内游泳池长为三三米三三，宽为十六米，浅处为一米半，中间一段靠跳台处为五米，形如半环，池水温度六十三度，池水每月更换一次，但用氯气消毒。该池底为洋灰铁筋之大柱支撑，与桥梁相似。该处用费除员司薪水外，每日约用五百利若。员司设场长一人，指导员三四人。来此练习者，多大学学生及体育会之会员。六时出门参观包洛纳大学及法党大学学生会。该会设备与俱乐部相似，有食堂可容五百人，学生每餐只纳三利若。包洛纳大学为欧洲最大之学校，建于西历一千一百年，现有学生四千人，外国学生占五百余人，每年学费六百利若，外国学生减半。六时半乘汽车赶至车站。据德国女生言，在此留学除学费外，自己租房吃饭至少每月亦须六百利若。大学学生不习体育，只在课外时间加入各种体育会，每日上课五六小时不等。

① 今译“佛罗伦萨”。

② 今译“博洛尼亚”。

七时半登车赴米兰。

▲米兰少年工作团

夜十时半抵米兰，住安殊沟饭店，盥洗点心后，十二时方入寝。次晨理发后（价六利若，洗头刮脸另外加价），至米兰 O. N. B.，有分会接洽参观事。出门雪盈半尺，天气极寒。

（《大公报》1934 年 4 月 14、29 日）

第 13 信——参观米兰大学区[①]

米兰少年工作分会

二十日晨九时半至米兰少年工作［团］省分会（Comitato Prooinciale O. N. B. di Milano）投递教育部古瑞教授之介绍函，由该会干事 Brunells 接见，并觅得能通德语之 Vanini 充作翻译。于是先行参观该分会之办公处、大会堂（内设演剧台及布景）、体育室、检查身体室，楼上有女子部办公室及成绩陈列室。在男子体育室中遇该会体育指导施噪基尼（Ottells Scaglioni），相谈甚洽。此君于一九三一年在罗马体育学院毕业（Accademia Facista），卒业后，实习一年，现充米兰省体育导师，善摔角及掷重，每月薪金一千利若，合国币二百六七十元，每星期教授由二十小时至二十六小时不等，每年增薪视劳绩而定，并言意大利之体育方针，运动与体操并重。下午三时又至 O. N. B.访 Brunells 及 Vanini 二君，偕至省党部参观。恰值该部登记新党员，出入人士颇多，又至礼堂内之法西斯蒂革命先烈处致敬礼，异常幽静。下午四时偕至“法党大学学生会”（G. U. F.），访学生体育指导瑞基尼（Enrico Rizzini），约订明日作长时间之谈话。伊派米兰大学学生导予参观米兰大学区（Citta Degli Studi Milano），予先至该大学之 Polytechnico 参观“化学工业”“电气工程”“图书馆”“医科”等处。米兰大学学生达五千余人，皆不在校寄宿。遇英国派来之研究员（Research Student）导予参观各部，在“化学工业”科内多研究本国出产，如“人造丝”“火油”等，其余“电气工程”及“医科”设备亦极完善。七时回旅馆。

又至师范学校参观

二十一日上午偕 Vanini 至 R. Istitute Magistrate，“Rosa Maltoni Mussolini”师范学校参观，该校为纪念墨索里尼之母 Rosa Maltoni，故以其母为名。师范学生七年卒业，造就小学教师。入校后谒见校长，并介绍女德文教员充作翻译。该校学生一千零二十人，男女合校，幼者十二三岁，长者十八九岁，前期四年，后期三年毕业。十一时半相偕参观体育班，先由高级女生作半小时，（平时体操一小时，多在操场上课，今日因雪冷，改在室内，缩短时间。）教材与在罗马所见者相似，如走步（Free-Maseleng）、柔软操、肋木体操、木马、垫上运动等。下半小时改换低级男生，皆着巴里拉（Balilla）制服，教材为步法、变排、柔软操。最后半小时改变高级男生，皆着法党“先锋队”（Aoauguardisti）制服，教材为走步、变排、肋木、爬杆等活动。又参观女子唱歌班，由男教员指导，女

① 1934 年 2 月 24 日寄自德国柏林。

教员弹琴，所唱者为（一）祝墨索里尼，（二）赞古罗马，（三）追悼 Arnoedo Mussolini 君。（Arnoedo 为现今执政墨索里尼之胞弟，在米兰继墨氏充当《民报》主笔者，亡已二年，今日恰值其纪念日。）下午二时至学生会访体育部长瑞基尼（E. Rizzini）君畅谈，据云大学学生会会务以体育活动 Littoriale 占最重要之地位，意大利大学之学生，无在学校寄宿者，除上课外，学校不负任何责任，所有一切生活上问题及活动，统由学生会管理，职员皆义务职。瑞君为 Coniere Della Sera Miliano 报新闻记者，在学生会服务，不支薪水。该大学学生会之体育活动：

（一）男子：足球、篮球、游泳、滑冰、滑雪、排球、田径、网球、Sliding（轻驾飞行）。

（二）女子：篮球、田径、游泳、网球等，但均不甚发达。

拿破仑田径运动场

去年全国运动会米兰获得锦标，故本城之体育职员及选手准予佩带“M”（即墨索里尼签字之字头）徽章一年。明年五月一日至七日仍在米兰举行全运会。一日〈月〉十二至三十一日举行冬季滑雪比赛，届时全国大学皆停课以便学生参加。谈至四时后，派学生一人导予至“拿破仑运动场”（Stadio Bonarparie）参观。该场为拿破仑时代一八零六年所建，能容观众四万余人，跑道为四百五十米，现正事修理，添加运动员入场地道。晚六时搭特别快车到意大利故都吐林（Turino 或 Turin），沿途不停，晚八时即到。寓 Grewd Hotel Sitea 饭店内，沐浴后即入寝。

抵意大利故都吐林

二十一日晨八时早点后至 Casa Littoria 党部投递中央介绍信，先至大学学生会接洽，遇新闻记者卫欧君（Rewo S. Vio）、职业工会（Federazioue Cooperoetioe）干事法乃鲁君（Fanello）、吐林大学俄籍学生魏奥哥拉（Vinogral），彼等能通英法诸语，故相谈甚欢。上午即在本处参观，内分四部，一、法西斯蒂省党部，有接待室一大间，任人可入，男女老幼均可接待。先烈纪念室，图书室，关于各国对于法党之书籍及批评均齐全。政治新闻检查室，每晚各报所登之政治新闻必须在此检查。党员登记室关于各党员之像片、履历、证书等均保存。党员审判室，凡因人检举查有证据者，均在此室审判，判决书内分“训戒”“停会”“出党”“永久不准参预政治”等。文书保管室，组织非常严密，某年某日某地之文件用各种颜色及花样之不同，分辨极清楚。入党资格必须满二十一岁，年纳党费三十五利若，贫穷者得免纳，入党之前递请求书，审查人品资格，试验相当时以后方为正式党员。

二、青年法西斯党（F.G.C.，Fasci Giovanile di Combattimmto）或“法党先锋队”，一切组织与正式党部相同，专收十八岁至二十一岁之青年，其训练方法多注重军事及体育两方面。

三、军事义勇团（Militla），满十八岁以上之党员随便加入，每星期训练一次，满三十二次卒业，暑假或年假须实行军人生活露营一个月。本处有枪械二千支，由政府借给，每人每次练习打靶，各发子弹五粒，概不收费。教练员皆义务职（在职及退伍军人）。

四、法西斯蒂大学学生会（G. U. F.，Gruppi Universitari Fascisti），组织甚周密，分注册、艺术、救济、德育、体育各部，与米兰相似。学生每年登记一次，纳费五十利若，登记手续，先递请求书、像片，填具履历、籍贯等，会中保存其“活动书”，所有一年之中该生活动之成绩均行填入。下午一时由卫欧君（Vio）陪至学生食堂（Meusa Del Goliard），午餐费只三个半利若，一汤一菜、一点心，甚便宜。嗣后予决每日在此处用饭，且可与意大利大学学生接近，午餐后同大学学生 Nicola Giua，A. Viue Dgrad 等至咖啡馆吃咖啡，并作“西洋棋”游戏。

世界学生运动会场

下午四时有某先生之汽车一辆，接予至本秋新建筑之墨索里尼纪念运动场及游泳池（即 Stadio Mussolini 及 Pirchina Stadio Mussolini）参观。该场分田径赛及足球两场，径赛之跑道为五百米，本春半年内赶造建成，九月一日至十日曾在此场举行世界大学学生运动会（我国留德学生李仲三君即来此场参加比赛），Pirchina 室内游泳池设备最佳，其大小为三十三米乘十八米，池水用电气暖热，并用绿气消毒，永不更换，颇清洁。池水内装置电灯（用玻璃瓶），晚间照耀辉煌，美丽无比。池底亦为洋灰铁筋之梁柱支撑，四周看台能容观众九千人。

打拳教练班之情形

下午六时至意大利制造汽车（及飞机）之各〈名〉厂“费阿提”①（Fiat）参观，六时半至大学学生体育会参观打拳教练班。该班教练为意大利著名教授嘎纪纳氏（Edwardo Garzena），其教授之方法为：

（一）全班二十人先在打拳场之绳圈内地板上作体操二十分钟。

（二）体操教材为全身各部肌肉，及各关节之活动，如上下肢、颈部、腰部等，先站立，后坐地，最后卧倒，非常完全。

（三）最末按学生之体重，分班比赛，两人对抗，教授在旁指导批评，如“攻打！”“左避！”“右避！”“退后！”等，同时看表呐喊“Tempo”，即“到时了”之意。

七时半仍回学生会晚餐，Vinograd 约看电影，因困倦辞却，九时回舍。

男女学生田径赛班

二十三日晨八时早点后，至 Guf 健身房参观男生田径赛教练班，该班教练为芬兰人亚维恩（Martti Javinin），是日到班学生只十六人，（因时节、圣诞节，及天气关系到场人较少，闻该班男生共有三百余人。）其教程如次：

（一）先绕健身房（Palestia）跑步，间加左右横踢腿，跑四五圈后，站横排，用足尖跳起，举双手同时呼吸。

（二）腹部运动（合双手过顶，转腰部），曲身伸后腿筋，左右各三次，单腿各法轻跳、甩臂作呼吸。

（三）全班分四小队教练。（甲）练短跑，臂动作向直前后摆动，慢步，臂腿同时活动（只练右臂）十分钟。（乙）中距离跑，臂动作向斜上方，臂腰同时自然转动，练十分钟，慢步，臂腿同时活动十分钟。（丙）跳高，由低处起向横竿正跑，腿向上踢，双手上举，落地后转身向竿，双手扶膝或扶地。（丁）掷铁饼、标枪、跳栏等姿势，均慢将各种姿势分析清楚后，使学生慢慢缓进，真所谓科学之方法也。

---

① 现译“菲亚特”。

参观后与 Jarvinin 稍谈，伊约予至芬兰体育学校（即其母校）参观，伊为意大利体育会所聘 Trainer，年薪一万七千利若，合国币四千余元，每星期六日上午十时至十二时，星期一、二、三、四、五、六、日下午九时至六时[①]为教练时间，每学生每周练习三次，春夏间均在室外。谈毕予拟约其至中国服务，伊颇为所动，允考虑。十二时半至学生会午餐。下午四时后至健身房参观女生体育场，教材与男生相似，注重田径赛姿势之训练。七时晚餐后，同业工会之干事 Lancllo 来访，偕往旅行社探询，至赛司崔尔（Sestrieres）参观国际学生冬季运动会（International Winter Sport）交通手续。次日星期，晨十时至基督教会礼拜，得识英国贵族女子，约予下午至其家吃茶，并介绍英国传教士 Mr. Dawson Nu. Marshale，并告予此地有基督教青年会（Y. M. C. A.），设备极佳，住房吃饭均极便宜，于是下午移住青年会寄宿舍，房费每日只九利若。下午五时至其家赴茶会之约，席间伊大谈墨索里尼之意志与能力，实为世界不可多得之人物。从前意大利之人民，一盘散沙，不能团结，街市龌龊，遍地盗匪，最近之五六年内人民之纪律、社会之秩序及地方上之建设大见进步，此不可不推为墨氏之功。然最近稍露骄傲，常自为时代之拿破仑自居，且在墨氏之下无能继其后者，实为意大利最大之危机。争权夺利之徒比比皆是。（最后告予，在意大利独裁制度之下，人民是无自由的，在公共处所，千万不可谈意大利之政治，望多加小心，以免有人注意云。）晚七时兴辞回青年会，遇吐林大学之意大利学生司曹比纳（S. Stroppiana）（曾在英国牛津大学留学），操英语颇流利，告予意大利人多自私自利，帮助人的事多“耍滑头”云。

（《大公报》1934 年 5 月 3、8、10、18、20、25、26 日）

第 14 信——国际滑雪比赛会[②]

在吐林青年会度圣诞节

二十五日晨七时沐浴后，至食堂早餐，遇中国陆军学生罗佩雄君（广东人，在吐林炮科专门学校肄业）及张云生君（广东人，在拿坡里航空学校肄业，假期中来吐林游玩者）。十二时同在青年会进圣诞餐火鸡，为罗君请客。晚七时青年会总干事（此间称指导）英人戴乐尔先生请吃晚饭，谈及意大利宗教事业，据云法西斯蒂墨索里尼初登台时，颇与基督教为难，种种压迫，现已渐渐妥协矣。并言意大利之国民性易趋软化，不似德意志民族之刚愎，现在德国之希特勒亦反对世界性之基督教，欲改宗教为“国家的”，现在德国宗教界正在奋斗中，将来结果如何尚不得知。谈至十一时回青年会就寝。

参观意大利合作机关

二十六日晨八时至党部参观比孟提省之合作机关（Cooperative Federation），举凡“民食”“消耗”“建筑”“印刷”事业均有合作之组织，与“同业工会”之性质相似，惟组织严密健全，会务亦极发达，意大利之经济基本建设即本乎此，故意大利称为经济组合国家。下午四时参观吐林博物院，内为两部，一曰古物部，一曰美术部。古物部内藏古

---

① 原文如此。

② 1934 年 2 月 28 日寄自德国柏林。

埃及之石像等甚齐全，并陈石棺死尸甚多，数千年之死尸因用香料包尸法保存，经年不朽，虽骨皮不变，然肉已干矣。继在旅行社购买至赛斯尔往返车票，晚餐后逛夜市，在车站附近，左为书报市，右为杂货市，购得英意字典及皮手套等。十时回青年会，准备次日赴赛斯尔。

国际学生滑雪比赛会

二十［七］日晨五时半起床，天尚未晓，时值微雪，赶赴车站，遇十五岁至二十五岁之男女青年学生甚多，携负滑雪用之木板长鞋及用具，赴附近之山上作滑雪游戏，并带干粮食品准备二三日之游玩。是晨予搭六点三十四分之火车由吐林开行，八点十四分抵乌鲁哥斯，九时改乘长途爬山汽车，十时十分即抵赛斯尔。沿途盘山而上，雪景极佳美，白山、绿松、清流，可称妙境，但极凶险。汽车开至山顶饭店之门前即停，是时风雪未停，然国际大学学生之滑雪比赛照常进行，只英、意、奥三国加入，德、法二国因预备匆促，临时声明暂不参加。予在饭店内更换雨衣步行至滑雪山顶，是时巧遇驻津意大利水军体育部长安吉利斯，谈甚亲热，于是相偕登山。予因未穿滑雪之鞋，雪深二尺余，步履艰难。所幸至比赛地点不远，且得同伴之扶助，不十分钟即抵出发起点，在此遇意大利法党大学学生会职员考沙尔波利及奥瑞基博士。是日因天气不佳，观众颇少，除新闻记者及练习滑雪之青年数十人外，余皆竞赛之裁判员。大会比赛共三日，今日举行“长途滑雪”，明日举行“下滑”，二十九日举行“曲行滑”。今日长滑意大利胜。十二时安吉利斯请予至饭店午餐，下午访问英国牛津、剑桥两大学滑雪队队长。

牛津、剑桥两校滑雪队

（一）牛津与剑桥两大学学生之滑雪比赛，始于一九二一年，每年举行一次，因英国境内无好深滑雪山坡，故皆至欧洲大陆举行，今年为第十三次。牛津共胜七次，剑桥六次。（本年牛津大学之滑雪好手因伤病未来参加，故败于剑桥大学。）

（二）比赛方法。每校各出五人，与越野赛跑之计分法相似，第一名一百分，第二名以下，按百分法递减。

（三）本年英国学生于十二月十二日抵此练习，只两星期，故成绩不佳，来往路费由学生自备，在意大利之食宿由意大利之少年团招待。

（四）英国学生订于十二月三十日离此回国，一部分尚至瑞士比赛。

（五）英国大学校之体育与学校课程无关，教员视体育为娱乐，不似美国之认真，然学生好习运动之习惯自幼时已养成，无需特别提倡。

（六）谈话时遇前剑桥大学学生马克林，为世界著名滑雪健将，经介绍略谈即去。

下午五时搭长途汽车回奥尔司，是时天色昏黑，满山云雾，且山坡凶险，汽车路狭，对面十码内不辨人物，汽车开灯滑行极慢，惟恐出险。六时半车抵奥尔司车站，七时许改乘火车返吐林。

按滑雪为冬季最优之运动，欧洲人士多好习之，意大利之北部、法国东部、瑞士境内及德奥交界等处之阿拉普斯山（现通译为“阿尔卑斯山”——编者），为世界著名之滑雪场地，中国北部山地亦可仿效提倡。惟欧洲山地，虽雪厚三尺，然天气不冷，太阳出时，皆可着单衣运动，不觉寒冷耳。

由意大利赴德之途中

二十八日早餐后，至法西斯党部辞行。十一时在旅行社取得意大利各大城说明书全套，以资参考。下午三时离吐林搭快车回米兰，临行罗佩雄君送至车站。五时抵米兰，将行李寄存车站，当晚至杂耍馆观剧，至十一时半，赶赴车站。十二时二十分离米兰，先入瑞士，次抵德境。经瑞士时验看护照，盖戳后查行李，夜间经过瑞士之名胜地，因天色尚黑，未能赏观风景。在瑞、德交界处改乘德国火车，下午二时二十分抵德国名城佛兰克福，下车后步行至 Excelsiov 饭店，因距车站甚近，午餐后至银行取款。五时乘电车至公园运动场参观，该场为欧战后第一运动场，建于大花园内，地约四百亩，为德国著名之体育场。因天色黑暗，改于明日参观，并由守门员告予最好明日先至市府接洽，索取说明书及图画等。六时半回旅舍。

参观佛兰克福体育场

三十日晨餐后至佛兰克福市政府访公园建筑主任，征求本城体育场建筑图样，据云一时不在手下，该场建筑隔时已久，颇难寻觅，并允俟予由柏林公使馆来信后，再行邮寄。谈毕用汽车送予至运动场参观。该场面积甚大，内设田径赛、足球、网球等场，游泳池及日光浴所、饭食店等甚齐全。四围为松林，风景绝佳，匆忙参观一周，即须一小时。因赶赴车站，不能久留，回旅舍取行李后，即搭快车来爱森。五时许，抵爱森，到站欢迎者为予在津时德文教师普佛梯之兄嫂及妹丈三人，见面时甚亲热，寒暄毕，相偕乘电车至其家。

在一个德国人的家里

八时全家聚餐，普氏父母、兄嫂、妹及妹丈均在座。先导予至予之卧室观看，预备甚佳，室内画片多宗教故事，及《圣经》上之训言。予在此住三日度新年，每日谈笑、听无线电、看报、聚会（宗教聚会及家庭聚会）、游戏、散步，充满家庭乐趣。予离家五十余日，独自奔忙，稍感疲倦之痛苦，新年前赶到德国友人普佛梯家，精神异常舒适。普佛梯家中之长幼，待予甚厚，有如家人父子兄弟姊妹一般，其内心之快乐非笔墨所可形容。在此三日内，饱尝德国人家庭生活之乐趣，可称理想中之纯洁家庭不为过。临行送至车站，并赠给食品，叮咛嘱咐在柏林多加小心，依依难舍。

（《大公报》1934 年 5 月 31 日、6 月 1 日、2 日）

第 15 信——到柏林入德意志体育学院

▲离爱森到柏林

一九三四年一月二日上午十时半由爱森来柏林，在车中遇德国希特勒卫队队员耶斯，对予照顾甚周。晚六时半抵柏林城动物园车站，下车后由耶斯导至中国公使馆。是日因在年假期中，停止办公，公使馆内大门上锁，扣铃许久始见中国馆员杨树人君迎出接见，略谈数语，伊命公使馆之德籍仆人，领予至康德街比德旅馆下榻。中国学生到柏林后，由使馆介绍寓于此处者颇多。将行李搬入，稍事休息后，即至本街之中国饭馆“津汉饭店”晚餐。五十余日来，未吃中国饭，于是大餐而特餐，感觉特别有味。

▲柏林中国饭馆

柏林城内中国饭馆共有四处，均在夏劳顿堡区内，其最大者为“泰东饭店”，次为“天津饭店”，再次为“南京一[①]”及“津汉饭店”，厨夫多欧战时失业华工，食堂内悬挂中国字画，布置极佳，堂倌伙计皆德籍人，（闻德政府不准雇用中国侍役，盖恐本国人失业也。）外国人来此吃中国饭者较中国人尤多。

▲谒见颜惠庆氏

次晨至德意志体育学校访萧忠国及李仲三二君，探询入学手续，并在学校附近寻觅住房。下午至留德中国学生会，得遇南开校友吴荣熙及黄宁馨之弟（现充学生会干事），相谈甚欢。次晨至伊顿饭店拜访中国驻俄大使颜惠庆，询问考察苏俄手续及应备之费用，颜大使见面时询问中国情形及人民对于中日问题之态度，最后介绍驻俄中国代办龚安庆总领事，（现亦来柏林送颜大使回国，住“动物园饭店”接洽一切。）并告此时俄境冰天雪地，无体育活动，于五六月间考察较为适宜，但旅俄费用极大，每日以美金十元左右方敷应用。下午至柏林城最大之百货商店购买零星什物。下午五时由比得旅馆迁至体育学院附近之住房，每月房租二十五马克，惟电灯、早点均须自给。

▲办理入学手续

八日晨八时偕李仲三君登山至体育学院办理入学手续，谒见事务主任 Cakt Kopp。该主任曾在中国青岛充德国军舰舰长，发给旁听证，免纳学费。因本学期只余一个半月，即放春假（二月十五日大考毕即放春假），春假后，从事改组，将现在之德意志体育学院及普鲁士体育学院归并，改称国立体育学院，至四月十七日始行开学，下学期是否招收异籍学生尚不得知（李仲三与萧忠国二君均于本春毕业，约于五六月间归国），于是决定暂在此校选课旁听。另外再至柏林大学，则从贝克博士及古劳许博士，习医疗体操及按摩术，在暇余时间考察希特勒青年团之训练、体育会之活动、及参观学校。订于四月底至丹麦、瑞典、芬兰、苏联等处考察，六月内仍回柏林参观第十一届欧林匹亚世界运动会之新建筑。六月底由瑞士、英国转至美国。（订于耶稣复活节内至德国南部、捷克、奥国、匈牙利等处参观。）

▲德国体育学院

该院三年卒业，男女合校，现有学生二百余人。每日上午八时一刻至下午一时上课，中间休息十五分（每点只授课四十五分钟），午餐后下午三时一刻至七时上课。课目分学术两科，本学期共三十六种如下：

（一）预防及矫正体操，每周四小时，一学期学完。

（二）实用教学法，每星期三小时，半年学完。

（三）生理学及实验，每星期二小时，一年习完（至柏林大学上课）。

（四）解剖学及实验，每星期二小时，一年习完（至柏林大学上课）。

---

① 原文如此。

（五）组织学，每周一小时，半年习完。
（六）体操之功用，每周一小时，半年习完。
（七）健康与民族之将来，每周一小时，半年。
（八）德国教育之根本问题，每周二小时，半年。
（九）德国体育方法，每周一小时，半年。
（十）心理学及实验，每周二小时，半年。
（十一）行政学，每周一小时，半年。
（十二）室内儿童游戏。
（十三）教育之意义，每周一小时，半年。
（十四）卫生学，每周一小时，半年。
（十五）政治训练，每周一小时。
（十六）唱歌，每周一小时。
（十七）音乐，每周一小时。
（十八）图画，每周一小时。
（十九）救急术，每周一小时。
（二十）普通体育，每星期四次，共八小时。
（二十一）人体机动学，每周一小时，半年。
（二十二）游泳，每星期一次，二小时，全年皆有。
（二十三）器械体操，每周二小时。
（二十四）打枪，每周一次，二小时。
（二十五）刺剑，每周一小时。
（二十六）曲棍球，每周一次，二小时。
（二十七）按摩术，每周二小时。
（二十八）手球，每周一次，二小时。
（二十九）驾艇，每周一次，整下午。
（三十）博物院指导，每星期一次，半年。
（三十一）打拳，每周二小时。
（三十二）摔角，每周一次。
（三十三）普通健身舞蹈，每周一次。
（三十四）土风舞与团体舞，每周二小时。
（三十五）社交舞，每周二小时。
（三十六）足球，每周一次，二小时。

予首次上课，因年假关系，学生到者不足半数，教授亦多请假。学生寄宿者不足半数（百人），余者多系走读。女生多住校内，与男生宿舍相隔甚远。校址宏大，风景极佳，普通名为兴登堡城，一九三六年第十一届世界运动会会场即在此处改建“欧林比克村”。校内设备有体育馆一处，内分“器械体操室”“大健身房或称网球室”“按摩室”“小健身房或舞蹈室”“沐浴室”“厕所”“电话室”“零食铺”“贩卖部”等，门前有露天游泳池一处，左为足球场及田径场，此外向北穿过地道后至大运动场，此场建于一九一三年，维廉第二欧战之前，体育学院之办公处，饭厅、图书馆均设此处。

（《大公报》1934年6月4日）

第16信——参观柏林室内运动会

▲奥会场改建计划

一九三六年第十一届世界运动会会场之改建，由Architekt BDA建筑师Werner March设计，其设计如次：

（一）扩大观众看台，能容五万五千人。（二）增宽走路。（三）游泳场能容座位四千人或站位七千人。（四）田赛场掘深四米五十。（五）跑道由六百米改为五百米。（六）足球场改为一百〇五米长，七十米宽。（七）游泳池改为五十米长，二十米宽。（八）售票处、食堂、厕所等皆置入门通衢。

▲观室内运动大会

一月七日星期晨兴后，八时乘电车至柏林最大之室内运动场，参观室内运动大会。上午自八时至下午一时举行预赛，晚间八时至十一时举行决赛，并表演“手球”。（与美国之手球不同，德国手球与足篮球相仿佛。）参加此会（二十二次）之男女体育团体达五十七处之谱。上午项目为五十米、六十米之短跑、六十米高栏、两千米之长跑、各种接力赛跑、跳高、掷铁球等。中午至车站欢送颜大使归国，并在车站得识前日新到任之驻德公使刘子楷先生，在车站送行者多外交界人。本日下午晚餐后至室内运动场继续参观运动会之决赛及表演项目，教育部长及体育领袖均莅场，开幕时为希特勒青年团表演走步，旋即开始比赛。运动名手如裴尔机等均参加，精彩颇多。最后之手球表演，“青年对青年”“成人对成人”尤佳。

▲室内运动会情形

一、会场内能容观众两万人，满坑满谷，拥挤不堪。

二、会场四面皆贴白布标语，“运动者为国家所器重”“勿忘一九三六年转瞬即到”“要努力增光吾们的领袖希特勒”。

三、会场内作国乐及唱国歌时，皆举行法西斯蒂礼，肃静无比。

四、运动秩序，均按时举行，上下不错一分钟。

五、径赛干事点名、抽签、发令、起跑（一组跑出后，第二组即站好），每次不过四十秒钟，敏捷迅速。

六、运动员出场及入场均排队，向长官席前行礼致敬。

七、官长与优胜队员一一握手。

八、场内之放音机及电影报告敏捷清晰无比。

九、会场内井井有条，裁判员皆着黑衣，发令员着白长衫（与医院之大夫相同），非常明显不紊。

十、德国体育之发达，最大原因为社会体育之繁盛，人民自动组织，官府处于提倡辅导之地位。

（《大公报》1934年6月5日）

第17信——到柏林后之生活情形

予自三月一日起移至柏林城内 Muskauer Strape 46（与希特勒青年团领袖 Herr Gustav Bellin）同居，藉以考察该团之训练，约于四月一日乘汽车游览德国南部 Munich（即慕尼黑——编者）等大城。

▲办理居留手续

凡外籍人在德国居留满一月者，须至警察署办理居留登记手续。在杂货店内先买《请求登记书》四页，填写姓名、籍贯、生日、宗教、婚配等，签名后，再由房东签字，亲自送交警察署，盖章后即完毕。予所租之住房靠近体育学院之“幽静生活村”内，每月房租二十五马克，电灯伙食均归自备。每日午餐在学院包饭，每餐六十分尼，每月十八马克。早晚两餐在家中食用，每月不过七八马克，故每月饮食住房五六十马克即足。惟在柏林大学所习之 Orthop Disehes Tuwen 及 Hellgymuastik，每月学费即须一百马克。此外，往返电车费约十马克，洗衣零用等共计每月二百马克足敷应用。在德国之大学学生除每月一次之聚会外（只德籍学生），缺乏团体生活，各自读书，很少交往。予在“幽静生活村”内，每晨六时起床，盥洗早点毕，七时出门步行至电车站（经过运动场，下届第十一次世界运动会即在此场举行），约需半小时，乘电车七时五十分抵 Friederich Str，再步行至 Biegel-Shaue 柏林大学之医院，得用十分钟，八时上课。第一时多关于医疗体操之理论功课，如“生理”“解剖”“病理学”等，第二三时体操，第四时在医院见习，下午一时至附近之饭馆午餐，下午二时至六时多在国立图书馆内读书，半年交阅书费十马克（本国学生只五马克），此外并交借书押款一百马克，至离柏林时尚可领还。下午七时回舍晚餐毕，多整理笔记、读书、写信、写日记，十一时就寝。如此生活已两阅月矣。

（《大公报》1934年6月6日）

第18信——到柏林后之各方印象

自三月一日起，体育学院放假，予迁居至城内与希特勒青年团领袖同居（Bellin, Muskauer Strape 46）,每日除上课外，自订程序分日参观德国之各级学校及体育会，晚间后至 Halensee 之 Klamt-Schule 习健身舞蹈及考察希特勒青年[团]训练之方法，兹将各方面接近及所得印象列左：

▲德国之宗教事业

一月十四日星期，始得休息，上午九时半早点后偕李仲三至体育学院拍照各处像片。下午三时乘电车至柏林城南 Marlendorf 拜访 Bernhardt，该博士为经济统计学家（在爱森时普佛梯君所介绍者），至时，该博士恰不在家，闻至基督教会聚重要会议。至时由其妹接待，并遇伊母，导至客厅入坐吃茶，家甚朴素。伊妹能操英语，颇流利。伊母曾在俄国多年，故亦能通英语。此家为基督教家庭，故大谈近日德国宗教事业之奋斗情形。自国社党得势希特勒登台后，趋<驱>逐犹太人，并据改革基督教，删改《圣经》，将《圣经》中之奇事一概删去，将宗教化归国有（概以国家主义为前提），恢复德意志民族旧日之光荣，不谈世界主义。近日恰赶“宗教界”与“国社党”冲突最激之时期，一般牧师及忠实教徒，组织同盟会（League）反对国社党之措施。彼等所拥护者为宗教是全人类的，不是一国一家的。Dr. Bernhardt 为拥护世界主义之教徒，因聚会至晚八时仍未归家，伊母面带忧虑，深恐伊子被希特勒警察拘捕。至八时半博士始归家，伊母乃放心矣。予于此时兴辞，约于下星期日至柏林最大之基督教堂相会。

▲参观青年会

柏林青年会在威廉街三四号，予甚得国内郝瑞满先生介绍，拜访总干事 Dr. G. A. Gedat，恰值该总干事不在会所，由干事导予各部参观，大小讲堂、阅书阅报室、健身房、洗澡房、饭厅、游艺室、少年部等。该会现有会员六百余人，因国社党之压迫会务不甚发达。

▲习医疗体操

柏林大学外科医院内设体操科，内分“矫正体操”“健康体操”及“按摩术”三部，每部半年卒业，三部共须一年半。其中教授如 Dr. Koblrausch，Dr. Beck 等博士皆著名人物，予因中国学生身体软弱，不能做激烈运动者颇多，故决用半年工夫兼习三部，在课外另加钟点私自学习，以备回国后应用。每日来此体操之人数约三百余人（男女孩童成人均有），按病之轻重分成各班，纳费亦不相同。矫正体操之初步，先练习爬行（是为 Dr. Rodoef Klapp 所发明，故此法名为克拉普氏），爬行体操对于矫正脊柱之方法极妙，克氏曾在此处二十余年，工作颇著奇效。现克氏被约至麻堡城，创设医院，该科主任由贝克博士代理。助教多女子，如 Aruold，Wegner，Lenbe，Suln 等，年均四十左右，经验丰富。室内设备极简单，如：

（一） 光滑之地板，上罩油漆布，光滑无比，不见对缝。

（二） 四墙围以凳梯，高约一米，宽不过二尺，前方包软皮垫棉花，可作拨腿类之上肢及躯干运动（与肋木体操相仿佛）。

（三） 横呆<吊>杆一架，可吊后颈，作脊柱运动。

（四） 此外按摩桌、挂画、屏风、镜子、洗手盆等。

（五） 个人所用之设备为毡制之护膝、护足、手垫三付。予购全套价五马克半，此外尚购医院内应着之白大衫一件。予因久不运动，第一星期内扯筋拔骨，每晚周身酸痛，双膝皮破，经贝克博士治疗，现已痊愈，运动已成习惯，筋肉不觉酸痛。

（《大公报》1934 年 6 月 9、12 日）

第19信——柏林之图书馆与游泳池

▲图书馆生活之一斑

柏林最大之图书馆，一为柏林大学图书馆，一为普鲁士国立图书馆。予在国立图书馆，交半年阅览费（十马克），并交借书押款一百马克，可以随意借书带出，限期交还。（书中加以纸条，印订交还日期，倘未读完，尚可届期续借。）图书馆之下层为办公室、存衣处、借书还书处等。第二层中间为阅览厅，四围墙壁满置书架，随意取览，中间置庞大之长桌二百余张，每桌皆置电灯，自由开关。每人有带锁之抽屉，可以存物。每桌前置漆皮椅子两张，甚舒适。每日阅览人约二三百人，多中年以上之男女。厅内甚静寂，入门时验看阅览证，出门时验看手提包。在大厅之左为杂志室，世界各国之杂志约逾千种（中国杂志予只见上海之《同济学报》）。大厅之右为特殊文件及目录室。欲借书者先签借书条书明："书名、著者、出版年及本人借书证之号数"，签字后，次日往取。倘遇此馆无此书时，尚可代向德境内其他图书馆代借，如Hamburg、München[①]等大城，一星期内即可得到。

▲柏林城室内游泳池

柏林城内游泳池达五六处，入门先购票（学生二十分尼，非学生三十五分尼），分男女更衣室，每人一箱，由守箱人代锁。更衣后先至雨淋浴处，发给肥皂一块，洗净后方至游泳池。池之大小多五十米长、二十米宽，分深浅两端，深端设跳台、跳板，每日入游者数百人，男女孩童均有，故游泳运动之发达，德国可称世界之冠。

▲私立体操舞蹈学校

私立体操舞蹈学校不下十余处，最大者为Klamet、Bode、Feist、Medau、Tumpy等，每日学费约廿余马克，予已加入Klamet体操学校，习健身体操及舞蹈，每星期一、三、五日三次，学费二十马克。

（《大公报》1934年6月13日）

第20信——遇李国琛参观中德美展

▲中德美术展览会

南开校友篮球健将李国琛已来德二年，现在赖普基城工厂内实习飞机制造，于三月二十日来柏林，访予于寓所，相谈甚欢。是晚相偕至"天津饭店"吃中国饭，晚游大马路，相约次日参观刘海粟君主办之中德美术展览会。次日予在大学下课后，至中国公使馆遇李国琛君，于是相偕至柏林美术馆学院参观中德美术展览会。因展览之期间过久，

① 即德国城市"汉堡"和"慕尼黑"。

故参观人不甚踊跃（是日予等所见之参观者不过二十人）。因德国不懂中国美术，故不加批评，不说好，亦不说不好。午后一时偕国琛至“泰东饭店”午餐，午饭后参观星象表演堂。该堂为柏林城内之特品，共有四处，在堂内除演电影外，并表演“天文星象之转动”，旁有天文专家指示讲演，并报告本年共有月蚀四次（一月三十日下午五时一刻柏林可见）。是日白昼坐在堂内得观夜间之各星斗，并表演其一夜之转动，自“日落”至“日出”，由昏至晓各星斗之位置清晰无比。德国人科学教育方法之完备，实足令人钦佩。六时散会后，偕至中国留德学生会看中国报。

▲参观柏林旧书店

柏林城内之各大书店均有旧书部，在大学附近旧书摊亦甚多，但予所欲购之关于“体育”及“新医学”之书籍甚少，故不能找到便宜。

▲参观农业展览会

每年柏林城在凯萨堤之展览堂举办各种展览会周，而后始接继不断。本年一月二十七日至二月四日举行农业展览会，予于二月四日往观，为最末之一日。观众万余人拥挤不堪，其会场之大可想而知。兹择要记录如左：

一、 农业之改良。用各时代之比较法，及国家应努力之方针，用图画表示清晰，如牛奶、牧畜森林、园圃蚕丝、烟草、养鸡、畜马，及家具之改良等。

二、 德国各地民族发达之沿革、各地各时代之建筑、用具均用模型、图画、照片展览。

三、 国社党对于农村建设之宣传品，随地散放。

四、 辅助农业发展之机关，如工厂商店、银行等，亦列展览之数。

五、 游艺室、点心室、音乐台、无线电报告均完备。

予自下午二时入场（门票一马克，学生减半），至下午七时始出场，走马观花，尚有许多未到之处。

（附白：予订于五月间至苏联、瑞典、芬兰、丹麦、捷克、法、英等，六月内转至美国，报告恐不能按时寄津，祈读者谅之。）

（《大公报》1934年6月15日）

第21信——关于希特勒青年团之一切

▲李仲三、萧忠国卒业

二月十五日至二十五日体育学院之第六学期学生考试卒业，中国学生李仲三、萧忠国二君，皆于此时考试。术科甚难，以器械体操最不易及格，学科皆用口试，似不甚难。（对中国学生因体谅言语之困难，不甚苛求。）李君仲三皆考试及格，以足球、游泳为最佳，田径赛须于天暖四月内补行考试。萧忠国君皆已及格，惟器械体操尚需补考一次，现正每日至器械体操体育会练习。伊等订于本年暑假前归国，在何处服务，尚未决定。

▲拜访青年团之领袖

二月十六日因得中国公使馆之介绍，至希特勒青年团指导部拜访训练领袖 Stabs Fuehrer Narbersberg，考察该团之组织及训练，谈话所得如下：

（一）希特勒青年团，创于一九二六年 Plauen in Sotow 地方（国社党创于一九一九年），自一九三一年始行扩充，聘希拉贺氏为德国青年总领袖。嗣后青年运动团体，如童子军等等组织皆已淘汰（现在仍有不多），德国以前之青年组织甚多，现均归入希特勒青年团组织统一，惟天主教之青年团体尚不肯牺牲加入（现在疏通中）。

（二）希特勒青年［团］与学校之关系。教育部规定凡中学校学生均于上午八时至下午二时为上课时间，下午二时至六时为自修时间，晚上六时至八时（或有时至夜十时）为参加希特勒青年团时间，每周聚会四次。一，小队集会两次，二，大队集会一次，三，体育活动一次，与学校课程毫无影响。

（三）希特勒青年［团］与政治。希特勒青年［团］之指导均由国社党所派，除少数之领袖及干事外，余多义务职。每晚六时至八时为办公时间。希特勒青年［团］每周均有政治训练时间，讲演国社党之政策，研究希特勒主义，但不直接参加政治活动。

（四）希特勒青年［团］与宗教。希特勒青年团内无宗教训练，听个人信仰之自由，但均以国家主义为前提，使青年无宗教派别（天主教之青年组织至今尚未加入）。

（五）希特勒青年［团］与军事教育。德国因受大战后《凡尔赛条约》之限制，不得扩张军备，希特勒青年团虽不持枪打靶，然其秘密中之训练，充满军事准备，如露营、架桥、爬山、涉水、长途旅行，总其名曰“野外运动”（Geland Sport）。今在柏林购得关于此种书籍甚多。

（六）希特勒青年［团］之组织。希特勒青年团按年龄、性别分为四种：

一，男子八岁至十四岁者，得入“德国幼童团”（附设青年团内）。

二，男子十四岁至十八岁者，得入“希特勒青年团”（是为主要之组织）。

三，女子八岁至十四者，得入“幼女团”（附设“德国少女团”内）。

四，女子十四岁至二十一岁者，得入“德国少女团”。

年满十八岁以上之男子及大学学生均须加入“警备部”受军事训练，亦以体育运动为主要之科目，其次即政治讲演、唱歌、游行等活动。

（七）希特勒青年团与意大利巴毕之组织相同，自由加入，不事强迫。

临别赠予印刷品七种，并允为予代觅寓所，与希特勒青年领袖同居，以便考察。

（《大公报》1934 年 6 月 22 日）

第 22 信——访问奥会筹备总干事

▲访问体育学院院长

德意志体育学院新任院长为克令哥教授（旧校长为狄姆博士（Dr. C. Diem）），现充第十一届欧林匹亚世界运动会筹备总干事。），约予于二月二十三日上午谈话，历三小时之久，对于所置各问，均有详细答复，并介绍予应读之德国书籍甚多，均已购得，但因时间所限，只能择要翻阅，容暇时再读。临别并介绍至德国全国体育指导部接洽考察事。下午在该指导部拜访全国体育指导施拉姆，及第十一届世界运动会筹备总干事狄姆博士，约订会谈时间。该部对于招待甚殷，并赠新印刷品多种，在该部得识 Dr. H. Heyin 等（乡村体育指导）（皆在世界运动会筹备处充干事）。

▲欧战阵亡英雄纪念

二月二十五日德国举行欧战阵亡英雄大会，在柏林最大之街道断绝交通，在英雄墓前，总统兴登堡、总理希特勒行献花典礼，观众达百万人，如山如海，拥挤不堪。予亦参与其间，站立自上午十时至下午一时，达三小时之久，得睹兴登堡、希特勒之丰采。唱国歌、奏国乐，无线电演说，阅操等，秩序井然，肃静庄严，国民对于国家团体之热心，令人钦佩。

（《大公报》1934 年 6 月 23 日）

编后记

经过数年的努力，《章辑五体育文集》的内容搜集、整理与编排工作终于告一段落。本《文集》共收入 90 余篇文章，22 篇通信，书一种。除其中一篇是为张伯苓校长所作的纪念性文章外，其余都是有关体育方面的，涉及南开学校体育发展历程、学校体育与童子军教育、天津及全国近代体育事业的发展、近代体育理念与技术等内容。最后附录的 22 篇通信，则精微地体现了章辑五先生亟欲了解国外体育情状，汲取欧美最前沿体育理论与技术的“汲汲骎骎”的南开精神。

章辑五先生被张伯苓校长誉为兼具理论、技术与道德的“体育界兼全人才”，著述甚丰，除已收录于本《文集》内的文献外，据编者所见，还著有《世界体育史略》（勤奋书局，1936 年），《童子军教育原理及方法》（正中书局，1942 年）、《童子军行政管理与活动教材》（正中书局，1942 年），编辑《中国童子军组织法规》（第一辑）（二二五童子军书报用品社，1946 年），晚年还翻译了《地球之王》一书。对这些文献的整理过程，既是编者对原作者思想研读与吸收的过程，也是编者对体育理解与认识提高的过程，亦即古人所谓“修身”的过程。现在有幸付梓，其意义有三：

1. 章辑五先生作为民国时期的体育名家，以他对南开、天津乃至中国体育事业做的贡献，1949 年后在大陆却鲜被提及，这是不公平的。如今先生的文章能结集出版，也算是对先生的一种迟到的致敬。也应了我们的文学与影视作品中常说的那句话：那些为国家、为民族做出了贡献的人，人民是不会忘记他的。

2. 章辑五先生作为南开四部的体育主任和天津体育协进会会长，服务南开与天津体育 20 余年，是近代体育在南开学校与天津从无到有、从学校走向社会的具体的组织者与推动者，本《文集》的出版，对于研究民国时期（尤其是 1937 年以前）的天津体育史，具有不可替代的价值。

3. 章辑五先生所秉持的体育理念及他对体育的理解，今天的大多数人仍难以望其项背；他提出的推广大众体育的方案与方法，仍有吸收与学习的价值。在现今我们的冠军越拿越多，全民——尤其是少年儿童的身体素质却越来越令人担忧的时代，在号召青年学生“走下网络、走出宿舍、走向操场”这一推广与普及大众体育的时代，章辑五先生的文章仍能像当年那样，成为推广与普及大众体育的助推剂。

南开大学出版社的领导也许正是看到了其中的意义，所以决定不计成本出版这部《文集》，对他们如此具有远见的举措，编者深为钦感。

当然，对那些为《文集》提供过各方面帮助的人，是必须特别提出感谢的：南开大学图书馆古籍部的老师，为编者搜集查找文献提供了诸多的方便，节省了大量的时间；

图书馆馆际互借部的老师，在编者搜集文献的过程中，不仅尽心尽力，而且想方设法为编者省下每一分钱；天津图书馆古籍部的张老师与刘老师，为编者查找文献提供了诸多便利；天津周恩来邓颖超纪念馆的盖金香老师为资料查证提供了帮助；苏州大学的王宁教授与李峰副馆长提供了珍贵的文献；章以滇女士和章以淦先生，作为章辑五先生的亲属，对我们的研究与文献搜集工作热情支持，并提供了珍贵的图片及背景材料。还有诸多勤工俭学的同学，他们在本《文集》内容的录入与核校方面，做了大量工作，因前后达数年之久，参与此项工作的同学众多，为免“挂一漏万”之敝，这里就不再一一列举诸同学姓名，感谢他们每一位。

尤其要感谢南开大学档案馆的史小佳副研究员和陈育挺副研究员，他们与张兰普共事多年，形成了一个和谐、高效、快乐的工作集体，他们二位多年来一如既往地支持我们的编辑、研究工作，对他们的感激之情非三言两语所能表达。

特别要提出感谢的是本书责任编辑杨丰坡老师。首先，本书作为一部文集，以尊重原文为第一要义，但原文词句表达上前后不一致处颇多。其次，由于原作者游历丰富，文章中涉及英、德、意等多国文字。其三，由于抗战时期出版物印刷质量极劣，字迹多模糊不清之处。由于以上三点，大大增加了责编的工作难度。杨老师对全书文字“锱铢必较”，耗费了比编辑一般著作多得多的精力与时间，是本书得以清整面世的最后一道保障。

家人与朋友永远是我们工作的动力源泉，谢谢他们全方位的支持。

编者 于南开园

2014年5月